苏东海 著

国博名家丛书

王春法 主编

苏东海卷 上

北京时代华文书局

国博名家丛书

苏东海卷

编辑委员会

总　序

王春法

中国国家博物馆馆长

2022年是中国国家博物馆创建110周年。7月8日，习近平总书记给国家博物馆老专家回信，充分肯定国家博物馆的发展成就和重要贡献，对国家博物馆在新时代担负的使命任务提出明确要求，希望坚持正确政治方向，坚定文化自信，深化学术研究，创新展览展示，推动文物活化利用，推进文明交流互鉴，守护好、传承好、展示好中华文明优秀成果，为发展文博事业、为建设社会主义文化强国不断作出新贡献。编纂一套体现国家博物馆不同发展时期学术研究贡献的《国博名家丛书》，整理出版国家博物馆110年来学术名家的著作，传承弘扬国家博物馆老一辈专家学者的为人风范、治学精神、道德文章，彰显一代代国博人的坚守奉献、情怀担当，正是贯彻落实习近平总书记给国家博物馆老专家回信精神，坚持守正创新，推动新时代国家博物馆事业高质量发展的一项重要举措。

中国国家博物馆是近现代中华民族奋斗史的见证者和亲历者。无论是筚路蓝缕的初创时期，还是新中国成立后激情澎湃的建设岁月，无论是春潮涌动的改革年代，还是恢弘壮丽的新时代，都有一大批淡泊名利、严谨担当、甘于奉献、守正创新的国博人，立于时代潮头，回应时代呼唤，以满腔热忱和满腹学识为国博发展倾尽心血，成就了国家博物馆的百十辉煌。韩寿萱、沈从文、傅振伦、王振铎、史树青、俞伟超、苏东海、王宏钧、孙机、夏燕月等国博前贤，就是其中的杰出代表。他们都长期在国家博物馆工作，或者在相关研究领域锲而不舍地钻研、精耕细作，学术精湛、成就卓著、影响广泛、形成优势；或者掌握某一领域专门学识，具有丰富的实践经验，擅于文物保护与修复、展览策划等并有大量实践案例；或者精于某一门类文物藏品的鉴定，掌握古文字的破译等冷门绝学。他们对内能做领军人物，对外能做文化使者，堪称国博大先生。在他们身上，凝结着我们这个时代、我们这个领域顶尖学者的共同特征。

一是爱祖国爱人民。爱国必自爱史始，知史方能真爱国，一个人是不是真爱国，是不是真正站在人民的立场上，首先要看他对待历史的态度。历史不是过去，历史昭示未来。真正的治史者决不可一头钻进故纸堆，自得其乐、故步自封，而应自觉屹立时代潮头，走在时代前列，坚持学术研究的正确政治方向，始终用历史唯物主义的立场、观点和方法来指导学术研究与实践工作，用扎实的文物藏品研究成果回答历史之问、时代之问、人民之问。国博的前贤们一向坚守高度的社会责任感与历史使命感，以深邃的学术眼光洞察文物博物馆发展进程中的时代之需，突破"小我"，拥抱"大我"，时刻以祖国人民为念，开辟研究新领域，勇做时代担当者，舍一己而成天下，服务和支撑国家文化建设。正是这样的情怀、格局与担当，成就了他们的学术地位和社会影响！

二是择一事终一生。治学务求精专，精深方能大成。深研细琢国博前贤们的学术成长史，他们无一不是精心找准研究领域，选定学术问题，安于平凡生活，志存高远，潜心学术，以"咬定青山不放松"的钻研精神，几十年如一日长期持续深耕学术花园，努力追求学术上的精进与精神情操的高尚，把毕生的热情和精力都投入到博物馆的工作实践与学术研究之中，直到花园里"学术之花"满庭芳，真正做到了奉献终身。沈从文先生、孙机先生数十年持续在中国古代物质文化领域，尤其是中国古代服饰文化、汉代物质文化等方面的深耕，从开创性粗略研究到精度研究，再到深度研究，从问题表征到内涵逻辑，从知识到思想，不断将本领域研究推向纵深。俞伟超先生在秦汉考古学领域，韩寿萱、苏东海先生在博物馆学领域，王宏钧先生在明清史研究领域，史树青先生在文物鉴藏领域，王振铎先生在古代科技史领域，夏燕月先生在党史研究领域，都坚持发大心、下大力，精耕细作，追求研究的高度、深度、广度和精度，为后辈学人提供了研究范式。他们的物质生活或许并不富裕，但他们的精神世界是丰富多彩、快乐高尚的！

三是立其言成其说。博物馆是知识的海洋，是一部立体的百科全书，所涉及学科之多、历史之久、问题之多是少有其他公共文化机构所能比拟的。正是在这里，国博前贤们取得了卓著的建树，留下了《中国古代服饰研究》《科技考古论丛》《考古类型学的理论与实践》《博物馆的沉思》《中国博物馆学基础》《汉代物质文化资料图说》等彰显非凡学术之光的名篇佳作。傅振伦先生积极引介西方档案学理论，并将之与我国传统的档案汇编整理模式进行对比，构建中国现代档案学，成为中国现代档案学的拓荒者。沈从文先生专心致志开展中国古代物质文化研究，开创了中国古代服饰研究的先河，学术上精益求精，工作上家国情怀，实为后学楷模；俞伟超先生以亲身实践为基础，推动引进水下考古、航空考古、古代遗存DNA研究等，从学科角度持续探索中国考古学的基本理论，提出考古学"大文化"的概念，确立了中国田野考古学的体系与范式，极大推动了中国考古学的发展。苏东海先生始终站在学术前沿，不断求索、思考、阐释"什么是博物馆，怎样认识博物馆，怎样发展博物馆"这一时代命题，旗帜鲜明地提出中国的文博事业应走现代化发展之路，为构建中国本土化博物馆理论艰辛探索，被誉为"中国生态博物馆之父"。立一家之言、成一门之说，既能满足学者的精神追求，又能符合国家之需、人民之需，两全其美，岂不乐哉！

一个时代有一个时代的学者，一代人有一代人的学问。《国博名家丛书》涵盖文物、考古、历史、博物馆学等诸多研究领域，以向读者尽可能系统完整呈现名家学术思想脉络、提供尽可能多学术信息为原则，选取名家学术生涯中具有典型性的、在其学术贡献中成体系的文章重新编排出版。丛书以名家设卷，卷下分册，各卷按学术研究方向划分主题板块，每个板块基本按文章发表时间顺序编排。这既是对过往的总结，也是对未来的期许：一是旌表和褒扬前辈名家们一生志在一事、躬耕职守、潜心钻研的人生选择；二是嘉惠学林，为文博界全面了解每位国博名家的学术研究历程及其学术研究对我国文博事业发展所做出的贡献等提供便利；三是弘扬和传承国博名家严谨求真的治学态度、扎实的学术功底，重光国家博物馆深厚的学术底蕴和良好的学风文风；四是述往而开新，厘清百十年来国博学术思想的演进谱系，重构国博独有的学术精神与传统，赓续国博文脉；五是引发思考和启迪，激励国博中青年研究人员奋发有为，在文物博物馆研究领域不断奋进，早日成长为新一代国博名家。

中国国家博物馆是具有深厚历史底蕴和光荣革命传统的国家最高历史文化艺术殿堂，肩负珍藏民族集体记忆、传承国家文化基因、促进文明交流互鉴的重要职责。国博人将牢记总书记嘱托，踔厉奋发，奋力开创各项工作新局面。在党的二十大胜利召开，吹响第二个百年奋斗目标号角的新征程中，国家博物馆将站在新的发展起点，发挥自身优势，紧扣时代脉搏，坚定历史自信、筑牢历史记忆，打造引领文博事业发展的人才高地，用文物和展陈记录新时代党和人民的伟大创造、伟大实践，为不断谱写马克思主义中国化时代化新篇章，为全面建设社会主义现代化强国，以中国式现代化全面推进中华民族伟大复兴作出自己应有的贡献。

苏东海

苏东海（1927.2—2021.8），北京人，博物馆学家。北京大学哲学系毕业，原中国革命博物馆陈列部主任，中国国家博物馆终身研究馆员，长期从事中共党史和博物馆学研究。主要论著《博物馆的沉思—苏东海论文选》（三卷本）《论1927年东下北上之争》《博物馆演变史纲》等。

要在博物馆有出息，就得脚踏实地实践，经验是博物馆理论的源泉；要爱博物馆，就得亲近文物，文物是博物馆情感的源泉。

苏东海

一位马克思主义者的中国博物馆学构建之路

——苏东海先生学术小传

苏东海（1927.2—2021.8），男，汉族，北京人，出身于书香门第，祖父是清末秀才，父亲苏从周曾任铁道部参事、铁道部文教局副局长等职。苏东海先生自幼感受抗日战争的烽火，民族情怀油然萌发。1946年后入辅仁大学学习哲学心理学，1947年考入北京大学哲学系，在父亲和中共地下党员的帮助下完成思想蜕变，坚定马克思主义信仰，后被党组织吸纳为民主青年联盟成员。1948年因参加地下组织活动被捕入狱。1949年北平解放后出狱，当年参加华北野战军68军，被分配至军宣传部教育科，开展政治思想工作。1951年随部队入朝鲜作战。1955年随部队回国，被授予中尉军衔。1956年授上尉军衔，同年加入中国共产党。

1958年苏东海先生转业至中央革命博物馆筹备处，参与筹备中国革命史陈列，被分配在新民主主义时期的解放战争时期组。1962年完成第一篇博物馆哲学论文《文物在陈列中的两重性》。1963年任保管部陈列保管组组长，先后建立文物入陈、撤陈程序和革命博物馆藏品卡片目录系统等，整理研究柳亚子遗物和太平天国的文物。1976年调陈列部筹备展览。苏东海先生做陈列工作几十年，具有扎实的展览基本功和丰富的实践感悟，对陈列展览有独到的见解，主张突出展品的情感及文化上的价值。

1978年，随着改革开放的春风吹遍祖国大地，苏东海先生的党史与博物馆学研究也迎来了春天。苏东海先生恢复陈列和党史研究工作时已51岁。虽然已到知天命之年，但他以百倍的热情重新出发，1981年开展周恩来研究，先后完成《1930年李立三、周恩来、毛泽东比较研究》《试析周恩来思想风格》等论文。1983年担任陈列部主任，对博物馆文物从入藏、保管再到陈列展示等基本业务的全流程理解更加深刻，结合他对党史和近现代史的研究，形成其独特的博物馆历史表达风格。1986年，苏东海先生卸任后有了更多的个人时间。在博物馆大发展的契机下，苏东海先生将研究视角从党史研究转向博物馆学研究，从个体博物馆研究转向群体博物馆研究，并开始筹办《中国博物馆》《中国博物馆通讯》刊物，此后长期担任这两种刊物主编。苏东海先生坚持以历史唯物主义的方法，深思耕耘中国博物馆学，肯定了中国博物馆界改造"三性二务"论、将收藏放在第一位的做法，并将收藏、研究、教育三个博物馆职能的关系比作同心圆的中心圆、内圆和外圆，认为三者的发展变化是线性演进的，并最终推动了博物馆物概念的扩大。他接连发表《世界博物馆及博物馆学存在着两个系统》《博物馆演变史纲》《文化的碰撞与博物馆教育的传统职能》《博物馆学在中国》《当代世界博物馆大发展的剖析》《论博物馆及博物馆学之中国特色》《创建有中国特色的博物馆学的十年》等论文，以历史唯物主义的方法，把博物馆的现象放在不同的社会形态中加以观察，提倡博物馆和博物馆学研究要强调民族和时代特色，开启了以马克思主义为基础的中国特色博物馆学的构建之路。

1987年之后，苏东海先生将博物馆学的视野扩展到国际博物馆界，坚持"和而不同"的学术立场，积极参与国际博物馆学会的活动，在国际刊物上发表多篇论文，（如《挪威博物馆学》杂志还系统刊登了《苏东海论文选》），他先后与国际博物馆学会委员会主席鹤田总一郎、冯·门施等进行学术对话，阐明中国博物馆和博物馆学的发展道路，探讨博物馆学的基本问题，为世界博物馆学的发展贡献中国智慧。

1994年苏东海先生67岁离休。他虽已年近古稀，但仍然致力于构建中国特色的博物馆学，重点关注博物馆文化竞争力、文化吸引力下降的问题，探讨博物馆本质、本质属性、本质属性如何作用于观众以及由博物馆性质衍生出来的诸问题。他笔耕不辍，陆续发表《文物大国的忧患》《中国博物馆的哲学》《博物馆科学研究工作的再思考》《中国博物馆管理学引论》《论博物馆的现代化》《中国文物博物馆事业两个根本性转变的思考》等论文，并将世界环境与发展委员会主席布伦兰特的可持续发展思想引入中国文博界，发表《中国文物博物馆事业可持续发展战略研究》，旗帜鲜明地提出中国的文博事业应走现代化发展之路，应实现从旧的管理模式向现代文博事业，从封闭、半封闭状态向社会充分开放两个根本性转变。

1995年，苏东海先生开始在中国传播和实践国际生态博物馆思想，将生态博物馆的三个思想来源概括为对传统博物馆的批判，现代生态科学和现代环境科学的影响，以及欧洲激进思潮的驱动，并为生态博物馆给出一个开放的中国化定义：生态博物馆是对自然环境、人文环境、有形遗产、无形遗产进行整体保护、原地保护和居民自己保护，从而使人与物与环境处于固有的生态关系中并向前发展的一种博物馆新理念、新方法。苏东海先生在贵州梭嘎乡创建中国第一座生态博物馆，并于2005年组织并主持了贵州生态博物馆国际论坛。他发表了一系列影响深远的论文，如《关于生态博物馆的思考》《在贵州梭嘎乡建立中国第一座生态博物馆的可行性研究报告》《努力把握生态博物馆的特征》《国际生态博物馆运动述略及中国的实践》《中国生态博物馆的道路》《建立与巩固：中国生态博物馆发展的思考》等，确立了生态博物馆中国化的实践经验和建立成果，并对中国生态博物馆的未来给出了自己的科学预判和长远建构，在国内外产生广泛影响，他也因此被称为"中国生态博物馆之父"。

2000年之后，苏东海先生继续博物馆学理论的探索。他将研究重点放在博物馆学基础理论上，并把非物质文化遗产纳入研究视野，有关博物馆本体论的思考和哲学体系的建构是其学术研究中的关键。他先后发表《博物馆理论研究的再出发》《文化多元化中的博物馆多元化》《博物馆的全球化和本土化》《中国博物馆与无形遗产》《无形遗产的五个基本问题》《博物馆的时代主题、时代特征与博物馆的发展走向》《当前我国博物馆热的初步分析》《博物馆情感初论》等论文。对"博物馆物"的研究深耕多年后，苏东海先生于2005年发表《博物馆物论》，以马克思主义哲学原理，彻底厘清了"物人关系"的困扰，强调博物馆物在博物馆中的核心地位与本质特征，并从博物馆物的认识论、知识论、情感论、价值论、发展观和经济观六个方面系统阐述了博物馆物的特殊存在形式及其价值，成为博物馆学术界的经典之作，为中国特色博物馆学的构建推进了重要一步。

苏东海先生终其一生，始终思考的是以马克思主义的立场、观点、方法来阐释"什么是博物馆，怎样认识博物馆，怎样发展博物馆"这一基本问题，并提出博物馆学的本土化、特色化这一时代命题，阐释中国博物馆的使命价值，提出物是博物馆本质特征的观点，同时指出博物馆不仅仅要研究物，也要研究人与物的关系，出版《博物馆的沉思》三卷，为中国特色博物馆学的发展做出了不可磨灭的贡献。基于苏东海先生在国际国内博物馆界的广泛影响和声誉，2012年5月中国博物馆协会授予他终身成就奖，7月，中国国家博物馆授予他"学术成就与突出贡献奖"。2018年中国国家博物馆授予他"终身研究馆员"。

2021年8月16日苏东海先生在北京逝世，享年94岁。苏东海先生是一位坚定的马克思主义者，一生经历新民主主义革命、社会主义革命和建设、改革开放和社会主义现代化建设、中国特色社会主义新时代等不同时期，始终对共产主义理想信念坚贞不渝，对党和革命事业无限忠诚，始终坚持"行动中的马克思主义"这一思想方针，始终坚持以马克思主义的立场、观点、方法构建中国博物馆学，为中国特色社会主义博物馆事业发展做出了重要贡献。

本文由张伟明、邵凡晶依据《苏东海思想自传》整理完成

编辑说明

苏东海先生的博物馆研究大致分为基础研究、发展研究、应用研究、历史研究、生态博物馆及国际对话与通信六部分,此次《国博名家丛书·苏东海卷》以《博物馆的沉思》(卷一、卷二、卷三)以及《苏东海思想自传》为底本,选编其中苏东海先生的代表性博物馆研究论文60余篇,集中展现了苏东海先生在博物馆、博物馆学研究领域的代表性研究成果。鉴于篇幅和丛书宗旨,有关现当代史研究、党史研究、图录介绍等类别的文章或论著均未编入。

本书基本按照苏东海先生的研究领域,划分为"博物馆学理论研究""博物馆历史与发展研究""博物馆学方法与应用研究""生态博物馆研究""对话"五章,在沿用《博物馆的沉思》编辑体例的基础上,结合苏东海先生的博物馆实践对部分篇目的插图进行了补充,编者配图一并在篇末附记中说明。为了保留原文风貌,个别文章存在编辑体例、名词用法、名词翻译前后不一致的情况,特此说明。

目　录

上

一　博物馆学理论研究

下

一 博物馆学理论研究

世界博物馆及博物馆学存在着两个系统

中国博物馆学会常务理事、会刊编委会主任委员苏东海在发言中说：

由于历史的、文化的、经济的、地理的以及政治的诸种因素，在世界博物馆的发展中，在博物馆学体系的形成中，实际上存在着东方系统和西方系统。

西方系统主要是西欧和北美的博物馆。现代博物馆产生于西方，欧风东渐，传入东方。西方的现代博物馆是资本主义发展的产物，是伴随着资产阶级的科学、技术、经济、文化的客观需要迅速发展起来的。十九世纪西方博物馆达到了第一个发展的高峰。当代，二十世纪中叶以来，西方博物馆学的研究反映了西方博物馆的发展特征。在经济力量雄厚、科学技术发达的社会里，西方博物馆在应用新技术、新材料以及自然科学、社会科学的新成果上有它的优势和成就。因此西方博物馆的应用博物馆学的研究成绩比较大，研究的面比较宽。特别是在引进、结合先进科学成果方面做了较大的努力。如运用行为主义心理学、教育心理学、社会学、大众文化学等于博物馆工作及研究之中。在历史博物馆学方面的研究也有发展。但是在理论博物馆学方面，西方博物馆学界则相当轻视，甚至出现否定博物馆理论的极端主张。可以说西方系统在理论博物馆学方面是落后的。

东方系统主要是苏联、东欧、中国、朝鲜等国的博物馆。这些国家的博物馆是以马克思主义为指导思想，以马克思主义哲学为基本方法论，以社会公有为主的社会主义类型博物馆。这种类型的博物馆产生于十月革命之后的苏联，二次大战后陆续引入社会主义国家。东方系统的博物馆，也就是社会主义博物馆一开始就重视理论建设，自觉地在马克思主义世界观的基础上发展博物馆事业。特别重视科学文化教育和共产主义思想教育的职能。本世纪七十年代以来，东西方两个系统的接触和交流增强了，促使东方系统的博物馆在理论博物馆学方面，不断进行新的思考和探索。在博物馆的高层次问题中提出了一些新的观点，如博物馆学研究的对象问题、定义问题、博物馆的职能问题、性质问题等等。突破了五十年代的《苏联博物馆学基础》的一些传统观点，比较注意汲取现代科学成果，体现了对现代博物馆进行理论概括的努力。但是，东方系统的博物馆限于财力、物力和科技水平，在应用博物馆学方面比较西方显然是落后的。

在东西方系统之外，存在着相当多的博物馆，从历史渊源、文化渊源来看，它们严格地说不属于那个系统。如日本博物馆，它在理论博物馆学、应用博物馆学和历史博物馆学三个方面都汲取了东西方的养料，有自己的发展。因此我们不能也不必把每个国家的博物馆都纳入两大系统之中。

苏东海在展望八十年代博物馆发展的趋势时说：两大系统的博物馆正趋于接近。特别是在新科学、新技术、新材料方面相互借鉴和融合将会进一步增加。在应用博物馆学上将会有更多的共同语言。但是在理论博物馆学方面，尽管有很多人想建立世界统一的现代博物馆学理论，但可能性并不是很大的。因为博物馆是一种文化事业，它分属于不同的意识形态。人们可以找到相当多的一致性，但建立统一的现代博物馆学的共同体系则是艰难的。

中国的博物馆建设要为中国的"四化"服务。因此，中国现代博物馆学的建立要具有中国的特色。目前中国博物馆学的研究，还没有从传统博物馆学的原有的基础上升到现代科学的水平。随着精神文明建设的发展，中国博物馆事业的发展将是迅速的。实践在呼唤着理论。建立具有中国个性的现代博物馆学，已经变得刻不容缓了。以往的实践需要进行理论的概括，未来的发展需要理论的向导。博物馆学会和它的刊物负有推动学术研究、提供学术交流园地的重要职责，我们的编委会将竭尽绵力为建立中国现代博物馆学而努力。

原文刊于《中国博物馆》1986 年第 3 期

博物馆（中国大百科全书博物馆卷卷首文章）

题记

《中国大百科全书》在每一学科的卷首设置一篇对该学科的概括性文章，署名发表。博物馆卷的概括性文章——《博物馆》是由中国博物馆学会理事长吕济民先生和我合作撰写的。在这篇文章中概述了博物馆的定义、博物馆的历史、博物馆学、博物馆业务及博物馆与社会等内容。1992 年撰写，1993 年出书。

博物馆在人类生活中占有重要位置。它的活动已经渗透到教育、科学、文化、旅游、环境保护等各项事业之中，发挥着特殊的作用。博物馆被视为学校的第二课堂、成人的终生学校、文化的窗口、旅游的热点，是人们扩大知识领域、满足审美享受、培养生活情趣、陶冶身心的重要场所。博物馆还是保存和研究人类文化遗产的重要机构。因此，各国都十分重视发展博物馆，至 20 世纪 80 年代，博物馆的总数已经达到 3.5 万多座。随着各国经济文化的发展，博物馆还将迅速增加。

博物馆的定义

博物馆在适应社会发展的漫长历程中，形成多职能的文化复合体。随着社会的发展，博物馆的职能仍在不断地发展变化之中。博物馆的新职能、新形态、新方法、新的收藏对象也不断地出现。因此，国际公认的博物馆定义也在不断修改之中。国际博物馆协会为了给博物馆下一个各国都能接受的定义，进行了很多工作，花了很长时间，曾经作过多次讨论和修改。1946年11月，国际博物馆协会成立时的章程中提出：博物馆是指为公众开放的美术、工艺、科学、历史以及考古学藏品的机构，也包括动物园和植物园。1951年、1962年、1971年，国际博物馆协会又多次对博物馆定义进行了讨论修改，直到1974年，国际博物馆协会第十一届大会通过的章程，才明确规定：博物馆是一个不追求营利的、为社会和社会发展服务的、向公众开放的永久性机构，为研究、教育和欣赏的目的，对人类和人类环境的见证物进行搜集、保存、研究、传播和展览。很多人认为，这是目前较为适当的一个定义，但也有人认为，这只是国际的一般性定义，各国仍按自己的认识和理解去对待博物馆。美国《简明不列颠百科全书》指出：现代的博物馆是征集、保藏、陈列和研究代表自然和人类的实物，并为公众提供知识、教育和欣赏的文化教育机构。美国博物馆协会认为：博物馆是收集、保存最能有效地说明自然现象及人类生活的资料，并使之用于增进人们的知识和启蒙教育的机关。《苏联大百科全书》提出：博物馆是征集、保藏、研究和普及自然历史标本、物质及精神文化珍品的科学研究机构、科学教育机构。日本的博物馆法规定：博物馆是收集、保存、展出有关历史、艺术、民俗、工业、自然科学等资料，供一般民众使用，同时进行为教育、调查研究、启蒙教育等所必要的工作，并对这些资料进行调查研究作为目的的机关。

中国对于博物馆的认识，有一个逐步深入的过程，对其定义也有过多次修改。20世纪30年代中期，中国博物馆协会认为：博物馆是一种文化机构，不是专为保管宝物的仓库，是以实物的论证而作教育工作的组织及探讨学问的场所。中华人民共和国建立后，对博物馆的定义进行了两次大的讨论和修改，直到1979年，全国博物馆工作座谈会通过的《省、市、自治区博物馆工作条例》

中才明确规定：博物馆是文物和标本的主要收藏机构、宣传教育机构和科学研究机构，是我国社会主义科学文化事业的重要组成部分。博物馆通过征集收藏文物、标本，进行科学研究，举办陈列展览，传播历史和科学文化知识，对人民群众进行爱国主义教育和社会主义教育，为提高全民族的科学文化水平，为我国社会主义现代化建设做出贡献。中国博物馆界对这一定义基本上是肯定的。

博物馆的历史

博物馆的起源　博物馆作为一种文化现象起源于对珍品的收藏。这种文化现象的出现可以远溯到古希腊、古罗马时代。当人类进入文明时代后，生产力提高，社会财富增长，使一部分人摆脱了体力劳动的重担，有时间进行文化艺术的创作和享受，从而产生了许多文化珍品。同时由于私有制的出现，个人占有财富的社会现象不断扩大，以致从物质财富的私人占有发展到精神财富的私人占有，于是搜集或掠夺文化珍品予以私藏的现象也就出现了。公元前3世纪，托勒密王朝在亚历山大城的宫殿里建立缪斯庙存放亚里士多德学园里选存的珍品，并不断扩大收藏。这个收藏珍品的场所——缪斯庙就成了现在人们所说的最原始的博物馆。博物馆的英文museum就是源于希腊语缪斯庙mouseion一词。到罗马共和时代，这种原始博物馆的文化现象开始成批出现，皇室、贵族中私人收藏各种珍品和稀有古物的风气日益兴盛，有的甚至开辟陈列室供客人观赏。中世纪的欧洲处于封建制度和教会统治之下，但收藏珍品的文化现象并没有消失，许多国家的中世纪大教堂都专门开辟了珍品室保管和陈列珍奇物品、法器、圣像、写本、教主遗物。传教士也从所到之处带回了种种珍奇物品，使人们眼界大开。世俗文物的收藏也有发展，多集中在宫廷、贵族、宅邸、庄园、城堡之中。14—16世纪，欧洲处于从封建社会向资本主义社会过渡的历史之中，在文艺复兴的浪潮中，收藏珍品的文化现象进一步发展起来，大批希腊著作的手抄本和从罗马废墟中发掘出来的古代雕塑等艺术珍品，在欧洲人面前重现了古代文明的光彩，在新的达官富贾、新生地主中引发了收藏和欣赏古董的热潮，收藏珍品的文化现象从皇室、教会普及到了新兴市民阶级。那时德、意、法、荷兰四国收藏家多达千余家。这些私人藏品以后多为博物馆收买，奠定了欧洲各大博物馆的藏品基础。

现代博物馆的诞生与发展　17—18世纪欧洲各国先后进入资产阶级民主革命高潮。资产阶级登上历史舞台带来了资本主义文明。新兴资产阶级倡导的民主与科学精神，与现代博物馆的诞生密切相关。在资产阶级领导的民主运动中，在社会开放、知识普及的浪潮中，博物馆的殿门被革命敲开了。1789年的法国大革命推翻了波旁王朝的统治，收藏在皇宫中的大量欧洲艺术珍品转为国家所有。政府下令在卢浮宫建立中央艺术博物馆正式向公众开放。继卢浮宫开放之后，欧洲各国纷纷建立了国家博物馆。私人博物馆也相继开放，从而开始了博物馆社会化的进程。随着科学革命的发展，博物馆界出现了一种新现象：科学博物馆的诞生和博物馆科研职能的发展，各种动植物标本、矿物岩石标本、古生物、古人类遗骸以及天体望远镜、显微镜、温度计等仪器进入博物馆，不仅扩大了藏品的内涵而且产生了博物馆的第二职能，即科学研究职能。这时博物馆往往就是科学家工作的场所，藏品就是科研的对象和资料，博物馆往往成为建立相应的科学研究所的基础。在工业革命的深入和初等教育普及运动开展的形势下，博物馆的社会教育职能也迅速发展起来，于是形成了收藏、科研、教育三职能兼备的现代博物馆。这种现代形态的博物馆至19世纪在欧美等西方国家已经相当普遍地发展起来了。两次世界大战之间的和平时期，世界博物馆又出现一次发展高峰。1926年国际联盟在巴黎成立了国际博物馆事务局，这是第一个博物馆的世界性组织，是30年代世界博物馆运动的纽带。苏联十月革命后建立的博物馆是以社会主义公有制为基础的一种新型的博物馆，在博物馆发展史上具有特殊意义。在第二次世界大战以后相继建立的社会主义国家中，普遍发展了这种性质的博物馆。二次大战后，世界处于相对和平环境中，科学技术日新月异，物质生产迅速发展，人民生活不断提高，国际社会进一步开放，这都为博物馆的迅猛发展创造了条件。20世纪80年代博物馆的总数已接近二次大战前的4倍。根据国际博协1971年哥本哈根会议的规定，保存活标本的机构，如植物园、动物园、水族馆、自然保护区、科学中心和天文馆都进入博物馆行列。博物馆的新类型还在不断产生。现在博物馆已经成为各国教育和文化服务的重要组成部分，成为旅游和国际交往的重要场所（见外国博物馆史）。

中国博物馆的发展道路　中国古代私人藏钟鼎古器物起源很早。远在公元前的商周时代就有了收藏珍品的场所，此后，收藏之风历代不衰。两宋以来对藏品研究有很大发展，目录学、金石学有重大成就。19世纪下半叶在洋务运动、维新运动中，有识之士不断提倡引进西方类型的现代博物馆，作为"开民智"的重要措施。由于办博物馆被视为"新政"之一端，遭到清政府的反对，直至1905年，中国博物馆建设的先驱者张謇自费创建中国第一座现代博物馆南通博物苑，才开始了中国现代博物馆事业的新纪元。1911年孙中山领导的革命推翻了清王朝，建立了"中华民国"。他的政府中的教育总长蔡元培和在社会教育司工作的鲁迅都是十分重视博物馆建设的。可惜这个政府不久就为军阀政府所取代，博物馆事业未能发展起来。到了30年代中国才真正出现了博物馆发展的第一个高峰。这个高峰的到来，一方面受30年代世界博物馆运动的影响，一方面与当时中国社会的经济、科学文化发展的需要有关。1928年全国博物馆只有10个，到1936年就发展到77个。大型博物馆如"国立历史博物馆"、故宫博物院、中央博物院、自然博物院相继筹建，各省也纷纷建馆。中国现代博物馆事业虽然起步很晚，但一开始就具有比较鲜明的收藏、科研和教育作用。当时博物馆业务相当活跃，甚至多次出国参加国际展览活动。1935年中国博物馆协会诞生，发行了会报，刊印了丛书，并于1936年举行年会讨论学术、规划事业。正当中国博物馆事业进入兴盛时，战争却中断了这一富有希望的进程，使中国博物馆遭到严重破坏。

中国博物馆事业发展的第二个高峰是在中华人民共和国成立后的50年代。中国共产党和人民政府对发展文物、博物馆事业十分重视。中央政府刚一建立就发布了一系列法令保护珍贵文物和文化遗址，还专门发了《征集革命文物令》，在经济困难的情况下仍然拨款发展博物馆事业。1949年，中国大陆只剩下21个博物馆，3年后的1952年全国省市以上的博物馆就发展到40个。1953年第一个五年计划开始后，博物馆仿照苏联地志博物馆筹办全面反映地方自然、历史和社会主义建设面貌的地志博物馆。1957年第一个五年计划结束时全国博物馆总数已达到72个，除青海、西藏外，省级博物馆大体都已建立，基本上改变了旧中国博物馆集中在少数城市的不平衡局面。50年代后期在北京还建立了规模较大的中国历史博物馆、中国革命博物馆、中央自然博物馆和中国人民革命军事博物馆等国家级博物馆。

中国博物馆事业发展的第三个高峰是在80年代。在改革开放的新形势下，加快了博物馆建设的步伐。10年期间博物馆在数量上、质量上都有了相当大的发展。1988年底统计全国文化系统共有博物馆903个，10年间增长了2.6倍。如果把非文化系统自办的博物馆也计算在内，至1987年底中国博物馆总数已达千余个。全国博物馆工作者正为创造有中国特色的现代博物馆而努力（见中国博物馆史）。

博物馆学

随着博物馆的发展和演变，博物馆学也在发展之中。初期的博物馆学同其他学科一样是从对个别研究对象的记述开始的。早在16—18世纪西欧国家就出现了一些这样的著作，其后有些著作陆续涉及博物馆藏品分类、陈列、教育和历史，如1904年美国人D.默里编写的《博物馆的历史和功用》、美国博物馆协会成立后出版的《博物馆的目的与方法》等。20世纪30年代开始，博物馆学研究有了新的发展，研究视野逐渐扩大，成果也日见增多。1934年国际联盟学术合作委员会举行万国博物馆专家会议，同年出版了两卷本《博物馆学》，并很快被译成多种文本，推动了各国博物馆学的研究。第二次世界大战后各国博物馆事业的恢复和发展促进了博物馆理论的发展。1950年出版的棚桥源太郎著《博物馆学纲要》建立了日本博物馆学的体系；1955年出版的《苏联博物馆学基础》一书系统地阐明了苏联博物馆学理论和实践的基本问题，第一次把马克思主义注入了博物馆概念之中，用马克思主义哲学解释博物馆的本质和现象，指导博物馆的实践。它的出版对苏联以及其他社会主义国家的博物馆产生了广泛影响。70年代以来，博物馆学开始了学科建设的新时期。博物馆学长期偏重应用和技术方面的研究，要把传统博物馆学上升到现代科学的水平上来，有待于学科基础理论的发展。国际博协博物馆学委员会和各国学者特别致力于博物馆学的定义、概念和范畴的再研究，力图对博物馆多性质、多职能的复杂现象和不断发展变化着的进程进行新的理论概括。博物馆学的各种分支学科的建设正在方兴未艾。博物馆管理学、藏品保管学、博物馆教育学、陈列学等都在进一步发展中。为了适应学科的新发展，博物馆学方法论的研究也在展开。在建立国际统一的博物馆学的同时，在不同文化背景下各国也在发展着自己的博物馆学研究。1981年中国国家文物事业管理局组织专家编写的《中国博物馆学概论》对博物馆的基础理论和工作方法进行了探讨。符合中国国情的具有中国特色的博物馆学正在创立之中。

博物馆的业务活动

博物馆藏品　藏品一词内容非常广泛，博物馆藏品系博物馆收藏物的总称，它具有特殊的含义，不是任何实物都能成为博物馆藏品的，而只有那种能够反映人类和人类环境的具有历史、艺术、科学价值的实物才能成为博物馆物品。博物馆物品是博物馆赖以活动的物质基础，如果不把物作为主要的信息传播工具，不论其性质如何都不是博物馆，这就是博物馆与科研、教学等机构不同之处。以物组成博物馆特有的语言，这是任何别的机构无法取代的。值得注意的是博物馆物的概念在不断地扩大，特别是当代博物馆各种类型层出不穷，博物馆物的概念远远超出"历史化石"的内涵。我们对博物馆物的概念也必须从发展中去把握。例如人类历史和自然历史中有文化价值的遗址、遗迹，有文化价值的生态环境和自然保护区的整体等都被视为放大了的博物馆的物。博物馆的物已经包罗万象，博物馆已经成为人类和国家的文化财产的宝库。因此博物馆的收藏和保管工作具有特殊的重要性。保管工作的根本意义在于使用，而使用的前提在于永久保存。为了今天、明天以至子孙万代的使用，博物馆收集和管理藏品的工作具有第一位的、基础性的地位，各国博物馆都不遗余力地致力于藏品收集工作。一个博物馆馆藏珍品的多少，直接关系到这个博物馆的社会声望和实际业务的开展。中国博物馆藏品的搜集工作主要是通过考古发掘、接受馈赠、征集（采集）以及馆际交换等方式进行积累的。博物馆对藏品的管理有很高的专业要求和严格的保护措施。保管工作的现代化水平和科学保护水平仍在不断提高。藏品信息的传播手段也日益多样化。

陈列展览　博物馆的信息有许多传播形式，其中陈列展览是最基本的形式。博物馆既设置长久性的基本陈列，又举办临时性的展览，两者相辅相成担负着博物馆信息的展示任务。基本陈列是博物馆展示信息的主体，是博物馆进行社会教育活动的主要阵地。一个博物馆的基本陈列不仅反映着这个博物馆的性质与类型，而且体现着它的藏品质量与科学研究水平。一个博物馆的学术声誉和业务声誉往往来自这个博物馆的高水平的陈列。临时展览则可以从多方面开拓陈列主题，扩大博物馆信息的传播量，使博物馆陈列呈现多样化的生动活泼局面。经常举办临时展览是博物馆业务活跃的表现，中国国家级博物馆和一些地方博物馆在基本陈列之外，经常举办各种临时展览，吸引了大量观众，提高了博物馆的参观率，有些十分成功的临时展览进一步增进了举办博物馆的知名度。一些藏品较少的小型博物馆，引进或组织临时联展也有不少成功经验。随着科学技术发展，博物馆展示方式也日益多样化。在经济发达国家，利用电视、电影展示博物馆陈列已相当普遍。陈列在博物馆各项业务中起着承前启后的作用，是各项业务的中心环节。各国博物馆都十分重视提高陈列质量，而陈列质量首先在于陈列品的数量，拥有相当数量的、有吸引力的高质量陈列品是搞好陈列的物质前提。最具有博物馆价值的陈列品是实物原件，这些实物原件是博物馆信息最原始的载体，是第一手的原始资料，我们把它通称为文物。一个陈列（不包括科技陈列）如果没有高质量的文物是很难真正吸引观众的。"让文物说话"是博物馆陈列语言的特征，但是有了好的文物并不等于有了好的陈列。好的内容必须靠好的形式来表现。根据美学原则，组合文物并予以艺术处理是提高陈列质量的关键性步骤。许多成功的文物组合和精彩的艺术处理往往给观众留下难以磨灭的印象。第二次世界大战后，经济发达国家在陈列技术和陈列手段上运用新材料、新技术，具有更现代化的水平。苏联博物馆创立的主题结构陈列方法为社会主义各国博物馆普遍采用（见博物馆陈列）。

教育职能 博物馆教育现象大约出现在19世纪。过去观众在库房中参观藏品，博物馆方面并没有一定的教育目的。到了19世纪中叶，有的博物馆另辟陈列室有目的有组织地陈列藏品，有计划地对观众施以影响，于是开始出现了博物馆教育现象。1852年建立的德国纽伦堡日耳曼博物馆就是按史前时代、罗马时代、德国时代3个系统6个展室组织陈列的。它帮助观众了解了不同时代的社会面貌，显然这是一种教育行为。1851年在伦敦举办的万国博览会也是含有宣传教育目的的。当时举办这种轰动社会的大型博览会显示了实物的宣传教育价值，扩大了以实物教育为特征的博物馆的影响，博物馆教育的价值逐步为有识之士所认识。1873年英国皇家艺术学会提出"使所有的公共博物馆，皆具有教育及科学的目标"。20世纪上半叶的50年间爆发了两次世界大战，宣扬民族主义、爱国主义成为这一时代思想教育的主题。博物馆正是弘扬民族传统文化、凝聚民族向心力的好场所，博物馆教育遂为各国普遍重视。第二次世界大战后，科学技术的发展进入新的时代，科学的普及又是科学昌盛的基础，因此当代各国都十分重视科普教育。20世纪80年代末，世界上科技博物馆已达4000座左右，其中60%以上成立于50年代以后。许多科技博物馆实际上已经成为本领域科普的中心。60年代以来，终生教育的概念已为人们普遍接受，许多国家采取鼓励甚至通过立法手段促其实现。回归教育、成人教育、职工教育不断兴起，博物馆作为社会教育场所日益发挥着重要作用。在当代世界性教育改革的潮流中，普遍重视学生自学能力和操作能力的培养，这一趋势引起了学校教育对博物馆的重视。博物馆教育以其巨大的实物教育资源为依托，有条件发展成为学校教育之外的第二教育系统。一些国家的博物馆设置了教育部门并配备一定数量的博物馆教师，力争更大地发挥博物馆教育作用。儿童教育、学龄前教育的注意力也转向了博物馆，不少国家建立了儿童博物馆。在大学中建立博物馆配合教学与科研也已相当普遍，博物馆巨大的教育资源和特殊的教育方式是其他教育机构所不能代替的。博物馆教育的社会价值正与日俱增。

博物馆的科研活动　由于博物馆类型的多样化和业务的多样化，博物馆内的研究领域是广泛而多样的。博物馆的科研活动涉及自然科学和社会科学中的许多学科，没有任何机构像博物馆这样在一个机构内包含着自然的和社会的、理论的和应用技术的多种研究活动。博物馆实际上是一个拥有多学科研究的有机复合体。博物馆的各项主要业务活动都应置于科学研究的基础上。博物馆科研活动的成果及其质量关系到博物馆的学术声誉和业务水平，因此博物馆的科研活动在博物馆中居于特殊重要的地位。各国博物馆一般都是由有学术声望的馆长直接领导全馆的科研活动。博物馆有多层次的研究工作，其中有一部分是属于学术性的。学术成果有的直接体现于陈列之中，有的则以学术报告、论文、专著的形式向社会发表。博物馆的学术性贡献更多地来自博物馆藏品。博物馆的藏品优势使自己的科研成果具有特殊的学术价值。各国著名的博物馆都拥有相当数量的学者、专家，他们的论著为学术界所重视。藏品保护的科学技术研究受到普遍重视，许多国家的文物保护科技研究所或研究中心就设在博物馆内。博物馆还有相当一部分科研活动属于业务性研究。把社会上和馆内的学术成果转化到业务中去，实际上是一种创造性的活动，也带有科学研究性质，如藏品保管中的鉴定、鉴选、分类、编目、科学保养等工作。陈列工作中建立陈列体系、构思陈列主题思想、规划陈列布局、设计陈列艺术形式、组合陈列品等也都是在科学基础上的创造性业务活动。这些都比一般业务工作带有更多的研究性质。至于各种讲解词的创作，对观众的研究也都具有一定的科研性质。此外，博物馆还开展了科研服务性工作，如博物馆的藏品保管部门、图书资料部门编辑出版的库藏目录、图录、图谱以及其他出版物，复制、复印的书画、拓片手稿、照片等都有助于馆内外研究者的科研工作。博物馆蕴藏的大量研究资料完全靠博物馆自己的研究力量去开发是远远不够的。尽管有些国家的大型博物馆拥有数十名甚至数百名专家、学者，但仍须要借助外力。中国博物馆的研究力量比较薄弱，科研活动的质量有待提高。

博物馆与社会发展　当代博物馆处在一个新的历史条件下，这就是第二次世界大战后的和平发展带来的社会变化。二次大战后，世界处于相对和平的环境之中，科学技术日新月异，物质生产迅速发展，人民生活不断提高，国际社会进一步开放，和平进步事业不断前进。所有这一切都为各国文化的新发展创造了条件。从20世纪五六十年代开始，在世界范围内，特别是经济发达国家中出现了文化发展的种种新趋势：科学技术普及化、文化消费高档化、文化民族化、文化回归自然等。这些趋势直接影响着博物馆的发展。在科学技术普及化的趋势下，科技博物馆的发展异常迅猛，60%以上的科技馆建立于50年代以后，其发展趋势有增无减。文化消费高档化的趋势不断强化着博物馆的职能。旅游的普及进一步推动着博物馆的发展。在世界文化发展的同时，民族文化的发展亦为各国所重视，博物馆在传播本国、本民族传统文化方面做出了贡献，其本身也得到了很大的发展。在工业社会中产生的回归自然的文化趋势，影响着博物馆发展的新方向。把自然景观、自然环境纳入博物馆正是对这种趋势的适应，古老的露天博物馆又受到人们的青睐，新兴的生态博物馆方兴未艾，走向自然已经成为当代博物馆追求的重要目标。当代博物馆出现的上述种种趋势，使博物馆的种类日益多样化，构成一种多姿多彩的社会文化事业。

当代博物馆更加开放，与社会发展的关系更加密切，博物馆教育加强了社会横向联系，博物馆成为第二课堂、终身教育场所。博物馆教育与学校教育、家庭教育以及其他社会教育一起形成国家的大教育系统。博物馆也与环境保护事业加强了横向联系。环境保护是一项新兴的世界性事业，它与属于博物馆范畴的自然保护区、国家公园、自然类博物馆密切相关。博物馆与科学研究机构、教学机构、各类企事业单位以及各项文化事业的联合，使博物馆冲出了院墙，更深入地走向了社会。

原文选自《博物馆的沉思——苏东海论文选》，文物出版社，1998 年

中国博物馆的哲学

题记

　　1994 年 9 月，国际博协博物馆学委员会年会在中国北京举行。我作为中方学术委员在年会上做了题为"中国博物馆的哲学"的主旨发言。这篇论文的英译文在国际《博物馆学论丛》、1994 年年会论文集、《挪威博物馆学》杂志上发表。论文的中文本在《中国博物馆》杂志 1994 年第 4 期上发表。这篇论文从哲学角度阐述了中国关于博物馆的本质观、价值观、伦理观，对于国外研究者了解中国博物馆学术思想是有帮助的。其中有些段落自认为是有创见的。

　　我们很荣幸能和这么多国际著名的博物馆理论家在中国聚会，并一起讨论博物馆学的若干紧迫问题。这对推动中国博物馆学的研究将会产生重要的影响。

　　我个人也很荣幸有机会在这里向诸位介绍中国博物馆研究中的几个最基本的问题。众所周知，1949 年新中国成立后，中国博物馆的理论和实践是在马克思主义的世界观、历史观和方法论指导下发展起来的。但是，这并不影响我们和国际博物馆界进行对话。尤其是 1978 年中国实行改革开放的国策之后，中国博物馆界正在走向世界。我们与国际博物馆学界在理论上的共同语言正在日益增多。各国博物馆之间在理论上的共性是大于个性的，我相信在理论领域中我们会有广阔的合作前途。

现在，请允许我对中国博物馆在理论上的几个哲学问题，向诸位作一个粗略的介绍。

一、中国博物馆的本质观

博物馆的本质是什么？这在中国博物馆界是一个受到十分重视的问题。中国对这个问题的广泛研究始于50年代。1956年5月举行的全国博物馆工作会议上着重研究并回答了这个问题。在这次有110位代表参加的全国会议上产生了著名的"三性二务"论。即博物馆的基本性质是科学研究机关、文化教育机关、物质文化与精神文化遗存或自然标本的主要收藏所。这三种性质的统一体就是博物馆。博物馆的基本任务是为科学研究服务、为广大人民服务。中国文化部副部长、中国学者郑振铎在大会讨论之后作学术总结时，进一步指出：博物馆的科学研究、文化教育与收集保藏文物标本，三项基本性质之间是不可分割的辩证关系。博物馆的性质特点就是由于同时具备这样三种性质。他的发言清楚地表明了博物馆的三种性质是一个有机的系统，是一个有机的机构整体。博物馆的本质就是由这三种性质有机组成的一种复合体。缺少任何一种性质就不是完整意义上的博物馆，其中任何一种性质单独存在也不是博物馆，只有三种性质共同存在才是博物馆。三种性质的有机存在构成了博物馆与其他机构相区别的本质特征。基于以上认识，可以说50年代中期，中国博物馆界已经从博物馆结构上回答了博物馆的本质问题。当然这只是对博物馆本质认识的开始。随着实践的发展，这种认识也在发展。

50年代中期召开的这次全国博物馆会议正是在中国共产党和中国政府提出"向科学进军"的号召之后，博物馆、图书馆为科研服务受到特别的重视之下召开的，因此博物馆三种性质的表述上，把科学研究放在最前面，并提出"科学研究是博物馆全部活动的基础"。

从60年代开始，中国加剧了政治斗争。"文化大革命"期间政治斗争发展得更加严重。博物馆的陈列展览不得不紧跟着政治需要转。歌颂某个历史人物的展览，顷刻之间可以变成批判这个人物的展览。历史可以随意编写，文物可以随意挖补改造。博物馆的科学性和实物性受到很大践踏，危及博物馆的本质。

　　"文化大革命"结束后，博物馆在反思中加深了对博物馆本质的再认识。中国博物馆界改造了"三性二务"论。把科研、教育、文物标本收藏三重性的旧顺序改为文物标本收藏、教育、科研的新顺序。这个新顺序把文物收藏放到了最前面，突出了它的地位。1979年6月颁布的《博物馆工作条例》就是按这种新顺序表述的。这三种性质的新顺序，不仅是表达顺序上的改变，而是对博物馆本质认识上的一次飞跃。博物馆的三种性质就是博物馆本质的三种特征。把实物特征突出出来，就是把博物馆本质中最核心的特征突出出来了。博物馆的科研特征、教育特征只有和博物馆的实物特征联系在一起，才能彼此有机地结合，才能构成博物馆这个特殊的复合体。对实物特征在复合体中的地位的新认识，是长期实践中得出的结论。这说明中国博物馆对博物馆本质的认识，已经从博物馆机构的研究深入到博物馆机构的功能研究中去了。

　　关于博物馆三性的关系，我在1988年发表的《博物馆演变史纲》中阐述了我的观点。我认为，博物馆的三种性质是历史形成的，不是任何人赋予的。在博物馆形成的历史过程中，物的收藏是博物馆最古老的职能，是博物馆最早出现的第一职能。物的收藏是博物馆多性质中的核心，离开了物，博物馆就失去了最本质的特征。在收藏职能之后，博物馆出现了第二职能，即科研职能。社会发展需要科学技术，但科学技术在博物馆这种文化体中生根，离开了物是不可能的。物是博物馆科学信息的载体。离开了物就没有博物馆科研的特色，也就失掉了博物馆作为科研和科普基地而存在的特殊价值。社会教育作为博物馆第三职能的出现，也不是凭空植入博物馆的，它是博物馆第一、第二固有职能的延伸。博物馆教育是一种围绕着物的教育，只有紧紧围绕着物，博物馆教育才会在社会各种教育中独树一帜，呈现出异彩。博物馆三种性质的职能是在博物馆的历史演变中，客观地、依次产生的。第二职能是第一职能的延伸，第三职能则是第一、第二职能的延伸和扩展。三者是同心圆的关系。中心圆是物的收藏，内圆是科研，外圆是教育。三职能是复合体不是混合体，是一个系统结构。合理发挥三职能的作用才能求得最佳的整体效益。

几十年来，中国博物馆界对博物馆本质的认识在不断地深化。但是一个事物并不是只有一个本质，对于事物的复杂现象可以抽象出不止一个本质认识。如冯·门施教授就把博物馆信息看作博物馆最本质的特征。在中国也有一些研究者提出自己的关于博物馆本质的新探讨，我在这里不多作介绍了。

二、中国博物馆的价值观

中国的博物馆是从西方引进的，中国人开始认识博物馆的价值也是从观察西方的博物馆而得来的。19世纪60年代，中国和日本差不多同时开展了学习西方的运动。中国政府派出的考察人员、外交使节、留学生等对西方文化中的博物馆都很重视，认为博物馆的实物使人大开眼界，增长知识，有利于提高人民的科学水平和文化水平。当时中国正处于被列强瓜分的危机之中，中国人正在寻求救亡图强的途径，因此，考察者首先看到的是博物馆的科学价值和教育价值，而这种价值是中国的社会改造所需要的。于是中国人开始创建博物馆。从1905年中国人自己创建第一座博物馆到1937年，中国共创建了42座博物馆。这些博物馆基本上都是政府创建的。政府为什么愿意在中国几十个大城市中创建博物馆呢？因为政府和社会上热心博物馆的有识之士认为博物馆的科学价值和教育价值是社会改造所需要的。作为这种价值载体的博物馆正是适应了这种需要而在中国得以诞生和发展。从以上叙述可以看出，中国博物馆是在特定的历史使命之下诞生和发展的。它的存在价值就在于它实现社会所赋予它的使命。中国博物馆从一开始就是使命型的博物馆。

1949年新中国成立后，中国博物馆进入了第二个发展时期。中国新政府很重视博物馆，出资兴建了一大批博物馆。全国除西藏、青海两个边远地区外，各省、直辖市、自治区都有了博物馆。当时中国是向苏联学习，苏联的博物馆有很强的社会主义意识形态特征。苏联博物馆的价值取向影响着中国博物馆的价值观。中国在博物馆的第二个发展阶段，政治价值成为博物馆得以存在和发展的主要因素。50年代博物馆的政治改造和博物馆工作人员的思想改造运动，60年代博物馆的文物工作和陈列展览工作服务于政治斗争都是这种政治价值取向的结果。价值是一种关系范畴。政府和社会是博物馆价值关系的主体，主体的需要是价值取向的主导方面。博物馆是价值关系中的客体，它虽然是价值的物质载体，但它只是潜在价值，只有满足了价值主体的需要，才能实现价值。价值关系决定于价值主体的需要，但价值客体在价值实现中也不是完全被动的，也可以能动地适应和影响价值主体的需要。价值主客体是相互作用的。"文化大革命"期间，有些博物馆随意编造历史，随意改造文物以适应政治斗争的需要，从而获得价值主体的重视，使自己得以生存和发展。当然这种歪曲博物馆价值以满足主体的特殊需要，是在一种特定的政治环境中发生的。

1979年中国开始进入以经济建设为中心的新的历史时期。阶级斗争已不再是社会生活的主题。博物馆的价值取向也因之发生了变化。博物馆又回归到文化本质上来了。博物馆作为国家的文化窗口受到政府和社会的重视。80年代的10年中，中国新增加了1000座博物馆。博物馆已经遍及中国中等以上城市。这些博物馆都是国家出资兴建的。这说明了国家和社会在文化建设中对博物馆价值的肯定和重视。博物馆也在努力扩大自己的文化功能以满足社会不断提高的文化需要。中国博物馆界对博物馆的文化本质、文化功能的研究，对博物馆价值评估的研究，以及对文物价值的研究，都正在兴起。关于博物馆的价值，我想在这里发表一点看法。

博物馆的价值是多种类、多层面的。博物馆蕴藏着巨大的价值潜力，有待于价值主体去认识、去开发。如果从社会大文化层面上看，我认为博物馆具有以下四种文化价值：

第一，证史价值。

人们对已经过去了的社会历史和自然历史的知识都是间接的、理性的，而非直观的。而博物馆收藏的藏品却是过去历史的原始的、可感知的实物资料。审视和研究这些历史的原始资料，人们可以直接接触和感知已经逝去的历史。这些资料，是与过去的历史共同存在的，是历史的见证物。这种见证物是历史的化石，是物化的历史，因此具有不容置疑的客观性和真实性，对于人们认知历史和感知历史具有极特殊的价值。当人们伫立在秦兵马俑阵势之前所受到的历史震撼是博物馆之外任何地方都不能得到的。这些历史见证物被称为文物，而博物馆的文物是在众多文物中精选出来，具有更大的历史纪念价值和历史实证价值。博物馆就是这些文物珍品的总汇。博物馆蕴藏着的这种别处没有的特殊证史价值物，有待价值主体去认识它、使用它。

第二，知识价值。

博物馆的物是一种特殊的知识载体，具有特殊的知识魅力。由博物馆的物组织起来的陈列、展览，是形象思维与逻辑思维的统一体，构成的是一种特殊的知识体系。正是博物馆的这种特殊的知识价值，吸引了各种层次的研究者、求知者到博物馆来。

博物馆提供的知识信息，与研究所、图书馆不完全相同，因为知识载体不完全相同。但是博物馆的知识信息与其他机构的知识信息可以互相补充、互相印证，从而可以扩大和丰富知识含量。从教育角度看，博物馆被公认为是学校教育之外的第二课堂。从科学研究和科学普及来看，博物馆的物也是书本知识的重要补充。可以说，博物馆是一种特殊的知识宝库。

第三，审美价值。

中国社会对博物馆的审美价值是不够重视的。当中国从西方引进博物馆时，主要是着眼于博物馆的科学教育价值，而忽视了博物馆的审美价值。尽管20世纪初，在德国留学的中国学者蔡元培多次介绍西方博物馆的审美价值，但并未引起社会的重视。80年代以来，中国社会开始注意博物馆的审美价值。一些研究者开始关注这个问题。目前中国博物馆的审美价值还没有被审美主体所充分认识，还有待于社会审美意识的提高。

这里应该指出审美的差异性。在不同的意识形态下，审美意识会有所不同；在不同的文化背景下，审美体验也会有所不同。审美主体的这种差异性，不但不会削弱博物馆价值的实现，反倒增强了博物馆对异国异地观众的吸引力，更大地实现了博物馆的审美价值。博物馆不但可以满足本国观众的审美需求，而且可以满足外国观众的审美需求，它是满足审美主体多种需要的好场所。

第四，道德价值。

中国社会比较重视博物馆的道德价值。中国博物馆本身也比较努力通过文物和陈列展览宣扬爱国主义精神、集体主义思想和大公无私勇于奉献的道德品质。中国政府还专门建造了雷锋纪念馆等许多英雄模范人物的专馆来歌颂和传播他们的共产主义道德品质和光辉业绩。中国政府还十分重视历史伟人、历史名人的纪念专馆，通过他们的思想、风范和事业潜移默化地提高观众的精神境界。博物馆的道德价值和审美价值是相通的。有一些道德被认为是美德。美德是人类精神的宝贵财富，是民族精神的一个重要方面。博物馆的职责之一正是要传播和发扬这种美德。歌颂高尚的道德行为、优秀的道德品质和崇高的道德理想，正是博物馆道德价值之所在。

以上谈了博物馆的四种文化价值。这四种价值是有内在联系的。证史价值、知识价值就是传统提法的"真"；道德价值就是传统提法的"善"；审美价值就是传统提法的"美"。博物馆同时成为真善美三种价值的载体，这是任何机构所办不到的。这是博物馆比任何文化载体更丰富更多彩之处。因此博物馆被誉为人类文化的缩影，一个国家精神文明的窗口。

三、中国博物馆的伦理观

应用伦理学的许多分支学科，如医学伦理学、法学伦理学、企业伦理学、政治伦理学等都已经发展起来。这不能不推动博物馆伦理学的建立和发展。国际博协关于职业道德的研究就是对博物馆伦理研究的一种努力。中国博物馆的伦理思想和道德实践，是继承了中国的历史传统和革命传统，有鲜明的中国特色。中国博物馆重视人际之间的伦理关系和道德思想建设。在中国长期从事博物馆工作的人员都有较高的职业道德修养，他们的行为规范更多地来自道德力量而非法制力量。中国博物馆的伦理思想主要表面在三方面：

第一，安贫乐道。

安贫乐道是中国的一句古老成语，它用以表达中国的一种传统美德。如用英语来逐字逐句表达，用现在的话说，安贫就是安于清贫，乐道就是忠实于自己的理想、热爱自己的事业。博物馆事业是一个清贫的事业，中国的博物馆更加清苦。能够在这个清苦的事业中，长期安心坚持下去，这是中国博物馆工作者的一种美德。中国的许多老博物馆工作者终生服务于这个清贫的事业，不见异思迁，不为别的优厚报酬的职业所吸引。什么原因使他们安于这个清贫的职业呢？是由于这个职业的特殊需要和特殊吸引力。博物馆的业务性很强，需要长期的积累。工作者积累的时间越长，业务素质就越高。因此需要工作者长期稳定在这个职业之中，这就需要有安于清贫的思想基础。安于清贫实际上是一种牺牲。安贫如果不和乐道联系起来，安贫就没有意义、没有价值了。中国古代哲人孔、孟在盛赞颜回安贫乐道时，都着眼于"乐道"。我们的博物馆工作者之所以能安于清苦，主要也在于他们崇高的职业责任心和职业感情。博物馆的工作者都有一种职业上的自豪感和崇高感。因为博物馆是和崇高的真善美联系在一起的；是和一个国家、一个民族的光荣历史联系在一起的。民族的自豪，职业的崇高，造成了博物馆的特殊吸引力，使博物馆从业人员乐于终生献身给这个事业，而不怕它的清苦。这种安贫乐道的思想和感情是中国博物馆伦理的柱石。

第二，重义轻利。

义利关系是中国伦理学上的一个传统课题。义就是道德理想，利就是经济利益。中国传统道德观念是重义轻利的。中国共产党也是十分重视树立全心全意为人民服务的思想的。因此，中国博物馆长期以来，在伦理思想和道德实践上，崇尚大公无私的奉献精神，以个人利益服从集体利益为荣；而耻于计较经济报酬，耻于强调个人利益。崇高的理想和职业的尊严成为工作的动力，物质刺激被贬低到无足轻重的地位。但是，当前中国正在建立社会主义市场经济，人们的道德价值观念发生了变化：工作人员的经济利益日益为人们所重视。"重义轻利"的道德观念正在被"义利合一"的价值观所取代。但是在实践上并不像在思维上那样容易统一。义利矛盾在全世界也都是一个道德难题，有待于在实践中逐步解决。例如"博物馆不以营利为目的"，是一个经济问题还是道德问题，社会效益和经济效益的关系问题等等，在实践中都具有复杂性。

义利关系还可以引申为个人与集体的关系。中国的道德观重视集体利益。个人利益服从集体利益被认为是一条道德守则。集体主义是中国博物馆从业人员道德素养的一个重要内涵。

第三，自我修养。

自我修养、自我完善也是中国的一种传统美德。中国共产党重视共产党员的自我修养。共产党执政后，党和国家继续发扬这种优良传统，提倡工作人员的思想意识修养和锻炼。自我修养既包括树立远大的理想，又包括正确处理人际之间的关系，特别是个人与集体的关系。因此自我修养是一个有着十分丰富内涵的道德实践。在道德与法两个方面比较，中国博物馆更重视道德建设。中国博物馆工作人员的人际关系是十分密切的。在一个小单位内，人人互相了解，好像一个大家庭。因此人际之间既可能有很深的感情，也可能有很深的矛盾。对于人际矛盾的调节，往往依靠双方多做自我批评。道德素质的提高是处理人际矛盾、化消极为积极的良药。中国博物馆工作人员的职业热情和良好的人际关系主要是依靠工作人员思想道德的自我修养。

但是，在改革开放的大潮下，社会上的多种价值观也在冲击着博物馆工作人员的头脑。完全依靠道德力量是不够的了。因此我们正在进一步加强博物馆法制建设：这是另外一个问题，我就不在这里谈了。

尊敬的朋友们，在我即将结束我的发言时，请允许我再强调一点：中国博物馆的哲学并不是一个封闭的系统。虽然中国博物馆的哲学根植于中国的历史传统和革命传统的土壤中，但中国博物馆一开始建立就吸收了西方博物馆的价值观。之后又以马克思主义作为理论指导，因此中国博物馆哲学有可能兼容并蓄各种有价值的先进思想。近十几年来，中国十分重视学习研究西方博物馆的理论和实践经验，中国博物馆的哲学也在发展之中。中国博物馆界十分尊重国际博物馆学委员会的工作，怀着十分浓厚的兴趣学习和研究其理论成果。中国博物馆学会会刊《中国博物馆》杂志和中国其他博物馆杂志不断发表国际博协博物馆学委员会的学术活动信息和一些代表性的观点。如鹤田总一郎先生、克劳斯·施莱德先生、维·索夫卡先生、彼得·冯·门施先生、格鲁金斯基先生、斯特朗斯基先生、索拉先生、马丁·施尔先生、布考先生、微尔先生等学者的论文和观点。同时也介绍了新博物馆学运动和生态博物馆运动的信息和论文。今后我们将更密切地注视和参与博物馆学委员会的学术活动，为国际博物馆学说的建立贡献我们的力量。

谢谢诸位耐心地听取了我的长篇发言，谢谢。

原文选自《博物馆的沉思——苏东海论文选》，文物出版社，1998年

一场关于内容与形式的讨论

题记

2000年7月《中国博物馆》编辑部和南京博物院联合召开了陈列形式与内容的讨论会。13位担任过大馆陈列总体领导的高层人士发表了各种不同的认识，是一次对具有中国特色的陈列思想和中国实践的理论探讨。本文就是我对这次探讨的学术报道，载于《中国博物馆》2000年第4期。

2000年7月，《中国博物馆》杂志和南京博物院联合召开了"博物馆陈列总体设计"高层理论研讨会。博物馆界资深专家和中青年理论工作者13人出席了会议。会议就建立陈列总体的意义，如何实现强有力的总体领导；陈列内容与形式的关系，如何达到浑然一体；陈列总体的组织形式，领导人员的素质要求三个问题开展深入的讨论。现将内容与形式关系问题的发言，整理如下：

李文儒先生认为，陈列的形式决定内容，因为陈列是一种视觉艺术，陈列内容研究的结果其表现与存在的方式是形式，观众只有通过形式才能进入内容。他说：

"我在鲁迅生平展的总体设计时提出了形式和内容的关系问题，现在还坚持这个观点，就是把形式设计放在什么位置上。我觉得展示的研究更直接更关键的是形式的研究，展示是一种视觉艺术，以内容研究为基础的陈列大纲提供的仅仅是文字，对陈列来说，更重要的是寻求和创造表现内容的形式；就陈列艺术而言，形式即内容。陈列研究的结果，即它的表现与存在方式是形式。从观众来讲，陈列面对观众，陈列研究包含对观众的研究。从接受者的角度看，首先接触到的是形式，只有通过形式才能进入到内容。在这个意义上讲，不是内容决定形式，能不能提出是形式决定内容？现在我还坚持这个观点。当然对形式的研究不是纯粹形式的研究，任何陈列形式的研究都必须从对展示对象的研究入手。比如鲁迅陈列研究的范围有自己的侧重和特色，如要讲究鲁迅的精神素质、鲁迅的艺术观、鲁迅的审美观、鲁迅的色彩观、鲁迅欣赏的造型风格和线条应用，所以从这个意义上讲，任何陈列形式都不具有通用性，绝对不应该随意搬用、套用。形式是个性的形式，个性的形式才是生命，才有灵气。个性的形式的'个性'，是属于陈列主体的个性。设计陈列大纲一定要对形式设计有一定的研究。而我现在感觉内容和形式是脱节的，这是一个比较严重的问题。"

马承源先生认为陈列中内容决定形式，因为陈列体系中的学术价值是灵魂性质的东西，而陈列的形式则是它的外衣。他说：

"陈列体系的学术价值主要是指体系本身体现的历史真实性和体现学者的创见，这两方面在陈列中是非常重要的，是灵魂性质的东西。陈列技巧就是它的外衣，外衣关照的再好，体系本身学术性不足或缺乏科学依据，即使没有任何制作上的大错误，还是平平淡淡的，这个陈列是吸引不了人的。关键是体系本身是怎么研究的，有什么创见，这是最主要的。文物每个博物馆都有，有的博物馆一级文物很多，如果文物的研究工作做得不够，陈列体系研究得不够，那么再好的文物陈列也是一般化的。陈列体系是冷静研究后得出的结论，不论是永久性陈列，还是临时展览，陈列体系好比一个新生儿，陈列技巧就是对新生儿打扮的热情和酷爱的表现。对于文物陈列如何包装，也是不相同的。比如对一个家庭来说，新生儿穷有穷的打扮、富有富的打扮，怎么打扮怎么好看。

所以文物陈列和打扮新生儿有些相似。如果一个陈列展览内容不是很科学，学术性不强，甚至有缺点，还要去包装，加之乱包装，就好像乱抹口红、乱用化妆品一样，再好的文物包装也不行，甚至有些非常好的文物陈列出来后就像跑龙套一样，所以我认为内容决定形式。请李先生批评啊，因为李先生是主张形式决定内容的。"

沈庆林先生认为陈列内容和陈列形式的结合应贯穿陈列的全过程。现在重内容、轻形式，重逻辑、轻形式的现象很普遍。他说：

"1959年中国革命博物馆筹备陈列中，提出陈列形式要服务于内容，同时又有相对的独立性和创造性。对陈列形式的地位给予了相当的评价，陈列是工艺技术的设计成果，也是艺术创造。在总结1961年的陈列修改时，提出用艺术设计来代替形式设计，这一改动把形式设计同艺术创造相对于内容的独立性和创造性给予了相当的重视，提出了博物馆的艺术设计这样一个概念。当时还提出陈列布局和文物组合是陈列内容和陈列形式结合的两个工作环节，陈列内容和形式结合好，在这两个环节上都比较好。

当前在内容与形式问题上存在认识上的偏差。主要表现在，一是重内容轻形式，强调内容决定形式，形式服务于内容，忽视形式对内容的反作用以及在某种程度上对内容的决定作用。在陈列设计当中留给陈列设计人员的创作空间小、时间少，对艺术方案的研究没有足够重视、陈列艺术设计常常是内容设计的翻版，没有在陈列设备的精致、陈列氛围的营造、重点文物的特殊设计、陈列手段的创新上下功夫。第二是重逻辑轻形象，这种现象在全国都比较普遍。第三是机械地安排内容设计和艺术设计的工作程序，忽视二者在工作全过程中的融合和统一。陈列内容和陈列形式的结合应贯穿陈列的全过程。陈列内容设计人员从陈列立意的一开始，就要有陈列形式的意识，陈列内容的设计就要受陈列形式的制约。同样，陈列艺术设计人员从接受一个陈列任务开始就要熟悉陈列内容，熟悉主要展品，构思符合陈列内容的陈列布局、参观路线、陈列设备、采光、色调、大小环境都要在陈列立意开始就要讨论。"

王宏钧先生认为陈列形式设计是陈列内容的艺术升华。他说：

"博物馆陈列是复杂的多工程的系统工程。在这个系统工程中，内容设计和艺术形式设计是决定这一系统工程水平、质量和成败的两大主体工程，而总体设计是统帅全局、指挥全局的设计核心。如果说内容设计的任务主要是逻辑思维的过程，那么，艺术形式设计的任务主要则是形象思维的过程，而总体设计的任务则是决定陈列全局性重大问题的过程。总体设计的过程也是逻辑思维和形象思维二者综合统一的过程。即协调、指导内容和形式二者的关系，使之浑然一体、相得益彰的过程。如果说博物馆的内容设计是一项科学研究的工作；陈列的形式设计则是在科学研究的基础上的一项特殊的艺术创作工作。这种艺术创作既要遵循一般的艺术创作规律，又要符合博物馆形式艺术设计的特殊规律。

内容和形式是一对哲学范畴。两者的关系，一般说来是：一定的内容要依靠一定的形式才能表现出来；而一定的形式（艺术形式）是为了表现一定的内容而存在。没有没有形式的内容，也没有没有内容的形式，二者是互相依存、互相制约、互为表里的。正如李政道教授所说：'科学和艺术是一个硬币的两面，科学是通过自己的研究说明世界；艺术则是通过自己的观察和创作来描绘世界。'

陈列艺术设计，根据陈列内容设计的陈列计划、陈列方案有一个再创作的过程，这就是根据陈列主题、内容（包括全部展品的内容设计方案）和特定的陈列展出空间进行全面的研究，运用形象思维（艺术思维）对材料（展品）进行必要的取舍、必要的补充（主要是辅助展品的补充）和组合，把这些文字材料、实物材料精化为可以直观的形象，运用各种艺术手段创造博物馆的陈列语言，营造博物馆独具特色的艺术氛围，准确、鲜明、生动地体现陈列的主题和内容。

从抽象的主题思想、科学内容和一件件自然形态各不相同的展品个体转化为具有感染力和说服力的直观形象系列，形成博物馆特有的陈列语言，这是一种表达方式的飞跃。杰出的艺术形式设计之所以能够'化腐朽为神奇'，其奥秘就在于这种形象和艺术思维的飞跃。有感于许多博物馆对艺术设计认识不足甚至程式化，于是多说了几句。"

苏东海先生从哲学观点和陈列实践两个层面阐述了内容与形式的关系。他说：

"内容与形式的关系是西方哲学史上一个传统的议题。早在希腊时代，亚里士多德就看出事物存在着形式与质料两个方面，认为形式是在先的、第一性的，质料是在后的、第二性的，但两者关系又是相对的。后来的哲学和自然科学家都经常使用形式和质料这对范畴。例如哲学家、科学家培根就继承和发展了形式第一性的观点，他说形式是物质的结构，物质之所以具有自己的个性，形成各种特殊的差异，都是由于物质的形式所决定的。到了康德的两元论，则把形式与内容绝对对立起来，形式不依赖内容，是先天的、固有的。黑格尔以辩证法的观点认为形式不是外在的，是内容的形式，是质料和形式的统一。内容与形式的关系是辩证的，相互作用，相互转化。黑格尔关于形式与内容的辩证观点使这一讨论达到前所未有的高度。

在苏联的哲学教科书中关于内容与形式的关系是这样写的：辩证唯物主义把形式和内容看作是统一的，在这种统一中，内容是决定性的东西。斯大林在《列宁主义问题》一书中断言'一切都要以这种形式包含什么内容为转移'。由于简单化地强调了内容决定一切，以致发展到片面反对形式，在苏联的文化和许多领域开展了对资产阶级形式主义的批判。这种认识和斗争对我国也是有影响的。对谁决定谁的简单化认识是不利于各种文化形式的繁荣的。这是我个人的认识，在讨论会上谈谈而已。

在陈列中内容与形式的关系，我从实践的层面上谈一点看法。我认为陈列的内容与形式本来是互为表里的，陈列的内容是在一定的空间、时间和特定的形式中存在的，陈列的形式是特定的内容的形式，两者应该是浑然一体的，但是在陈列设计过程中，往往是内容设计在先，形式设计在后，形成一种工序，这就把形式与内容分离开了，从而在陈列实践的矛盾中产生了谁服从谁的问题。如果没有强有力的总体领导来协调这种矛盾，那么一头硬、一头软的局面就会出现，达不到和谐统一的境地。目前我国博物馆陈列的艺术境界普遍偏低的状况，可能就是片面强调内容决定形式的结果。我们有必要强调建立强有力的陈列总体领导，使之在陈列的创意阶段就把内容和形式融为一体，并贯彻到陈列的全过程。陈列的内容与形式统一得越早，陈列过程中的矛盾就越少；内容设计与形式设计越是形成工序和阶段，矛盾就越多。可惜现在许多的陈列领导人还没有认识这一点。

陈列的形式与内容并非天生就是统一和谐的，在实践的复杂过程中，不可避免地产生许多矛盾。解决矛盾不是靠简单的谁决定谁、谁服从谁，而是靠具体问题具体分析。摆脱谁决定谁的逻辑，建立相互决定的逻辑，矛盾就会得到合理的解决，甚至达到更高的和谐。"

附：《中国文物报》报道

本报讯《中国博物馆》杂志和南京博物院近日联合召开"博物馆陈列总体设计"高层理论研讨会。国内博物馆界专家苏东海、王宏钧、沈庆林、马承源、杨新、徐湖平、阮家新、任常中、李文儒、谢辟庸、高大伦、严建强、陈宏京等出席了研讨会。

会议听取了中国历史博物馆、中国革命博物馆、故宫博物院、上海博物馆、南京博物院等十家博物馆的总体设计典型经验介绍，就建立陈列总体的意义，如何实现强有力的总体领导；陈列内容与形式的关系，如何达到浑然一体；陈列总体的组织形式，领导人员的素质要求三个问题开展深入研讨。

　　大家认为，提高对陈列总体设计的认识和加强陈列总体的领导力度是关系到提高我国博物馆陈列水平的关键性问题。陈列的水平决定于陈列总体设计的水平，陈列总体不是指一个人，而是指居于陈列全局层面的职能，陈列总体的职能是对陈列进行总体规划并组织实施，陈列的总体即整体，整体大于部分之和。

　　大家同意张文彬局长在广东中山十大陈列精品学术研讨会讲话中对南京博物院艺术馆陈列 5 个和谐的概括，认为陈列总体的职能应该伸延到陈列的环境和服务两端。陈列总体领导应该促进整个陈列达到陈列与环境、内容与形式、设计与制作、艺术与科技、管理与服务的和谐统一。

原文选自《博物馆的沉思（苏东海论文选；卷二）》，文物出版社，2006 年

博物馆理论研究的再出发

题记

当 20 世纪结束 21 世纪开始之际，博物馆理论研究将会向何处发展、应该向何处发展是一个理论自觉的研究课题。本文在历史分析的基础上，找到了与 20 世纪理论研究相衔接的理论再出发的出发点，坚定了我自己的博物馆研究方向。本文发表在《中国博物馆》2001 年第 1 期上。

20 世纪前半叶，博物馆是在革命与战乱中曲折前进的；20 世纪后半叶，博物馆是在和平与发展中迅猛发展的。博物馆的理论研究也是如此。20 世纪后半叶的五十年间，对博物馆自身规律的研究，对博物馆与外部关系的研究，以及在这两种研究之上的博物馆学科建设的研究都已达到前所未有的高度，博物馆的发展与建设开始走上自觉的、理性的轨道。

但是这些，对于 21 世纪的博物馆来说是远远不够的。21 世纪将是怎样的，我们并不清楚。像全球化、信息社会、知识经济、生态文明等，虽然已露端倪但还没有变成普遍的现实，博物馆发展的前面还有许多未知数。这就需要我们加强对社会的发展研究、加强对大环境的研究，以及加强对自身能力的研究，从新的现实、新的条件出发进行新的研究。

尽管我们对 21 世纪还很陌生，但我们的研究毕竟是在已有成果的基础上前进，因此我们可以在新的前进中，把握住一些基本的出发点。

一、把握人与物的结合

博物馆的研究是从对物的研究开始的。最早的研究成果就是博物馆物的分类学以及物的图谱学。对物的研究一直是博物馆的基础研究。而博物馆的多功能的研究，一直是以物为圆心而展开的。离开了物，博物馆就变成了无根的浮萍，不知漂向何处。虚拟博物馆的出现并不能改变博物馆的物质特征。虚拟，从哲学上说虽然也可视为一种客观存在（Being），但这种存在并不同于博物馆的真实，也不能取代博物馆的真实。虚拟博物馆不过是博物馆的一种特殊的传播方式而已。归根到底，博物馆的物仍是区别一切其他文化形式的根本界限。离开了物，博物馆就不是博物馆。

但是，物不是博物馆的一切，博物馆对人的发现，就是一种革命。18世纪公共博物馆的出现，开始了博物馆社会化的漫长过程，实际上这时的博物馆就已开始了人的发现。很长时间，博物馆对人的关注表现为对观众的关注。直到20世纪70年代，人们在反思中才真正摆脱了对物的"专注"，而把对人的关注提高到新的认识阶段。1974年国际博协大会制订的博物馆服务于社会的宗旨，最明显地体现了博物馆从对物的关注中进一步解放出来的一种标志。从1974年前后开始，国际博协的舆论导向就致力于博物馆对社会的关注。对社会的关注，实际上就是更广泛地对人的关注。现在对社会的关注已经深入人心，已经成为博物馆的一种行动指南。

博物馆对人的关注与对物的关注并不是相互排斥的。在初级阶段，博物馆专注于物而忽视了人，那么在发展中，把对人的关注提升上来则是一种进步。如果"专注"于人又忽视了物，则是一种新的偏颇了。80年代有识之士就提出走人与物结合的道路。国际博协博物馆学委员会1980年—1983年研究报告中，就把人与物的关系的思想列入三条主导思想中的第一条。表述为："人—物关系思想，把博物馆学看作是人与现实特别关系的研究"，认为这是最根本性的研究对象。[1]国际博协博物馆学委员会主席鹤田总一郎就曾对我说过："必须把对人的研究提到与物平等的水平才能成为真正的博物馆学研究"，并预言"我认为21世纪的博物馆学主要是这个"[2]。现在看来，他的这一观点的理由更充分了，因为从可持续发展的观点看，人的研究、物的研究以及人和物结合的研究，对博物馆的持续发展是至关重要的，也是今后博物馆研究的一个基本出发点。

二、把握全球与本土的结合

全球化是一个很长的历史过程，而且是一个不断磨合、不断深化的过程。近20年来，全球化从单一性走上多元性，就是全球化进程的深化的结果。由于各国的社会、经济发展的不平衡，只有尊重这种不平衡性的事实，全球化才得以推进。我国WTO谈判的每一次进展，都是双向的让步，都是对现实的承认和尊重。只有这样，多元化的全球化才能为各国所接受。文化在全球化过程中的经历也是如此。文化的全球化并不意味着某种文化的全球化，而是意味着不同国家、不同民族、不同地区的平等对话。只有文化的平等，才有全球的文化繁荣。多元化促进了世界文化的繁荣。

博物馆的全球化促进了博物馆的全球繁荣。1984年我国重新回到国际博物馆大家庭后，国际交流日益扩大，全球视角打开了我们的眼界，西方博物馆几百年的实践、不同地区博物馆的实践，都为我们提供了可资借鉴的研究资源，

---

[1] 博物馆学研究的另外两条主要思想是：（1）功能思想，把博物馆学看作是实施和结合有关文化和自然遗产的若干功能的研究。（2）机构性思想，把博物馆学看作是博物馆宗旨和组织的研究。见（瑞典）维诺兹·索夫卡《国际博协博物馆学委员会与博物馆学》（中译文），载《中国博物馆》1989年第2期。

[2] 见苏东海《与国际博协博物馆学委员会主席鹤田总一郎对话录》（原名《本刊主编就博物馆学问题与鹤田总一郎教授进行对话》），载《中国博物馆通讯》1987年第4期，收入《博物馆的沉思——苏东海论文选》，第131页。

国际博物馆界研究中的理论探索和实践课题，对我们都有非常大的启发意义。国际博协这个全球性组织为各国博物馆的交流和合作提供了广阔的舞台，为全球化过程中各国普遍关心的共同问题，提供帮助和指导，从而促进世界博物馆的共同繁荣。我国在国际博协中的地位和作用日益上升。可以说，博物馆全球化我们是受益者。

博物馆本土化也是一个过程。外来的东西要在本土生根，在本土得到发展，必须适合和适应本国的土壤，和本国的条件相结合，这是一个再生的过程。所谓本国的条件也就是本国的国情。外来的东西是在本国的政治国情、经济国情、文化国情以至行政管理的国情下生存的。今天的中国博物馆是在今天中国的国情中生存发展的。因此外国的一些做法，即使是先进的做法，也要看我们接受的条件，离开了我们的国情，一律"拿来"，那是不行的。外国的经验要变成中国的办法去做才行，而不是照猫画虎。本土化不仅是为了行得通，而且是为了做得好。这就需要创造、需要再生。我们在贵州推行的生态博物馆，虽然借鉴的是挪威生态博物馆的模式，但挪威生态博物馆的很多做法在我们这里是行不通的，而必须按照中国的国情，种植在中国的土壤上才行。它和中国的国情结合得越好，它存在和发展的条件就越好。这是一方面，另一方面如果完全变成了中国的土货，那就达不到生态思维的国际高度，也就不称其为生态博物馆了。更进一步说，本土化并不是只求在本土生存下来，重要的是向前推进，创造出自己的特色，使之有别于它的原生态模式，这就需要创造。创造自己的特色是至关重要的，美国的博物馆是从欧洲移植的，但是美国的博物馆明显地与欧洲老牌博物馆让人感到不同，透着美国文化的特色。日本博物馆有明显的日本特色。所以本土化实际上就是特色化。各国博物馆都有了本土特色，世界博物馆的共同繁荣就实现了。博物馆本土化的最终结果是对本土的贡献也是对世界的贡献。这就是创造有中国特色的博物馆的意义之所在。

努力了解世界，努力参与全球化，努力了解自己，努力创造自己的特色，努力把全球化与本土化结合起来，这是今后博物馆研究的又一个基本出发点。

三、把握理论主流与新思维的结合

对博物馆的理论研究早在 19 世纪就开始了。但是一直到 20 世纪 70 年代以前，这种研究并没有超越应用博物馆学的范畴。虽然 1923 年成立的国际博物馆事务局致力于推动博物馆理论研究，但其成果仍然属于经验的描述阶段。1977 年国际博协博物馆学委员会成立之后，博物馆的研究才根本改观，博物馆学的学科建设才真正走上轨道。从这时开始，一批具有现代科学知识背景的学者，通力合作为建设具有科学学科水平的博物馆学而努力。特别是 1982 年维·索夫卡担任博物馆学委员会主席后，加强了研究的计划性，经过十年的艰苦探索，到 1988 年这个委员会宣称他们的研究"已极大地提高了博物馆科学的地位，并导致了 1988 年博物馆学实实在在的振兴"。[3]这时，博物馆学学科的基本框架初步搭建起来，对学科的特殊研究客体、特定的科学语言、特定的研究方法以及它在整个科学体系中的作用等基本问题已经有了比较成熟的结论。90 年代，更多的博物馆学研究者投入理论研究，博物馆学的研究正在深化之中。因此可以说博物馆学是一门已具有学科基础并正在建设之中的科学学科。需要指出的是，新博物馆学运动者把这样一门正在兴起的主流博物馆学称为传统博物馆学，而自称新博物馆学，这是国际博物馆学委员会人士所不能接受的。博物馆学委员会前主席马丁·施尔说："新博物馆学是研究博物馆一种新现象的理论，这种新现象只是博物馆现象中的一部分，怎么能取代博物馆学而称新博物馆学呢？这是不确切的。"[4]在前一任的博物馆学委员会主席冯·门

---

[3] 见注 [1]。

[4] 见苏东海《与国际博协博物馆学委员会主席马丁·施尔对话录》（原名《本刊主编就博物馆学问题与国际博协博物馆学委员会主席马丁·施尔对话》），载《中国博物馆通讯》1994 年第 11 期，收入《博物馆的沉思——苏东海论文选》，第 141 页。

施也认为，新博物馆学运动不过是法国人掀起的对博物馆新的思考。[5]他甚至私下对我说是一种"美丽的泡沫"。总之，我认为还是不称"传统博物馆学"为好，或可称为博物馆学主流派，或径直称为博物馆学。而新博物馆学称为新思维。

博物馆研究的新思维不是偶然出现的，它是对工业社会生长起来的传统博物馆所进行的一种理性反思。它是西方后工业化时代对工业化时代反思的思潮的一部分。西方社会到第二次世界大战后暴露出的种种弊端更加尖锐。因而兴起了一种反思的思潮。这种思潮是有积极意义的。因此，伴生在这种思潮中的新博物馆学运动也是有积极意义的，我对新博物馆学的理论勇气和探索精神是推崇的，我在努力地去理解它的思维真谛，并在实践中去认识它的价值。批判包括对自己的批判是事物前进的动力。我乐于否定自己的某种观点，如果这样能使自己的认识前进的话。冯·门施本人就是提倡批判博物馆学的，但他护卫传统。[6]

新博物馆学运动正如同一切新思维一样，在起始时，在向传统发起冲击时，难免是鲁莽的、粗糙的，难免伤及传统中的精华。新博物馆学运动一旦懂得尊重传统中的精华，能够站在已有理论的基础上而不是站在被摧毁的废墟上前进的话，新博物馆学运动就成熟了。

有些东西并非新思维的产物。比如"以人为本"，博物馆学主流派早在80年代就反复研究并提出人与物的结合的研究方向。"以人为本"对博物馆发展来说，更多的在于实践价值而非理论的意义。因为"以人为本"，更多的属于价值范畴而非本体范畴。我们要认真研究新思维中的思想精华。比如后现代主

---

[5] 见苏东海《与国际博协博物馆学委员会主席冯·门施对话录》（原名《本刊主编就理论博物馆学问题与国际博物馆协会博物馆委员会主席冯·门施对话》），载《中国博物馆通讯》1993年第3期，收入《博物馆的沉思——苏东海论文选》，第135页。

[6] 见注[5]。

义。我们不要因其为双刃剑而不敢用它或不会用它。后现代主义思潮中有一些很有价值的东西。我认为博物馆新思维中的某些方面是受后现代主义影响的。即使博物馆的理论主流派也是会受后现代主义影响的。后现代主义实际上已经成为具有极广泛影响的当代思潮。现在我国有的研究者在研究后现代主义历史观对博物馆的启示、后现代美学对博物馆的影响等等。这种研究是扎实的、有益的，是有理论意义的。

对博物馆学中的理论精华要尊重、要继承，对新思维中的精华也要尊重、也要汲取，把两者结合起来，在自我批判中前进，这应该也是新世纪博物馆学研究的重要出发点。

本文是从方法论角度谈了新世纪的博物馆学研究的几个出发点。人与物的结合是博物馆本体研究的出发点，全球与本土的结合是博物馆发展讲究的出发点，主流理论与新思维的结合是博物馆思想研究的出发点。这里并未予以展开，只是提出问题以求教于同行的研究者。

原文选自《博物馆的沉思（苏东海论文选；卷二）》，文物出版社，2006 年

博物馆道德论

题记

　　"道德与法"是恩格斯《反杜林论》中的重要部分。道德与法两者比较，我认为道德建设更根本。道德修养是一个人精神面貌的基础。职业道德修养是一个人、一个行业的精神支柱。法是人的行为的底线，而道德的高尚是无止境的。文博界的道德建设一直是我努力研究的课题。本文在道德建设上总的叙述了我的认识。随后还有一组文字表达我的认识。本文载于 2003 年 8 月 15 日《中国文物报》，发表时原题为《中国博物馆职业道德建设刍议》。

　　博物馆的道德建设是博物馆固本兴业的大事。随着博物馆事业的发展，博物馆的价值日益为社会所认知，博物馆文化的影响日益扩大，博物馆的道德素质和道德形象日益为社会所关注，因此博物馆职业道德的建设也随之提上日程，这是事业发展必然的要求。我国博物馆的职业伦理思想的探讨和职业道德实践的研究还比较滞后，博物馆的道德建设亟待加强。

一、博物馆职业道德建设的紧迫意义

　　近一百年来，我国博物馆有几次大的发展，已经形成了有一定规模、一定影响的社会行业。虽然行业的理想、操守、形象乃至行规有一定的建树，但是与事业的发展相比，其伦理思想的研究和自觉的道德实践仍是滞后的。道德建设的紧迫意义在于：

1.中国博物馆职业道德的优良传统有待于继承。中国博物馆近一百年来的风雨历程及其道德实践是惊心动魄的。中国博物馆是在革命与战争的时代中发展起来的，博物馆的同人们经历了各种磨砺，孕育出了优良的行业品质。例如，在战火中，故宫博物院的同人们护卫文物，千难万苦跋涉万里与文物共生死的行业品质；"文革"中博物馆的同仁们在焚烧炉旁的"废铜烂铁"堆中拣选文物的那种追寻文物的不舍精神；那些背负展板，深入农村、矿区传播博物馆文化的艰苦奋斗的精神，都是宝贵的精神财富。中国博物馆近一百年来的优良传统，有待于我们进行回顾、整理、继承与发扬，千万不要以虚无态度对待自己。

2.中国博物馆职业道德建设有待于提高。职业道德在公民道德中占有特殊重要位置。人类生活可以分为家庭生活、职业生活和公共生活三大领域，于是产生了相应的家庭道德、职业道德和社会公德三部分。职业活动是人类最基本的实践活动，因此职业道德也成了道德体系中的主要部分，处于中坚地位。现在加强职业道德建设是至关重要的，职业道德不张，职业腐败泛滥，必须加大道德建设的力度。1996年10月中共十四届六中全会关于加强社会主义精神文明建设决议中指出"当前要以加强职业道德建设、纠正行业不正之风为重点"。职业道德的进退必然影响着一般道德的建设。关于我国博物馆的职业道德建设，国家文物局于1997年颁布了《国家文物局机关工作人员守则》，又于2002年根据《公民道德建设实施纲要》对《守则》做了增订，并重新颁布，对博物馆从业人员的操守做了规范，有必要进一步加强贯彻教育力度，把博物馆职业道德建设提到应有的高度。

3.中国博物馆职业道德建设亟待与国际博协职业道德规范衔接。西方现代博物馆的历史比我们早几百年，西方博物馆伦理思想的研究和争辩比我们多得多，也精细得多，我们急需把西方博物馆伦理思想引入我们的视域，拓展我们的思路。浙江省博物馆蔡琴同志的《博物馆学新视域》一书，在这方面做了努力。至于博物馆的行业规范，国际博协先是在1970年公布了《征集道德》，之后又于1986年全文发表了《国际博物馆协会道德准则》，又经过15年的全球实践和多次修改，国际博协道德委员会于2001年7月正式提出了经过增订的最新的《职业道德准则》第四次修改本，并在国际博协第20次全体会议上通过。这本《准则》的引言中写道："从事自然与文化遗产的收藏和阐述的所有人员应在这本修订后的《道德准则》中找到共同的专业凝聚力"，"它规定了全世界所有博物馆专业人员可追求的恰当的行为与行动的最低标准"。这本职业道德准则确实是从大量实践经验中提炼出来的，把某些职业伦理思想化入条款之中了。可惜我们对它的学习还不够。我们在建立自己的博物馆职业道德准则的工作中应努力与之衔接，努力汲取其经验和成果。

二、职业道德的形成及其特征

职业道德是一个历史范畴。一般道德的起源是很早的，但是职业道德的形成是晚近的事情。到了资本主义生产开始，社会分工所形成的职业集团或行业达到相当规模，而且在社会竞争中逐渐形成了各种不同职业的特殊利益、特殊义务、特殊生活环境、特殊职业内容和方式，从而形成了同行业人群中的职业道德和行为规范，所以职业道德是在历史实践中形成的，并且具有行业的凝聚力。随着社会的发展，职业也在发展，新的职业群体不断出现，新的职业利益集团不断形成。不仅新职业集团不断出现，而且职业道德的新课题也层出不穷。如医德中对安乐死的讨论、科学道德中对克隆人的讨论，甚至当前正在讨论的商德中对转基因食品知情权问题。实际上在不少行业中职业道德的讨论是很活跃的，是与社会发展的脉搏息息相关的。因此，职业道德被认为是社会道德体系中的主体部分。职业道德作为一个历史范畴，在长时间的发展过程中形成了职业道德固有的、基本的特征，可以概括为三方面。

1. 职业道德具有稳定性和连续性

特定的职业集团不仅需要从业人员具备特定的知识和技能，而且需要从业人员具备特定的道德观念、感情和品质。各种职业集团为了维护职业利益和信誉，在职业实践中根据一般社会道德的基本要求，逐渐形成了自己的职业道德和自己的道德规范。职业道德是在长期职业实践中积淀起来的，是职业不可少的品德。如英勇是任何时候、任何时代的军德都推崇的军人品质。救死扶伤是任何国家的医德都推崇的信条。诚信是商业道德的重要信条，不论什么社会，诚信才能使商业利益得以不断实现。所以职业道德具有稳定性和连续性的特征，吸取历代职业道德的优秀传统是当代职业道德建设的重要课题。

2. 职业道德具有专业性和特定性

职业道德是凝聚特定群体的纽带，反映着特定群体的职业关系，具有特定职业的专业特征，因而它的作用范围限于特定的职业活动中，只对从事这个专业的职业者具有凝聚力和约束力。如企业道德、商业道德、科学道德、体育道德、律师道德等不同职业的道德只针对特定行业而不像一般道德那样面对所有人群。正是因为职业道德的专业性和特定性，因而对从业者的职业理想、职业感情和职业生活具有特殊的要求并形成特殊的凝聚力，规范着、导引着职业者的前进和发展。

3. 职业道德包含职业整体道德与职业人员道德两方面

职业道德一方面要体现职业的整体道德，又要包含对职业人员的职业道德要求。有人把这种双重性分别称为客观职业道德与主观职业道德。有的行业的职业道德规范既对机构也对个人，但有的则把行规和个人分别要求。如中国人民解放军颁布的《军人誓词》就是对军人个人军德的要求。《国际博物馆协会职业道德准则》分别从机构道德和个人道德两方面加以规范。总起来说，研究职业道德，要根据特征掌握好职业道德的社会统一性与行业特殊性的关系、历史继承性与时代性的关系，以及行业与个人道德的关系。

三、中国博物馆职业道德建设的建议

1. 建立中国博物馆伦理学

伦理学是研究道德的科学，亦称道德学。伦理思想的研究起源很早，中国以文明古国和礼仪之邦著称于世，有着极为丰富的伦理思想遗产。西方从古希腊罗马时期也开始着力于伦理道德研究，伦理学一直是哲学的重要分支学科。职业道德的科学研究则晚至资本主义时代。而博物馆的伦理研究则更是晚近时代的事情。但是西方博物馆的发展也有几百年了，在西方博物馆的道德实践中，也已积累了相当丰富的博物馆伦理思想并已见诸理论著作。建立中国博物馆的伦理学是为了把中国博物馆道德的研究提升到科学的高度，在世界观、人生观、价值观的基点上，探索与梳理中国博物馆的道德现象，从而有深度、有力度地指导博物馆的道德建设。我在1994年国际会议上发表的《中国博物馆的哲学》论文中，论及中国博物馆的伦理观，不过当时谈得比较概略、粗糙。如果中国博物馆理论界能够比较认真地、群策群力建设起中国博物馆的伦理学，从中国博物馆的伦理思想渊源、重要特征、基本原则和基本方法，以及随着社会演变，对相应的中国博物馆伦理思想的演变过程、学科建设的发展趋势等方面有系统地研究，并搭建起中国博物馆伦理学教程，以发挥理论的指导作用，必将有力地推进中国博物馆的道德实践，把中国博物馆的道德建设置于坚实的学科基础上。

2. 建立中国博物馆的职业道德规范

建立中国博物馆的职业伦理学是为了从理论的领域中加强道德建设，而建立中国博物馆的职业道德规范则是从实践中加强道德建设，两者是相辅相成不可或缺的。道德规范是道德理想、道德原则的具体化，是具体的道德原则，因此也可称之为"道德法""道德律"。职业道德规范既有历史稳定的方面，也有随社会发展而调整的方面。特别是社会经济关系变动中道德规范的变动比道德原则的变动要快得多。国际博协职业道德规范的引言中也指出，"道德准则与法律一样，是受到不断发展的专业实践和社会变化的影响，而不断修改的。这个文本是供给全球使用的基础上提供的最低标准，国家和专业团体可以根据自己的情况做些添加"。我认为这个文本虽然做得较细致，但更多的是依据西方现实，而个人行为则更需要进一步中国化。因此建议领导机关组织力量拿下这一重大课题。这将会对博物馆的建设与发展产生重大影响，是一件具有深远意义的基础建设。

3. 大力推进博物馆道德教育

道德与法是相互促进、相互补充的。法是一种刚性的规定，是对人的行为的最低要求。而道德的高度对人来说是无止境的，从守住道德底线向上，人的道德境界是可以无限高的。道德与法是在不同的层次上规范和引导着人的行为。因此我们在加强博物馆法制建设的同时有必要强调博物馆的道德建设，不可一手硬一手软。

博物馆道德建设的更重要的意义在于，博物馆管理的是国家最珍贵的公共财产，没有任何一个机构能与博物馆保管的文物价值相比拟。博物馆不仅让现在而且让子孙后代可持续地保护与享用历史文化遗产。博物馆承担的道义责任比法律责任更加凝重。博物馆人认识自己的职业责任、职业价值，并培养为之奉献的职业理想、职业感情和职业操守是博物馆建设中至关重要的，尤其是面对社会转型期中严峻的挑战。

博物馆职业道德修养不是自发产生的，是靠博物馆道德教育来提升认识，是靠博物馆道德氛围的培养。博物馆如果能把道德教育放在固本兴业的重要位置上，大力推进博物馆道德教育，以加强对职业理想、职业责任和职业意义的认识；在馆长的模范带头下实现集体和个人道德境界的不断攀升，从而形成一种外人可以感受到的道德高尚的馆风。那么许多无谓的纠纷就会减少，低级的趣味就会减少，专业的凝聚力就会加强，博物馆的精神面貌就会改观。博物馆是社会精神文明建设的阵地，博物馆本身的精神文明建设也应放在应有的位置上，才能更好地为社会服务，才能更好地与我们的职业地位相称。

原文选自《博物馆的沉思（苏东海论文选；卷二）》，文物出版社，2006年

无形遗产的五个基本问题

题记

物理学意义的物和哲学意义的物是不同的概念。传统博物馆收藏实物都是有形体的，而广泛意义上的物的概念则是指一切独立于人的意识之外的客观存在。

所以无形遗产也是物。由于遗产界认识上的重大突破，带来了种种认识上的困惑和保护上的困境。本文就是从无形遗产最根本的五个问题上的梳理，作了理论上和实践上的回答，载于 2004 年 10 月 29 日《中国文物报》，并在 2004 年 10 月中国、瑞典关于遗产保护学术会议上作为发言稿。

20 世纪下半叶，人类对遗产保护概念的扩大化与行动的全球化是人类最富有历史智慧的行动之一。20 世纪末兴起的保护无形遗产的运动是遗产保护深刻化、精细化的新发展，具有现实的和深远的意义。正因为保护无形遗产的深刻化，使得社会接纳它显得有点仓促。无形遗产的历史价值虽然比较容易认识，但它的基本特征还有待于进一步思考。我认为有几个基本方面应该进一步把握。

一、无形遗产的定义

什么是无形遗产？这是一个很难回答的问题。无形遗产是一个十分复杂的新概念，国际社会至今还没有能够提炼出一个准确而精练的定义，早在1989年11月联合国教科文组织第25届会议通过的《保护民间创作建议案》中，给"民间创作"下了定义。定义是："民间创作（或传统民间文化）是指来自某一文化社区的全部创作，这些创作以传统为依据、由某一群体或一些个体所表达并被认为是符合社区期望的作为其文化和社会特性的表达形式；其准则和价值通过模仿或其他方式口头相传。它的形式包括：语言、文字、音乐、舞蹈、游戏、神话、礼仪、习惯、手工艺、建筑术及其他艺术。"这个定义虽然表述的是"民间创作"，实际上民间创作是一个总概念，它包含了"口头传承文化"和"无形遗产"概念，1998年推出的《人类口头和非物质遗产代表作条例》，仍沿用此定义。因而这个定义就成了国际通用的无形遗产的临时定义。到了2001年11月召开的联合国教科文组织第31届大会通过的《人类口头和非物质遗产代表作条例》新定义如下："人们学习的过程及在学习过程中学到和自创的知识、技术和创造力，还有在这一过程中创造的产品及其持续发展所必需的资源、空间和其他社会及自然结构；这些过程使现存的社区具有一种与先辈们相连续的意识、并注重对文化的认定和对人类文化多样性和创造性的保护。"[1]这个定义并没有向前推进多少，人们仍在努力提炼定义。2001年3月都灵专家会议和2002年1月里约热内卢专家会议都在为无形遗产的国际公约准备定义。2003年我们看到了《保护非物质文化遗产公约》，公约给非物质遗产下的定义是："非物质文化遗产指被各群体、团体、有时为个人视为其文化遗产的各种实践、表演、表现形式、知识和技能及其有关的工具、实物、工艺品和文化场所。各个群体和团体随着其所处环境、与自然界的相互关系和历史条件的变化不断使这种代代相传的非物质文化遗产得到创新，同时使他们自己具有一种认同感和历

---

[1]　八十年代称为非物质遗产（Nonphysical Heritage），九十年代改称为无形遗产（Intangible Heritage）。但教科文组织文件的中文本仍译为非物质遗产，本文在引用时，按中译本。

史感，从而促进了文化多样性和人类的创造力……"这个定义虽然有所前进，但仍然不能令人满意。2004年10月《国际博协无形遗产汉城宣言》也未接触定义。从1989年至今15年了，为什么无形遗产难以给出简洁的定义？究其原因，首先，因为无形遗产存在于宽广无边的人的精神领域之中，这个精神领域是和我们每一个人的生活、感情、习俗、信仰息息相关的，是和每一个国家、民族的文明与发展息息相关的。它无限地存在于精神领域之中。它已经突破物质遗产的领域，而成为一种泛文化行为；其次，无形遗产存在于活跃的现实生活中，它已经突破了物质遗产的历史存在而成为活的遗产。因为它是无限的又是活的，所以难以把握，如果我们能够找到把握它的边际的方法，我们就能够把握它。我想我们可以通过文化遗产这个泛概念的边际，来把握无形遗产的边际。为此我给无形遗产下了一个反定义："人类遗产中不是有形遗产的都是无形遗产。"当然我们最好继续努力提炼一个能够正面回答准确而又精练的定义。

二、无形遗产的保护

我们虽然在努力追求给无形遗产下一个准确、精练的定义，以回答什么是无形遗产，但现在还做不到。因此我们迫切需要的是有一个保护无形遗产的工作定义，以便把保护工作推入实际程序之中。《保护非物质文化遗产公约》中的定义实际上就是一个工作定义。在《公约》的定义中继续写道："本公约只考虑符合现有的国际人权文件，各群体、团体和个人之间相互尊重的需要和顺应可持续发展的非物质文化遗产。"接着在该定义的第二部分列举了无形遗产保护的五大工作领域，"a.口头传统和表述，包括语言；b.表演艺术；c.社会风俗、礼仪、节庆；d.有关自然界和宇宙的知识和实践；e.传统的手工艺技能。"在该定义的第三部分对保护作了界定："指采取措施，确保非物质文化遗产的生命力，包括这种遗产各个方面的确认、立档、研究、保存、保护、宣传、弘扬、传承和振兴。"对这个《公约》虽然还有争议，但其所下的工作定义，使无形遗产的保护得以进入可操作的程序了。

为什么对无形遗产的保护不能沿用对有形遗产的保护方法呢？因为他们有各自的特性，有什么样的特性就有什么样的保护方法。有形遗产的生命已经终止在一个历史点上，而且凝固在一个物质外壳之中，因此对它是按一个历史物的特征来保护的。而无形遗产正活在生活之中，存在于不同的介质之中，因此，对它是按一个现实物的特征来保护的。作为历史物的有形遗产的保护，我们已经有了几百年的经验和传统的方法，而无形遗产作为现实物，我们则刚在探索保护它的有效方法。到目前为止有两种保护方法是被提倡的，一是用信息技术开展记忆工程，二是鼓励传承、保持活力使之可持续发展下去。[2] 对传承的介质包括人和物也要连带保护，没有这些介质的存在，无形遗产无从依存。无形遗产保护工作的定义和方法越来越成为遗产界的热点和难点话题。

三、无形遗产的再生产

一般地说，物质遗产是历史上一定社会的产物，是历史的化石，是不能再生的。我们不可能再回到诞生这件物质遗物的环境中去再诞生它，不可再生性是物质遗产的一个特征。但无形遗产恰恰与之相反，无形遗产必须不断地再生才能延续它的存在。如果不再产生、不再传承，它就消失了。语言如果无人使用，它就不复存在。新的生产工具诞生了，旧的生产工艺随着生产工具的变更而在生产中消失了。所以无形遗产必须在使用中、传承中才能存在，它是活的历史传统，被称为"活的文化财产""活的人类财富"。[3]

无形遗产之所以能够再生而且必须再生，就是因为它与有形遗产相比有三

---

[2] 教科文组织无形遗产部主任爱川纪子（Noriko Aikawa）在亚太地区第 7 次大会讲话时指出保护无形遗产的两种方法，一是将它转化为有形的形式，如纪录片、录音、存档等；二是在它产生时的原始氛围保持它的活力。

[3] 联合国教科文组织执行局第 142 次会议做出的《关于活的人类财富的决定》。

个特殊点：一、它不是有形的而是无形的；二、它不是结果而是过程；三、它不是化石而是活着的传统。所以有形遗产的不可再生性，不适用于无形遗产，而可再生性恰恰是无形遗产的可持续发展的依据。

四、无形遗产的坚韧性

无形遗产是活着的，所以它有生命力；无形遗产是活在整个社会之中，所以它有巨大生命力；无形遗产深刻地影响着人的精神生活，所以它是国家、民族、社会的文化命脉；无形遗产是世代相传下来的不息的传统，所以它是坚韧不拔的。传统是一种很强大的习惯势力，优良传统是民族持久存在的根基，是任何人所不可摧毁的。在反侵略战争中，土地、城市可以被占领，但民族精神是不可战胜的。无形遗产作为优良的传统是强大的、坚韧不拔的，应该说坚韧是无形遗产固有的特征。

但是文明向前发展，生活巨变，某些无形遗产的存在又是脆弱的，因为作为传统的无形遗产又有历史惰性的一面，有时候传统会成为历史前进的包袱。如果传统要延续它的生命，传统也需要发展。目前，更加紧迫的是经济全球化来势很猛，单一文化的全球扩张，空前地威胁着文化多样性和无形遗产的存在。因此对无形遗产的保护具有抢救性质。在强势文化面前，无形遗产是坚韧而又脆弱的。坚韧是它的本质，脆弱是它的处境。看到它脆弱的一面，我们就要加强保护它；看到它坚韧不拔的一面，我们就能更好地振兴它、繁衍它。

五、无形遗产的认识误区

无形遗产与有形遗产是存在于两个不同的领域中，它们之间应该有一个清晰的界限，我们必须从认识上把无形遗产从我们已经熟悉的有形遗产的概念中剥离出来、区别开来，我们才能更好地认识它、更好地保护它。有一种看法认为有形遗产中包含了无形遗产，如加拿大学者马琳达·里恩在论文中说，"物品博物馆化的过程赋予了物质实体以无形的意义，博物馆物本身就包含了物质和精神、有形和无形"。[4]意大利学者古奥瓦尼·皮那在他最近发表的论文中列举了无形遗产的三类表达方式，一是通过身体表达，二是通过集体表达，三是通过物的象征和隐喻表达。他认为博物馆就是通过物表达无形遗产而起重要作用的。[5]在这里他们把博物馆的物的文化内涵，当作无形遗产了。把物的文化内涵与无形遗产混为一谈，无形遗产的特殊存在和特殊意义就被物淹没了。你中有我、我中有你，这是对无形遗产的一个认识误区。无形遗产就是无形遗产，无形遗产不是有形遗产。A就是A，A不是B，也不是AB。还有一个认识误区就是把无形遗产与无形遗产存在的介质混为一谈。无形遗产存在于介质之中，介质无论是人或物都是有形的，但介质并不是无形遗产存在的终结形式，而是过程形式。1996年实施的人间国宝项目，已经"明确分辨了技艺和技艺拥有者"，这对分辨无形遗产本身及其介质的关系的认识，前进了一步，被认为"在保护无形文化遗产的实施方法上具有划时代的意义"。[6]但遗憾的是2003年《保护非物质文化遗产公约》中把有关无形遗产的工具、实物也排在无形遗产的内涵之中。有关实物可以作为无形遗产伸延的保护对象，但它不是无形遗产本身。古琴艺术是无形遗产，但古琴是有形遗产而不是无形遗产的一部分，因为无形遗产是无形的，无形遗产与有形遗产是分属于精神与物质两个领域中。只有把握这个基本点才不致把两者重叠起来而失去各自的特性；才不致降低了人类在保护有形遗产之后又提出保护无形遗产的重大意义。努力区分无形遗产与有形遗产就是努力认识这个新领域，从而更好地保护它。

原文选自《博物馆的沉思（苏东海论文选；卷二）》，文物出版社，2006年

---

[4]　马琳达·里恩（Maranda Lynn）《博物馆学与无形遗产》。

[5]　古奥瓦尼·皮那（Giovanni Pinna）《无形遗产与博物馆》。

[6]　杜晓帆《无形的根枝——文化多样性与无形文化遗产的保护和传承》。2004年北京国际博物馆馆长论坛论文集。

无形遗产保护：博物馆的特殊价值及其局限

题记

2004 年 5.18 国际博物馆日在北京同时举行了无形遗产国际论坛。这是我在大会上的发言稿。这里不仅说了博物馆保存无形遗产的特殊价值，又着重说了博物馆保存无形遗产有很大的局限性，以警诫过高的热情。

保护无形遗产是国家和全社会的共同责任。在众多拥有和保护无形遗产的机构中，博物馆的特殊价值在哪里？它的优越性在哪里？

第一，博物馆的保护是永久的而不是短暂的。博物馆是唯一的一种机构，在它的定义中规定了它永久存在的性质。它的稳定性是任何遗产保护机构不可比拟的。它对藏品管理和保护的所有工作都是从"永久性"出发的。《国际博协职业道德准则》中有一小节的题目是"藏品永久性的总推论根据"，一切对藏品的处置都以永久性为推论根据。物质遗产在博物馆得以永久保存，无形遗产进入博物馆也会得到永久的庇护。

第二，博物馆保护的是文物中的精华而不是一般的。进入博物馆的文物都是经过精心挑选的，社会上的文物只有少数有资格进入博物馆的保护伞。冯·门施画了一个路线图，说明一般物品如何成为文物，又如何从一般文物成为博物馆物的过程。博物馆收藏的是物质遗产的精华，同样博物馆对无形遗产的收藏也是取其精华。博物馆是物质遗产和无形遗产双遗产的精华总汇。

第三，博物馆的藏品保护是专业的而不是业余的。博物馆拥有文物保护的技术设备、完善的保护制度、训练有素的管理人员和几百年积累下来的管理经验。文物在博物馆不仅受到法律的保护，还会受到专业的安全保护和专业的科学技术保养，使之不仅安全而且延年益寿。无形遗产一旦进入博物馆将会和物质遗产一起受到比别的机构更高的专业保护。

第四，一些特殊的博物馆对保护无形遗产有天然的优势。剧院博物馆对经典剧目的保存、继承和演出，有行业的优势，使无形遗产活在舞台上。生态博物馆在文化原生地保护与继承无形遗产，使无形遗产活在生活之中。

第五，虚拟博物馆能够不受时空限制，逼真地保存无形遗产和更好地展示它。虚拟博物馆可以把无形遗产数字化，从而保存众多无形遗产，而且在虚拟博物馆中研究它、传播它、欣赏它。这是单体的无形遗产拥有者、传播者所不可比拟的。

博物馆保护无形遗产的局限性在哪里？它的特殊性在哪里？

第一，必须把无形遗产有形化，博物馆才能接纳它，才能达到无形遗产与物质遗产的保护一体化。博物馆是一种可视的、可触摸到的文化形式，而无形遗产的内容是不可视的、无形的。只有通过各种介质或物质载体，才能为人所感知。舞蹈的内容只有通过肢体动作才能传达出来；传统工艺只有通过实际流程才能掌握它；风俗只有通过人的行为才能呈现。博物馆收藏的是无形遗产的内容，无形遗产是属于精神领域的，要显示出来就必须具有物质形式。所以无形遗产的被感知、被保护、被收藏有一个物化的过程。实现这个过程，它才能和博物馆的物质本质统一起来，才可以汇入博物馆的物的海洋之中。

第二，必须把无形遗产的原生存在转换成博物馆存在，才能对它的保护达到博物馆水平。作为无形遗产，它是鲜活的存在于它的生存环境中，但是博物馆的存在是一种历史的存在，是处于过去式存在而不是进行式存在。博物馆不可能为了保护昆曲艺术而搭建出舞台，不可能为了祈祷而盖个教堂。博物馆只能以博物馆特有的存在来保护和传播无形遗产的存在。因此无形遗产要得到博物馆的保护和保存，一般地说，它只能脱离原来的生活，在博物馆的历史冷冻中得到永存。

虽然博物馆不能原地、原样地保存和传播无形遗产，但是博物馆的优越性远远大于它的局限性。其局限性也许在实践中能找到一些方法来改善它。

原文选自《博物馆的沉思（苏东海论文选；卷二）》，文物出版社，2006 年

博物馆物论

题记

　　这是我关于博物馆本体研究的一篇重要论文。我把博物馆物视为博物馆本体的核心，博物馆的一切特征都是博物馆物这一本质特征派生的。博物馆物是博物馆质的规定性的核心。这篇论文是我对博物馆的研究课题的阶段性成果。在《中国文物报》2005年1月28日、2月4日、2月18日连载，并刊载在《中国博物馆》2005年第1期上。

　　博物馆物是博物馆存在的物质基础，是博物馆功能发生的根据，是博物馆价值的源泉，有什么样的物就有什么样的博物馆。博物馆的一切精神现象都是博物馆物质存在的反映。研究博物馆的物就是研究博物馆的核心要素，研究博物馆本质的核心。

　　博物馆的物质存在与其他物质存在既有物的统一性又有物的特殊性。这里论述的方向将集中在博物馆物的特殊存在形式，而暂时不管它与其他物质遗产的统一性方面。

一、博物馆物的一般意义

　　关于博物馆物的研究，国际博物馆理论界已经进行了相当细致、相当深刻的探讨。1977年国际博协博物馆学委员会建立后，为了学科的基础建设，深入研究了博物馆的若干基本问题，其中就有关于博物馆物的讨论。当时由于隔绝，我国博物馆理论界没有融入国际讨论之中。1984年我国回到国际博协大家庭后，理论交流加强了。重要的一次理论交流是在北京举行的并由中国主办的国际博协博物馆学委员会1994年年会。这次年会的主题是进一步研讨博物馆的物。这次集中讨论博物馆物的专题会议是重要的。因为以后的若干次年会转而讨论博物馆的急迫的现实主题，直至在德国慕尼黑举行的2000年年会以讨论"博物馆与无形遗产"为主题时，国际博物馆理论界才又一次关注了博物馆物的讨论。关于博物馆物的一般意义，就其基本点概述如下：

1. 物在博物馆中的地位。对于这个问题，应从博物馆是物的世界的事实出发，从物质与精神的本体层面上来认识这个问题。博物馆的一切精神现象都是源于它的物质存在，精神是物质的反映。博物馆一切功能的发生，一切工作的进行，都是以博物馆物为基础而发生的。"博物馆的物是博物馆一切工作的物质基础"这一命题是苏联博物馆学家提出来的，并为中国博物馆理论界所接受，至今仍然是中国博物馆教科书中关于博物馆物在博物馆中的位置的认识基石。1987年我与曾任国际博物馆学委员会主席的鹤田总一郎（Soichiro Tsuruta）进行学术对话时，他对我说："博物馆必须把对人的研究提到与物平等的水平才能成为真正的博物馆学研究。"我则回应他："物作为博物馆的本质特征恐怕是不可动摇的。"[1] 博物馆物的地位不仅从本质层面上看而且还可以从历史实践的层面上看。1993年我与时任国际博协博物馆学委员会主席冯·门施（P.Van Mensch）讨论博物馆物时，我画了一个同心圆，圆心是物的收藏、内圆是科研、外圆是教育。科研是收藏的延伸，教育是收藏及科研的延伸。冯·门施同意我的关于物是圆心的观点，说"是这样的"[2]。他称这类观点为"以实物为核

---

[1]　《中国博物馆通讯》1987年第4期。

[2]　《中国博物馆通讯》1993年第3期。

心的方法论"[3]。德国马克思主义博物馆学家施莱纳（K.Schreiner）也认为博物馆的物"是认识博物馆的决定性标准"[4]，无论从博物馆的本质特征还是从实践层面上看，博物馆物在博物馆中的核心地位与本质特征是不可动摇的。把博物馆物的地位边缘化的倾向，最终还是会回归到物。

2. 博物馆物的存在性质。 博物馆物是一种客观存在，是不以人的意志为转移的一种存在，这种存在具有客观性。它是历史存在的真实的一种载体。波兰学者格鲁金斯基（W.Gluzinski）最早用"博物馆真实"（Museality）这个概念来指称博物馆物。巴西学者罗希澳（W.Russio）则用"博物馆事实"（Museum fact）来指称博物馆物。[5]西方博物馆理论界一般都使用"博物馆真实"这个概念表达博物馆物。加拿大博物馆学家马琳达·里恩（Maranda Lynn）在他的《博物馆学的核心问题：物质世界》论文中把博物馆物分为事物、实物、资料三个层次加以论述。事物（things）是一种广义的客观存在，实物（objects）则是在一个完整的含义体系中的客观物品。而事物和实物之间的区别则是人类智慧定向性应用的结果，[6]他虽然仍站在博物馆物的客观意义之上，但引申出了博物馆实物的人的选择性结果。并不是一切真实的事物都可以是博物馆实物，只有那些按照博物馆需要的事物可以进入博物馆实物行列，被列为博物馆实物。这种认识当然是对的，因为博物馆的物不仅是一种自然物而且是一种社会物。博物馆的物既具有物理性又具有社会性。博物馆的物是一种特殊的历史存在，是一种被选择了的客观的、真实的历史存在。

3. 博物馆物的类型。 鹤田总一郎把博物馆物分为首要博物馆材料和第二

---

[3]　冯·门施《论博物馆学的方法论》，见《中国博物馆》1994年第4期。

[4]　安来顺《博物馆概念国际讨论评介——理论博物馆学读书笔记之二》，见《中国博物馆》1993年第2期。

[5]　同 [4]。

[6]　《国际博物馆学委员会94年年会专辑》，见《中国博物馆》1994年第4期。

位博物馆材料（如模型、拷贝等），统称博物馆材料（document）。但一般博物馆学家仍愿意称博物馆物而不称博物馆材料。施莱纳指出第二类材料是辅助陈列材料，严格地说辅助材料不是博物馆物。捷克博物馆学家斯特朗斯基（Z.Stransky）进一步指出，第二类资料不属于博物馆物的范围，因为博物馆物是"信息源"，而第二类资料只是信息载体，[7]我国博物馆界一直沿用苏联博物馆界对物的类型认识和类型分法，把实物与辅助材料分别对待。美国博物馆定义中只把"三维空间的实物"称为实物。把平面文物不算实物，也值得商榷。因为平面文物从理论上说它也是占有三维空间的，只因为其厚度太小而不计而已。所以我认为博物馆的物不论是占有三维空间还是占有二维空间的，它必须是原始的、直接的物质记忆，而追忆的、复制的皆不属于博物馆物，只能归入辅助材料。

二、博物馆物的认识论

人无时无刻不在认识周围的事物。人进行认识的前提是在人的认识之外存在着不依赖人的意识而存在的客观世界。外部世界的客观存在是认识的最终源泉。认识不是凭空产生的而是精神对物质的一种反映。博物馆的物就是一种客观存在，而且是物的真实的、原始的存在。博物馆拥有大量的这种物质存在，是别的机构难以提供的特殊的认识源泉。

人是如何对博物馆的物进入认识过程的呢？认识是从对物的感觉开始的，不通过感觉人不可能知道物的任何形式，感觉是感性认识的起点，也是整个认识过程的起点。博物馆的认识模式就是从感觉开始的。对物的直接感受和对感受的认识加工，从而达到感性认识。直接感受性是感性认识的基础。但博物馆观众也并不完全从感性获得感性知识，有的人对某物有一定的知识背景，他在

---

[7]　冯·门施《论博物馆学的方法论》，见《中国博物馆》1994年第4期。

对物的审视中带有印证原有的感性认识或原有的理性认识的基础，即使如此，他对这件物的新的认识也仍然是从对该物的感觉开始的。所以说博物馆的任何认识活动的开端都是发生于最初的感觉，然后才是感觉的加工。

人对物的感性认识只是认识的初始阶段，对物的认识继续前进就达到了理性认识阶段。对博物馆物的理性认识是依赖感性阶段所得到的直接材料，进行理性思维而达到的。感性材料是理性思维所依赖的材料，而理性思维则是比感觉更深刻地反映和认识世界。《苏联博物馆学基础》中指出："感性认识和理性思维结合在一起，就成了总的认识基础"。关于博物馆的认识轨迹，我在 1962 年写的《文物在陈列中的两重性》论文中作了描述："文物是有形体的，可以被感知的。文物都有自己的经历，文物的经历都是在具体的历史条件下发生的，有它自己特定的内容。在陈列中首先被观众所把握的正是文物所提供的这种感性材料和具体知识。但观众不会止于对文物感性材料的了解，因为这只是了解文物意义的开始。文物呈现给观众的第一重语言是感性的、具体的知识，在此基础上进而展示出它的第二重语言——理性的结论。观众对文物的审视，一般都从生动的直观到抽象思维的过程。虽然文物提供的感性材料是对文物理性认识的基础，但不能成为后者的全部建筑，因为文物终究是个别的而理性认识则是抽象的结果，是普遍性的。从感性到理性毕竟是认识的不同阶段。不是所有的观众在参观过程中都能达到理性认识阶段的，为此博物馆陈列中就出现了辅助展品（语录、图表、沙盘等）和文字说明，甚至文物组合以加强文物本质的显现，从而帮助观众达到博物馆预期的陈列效果。"[8]由上可以得出的结论是，博物馆所提供的物的认识模式是最符合认识的由感性到理性的逻辑过程，最符合由现象到本质再到现象，由具体上升到抽象再由抽象上升到具体的不断深化的认识过程。这种认识模式不是

---

[8]　这是 1962 年我的早期论文，收入 1998 年出版的《博物馆的沉思——苏东海论文选》中。

别的机构都能拥有的。

三、博物馆物的知识论

博物馆物提供的知识有它自己的特征，是外部很少能提供的知识。要获得恐龙的感性知识，要触摸已经绝迹的恐龙遗骸，只有到博物馆。要获得古代的生产工具、生活用品的直接知识，也只有到博物馆。马克思在《资本论》中指出了实物遗存的知识价值，他写道"为了研究已经绝种的动物身体组织，遗骸的构造是极其重要的。与之相同，劳动手段的遗物对于研究已经灭亡的社会形态也是有着重要性的。"[9] 博物馆是实物遗存的总汇，建立博物馆就是为了保护、保存和提供这种原始的已经稀有了的知识资源。博物馆不仅保护和提供古代的自然与社会发展的实物遗存，而且保护和提供已经消失或正在消失中的有代表性的社会与自然的遗存实物。人类已经建立起来的五万多座博物馆，聚集起来的巨大数量的历史遗存物，为人类保存了认识自然、认识自己的特殊的知识资源，时日越久博物馆的这种特殊的知识的意义与价值就会更多地显现出来。

博物馆知识的特征不仅在于它的实物性而且在于它的真实性。博物馆物包含的知识内容是客观的不以人的意志为转移的，是不可更易的历史事实。博物馆物是与过去的历史共同存在的，它是历史的见证物，是历史的一部分，是历史的物化，因此它提供的知识具有不可争辩的说服力和不容置疑的客观性、真实性。真实性是博物馆物的知识价值的核心。所以格鲁金斯基用"博物馆真实"来称谓博物馆物是抓住了博物馆物的知识的核心。罗希澳用"博物馆事实"来指称博物馆物则是从本体论上涵盖博物馆知识。恩格斯在《反杜林论》中用从"事实"出发还是从"原则"出来，来区分唯物主义与唯心主义的两条认识路

---

[9] 马克思《资本论》第一卷第五章。

线，[10]只有从事实出发才能获得真正的认识。"实事求是"的"实事"就是"事实"，"实事求是"就是从事实出发的唯物主义路线的中国表述。

从事实出发是博物馆知识的出发点，事实是博物馆知识发生的根据。博物馆关于自然与人类社会发展的知识的真理性、正确性的根据就是来自博物馆物，来自物提供的事实。从本体上讲，博物馆物是事实的本体，同时它也具有本体存在的证据的意义，被称为物证。国际博协制定的博物馆章程中，把博物馆物定义为"人类及人类环境的物证"是正确的。"物证"是博物馆物的关键词。西方当代知识论已经把对知识性质和知识条件的追问，从认识论向本体论转移。不但要追求真知，而且要确证其为真知，并且使人相信其为真知。"确证"构成了现代知识论的核心部分。博物馆的物不仅自身具有确证性而且是博物馆提供的知识的确证。国际博协把博物馆物定义为"物证"，正是合乎当代知识论的最新追求。可以说，博物馆的知识是一种从事实出发，得到物的确证并为人所相信的一种特有的知识模式。

四、博物馆物的情感论

博物馆物不仅有理性特征而且有很强的情感特征。博物馆物的情感内涵是博物馆物特有的精神特征。古代博物馆诞生在柏拉图时代是美的殿堂，博物馆就是起源于美的情感的需要。近代博物馆诞生在欧洲大陆理性主义思潮的时代，在近代博物馆中科学的、理性的特征受到特别的尊重。当代博物馆受新人文主义思潮的影响，加强了对人的关注。我在 1989 年国际博协亚太地区大会以"博物馆学在中国"为题的主旨发言中指出"在博物馆学中对人的发现是走出传统博物馆学的重要一步"，[11]我所说的对人的发现并不是像某些

---

[10] 《马克思恩格斯选集》第 3 卷。

[11] 《中国博物馆》1989 年第 2 期。

新博物馆学家那样把人与物对立起来，也不像鹤田先生那样把人与物并列起来，我认为对人的发现是对传统博物馆的一种反思的结果，并不牵涉到博物馆物本体。实际上博物馆改革运动中对博物馆的一切反思都不是针对博物馆物本身，而是针对物的运用。如果没有物，博物馆就无从与别的机构相区别，博物馆就异化了、消失了。

博物馆物的情感内涵是博物馆中的最人格化的方面，是博物馆物的深度开发的重要方面，是具有前瞻意义的。西方博物馆界1981年出版的《博物馆、成人和人文科学》论文集中，有的作者提出博物馆陈列要更能"激动人心"。1992年胡珀·格林希尔提出"非理性陈列"的概念。我在1962年论文中提出过博物馆人与物的情感共鸣的问题，"观众对陈列内容大体有两种共鸣：一种是观众与文物的历史内容中的思想感情的共鸣；一种是观众的思想感情与陈列者的思想感情对文物感受上的共鸣"。[12]人与物的情感共鸣是关系到博物馆物的情感内涵如何作用于人和如何更好地作用于人的问题，是一个有待深入研究的课题。

博物馆物中的情感反映是产生于博物馆物又内涵于物之中，因此它之作用于人是离不开博物馆物之特征的。文学的情感内涵，音乐、舞蹈的情感内涵都有它们各自独特的存在形式，博物馆物的情感的存在与传达也有它独特的模式。物的经历及其命运是感人的基础。中国革命博物馆陈列着一具杀害刘胡兰烈士的铡刀。15岁的共产党员刘胡兰至死不肯指认村中的共产党员，敌人威胁要用铡刀铡死她，她问"咋个死法？"敌人张开了铡刀，她义无反顾地引颈就义。这件凶器被陈列者用粗铅丝把刀片捆住放在地上。刀不能张开了，但观众还是在想象着这具铡刀是怎样张开又怎样合在年轻姑娘的颈项上的。人被这种野蛮震撼了，被这种不屈震撼了。这种强烈的情感是从书本上读不出来的。

---

[12]　同[8]。

因为真实的物证把人带到了真实的历史情景中去了，带到历史现场的感受中去了。也许人已经走出博物馆，但这具铡刀在脑海中是挥之不去的。这具铡刀不仅是凶器，同时它还见证了为理想和信念而英勇献身的壮烈，人不能不为这种崇高所感染。博物馆物中的道德情感比比皆是。印度国父甘地是以他的道德力量唤醒国人而闻名世界的。他的住室保持当年原状：一张低矮卧床，床头一架纺车，床边一个小桌，屋角放着竹杖，一个小玻璃柜里放着他的眼镜和食具，室内空荡无物。这就是圣雄甘地的故居。人的道德情感在这里难道不会得到净化？走近巨人，感受巨人的精神气息，也是观众的情感需要。博物馆留下来的普希金的一缕棕色头发，鲁迅逝世时拓下的面膜，让人如同目睹巨人的身躯和发肤。莎士比亚卧室中陈列着他儿时睡的木制摇篮，人在这里会浮想联翩，一个曾在这架摇篮里睡过的婴儿，日后写出那么多不朽的剧作。博物馆的物就是这样引领着人的情感走向奋进，走向高尚。对人的尊重，包括对人的遗体的尊重，也是一种道德情感。当人伫立在停放木乃伊的彩色棺木旁，向半开着棺盖里面探望时，有的是一种神秘感，而不会对遗体有亵渎感。金缕玉衣裹着的遗体也会引出一种神秘感，但陈列不当这种神秘感就被破坏了。有一个博物馆把银缕玉衣遗体陈列在一个六面透明的玻璃框内，用各种角度的射灯照明，银缕玉衣遗体似乎是放在实验室平台上似的，也许陈列者的好意是想让观众看个明白。这是一种理性陈列的手法，不符合人的情感。《国际博协职业道德准则》中专门规定了对人的遗体的陈列、运送的道德要求。这体现了人对遗体的一种道德情感。

当人来到秦兵马俑一万多平方米的一号坑的看台上，面对着一千多座兵马俑和战车组成的罕见的宏大的兵马战阵时，产生的震撼与惊叹是绘画、电影、照片，任何复制与模拟都达不到的。因为这种震撼来自历史的现场，来自博物馆特有的真实。英国一位文化学者说，到博物馆就要看外边看不到的东西。这句话可以引申一步，到博物馆就是要体验外边体验不到的情感。博物馆物的美和美的情感的生成，也是如此。也都是依托在真实的物上，也都是沿着博物馆的认识路线发展的。从感性的美到理性的美，从物的美到心灵的美，走向不断深化的美感历程。总起来说，博物馆物的情感是一种穿越历史时空，再现历史情景，身临历史现场，目睹真善美，从而受到熏陶、受到感染、得到心灵升华的一种特有的激发情感的模式。

五、博物馆物的价值论

一般公认博物馆物具有历史价值、艺术价值、科学价值，但是博物馆物的价值是哪里来的，博物馆理论界的认识是不一致的。1994年国际博协博物馆学委员会年会在讨论这个问题时，马丁·施尔（Martin Scharer）认为博物馆物的意义是博物馆赋予的。冯·门施虽不完全同意这一说法，但他认为从一般物品到博物馆物是经过博物馆选择的，这个过程被称为博物馆化。西方博物馆学家一般都同意博物馆化这个过程和这个概念。我则认为博物馆物的意义（价值）是固有的，不过是潜在着的。博物馆不是赋予它而是发现它。博物馆物的价值的实现是价值的客观存在与主观认识统一的结果。类似的争论在别处也发生过。挪威文物局副局长、遗产保护专家达格·梅克勒布斯特（Dag Myklebust）对我说，假如挪威海边发现了一堆船板，如果我们证实了它是早期海盗船遗骸，它的历史价值就成立了；如果人没有发现它是海盗船遗骸，那它永远是一堆垃圾。我争辩说，如果它就是一堆垃圾，你是不可能发现它是海盗船的，你之所以能发现它是海盗船就是因为它原来就是海盗船，海盗船的历史价值是固有的，即使是碎片它仍然是海盗船的碎片而不是垃圾。当然这种争论是不会有结果的，他说我们是站在两端看问题。事实上，这种争论源于哲学界关于价值是本体范畴还是关系范畴之争。我认为一般来说主客体之间是关系范畴，但博物馆物的价值也是一种本体范畴，因为博物馆物有其价值特性。我在《中国博物馆的哲学》论文中提出的博物馆物的四种文化价值，即证史价值、知识价值、道德价值和审美价值就是博物馆物本体固有的价值，是蕴涵在博物馆物特有的认识过程、知识过程和情感过程之中的。[13]

从另外一个层面说，博物馆物的社会价值又是一种关系范畴。社会是价值的主体，包括政府、群体和个人，而博物馆物则是价值客体。博物馆物作为价值客体，它的价值要为价值主体所认识、所需要才能实现。价值的实现首先决定于社会主体有这种价值需要并认为这个价值客体能满足这种需要。价值实现的程度决定于社会需要的程度。有的博物馆物的价值有普遍意义，其价值实现的程度就大一些；有的博物馆物的价值只有专门意义，其价值实现只决定于专门需要的价值主体。例如甲骨文研究的先驱王懿荣的纪念馆，它的价值只有在专门的主体群中得以实现。价值主体的需要具有决定性意义。西方一些价值论者也强调价值主体的决定性。捷克学者弗·布罗日克在《价值与评价》中写道："价值的性质和程度如何，主要地取决于价值关系主体的情况，而不是客体所决定的。"虽然价值的实现是决定于价值主体，但价值客体也并非完全被动的，它可以也应该不断改善自己以适应和满足价值主体的需要并为价值主体所认识。所谓"三贴近"就是贴近价值主体的需要。为此博物馆做了种种努力促进价值主体对博物馆价值的了解，博物馆价值逐渐为社会所认识，这就是作为价值客体的主观能动的一面。社会价值主体有不同层次、不同程度、不同性质的需要，博物馆的物不仅要满足价值主体的需要而且要提升它的需要。博物馆不应去满足假恶丑的需要，博物馆物的本体价值是真善美，博物馆是通过教育、教化功能实现其真善美的本体价值的，所以博物馆是科学的殿堂、道德的殿堂和美的殿堂，是社会精神文明建设重要的、高尚的地方。如果博物馆背离了博物馆物本体真善美的价值而扭曲自己以迎合社会虚假的、鄙俗的、丑恶的

---

[13] 这篇论文是 1994 年国际博物馆学委员会年会上我做的主旨报告。英文版发表在国际《博物馆学论丛》上和《挪威博物馆学》杂志上，中文本发表在《中国博物馆》杂志 1994 年第 4 期。

需要，那博物馆物的价值就变质了。如"文革"中有的博物馆随意编造历史、随意改造文物以适应政治斗争需要，从而获得价值主体的重视，这就是一种对博物馆价值本性的违背。这种价值扭曲就是以对物的扭曲与伪造为基础的。博物馆物的价值既是一种本体范畴又是一种关系范畴，这就是博物馆物的价值的特殊性所在。

六、博物馆物的发展观

没有任何一个机构能像博物馆这样保存自然与人类历史的足迹，从过去到现在到未来永续不断。正是为此，国际博协博物馆的定义中写上了"永久性机构"的属性。博物馆永久性存在的根据在于博物馆物的永久存在及物的持续发展的需要。博物馆的永久存在是为了物的永久存在而存在的。斯特朗斯基把博物馆的物看作前辈留下的"赠物"，和我们给后辈的"赠物"。他说"博物馆应当帮助我们未来的后代创造当代的赠物，这种赠物也包括我们前辈留下来的经过重新评价的部分"。[14] 把博物馆物比作"赠物"虽然带有文学味道，但也说明了博物馆对历史遗产的存续，负有情义上和道义上的责任。我们从前辈接下了赠物，我们也有责任为后代准备历史赠物，从而使历史在博物馆中得以持续存在。博物馆保护昨天的历史遗迹是为了今天，也是为了明天。使历史不断地物化于博物馆中是一种历史智慧，也是一种历史责任。

可持续发展思想问世后，提高了人类的发展观，也提高了博物馆物的持续发展的自觉性。可持续发展思想的整体发展观，提高了博物馆把过去、现在和未来的发展视为整体去对待的认识；可持续发展思想的持续发展观，把未来的发展作为当代发展的前提来对待，这就远远伸延了人类的发展眼光，大大伸延

---

[14] 斯特朗斯基《实物——资料——我们是否知道自己正在收藏什么？》，见《中国博物馆》
1994 年第 4 期。

了博物馆物的保护领域；可持续发展思想的平等观，要求平等对待人与自然之间、当代人之间、当代人与后代人之间的权益，人不为自己的发展而无限制掠夺自然，也不应为自己发展而侵夺他人或后人的权益，这就大大提高了人类的道德水平。博物馆对物的连续不断的保护与传递，本来就是符合可持续发展模式的，而可持续发展的思想及其理论，使博物馆物的持续发展具有了更高的思想水平，更高的道德境界和更高的战略眼光[15]。

博物馆的物不能没有昨天，因为人需要通过博物馆的物感知昨天，不仅今天我们要感知昨天，明天也需要感知前天。博物馆收藏的昨天，不仅为了今天也为了明天。而今天成为昨天时，今天的物也就成为新的昨天了。不断地如此前进也就是物的可持续发展。我们继承了前人的历史遗产又为我们的后人准备了他们将要继承的历史遗产，我们收藏的文物越多、越好，我们后人得到的就越多越好。没有哪个行业比博物馆更直接地为后人工作着，没有哪个行业比博物馆更具有历史与未来的直接衔接与统一。这就是博物馆物的存在与发展的特征。

七、博物馆物的经济观

博物馆物的经济状态有其自己的特性。博物馆物的经济价值是巨大的又是难以计算的。普希金博物馆收藏的普希金的一绺棕色头发应该值多少钱？这绺头发又与别的文物如何进行等价交换，如何分出高低？美国历史博物馆收藏的托马斯·杰斐逊起草《独立宣言》时的办公桌值多少钱？北京故宫紫禁城值多少钱？这是谁也算不出来的。没有任何一个机构能像博物馆这样无法算清自己拥有的财富的经济价值。但是博物馆的物一旦进入市场，它的经济价值就变得可以计算了。博物馆的物进入市场它的身份就从博物馆物变成了商品，商品就

---

[15] 苏东海《中国文物博物馆事业可持续发展战略研究》，见《博物馆的沉思》。

会有市场价格。不过博物馆物作为商品并不是一般的商品而是一种特殊商品。马克思在《资本论》第二章《交换过程》中指出市场上出现了某些不是劳动产品的商品如古董等，他称之为一种特殊的商品。古董的价格除了决定于它的使用价值外还决定于它的稀有程度。我在1999年写的《文物消失论》中阐述了稀有控制文物的价值和价格的理由："文物之所以成为文物首先是稀有，有了稀有这个价值才能谈到其他价值。稀有是一切文物个别价值的前提。一切有历史价值、艺术价值、科学价值的物品，如果不是稀有就不能成为文物。稀有是衡量文物价值和价格的前提性标准。事实上文物的市场价格往往决定于稀有程度。如果世上同样的邮票只有两张，毁掉其中一张，剩下的唯一的一张就是无价之宝了。越接近完全消失，稀有的价值就越高。"[16]博物馆物处在消失的进程中，所以博物馆物的市场价格也在升值。博物馆物的价格的评估要借助市场，市场是唯一能给博物馆物以价格的杠杆，而市场价格在西方主要是通过拍卖行为而获得。中国博物馆界开过馆际文物交换的协调会，但没有价格工具难成交。博物馆物的经济存在是复杂和多样的，既是无价的又是有价的，它的经济价值与价格处于既有联系又有区别的不同的领域之中。

博物馆物的经济价值不仅是无法计算的而且是不能兑现的。博物馆的物属于社会和国家的公共财富，它是为了当代也是为了传之后代而收藏的，在经济上是不允许兑现的。使用它产生经济效益与出售它是不同的性质。博物馆使用博物馆物或以物的名义产生经济行为并不危及博物馆物的所有权及其本身的存在，这是属于博物馆的合理合法的经济行为。博物馆物经济价值之所以不能兑现决定于博物馆是永久性机构这一属性的。国际博协定义规定了博物馆是永久性机构，国际博协职业道德准则也把"永久性"作为收藏的根本原则，而对于出让藏品则规定了种种限制。博物馆不出售藏品不仅规定于定义而且规定于职

---

[16]　苏东海《文物消失论》，载《中国文物报》1994年4月28日。

业道德。博物馆之间可以通过市场取得平等的价格而交换、转让藏品，但这不是出售藏品、兑现其经济价值而谋利。"不以营利为目的"是博物馆物的一条经济属性。因此，由于博物馆物的经济价值不能兑现，就决定了博物馆是捧着金饭碗讨饭吃的机构，博物馆人注定了是拥有巨大财富而又生活清苦的群体。挪威一位生态哲学家奥耐·聂斯（Arne Naess）住在大山里，他说走近大山就是走近伟大。博物馆人住进了文物这座大山，就走近了真善美、走近了崇高，因而乐于保护它而不怕清苦。

原文选自《博物馆的沉思（苏东海论文选；卷二）》，文物出版社，2006 年

建立广义文化遗产理论的困境

题记

我在 2002 年至 2004 年间发表过几篇文章，初步探讨了物质文化遗产与无形文化遗产的同一性与差异性，均已收入《博物馆的沉思（苏东海论文选；卷二）》。本文进一步阐述了两者相对立的差异性，从而进一步描述了建立广义文化遗产理论的困境。发表于《中国文物报》2006 年 9 月 8 日。

20 世纪后半叶，人类对历史遗产的价值的认识日益深刻化，对遗产保护的领域日益扩大化，这无疑是一种进步。2002 年 4 月 3 日我在答《光明日报》记者问时评价了这种进步。我说"国际遗产概念的扩大化和深刻化以及遗产保护的全球化，可以说是 20 世纪人类最富有历史智慧的行动之一"。但是智慧毕竟是智慧，它还不是科学。我们距离建立一个包含物质文化遗产、非物质文化遗产和自然与文化双遗产在内的统一的广义的文化遗产理论，还有很长的路要走。因为非物质文化遗产提上日程的时间毕竟太短，它的社会实践刚刚开始。没有成熟的实践就不会有成熟的理论，反之，没有深入的理论研究就没有成熟的行动指南，这是认识与实践反复深化的过程。我在 2002 年 5 月发表的《当理论贫困时，还是让我们先做起来》，2002 年 10 月在上海国际论坛发表的《中国博物馆与无形遗产》，2004 年 5 月北京国际论坛上发表的《无形遗产保护：博物馆的特殊价值及其局限》，同月发表的《无形遗产就是无形遗产》，以及2004年10月发表的《无形遗产的五个基本问题》等五篇文章，就是对物质文化遗产和非物质文化遗产的同一性及差异性的初步探讨（均收入我的论文选《博物馆的沉思》卷二中）。概括起来说物质文化遗产与非物质文化遗产同属于文化现象，这是它们之间同质的方面，但是遗产存在的形式却有很多的差异性，这种差异使广义遗产理论的生成陷入困境。我认为有三个难题需要逾越：

其一，物质与精神的差异

传统理解的文化遗产都是物质的、有形的，都是可视的、可触摸的。物质性是文化遗产存在的传统形式。物质文化遗产的精神价值都寓于物之中，物是文化遗产精神价值存在的外壳，或说是它的外在形式。没有这个物质外壳我们无从进入它的文化内涵，形式与内容是一个统一体。但是非物质文化遗产没有物质外壳，没有物质形式，它不属于物质世界。不是物质的又是什么？2000年国际博物馆学委员会年会讨论了什么是无形遗产，众说纷纭，莫衷一是。加拿大学者马琳达·里恩认为"有形与无形的关系就是物质与精神的关系"，这与我在《无形遗产的五个基本问题》中的观点接近。我认为"无形遗产与有形遗产分属于精神与物质两个领域中，只有把握这个基本点才不至把两者重叠起来而失去各自的特性"。问题是：我们怎样找到文化遗产的物质存在与精神存在的同一性并把它们整合到一个广义文化遗产的概念中去呢？

其二，终结存在与过程存在的差异

物质文化遗产是通过物质形式传达出它的文化内涵的，物质外壳就是物质文化遗产的载体，不仅是载体而且是传达文化内涵的途径。司母戊大鼎是通过它的外在形式而显露出它丰富的文化内涵。没有物质载体就进入不了它的文化内涵。非物质文化遗产则不同，它不是存在于某种物质载体中，它是通过人或人与物的运动把它介绍出来的，非物质文化遗产并不存在于任何物质中，否则它就不是非物质文化遗产了。古琴艺术是通过人对古琴的演奏传达出来的，习俗是通过生活表达出来，传统工艺是存在于流程之中……因此可以说人或人与物是感知非物质文化遗产的一种中介，我称之为介质。把载体与介质区分开来，我们就找到了物质文化遗产与非物质文化遗产不同的存在形式和表达方式。为什么会产生载体与介质的差异呢，从文化的内涵来看，物质载体负荷的是文化内涵的终端，它是凝固在物质载体内的。而介质负荷的文化内涵，是一个展示的过程。结果与过程就是载体与介质的差异之所在。我称"介质"而不称"中介"是为了非物质文化遗产的物化的可能而考虑的，这是另一个问题。这里的问题是：两种不同的存在形式和不同的传达形式如何才能科学地统一在一个广义文化遗产概念之中呢？

其三，逝去的与活着的差异

物质文化遗产是历史上一定的社会的产物，是历史的化石，是不能再生的。我们不可能再回到诞生这件物质文化遗产的历史环境中再诞生它。不可再生性是物质文化遗产的一个特征。但非物质文化遗产恰恰相反，它必须再生才能延续它的存在。昆曲如果不表演就衰亡了，习俗如果不传承就消失了，只有活着，非物质文化遗产才能持续存在，所以它被称为"活的文化财富"。物质文化遗产是已经失去的文化遗产所以称为"遗产"，问题是非物质文化遗产是活在人的生活中的文化，怎么能称"遗产"呢？当然从"传统"的角度来审视，也许能说得通，因为物质文化遗产记忆的是传统中的文化，而非物质文化遗产保持的是文化中的传统。"传统"也许可以帮助物质文化遗产与非物质文化遗产获得某种统一性，但逝去的与活着的又如何统一在广义遗产概念中呢？

上述三种差异，我并不认为是横亘在广义文化遗产学道路上的理论鸿沟，但它是理论难题。解决这难题有待于实践。冷静地说，目前非物质文化遗产保护、保存与发扬，尚处于灵感阶段，从灵感到科学还要经历相当时日的艰难推进。就连2003年教科文组织发布《保护非物质文化遗产公约》时，仍没有能够产生一个准确、精练的定义。在《公约》中提出的不过是一个冗长的、列举式的工作定义。2005年我国国务院的《关于加强文化遗产保护的通知》中也只能把文物保护法和国际《公约》对两种遗产的描述捏在一起，作为工作定义而已。我想分别建立物质文化遗产学和非物质文化遗产学，可能会比把两者绑在一起建立广义文化遗产学更容易些。关键是非物质文化遗产从感性保护到理性保护要走多久。我还是那句话，当理论贫困时，还是让我们先做起来。

原文选自《博物馆的沉思：苏东海论文选（卷三）》，文物出版社，2010年

关于博物馆的核心价值——苏东海先生访谈

题记

进入新世纪博物馆发展很快，变化很大，研究者都在思考一些问题。2007年10月5日《中国文物报》副总编曹兵武访问我，希望我谈一谈近来都在思考一些什么问题。兵武喜欢意识流式的谈话，想到哪儿就说到哪儿。所以这篇访谈记是没有主题的。12月28日见报时的题目"核心价值"，也是他们加的题目。实际上这是我的关于改革的一段思想漫步。

近年来，中国博物馆事业发展很快，馆舍建设、陈列展览、社会服务等方面都有不少变化。在这个过程中，您最近在思考什么问题？

中国博物馆发展的动力很足，但是我在想的一个问题是博物馆在快速发展过程中不能迷失自我，还要回到"博物馆是什么"这个根本的问题，回到"什么是博物馆的核心价值"这个问题。

1946年国际博物馆协会成立并给博物馆下定义的时候，是有很多争论的，最后是传统派胜利了，这样的结果是，博物馆越来越闭关自守了，国际古迹遗址理事会分裂出去了，不可移动文物和博物馆没有关系了。

但是二次大战之后的社会主流是民主的时代、反思的时代。反思就是对人类历史进行重新思考，对战争、科技以及社会发展引起的生态问题等进行思考，历史热带来了遗产热，遗产热带来了文化热，文化、遗产都在通过民主向基层下沉、向大众下沉。博物馆收藏的是历史的实物碎片，在这样的背景下，博物馆不可能置之度外。博物馆的发展也需要转向。博物馆界内部的改革派也一直没有停止探索，他们提倡博物馆要和环境融为一体，博物馆里的遗产要回到遗产地去，他们掀起了新博物馆学运动和生态博物馆学运动，博物馆要走进人的生活中。要为社会服务。1974 年国际博物馆协会再次修改定义时，增加了博物馆非营利和服务社会发展两项内容，并且允许非博物馆界人士加入国际博协，就是一个很大的变化。进入 21 世纪，我们更看到国际博物馆界和遗产保护工作正在快速合拢。国际博物馆协会又在修订博物馆定义，并在网络上向各界广泛征求意见，2001 年和 2005 年国际博协两次发布战略计划，都提到要使国际博协成为"一个在保护世界文化遗产和自然遗产方面令人尊重的声音"。国际博协最近通过的几个决议，都与文化遗产保护这个问题有关。这不仅是因为全球性的文化遗产热，同时也是因为文化遗产，即藏品，是博物馆的根本。

可以说，国际博物馆界发生了很大的变化。文化遗产的概念在扩展、细化，越来越多样化，与之对应的博物馆不仅多样化，而且产生了越来越明显的两极分化。但是在这个变化中，在千奇百怪的博物馆中，我们要寻找博物馆不变的东西，寻找什么是博物馆最核心的价值。只有这样，才能保证博物馆在这个越来越多样化的社会中不随波逐流，不会被异化。现在就看到有博物馆向展览会、博览会方向异化的倾向，博物馆的基本陈列普遍边缘化了，临时展览反宾为主，成为更受重视的东西。我曾经谈到博物馆竞争力下降的问题，这是很多严肃的文化艺术产品共同的问题，但同时也是因为它重要的核心性的东西被异化了。对这种现象存在不同的意见，因为大家讲要服务社会，提倡大众化，但是我认为大众化不等于庸俗化，现在已不仅是庸俗化的问题，甚至是低俗化了，博物馆陈列展览的科学性降低了。最近《中国自然博物馆通讯》向我约稿，我写了一篇文章，主要就是谈博物馆的科学危机问题。我们的博物馆工作在某种程度上丢失了博物馆应有的科学精神，科技手段变成了娱乐观众的手段。博物馆应该明白，如果要娱乐观众，博物馆永远无法和迪士尼相比。国际博协前主席高斯说，博物馆适当地增加一些辅助性的娱乐就是给科普包上一层糖衣，它本质上还是一种糖衣药丸。博物馆提倡服务社会、服务观众，但是不能走低俗化的路子，2005年美国通过《反低俗法案》，低俗是大众化、市场化相伴随的一种文化病，健康的社会和文化就要和它做斗争。因此，我一直在思考，我们的博物馆如何在快速发展的过程中提高自己的文化品位。

新博物馆学包括生态博物馆运动，都是要扩展博物馆的内涵与外延，我们的博物馆事业的发展是否符合这一潮流？

这使我想起中国博物馆的生存问题。谈这个问题我们要抓住中国博物馆的特征，在中国这头一个特征就是，我们的博物馆是引进来的东西。西方博物馆是自发的，是在西方的文化背景下自己创造和生长出来的，我们引进博物馆这个东西，就要考虑到国情问题。我们的博物馆价值的主体是社会大众，包括政府领导。博物馆要生存、发挥功能、实现自身的价值，主体和客体就应该统一起来，但是我们博物馆的主体——博物馆的服务对象并没有很好地理解博物馆的这些特征。我们的文化传统中总起来说是缺乏科学与艺术的精神的。古代中国文化底蕴很厚，但是主要是社会伦理和政治理论，没有科学和艺术的大众传统。五四运动要引进科学和民主，至今不能说是非常成功。我们整个社会有一段时间甚至是反科学的，知识越多越反动。因此，博物馆要让公众接受，有很多工作要做。我们从西方引进的东西很多，有些东西容易被接受一些，比如公园，一般人都能够看到公园的好处，都能够喜欢公园，博物馆就不同了。大众素质和社会发展还没有到需要普遍参观博物馆的阶段，即便博物馆免费了，把观众忽悠来了，他也不会认真看，造成博物馆资源和观众时间的浪费。博物馆藏品的科学与艺术价值需要一整套的体制与文化背景来挖掘与传播。最近很多媒体批评博物馆管理经营不善，门前冷落车马稀，我只看到一篇文章为博物人说话，讲这不能全怪博物馆，也有观众和社会方面的原因。

就我自己来说，一些国际朋友也将我归为新博物馆学派，但我自认是个两面派。我认为我们不能照搬外国的东西、西方的东西，中国博物馆的生存与发展，要探索自己的道路。

前边您说中国博物馆事业发展的动力很足，看来动力主要是来自政府部门，博物馆事业在中国的真正发展，还要上下贯通，内外结合，博物馆热要从政府部门下沉到行业自觉，下沉到广大群众，包括开展博物馆发展的社会环境再造。

对，发展博物馆事业不是简单地把新馆盖起来，免票让观众进来参观就可以了。观众到博物馆来看什么？最近中华世纪坛世界艺术博物馆引进了几大文明展，引进了印象派莫奈等绘画原作的画展，结果很少有人去参观，因为对于不了解印象派绘画的观众，他当然不愿花钱去参观这样的展览。我们现在更多的观众到博物馆里只能是看稀奇而不是认知与体验。这是一个矛盾，一方面是博物馆缺乏观众，另一方面现在全世界都有博物馆展览的娱乐化倾向，都有博物馆参观质量降低的严峻问题。大众旅游也改变了博物馆的生存环境，媒体报道法国卢浮宫一年观众达到七百万人，和故宫观众差不多了，这让人怎么参观啊？好的博物馆和展览也存在参观环境、参观质量的下降问题。

因此，对于博物馆热，我们不能光看热闹，要带着问题进行深入的研究。中国博物馆事业的发展，博物馆人要保持清醒。从西方引进的博物馆要和中国的国情接轨，政府部门推动博物馆事业发展的愿望要和大众接轨。这个过程中，博物馆人应该发挥重要的作用。

看来，博物馆定义修改永远不能概括博物馆发展的一切，关键是博物馆的理论研究应该加强，为解决博物馆发展中面临的实际问题提供理论的指导。

我们对西方博物馆了解本来就不太透彻，近年开始有些翻译介绍的东西，但往往较多地集中于博物馆的管理、营销、展览设计等方面。有一本《博物馆体验》的书，我曾经向有关方面推荐翻译，没有被采纳，结果在中国台湾翻译出版了。奥地利博物馆学家弗德利希·瓦达荷西博士的《博物馆学》（两卷本），风行于德语世界，也让中国台湾抢译出来，出版发行了。目前中国博物馆界理论比较不受重视，大家都希望看到拿来就可以使用的东西。这样，碰到一些发展中的难题，就缺乏成熟的思考和长远的解决问题的办法。比如，文物的消亡原理和博物馆收藏保护的关系，收藏热与博物馆的关系，新农村建设和生态博物馆的发展问题，等等，都是事关博物馆发展的根本性的问题，是理论问题，这些我都写过文章。

因此，无论是引进外国的还是我们自己研究博物馆的问题，首先要了解自己的国情，要了解博物馆自身的特点。新农村建设为生态博物馆的发展提供了机遇，是因为农村文化本来就是一种不同于城市的文化与生活方式，农村文化又是丰富多样的，社会的发展不是要消灭农村，而是要提升农村文化与生活的质量。西方已经进入逆城市化的发展阶段，开始复兴农村文化，而我们正在加速城市化。因此，在正确的新农村建设中，博物馆一定可以发挥作用。博物馆的核心是什么？是博物馆中的收藏，是遗产，即人类生存及其环境的物证，博物馆要发挥自己的作用，我认为实现博物馆的价值与社会使命，还是要回到藏品、回到遗产这个问题。离开这个，博物馆就不是博物馆了。最近有博物馆在谈论应不应该收藏和展览复制的东西，我想，这就是对博物馆核心价值的一种困惑甚至背离。什么是人类生存及其环境的物证？物证就是如果就历史问题打官司，可以拿出来作为法庭或者逻辑上的证据的东西。博物馆的核心就是博物馆中的遗产，博物馆的使命就是让这些遗产的价值发扬光大。在这个前提下，才是博物馆方法和技术手段等问题。博物馆的方式与技术手段是围绕博物馆藏品来实现博物馆的价值与社会使命的工具。

原文选自《博物馆的沉思：苏东海论文选（卷三）》，文物出版社，2010 年

物质文化遗产的形而上思考

题记

我研究物质文化遗产始于20世纪90年代，第一篇论文就是《文物消失论》，接着不断扩大课题领域，继续发表了有关研究成果的阶段性论文。本文带有总结性，把物质文化遗产存在的消失规律、运动规律、生理病理规律、价值规律，在形而上学层面上予以整合，带有对基础研究的基础研究性质，自认为是我的一篇重要论文。载于《中国文物报》2008年5月23日。

引言

古希腊时代形而上学是指研究事物的超感觉、超经验永恒不变的规律的学问，被称为第一哲学，而研究可感觉到的经验之学的物理学、自然哲学则被称为第二哲学。亚里士多德的著作传入中国时，起初第一哲学部分被译为"玄学"，之后严复又根据《周易·系辞》中"形而上者谓之道，形而下者谓之器"的说法，改译为"形而上学"，这是符合第一哲学原意的。但是斯大林时代，苏联哲学界把形而上学与辩证法对立起来，斥之为孤立的、静止的、不变的思想方法，使形而上学成为辩证法的对立物，形而上成为一种贬词，这是对形而上学错误的引申。本文按形而上学的原意，对物质文化遗产某些形而上的东西进行一些探讨。我的探讨有的已经发表过专文，这里再加以整合，加强其内在联系和外在联系。但自觉仍很粗糙，有待于识者的指教。

一、一切物质文化遗产最终都将消失。认识物质文化遗产的消失规律，有助于文化遗产的理性保护。

1. 物质文化遗产总体不断增生，个体不断消失

为什么物质文化遗产最终都将消失？因为人类的一切创造物都在消失的过程中，物质文化遗产也在其中。人类创造的一切可移动物和不可移动物，包括个体人自身都在不断消失之中。只有不断消失，人类生活才能不断前进；只有新陈代谢，才能生生不已。新陈代谢是人类社会自然进程的规律，是不以人的意志为转移的。所以物质文化遗产的消失是不可更易的结局。从整体上看，人类创造的物质文化遗产有生有死，遗产的总体是不会消失的，增生大于消失。但从个体来看，消失是唯一的结局。研究物质文化遗产消失的规律，有助于对遗产进行理性保护而不是靠情感与愿望。

2. 普通物品是在淘汰中消失，物质文化遗产是在保护中消失

人类创造物的消失方式是淘汰，有的属于自然力淘汰，如地震、火山爆发、洪水泛滥，使人类居住区甚至整个城市化为乌有。有的属于社会力的淘汰，人类自己摧毁人类自己和人的创造物，如战争、殖民屠杀，还有灾荒、瘟疫造成人群大量死亡和创造物的消失。另有一种对人类创造物有积极意义的淘汰，那就是生产力发展、科学技术的创新对人类旧的创造物的淘汰。新技术淘汰旧技术，新物淘汰旧物，不断创新、不断淘汰，人类社会不断向前发展。旧物终将被新物淘汰，这是不变的规律。

但是，物质文化遗产的消失并不是按照淘汰率进行的，而是在另外一种环境中走向消失的。它是在人类刻意保护下逐步走向消失的。人类保护物质文化遗产的方式是抗消失。抗消失的斗争可以远溯到几千年前的木乃伊，木乃伊的防腐技术就是抗消失的一例。我国明清时期研制的防蛀、防霉的"万

年红"宣纸可以延长字画的寿命达数百年之久。个人收藏与博物馆收藏对文化遗产的保护是不遗余力的。抗消失从个别行为发展到国家行为是一次飞跃。法国从1790年、英国从1882年就开始颁布法律保护物质文化遗产。抗消失的斗争从国家行动发展到国际联合行动是文化遗产抗消失的又一次飞跃。1899年、1907年海牙公约是国际联合行动的开端。二战后，在联合国框架内，不仅签订公约而且建立机构予以贯彻。文化遗产概念的深化、保护行为的国际化和保护技术的高科技化，大大强化了人类抗文化遗产消失的能力。

但是，物质文化遗产虽然生活在人类刻意保护它的环境中，但它依然按照事物消失规律向消失前进。正是它不断向消失前进，才有抗消失的种种斗争。因此研究物质文化遗产在保护中消失的规律，不仅具有理论意义，而且具有实践意义。

3. 现代社会物质文化遗产消失与增生的新特点

A.技术飞速发展，文化遗产迅速消失与迅速增生

古代社会生产、生活发展迟滞，文化遗产消失的速度很慢。一件物品演变成文化遗产是一个很长的沉淀过程，而其消失又是一个漫长过程。现代社会，科学技术飞速发展，人类创造物更新换代的速度呈几何级数的加速度。一般物品存在不久就被新物取代了。旧物几乎来不及进入文化遗产概念之前就消失了。这是从个体物品遗产化过程的匆忙来看的。另一方面，从宏观来看，物品更新换代越快，文化遗产的新来源就更多，文化遗产的总量更多了，而且文化遗产的新物种也迅猛增加。因此，研究社会迅速前进中物质文化遗产消失与增生的新特点，是一个新的课题。

B.城市现代化与不可移动文化遗产保护的对抗

城市也是人的创造物，城市也存在于生成、发展、最终消失的自然法则之中，新城取代旧城是不可抗拒的。当城市物质文明条件的发展突破了旧城功能的局限时，作为整体的旧城不可能不逐渐退出人的生活，逐渐融入新城之中。人享受物质文明新成果的愿望越强烈，新城市建设的推动力就越大，旧城改造

的力度也就越大，这就是新城取代旧城的原动力。新城发展需要空间，不可移动文化遗产占有着空间，空间是一种实在，城市发展与不可移动文化遗产的空间之争是难以调和的对抗。由于双方的占有空间都是有理由的，因此这种空间之争比其他空间之争更加具有对抗性。但是应该看到两者又具有统一性。新城市不是在旧城市的废墟上建立的，新城市文化也不是凭空产生的，保护与继承旧城市文化遗产的精华也是新城市本身的需要。两者统一性的一面使得这种空间之争又不是不可调和的。因此加强这一矛盾的规律性的研究，在理性的基础上，突破实际的矛盾，求得两利，这是抗城市不可移动文化遗产消失的不尽的课题。

二、一切物质文化遗产都处于过程之中。认识文化遗产的运动规律，有助于遗产的过程保护。

1. 遗产存在于过程之中

一切事物都处于运动之中，运动是事物存在的根本形式。停止就是死亡。运动是永恒的、绝对的，静止是暂时的、相对的。即使处于暂时的静止中，也是运动中的静止，暂时的平衡。物质文化遗产从生成到存在到消失也是一个不息的运动过程。在这个过程中，作为物质的文化遗产无时无刻不在运动中，无时无刻不在变化中。有的变化能够感觉到，有的变化则感觉不到，要通过量变的积累才能感觉到。当我们感觉不到它的变化时，它是处于运动中的平衡状态下，不要以为静止就是不运动。研究物质文化遗产的运动规律，使我们能从运动的过程中把握遗产的保护，并且把这种保护贯彻始终。

举一个例子，我对故宫博物院古建维修贯彻终生的认识。2007年2月15日我在故宫博物院维修工程专家咨询委员会第四次会议上指出："要认识故宫建筑保护与维修的持久性。只要故宫建筑的寿命不终结，对它的维修就不能终止。维修是长期的，无止境的，我们必须有对故宫终生维修的思想准备和技术准备。"这就是说古建保护是个无休止的过程，直至它寿命的终结。

2. 物品的遗产化过程

普通物品在淘汰的洪流中走向消失，只有极少数的幸存物被保留下来，逐步进入文化遗产的概念之中，从而得以保存下来。这是怎样的一个过程呢？幸存物从消失洪流中被截留下来的最初的屏障是社会收藏。收藏者是使文物从客观存在发展为自觉存在的第一者。文化遗产得以幸存下来的第一道屏障是收藏者的收藏。文化遗产的社会收藏虽然暂时挡住了一些文化遗产的消失，但遗产化过程只是开始，或者可以说社会收藏是文化遗产的原始积累。作为遗产化过程它还要继续行进。经过不断的筛选，一部分文化遗产得以进入博物馆保护和国家保护之中。博物馆的筛选被称为博物馆化的过程。文化遗产进入社会收藏阶段，它仍然处于聚散的过程之中，文化遗产通过博物馆化过程，它才进入了稳定的、永久性机构的保护之中。文化遗产经历了大浪淘沙式的社会选择，经历了漫长的聚散历程，最终到达了博物馆、到达了国家保护之中，完成了物品的遗产化全过程。

出土文物也有个遗产化过程，不过它与传世文物遗产化过程有所不同，这里暂不展开。

三、一切物质文化遗产都存在于生理过程之中。认识物质文化遗产的生理、病理规律，有助于遗产的保健与医治。

1. 遗产的寿命既决定于它的先天体质又决定于它的存在环境

物质遗产不论是有机的还是无机的，或是有机无机混合体，都有一个生存的过程，可以称之为寿命。个体遗产寿命的长短首先取决于它的体质。石质雕塑当然比纸质字画的寿命长得多。但是在物品进入文化遗产行列之前，它已经走了相当一段走向消失的旅程，它已经处于它的寿命的某一年龄段了。因此对它的保护就要从这个年龄段开始。如果当时的石雕已经风化到接近质变，已经处于风烛残年的阶段，它就不会比一幅字画的存活时间更长。所以文物入藏时的体征应该是文物养护的出发点。博物馆藏品账都有入藏时完残程度的记录，这是有道理的。入藏时属于寿命的哪个阶段，就从那时确定保护的级别。

文物的寿命不仅决定于它的先天的体质，而且决定于它的环境。自然环境和社会环境都决定着它的寿命。厚葬于地下的文物就比传世文物的寿命更长。出土文物的环境骤变，它就可能"猝死"。抗日战争时故宫文物的南迁，就是易地保护以摆脱战争环境的行动。总之，文物的保养与医治都要辨证而治。

2. 防微杜渐，延年益寿

文物处于量变阶段时，往往误以为它是静止的，其实它是无时无刻不在受到各种有害因素的侵袭。早在1962年国家科委就下达了防止生物标本褪色变质的研究课题，但未见成果。1999年自然博物馆研究员张承志的《保藏学原理》问世，才系统地阐述了藏品的沾污理论、色变理论、石质藏品的劣变理论及静态疲劳理论、高分子材料的老化理论、玻璃和陶瓷劣变理论、金属藏品的腐蚀理论等。这一系列的藏品病理学研究成果，提高了人们对藏品保护的科学认识。

从藏品沾污理论来看，没有什么别的因素能像尘粒那样全方位地参与藏品的劣变过程。室内的尘粒处于从悬浮到沉积，再从沉积到悬浮的不间断的运动过程中，久而久之便会有更多的尘粒沉积到藏品表面而不断加深沾污危害。人的流动不仅影响尘粒的迁移，而且人本身就是一种污染源。据测，陈列室内带菌的皮肤角质上皮，每平方米空气中的菌数可达几十万个。这都是肉眼看不到的。所以，对藏品的保护要十分精细、十分科学，防微杜渐才能延年益寿。

四、一切物质文化遗产都有价值。认识物质文化遗产的价值规律，有助于价值的实现。

1. 文化遗产价值的发现与实现

文化遗产价值是如何被发现的？这是一个认识论问题也是一个本体论问题。文化遗产价值是固有的呢，还是人赋予它的？如果说是固有的，那就是本体问题，如果说是人赋予它的，就是认识问题。这个问题我与国际博协博物馆学委员会主席马丁·施尔有过争论。1994 年在这个委员会年会上，在讨论博物馆物的问题时，他说"博物馆物的意义是人赋予的"，我则指出"博物馆物的意义是固有的，是客观的，人不过是发现了它，而不是赋予了它"。我的这一观点在后来另一次讨论中进一步阐述出来，2000 年 9 月在生态博物馆培训班上，我与挪威文物局副局长、国际遗址理事会理事达格·梅克勒布斯特有一番对话。他说："挪威海滩上有一堆破烂的船板，经过人的研究发现它是一只古代海盗船的遗骸。如果没有这一发现，它只是一堆垃圾。"我辩论说："这只船本来就是古代的海盗船，如果不是海盗船它就不可能被发现为是海盗船的遗骸。"他说："我们是站在事情的两端。"确实如此，这是价值学术领域关于价值本体和价值认识的争论在遗产界的反映。我认为遗产价值既是价值客体固有的，又是价值主体赋予的，遗产价值的实现必须是价值主体与价值客体的统一。价值主体没有认识价值客体的价值时，价值是潜在于客体之中的，当价值主体发现价值客体的价值时，价值主客体就统一了，价值就显现出来了。价值的实现是价值主客体统一的结果。因此，从一般物品中发现遗产价值，主体的认识是至关重要的，甚至可以说主体的认识居于主导地位，如果没有主体的发现，遗产仍是潜在着的。更进一步说，遗产价值的认识也不是一次完成的，对遗产的深入研究是一个无休止的课题。

2. 物质文化遗产价值的来源与原始价值

人类从石器时代以来的一切创造物都已消失和正在消失，留下来的幸存物是极为稀少的。幸存物之所以稀少是来自消失，消失产生稀少，稀少产生收藏价值。当告别短缺经济，购物票证从生活中消失时，购物票证就有了收藏价值。当铁路上跑的都是蒸汽机车牵引的时候，蒸汽机车没有收藏价值，当内燃机车问世、蒸汽机车在铁路上消失时，蒸汽机车就有了收藏价值。这种来源于消失，产生于稀有的价值就成了收藏的初始价值，可以称为收藏品的原始价值。因为它是收藏物的其他价值的前提。一切有历史价值、科学价值、艺术价值的物品，如果不是稀有就不能成为文物，也就不能称为文化遗产。

稀有不仅产生文物的原始价值，而且也是文物市场价格的原始尺度。越是稀有，价格就越高。不论文物的价值还是文物的价格，其初始都是决定于稀有程度。因此认识文物的消失规律及其派生的价值规律，对物质文化遗产的研究和保护都是很有意义的。

余言

1. 物质文化遗产与文物两个词的内涵是一样的，是同一的。如果我们要从广义遗产概念考虑，应该用物质文化遗产与非物质文化遗产对应起来。如果不是为了对应，我宁愿用文物这个词。在我国的语境中一直是用文物这个词，它的意思家喻户晓。所以我认为党的十七大报告提到文化遗产时是把文物与非物质文化遗产连在一起说的，这是有道理的。在我这篇文章里，大小标题用的物质文化遗产，而在行文中为了文字的简洁，有时用文物、有时用物质文化遗产，未能一个词贯彻始终，这说明我的表达仍很粗糙。

2. 近读《中国文物报》曹兵武副总编的大作《探索中国特色文化遗产理论体系，促进社会主义文化大发展大繁荣》颇多启迪。尤其是他努力贯彻的遗产理论的两个出发点：遗产本体的中国特色和遗产事业的国情契合。这是很重要的。但是曹文中虽然要建立文化遗产的理论体系，又没有涉及非物质文化遗产，这就加强了我对建立广义文化遗产理论的疑问。我在《建立广义文化遗产理论的困境》（载《中国文物报》2006年9月8日）一文中说："我想分别建立物质文化遗产学和非物质文化遗产学，可能会比把两者绑在一起建立广义文化遗产学更容易些。"在这篇文章中我论述了建立两者统一的遗产理论的困难。这也就是我在本文的标题上和内容上明确界定为物质文化遗产的形而上思考的原因。

原文选自《博物馆的沉思：苏东海论文选（卷三）》，文物出版社，2010年

博物馆、博物馆学：警惕技术主义

题记

　　博物馆日益发展的技术崇拜，一直是我心中存在的博物馆发展的战略忧患。2008年国际博协博物馆学委员会年会召开之前，发给与会者一件供讨论的加拿大人尼里的论文。这篇论文过分强调了技术正在决定着博物馆的命运。我不得不写出我的这篇论文予以回应。我的论文引起国际理论界的关注。国际博协博物馆学委员会出版的《论丛》把尼里和我的论文并列在卷首，以引起重视。我的这篇论文的中文稿发表在《中国博物馆》2008年第3期。

　　物质文明的进步表现为技术化水平的提高，信息技术的革命正在深刻地影响着人类社会的发展，我们不要低估技术革命的意义。但是也不要过高估计技术的意义。如果发展到技术崇拜，形成了技术主义，技术的危害就产生了。技术膨胀最直接的危害就是文化的边缘化、文化价值的旁落，所以必须警惕技术主义的泛滥。技术主义正在侵入博物馆，侵入博物馆学。在国际博物馆界和中国博物馆界的一些论文中，正在鼓吹技术主义。把信息技术说成是决定博物馆发展方向的决定因素，似乎技术正在决定着博物馆的前途和命运，甚至说信息技术正在改变着博物馆的存在基础和存在方式。这些都是耸人听闻的夸张，并不符合博物馆的实际情况。我认为技术主义的错误有四：

第一，技术主义颠倒了目的与方法的关系。技术是方法，是工具不是目的。目的决定方法，而不能是方法决定目的。博物馆存在的理由是由它的目的决定的，技术只是实现目的的方法，决定博物馆命运的是目的。现在博物馆的命运正决定于它的核心价值的实现和历史使命的实现。国际博协2005年至2007年的战略计划中重申了博物馆的核心价值和历史使命，并以一系列的实际行动实现博物馆的社会责任。这种社会责任正在从传统博物馆向社区这个广大领域伸延。我认为国际博协的战略方向是十分正确的。博物馆学本届年会的主题也是好的，使我们有机会讨论博物馆在全球交流中怎么做。

第二，技术主义颠倒了真实(Reality)与虚拟的关系。信息技术革命创造了一个虚拟世界，给人类的交流带来了崭新的方式。虚拟世界虽然独立于真实世界之外，但真实世界是虚拟世界的根。没有真实世界就没有虚拟世界。技术主义的错误就在于把人造的虚拟世界置于真实世界之上加以崇拜。这是本末倒置的。如果我们不是盲目地崇拜技术，而是客观地观察生活，就会认识到技术并不是至高无上的。从中国的事实来看，中国2400座博物馆仍然是博物馆文化的主体。虚拟博物馆只是一种辅助工具。

第三，技术主义颠倒了信息传递方式与信息源的关系。信息网络化是信息时代一种标志性的传递方式。但网络传递有很大局限性，它决定于信息源对传递方式的要求。博物馆物是博物馆文化信息的信息源。根据博物馆物的信息特征，有三种信息传递方式。首先是对物的直接接触。直接审视甚至触摸原件是博物馆物的文化信息的第一传递方式，也是最佳传递方式，因为直接触摸获得的信息是第一手的。其次是媒介传递，如报刊、影视、书籍等。这种传递方式会丢失一部分感觉信息。第三是正在兴起的计算机网络传递。由于数字技术的发展，其逼真程度超过了一般媒介。但它并不能取代第一种传递方式，因为网络传递的信息是经过技术处理的，是第二手信息。这就是虽然在网络上可以逼真地看到蒙娜丽莎，但人们还是不辞辛苦地奔赴卢浮宫、以一睹真品为幸事的原因。

第四，技术主义不利于博物馆文化多样化。博物馆是文化多样性的天然的平台，是保护和展示文化多样性的重要文化机构。而技术化则与多样化相反。技术化的基础是数字化，数字化的基础是标准化，没有统一化就没有技术化。所以从博物馆文化特征来看，技术主义是不利于博物馆的多样化繁荣的。博物馆学的责任在于摆正技术与文化的关系，从而合理地使用技术而不致为技术所统治。

博物馆需要新技术，但不要技术主义；对技术的夸张，就是对文化的削弱。

原文选自《博物馆的沉思：苏东海论文选（卷三）》，文物出版社，2010 年

中国博物馆的传统与变革

——为巴西《博物馆学与遗产》虚拟杂志创刊号而作

题记

本文是应国际博协执委特丽萨·希尔纳的邀请而作，题目也是她出的。巴西《博物馆学与遗产》虚拟杂志以葡萄牙语、西班牙语和英语三种语言公开发行。中文稿于《中国文物报》2008 年 10 月 10 日发表。鉴于国外读者对中国这类文章理解的困难，也鉴于汉译英的困难，本文只能极概括地写一写，效果肯定好不了。又鉴于这是在拉美地区传播中国博物馆，就勉强交了卷。

要了解一个国家的博物馆，首先要了解这个国家，让我们就从中国博物馆诞生的历史环境谈起吧！

中国博物馆诞生于中国的半殖民地时代。1840 年的中英鸦片战争打开了中国这个古老帝国的大门。之后，美、法、德、俄、日等列强纷纷侵入中国，中国陷入了半殖民地的境地。1912 年推翻了帝制建立了民国，但列强支持的地方军阀混战不止，1937 年日本全面侵入了中国，中国陷入了更深的悲惨地步。1949 年中国共产党解放了全中国，驱除了帝国主义在华的一切势力，建立中华人民共和国。20 世纪前 50 年，世界进入了后殖民时代，中国也在摆脱半殖民时期政治、经济、文化方面的影响。以 1949 年划界，中国分为两个时代。中国博物馆也由此划分为两个时代。现就中国博物馆的历史传统和当代主题，做一点简单地叙述。

一、中国博物馆诞生在半殖民地时代，在民族解放的斗争中，铸就了中国博物馆可贵的革命传统。

19世纪开始，殖民国家热衷于在殖民地附属国建博物馆。如1814年殖民者在印度建的加尔各答博物馆，1818年殖民者在巴西建的巴西国家博物馆，1823年在阿根廷建的自然博物馆，1825年在南非建的南非博物馆，1827年在澳大利亚建的澳大利亚博物馆以及1863年法国考古学家在埃及建的埃及博物馆。至于殖民者在拉丁美洲、非洲殖民地建的黄金博物馆、钻石博物馆等资源性博物馆就更多了。这时中国已处于多国割据的半殖民地状态下，也处于外国人在中国竞相建博物馆的潮流中。1868年法国人在上海建立了上海震旦博物馆，1874年英国人在上海建了亚洲文汇博物馆，1887年英国人又在山东建了广智院，1904年英国人在天津建了华北博物院，接着法国人也在天津建了北疆博物馆。日本人在中国东北建了一些资源性的博物馆。殖民者在殖民地建博物馆实际上是殖民文化的一部分，是服务殖民政治和殖民经济的，这是它的本质。

1905年中国诞生了由中国人自己创建的第一座博物馆——南通博物苑。南通博物苑是被压迫人民自己建博物馆的先驱。当时中国正处于民族解放斗争的高潮之中，中国人民反对帝国主义奴役、压迫的革命运动方兴未艾。在反殖民斗争中，影响力最大的就是进步文化的兴起。博物馆被看作"开发民智、救亡图存"的一种文化工具，革命派、改良派都在呼吁中国人自己建博物馆。在这种政治独立、文化独立的革命斗争中，中国人自己建的博物馆，在外国人建的博物馆群中屹立起来了。因此，南通博物苑被中国的博物馆界称为中国第一座博物馆，从此开始了中国博物馆的历史纪元。中国博物馆是在反殖民斗争的革命风暴中诞生的。这是半殖民地国家中博物馆参与政治独立、文化独立斗争中的英勇表现，开启了中国博物馆可贵的革命传统。

南通博物苑不仅是中国人创办的博物馆——具有政治上的意义，而且具有不同于外国人在中国建的博物馆的西方模式，创建了中国的民族模式。南通博物苑的文化起点是很高的，是一座以"民族的、科学的、大众的"为特征的最早的中国模式。创建人张謇是一位政治家、教育家和实业家，他精心研究了日本、欧洲博物馆的经验，出色地融中西文化为一炉，创造性地把标本、活标本的陈列与中国传统的园囿文化融为一体，把历史陈列与中国的金石古器物收藏文化融为一体，把美术陈列与中国的书画传统文化融为一体，创造了博物馆中国本土化的第一个范本。从1905年到1949年，中国一直处于民族解放的革命时代，这一时代建立的博物馆一直是继承着中国博物馆的革命传统，实现着"开发民智、救亡图存"的历史使命。

二、中华人民共和国成立，中国博物馆继续为中国的变革与发展贡献力量。

1949年中国共产党领导的革命取得了全国胜利，建立了中华人民共和国。新中国在中国共产党领导下，对外反对以美国为首的帝国主义对新中国的干涉，对内大力开展社会改造运动。中国博物馆继承了革命传统，积极参与了社会的变革与发展，那时像故宫博物院这样的艺术殿堂也举办了清代帝后生活与农民生活的对比展览。许多博物馆办起了配合社会改革的劳动创造世界的展览，办起了反对美帝侵略的时政展览等等。中国共产党和中国政府非常重视文化遗产的保护与博物馆建设，在全国范围内开展了文物征集运动。毛泽东、朱德等领导人都带头捐赠。周恩来总理和政务院发动了声势浩大的全国征集活动，空前地扩大了博物馆的馆藏，奠定了博物馆大发展的基础。1956年召开了全国博物馆工作会议。这次大会对中国博物馆进行了理论界定，产生了著名的"三性二务"论。即"博物馆是科学研究机关、文化教育机关、物质文化与精神文化遗存或自然标本的主要收藏所"和"为科学服务、为广大人民服务两项基本任务"。这是中国博物馆界对中国博物馆基本性质和基本任务的理论概括。从中可以看到，早在1956年中国博物馆界就鲜明地提出了博物馆服务社会和社会发展的基本任务。中国博物馆一直没有忘记自己的历史使命。

在新独立的民族国家中，文化独立是一个严重的课题。独立了的人民懂得没有文化独立就没有真正的政治独立。建博物馆就是延续民族文化传统、肃清殖民文化影响的重要方面。需要警惕的事情是在后殖民时代，新殖民文化的扩张。随着全球经济一体化的迅速发展，跟进了文化一体化的出现，也就是文化霸权的出现。文化霸权是后殖民时代殖民文化的变种，受到各国的抵制，连法国这样的大国都在努力弘扬自己的民族文化以抵制文化一体化。1982年中国共产党和中国政府提出"建设有中国特色的社会主义"的总路线，1992年中国博物馆学会举行年会，会议的主题是"如何创建有中国特色的博物馆与博物馆学"，会议讨论了从1982年到1992年，十年来中国博物馆界创建有中国特色的博物馆的理论与实践，我做了学术总结：《论博物馆及博物馆学之中国特色》。建立有中国特色的中国博物馆是中国文化独立的内在要求，也是中国博物馆学努力的方向。1993年和1994年我分别和国际博物馆学委员会的冯·门施主席（Peter Van Mensch）、马丁·施尔主席（Martin Scharer）讨论能否建立有国家特色的博物馆学问题。冯·门施认为："不能，从理论上说是不能有不同个性的博物馆学。"马丁·施尔说："从总体上说不能建立地区或国家的博物馆学，因为科学只有一个，否则不能称其为科学，但是在低一个层次上可以建立国家的博物馆学。"我认为全球博物馆之间的共性大于个性。但决定博物馆命运的还是国家个性，在实际生活中，个性高于共性。当然这个问题还有待进一步讨论。

中国博物馆一直是使命型的，在半殖民地时代它是中国革命文化的一部分。在当代它积极参与了社会变革与发展。它没有离开过它的历史使命，因此得到了中国政府的重视和中国社会的认同。现在中国已经拥有2400座博物馆，走上了世界博物馆大国的行列。

原文选自《博物馆的沉思：苏东海论文选（卷三）》，文物出版社，2010年

博物馆情感初论

题记

2001 年，我的《每件文物都有一个故事》的短文是我关注博物馆情感研究的一个开端。2005 年我在《博物馆物论》中专辟了一节谈博物馆情感，这节题目就是"博物馆的情感论"。又经过近几年的不停地积累、不停地思索，现在写出了《博物馆情感初论》论文。但仍然是初论，我将继续深化我的这一研究。本文发表在《中国文物报》2009 年 8 月 12 日、9 月 9 日，分两次登完。

引言

2006 年出版的拙著《博物馆的沉思》（卷二）的自序中有这样一段话："进入新世纪，我的研究工作开始向博物馆的情感伸延。博物馆的情感领域比知识领域大得多，美妙得多。博物馆的魅力因之会更强烈地释放出来。"但是近几年来博物馆的发展变化太快、太大，我不得不分出时间来做博物馆发展研究。我在 2007 年发表的《博物馆的社会责任》《博物馆的时代主题、时代特征和发展方向》《博物馆核心价值答记者问》，2008 年发表的《博物馆发展新动向》《当前我国博物馆热的初步分析》，以及针对国际博物馆理论界的《博物馆、博物馆学：警惕技术主义》等，占了我不少时间，而情感研究则是在断断续续的思考之中。博物馆情感不是一个小的概念，它包含着知识情感、道德情感、审美情感诸多发生在博物馆中的情感现象，是一个大的范畴。情感在博物馆里比博物馆知识领域还要宽广深厚，它是博物馆文化魅力的基础。这个领域正等待我们更深入地去研究它。

一、博物馆情感的产生及其发展

博物馆情感以三种状态存在着：原始情感、藏品情感和展品情感。三者是递进关系。

1. 原始情感与藏品情感

博物馆情感发生在情感物入藏博物馆之前。物主注入物中的情感是物的原始情感。物的原始情感在入藏博物馆前就已客观存在了。一位烈士就义前写给亲人的遗书注入了这位烈士强烈的个人情感。这封遗书是一件具有很强的情感物。但这时它还自在地存在着。有的情感物注入的不仅是个人情感而且注入了社会情感，它是一种社会情感物。1949年10月1日开国大典升起的国旗，就注入了社会的情感。围绕这面国旗的诞生与升起，有许多动人的故事。这些故事如果展开，几间陈列室都摆不开。菲律宾独立典礼升第一面国旗时，忽然倾盆大雨，国旗在风雨中升起，使这面国旗又注入了风雨中诞生的情感。

物的原始情感来自生活、来自历史，但自在的情感物进入博物馆则需要很专业的挑选。不是任何情感物都能进入博物馆，只有经过专家委员会的鉴选，把那些最具代表性的挑选出来予以收藏。散布在社会上的情感物得以进入博物馆是因为博物馆认识到这件物的社会意义和博物馆价值。对物的认识在博物馆内是不断深化的，因此产生一个问题，物的原始价值和博物馆价值的关系。1994年国际博协博物馆学年会讨论博物馆物的诸问题。会上国际博物馆学委员会主席马丁·施尔说"博物馆物的意义是博物馆赋予的"，这是博物馆化理论中一个流行观点，我当即提出不同认识，我说"博物馆物的意义是固有的，博物馆是发现了它，而不是赋予了它。博物馆之所以能发现它，是因为它原本就有。"美国历史博物馆收藏了杰斐逊起草《独立宣言》时的桌子。杰斐逊起草《独立宣言》时，并没有意识到这张桌子的收藏价值，也不会对这张桌子注入感情，而博物馆收藏它时，认识到了这张桌子的价值和历史情感，才予以入藏的。即使这样，也不能说这张桌子的历史情感是博物馆赋予的，因为如果杰斐逊不是在这张桌子上起草《独立宣言》，人们就不可能产生对这张桌子上起草宣言的感情。可见尽管人们对藏品的研究可以无穷尽，但它的原始状态是出发点，是客观存在。藏品研究中对原真的研究是主要的基础研究。情感研究也是如此。原始情感是客观存在，博物馆赋予它的不是情感的存在而是情感存在的意义。物的原始情感是物的情感的客观基础，是博物馆化过程中衍生的各种情感的基础。离开了物的原始情感，就失掉了物的博物馆情感的依据，也就不是博物馆情感，而是虚构了。

2. 藏品情感与展品情感

文物从库房进入陈列体系后，在新的领域获得了一些新的意义和新的价值。研究从藏品到展品的角色变化的规律，有利于博物馆价值的实现，也有利于对博物馆收藏的认识。

物的原始情感是一种历史情感，博物馆的藏品研究是深化原始情感的研究，藏品蕴藏的情感仍然是历史情感。但是进入陈列室作为展品，它立足于社会现实的需要，使历史情感服务于现实情感。物从藏品到展品的情感发展就是从历史情感向现实情感的发展。历史情感是蕴藏在藏品中的，是固有的，而现实情感是陈列者根据现实的情感需要，把藏品组合起来，形成能表达现实需要的情感陈列，以服务于现实社会。单体的藏品有单体的历史情感，陈列者把这些历史素材作为基础，组合成现实需要的情感，这就超越了个体的历史情感，而具有现实意义和现实价值的情感。陈列者运用历史藏品组织陈列时，是有鲜明的情感倾向的，反映着陈列者的思想感情。陈列不仅在思想上表现一定的思想观点，而且在情感上表现出陈列者歌颂什么，鞭笞什么，观众对陈列引起的共鸣，也正是陈列者的思想感情与观众的思想感情的共鸣。观众从原始的情感中通过陈列的情感组合进入社会需要的现实情感中，这就是历史情感向现实化、社会化的发展。陈列过程并不仅是知识化的过程，也是情感化的过程。当社会需要加强理想信念的情感时，红岩纪念馆的红岩精神陈列，就使观众在情感中强化了理想信念的情感，从而服务于社会，这是现实社会迫切需要的。红岩精神的陈列，把理想信念的历史价值和现实的价值统一起来了，达到了"古为今用"的效果。

如果陈列情感不是藏品原始情感固有的内涵，或者不是原始情感的伸延，而是外加于原始情感的内涵，那就失去了原有的情感价值，而且也违背情感的逻辑存在。因为原始情感是客观存在，而陈列的现实情感是一种主观性的加工，离开了原材料，那就是别的东西了。所以陈列的主观能动性是在藏品内涵的客观存在的范围之内的。必须尊重藏品的客观情感内涵，才能达到陈列主客观的统一，这是陈列工作必须遵循的原则（参见 1962 年拙著《文物在陈列中的两重性》）。陈列者比较重视展品的历史价值和知识价值，比较忽视展品的情感价值，这是因为对藏品的知识价值的研究超过了对藏品的情感价值的研究。这是藏品研究的薄弱环节。每件藏品都有一个故事，把这些故事都输送到陈列中去，展品就不那么枯燥了，陈列也就有声有色了。加强对藏品的情感研究是至关重要的。

二、博物馆情感的分类及其思想

马克斯·舍勒在他的情感现象学中，按不同的价值观把情感的现象分为四种基本类型。博物馆则不同，我是根据物的思想意义对博物馆情感进行分类的，试分述之。

1. 人的历史意识与博物馆的怀旧情感、祖国情感

历史意识是人类独有的。人的历史记忆、历史认知、历史思维以及历史情感广泛地存在于人的生活和思维之中。人的历史智慧是人类向前发展的思维基础。存在主义先驱马丁·海德尔提出历史性这个概念，把人的历史意识上升为

历史性。他认为人是历史的，历史性与时间性连在一起考察，人就不仅是过去的存在、现在的存在，而且影响着未来"存在"。他突破了把历史看作陈旧过时的观念，使历史向前看（《存在与时间》）。欧洲文艺复兴运动不仅再现了过去的辉煌，而且创造了新的文化高峰，进而影响着未来。二次世界大战后，人类对战争的反思、对工业化的反思、对现代化的反思，激起了历史研究的热情。在后工业化时代，后现代化社会发展中出现的时代症结问题的解决都离不开历史的反思。历史热是社会发展中有积极意义的社会现象。历史热与博物馆发展有特殊关系。在人的历史智慧的提升中，人类的历史记忆及历史物证的意义与价值就凸现出来了。有了历史热就带来了历史证物的搜寻热，有了历史情感就带来了历史遗物的情感，历史热与历史遗产热带来了博物馆的大发展（见拙著《博物馆的时代主题、时代特征与博物馆的发展走向》）。

历史情感是博物馆情感中最凝重、最深沉的一种情感。在博物馆的历史情感中最基础的情感是怀旧情感。挪威博物馆学家摩尔在一篇论文中断言"怀旧是博物馆存在的最基本的理由"。我是同意这一命题的。因为怀旧情感就是历史情感。博物馆把人带入历史情感之中，满足和提升人的怀旧情感，从而认识过去，感知现在，希冀未来。为怀旧而建立的纪念馆，为寻根而建立的博物馆更是怀旧的产物。怀旧不仅是中老年人的情感，年轻人也有怀旧情感。英国南安普敦大学一个科研小组的调研报告揭示，80%的年轻人有怀旧情结，"怀旧可以使人流泪，但最终留下的都是快乐"。最近一个事例，今年6月北京热播美国大片《变形金刚2》，80年代的年轻人成群结队去看，映后久久不离去。原因就是这些年轻人是看《变形金刚》动画片长大的，引起了他们对童年的怀旧，现在变成了电影大片，他们不胜感慨。可见怀旧是不分年龄的，只要有历史感，就会有怀旧感。怀旧是一种历史的享受。博物馆是历史的海洋，是引发怀旧情感的宝地，是享受历史的宝地。

在博物馆的历史情感中，另一个基础性情感是祖国情感。人在生活中积累起来的生活情感，如故乡情、故土情、故人情、邻里情、乡音情、饮食习俗等等，无时不在拨动着人的心弦，这些朴素的家乡情，都会升华为祖国情。祖国情实际上就是放大了的家乡情。爱祖国不是抽象的，这种爱是从千丝万缕的生活中积淀起来的。爱祖国并不决定于祖国是贫穷还是富有，是强大还是弱小。爱祖国最大的理由就是因为她是我的祖国。爱祖国如同爱母亲一样，爱母亲还需要理由吗？在国外的博物馆里看到祖国的文物谁都会感到亲切，在国内的博物馆里看到故乡的文物也会感到亲切，这是祖国情、家乡情的自然流露。在博物馆里看到祖国的历史和文化，加强了对祖国的认知和自豪，进而触动报国之心。博物馆就是爱国、知国、报国的大课堂，是爱国主义的教育基地。

战后，大量出现的邻里博物馆、社区博物馆、乡土博物馆、生态博物馆，把博物馆的祖国情下沉到家乡情的土壤上，使博物馆的祖国情和家乡情相互辉映，只要来博物馆，人的历史情感就会得到共鸣与提升。

2. 人的求真之心与博物馆的在场感、本真感

求真之心是人的认识的最基本的要求，也是最强烈的要求。科学家为求真知而无数次的探索与试验，甚至为了坚持真知而受酷刑。革命者为了追求真理、捍卫真理不惜抛头颅、洒热血。在资本主义上升阶段，一些欧洲学者探索"资本主义精神"。富兰克林所说的"时间就是金钱，信用就是金钱"，被韦伯称许为"富兰克林格言"。我国的传统商业也是以诚信为格言的。诚信是一切经济行为的道德保证。人的友谊也是以真情为基础的，人是渴望获得真情的。人在追求真知、真情的实践中变得聪明起来，是否真知要靠实证。有一个著名的例子：马可波罗从中国回到意大利后告诉同胞，在中国有一种黑色石头，燃烧这种石头可以取暖、做饭。人们都不相信。如果他带回一块这种黑色石头（煤）当面燃烧，人们就会确信无疑了。这就是物证的力量。西方当代知识论正在从对真知的追求向确证其为真知并使人相信其为真知的方向伸延。博物馆就是搜集、保管和展出人类及人类环境的物证的专门机构，因此博物馆的真知，具有不容置疑的客观性、真实性。

博物馆的物不仅是真知的证据，而且它本身就是历史的碎片。审视它、触摸它就如同接触历史本身，历史文物是人进入历史时空的路径。在历史文物面前人会有一种亲临历史的情感。这就是博物馆所特有的历史在场感，日本人称为临场感。当人站在李大钊就义的绞架前，人会真切地感受到面对的历史情景，如同身受一样。这种情感不是凭空产生的而是通过历史文物进入历史时空的。遗址博物馆的在场感更加真切，因为遗址是一个特定的历史时空的统一体，是一个可触摸的历史实体。当人来到秦兵马俑一万多平方米的一号坑的看台上，面对这一千多座兵马俑和战车组成的罕见的宏大的历史战阵时，产生的震撼程度，只有在历史的现场中才能达到。这就是博物馆的在场感的情感冲击力。有些博物馆研究者已经认识到在场感的文化价值，80年代鹤田总一郎提出"物加环境"的陈列法，就是为了强化历史感。例如李大钊就义绞架后面置以行刑现场的巨幅照片。这幅历史照片与绞架形成文物组合，人的在场感就更真切了。如果这张照片是事后补拍的，则效果会大打折扣。如果在绞架旁设置信息检索设备提供更多知识信息，那就更是败笔了。博物馆提供的在场感是任何文化机构都不可能提供的情感。历史在场感是博物馆情感中极具独特性的情感资源。如何释放出其情感魅力还有待于人们去开发。

历史的在场感不仅把人带到了历史的原发地，也把人带到了历史认知的原发地，使人进一步产生本真感。本真的存在是一切追加的认识、派生的认识之本，博物馆的物都是本真的，一切对它的解读都是源于它的本真存在，因此人到博物馆会产生本真感，从而满足人对真知的渴求。在虚假盛行时，真知尤其可贵。博物馆是一片真知、真情的净土，满足着、提升着人的良知。

3．人的向善之心与博物馆的崇高感、思齐感

人性善性恶之争是个古老的话题。但我认为人的善恶之心不应该从天性上看，而应从社会性上看。善恶之心是后天形成的，是社会造成的。从根本上

说，人类只有互助才能结成社会，相互争斗难以共存。互助之心就是善心，互斗之心就是恶心。社会以善为基础才能向前发展，以恶为基础则趋于瓦解。人心向善是人性的本质，一切善行都会受到由衷的赞扬，一切恶行都会受到谴责。人的向善之心使道德成为可能，法律得以警止，社会趋于和谐。人的向善之心催动人见贤思齐。子曰："见贤思齐焉，见不贤而内自省也。"（《论语·里仁》）见贤思齐人才能走向高尚，见不贤而能自省，人才能自律。提倡与弘扬见贤思齐的精神与情感，有助于社会精神文明的建设。

博物馆是道德的殿堂，拥有提高人的道德境界的无穷的资源。博物馆收藏着那些道德精英无比珍贵的道德物，再现着令人景仰的道德业绩，成为人见贤思齐的榜样。印度国父甘地是以他的道德力量唤醒国人而闻名世界的。他的卧室保持生前原状，一张低矮卧床，床头一架纺车，床边一个小桌，屋角放着竹杖，一个小玻璃柜里放着他的眼镜和食具，室内空荡无物，这就是圣雄甘地故居。人的道德情感在这里难道不会得到净化吗？博物馆为人类提供了大量的无声的榜样，催动人见贤思齐，提升着人的精神品质。

但是博物馆提供的并不是一般的道德模范，而是更多的至高至善的榜样。中国革命博物馆里陈列着一具杀害刘胡兰烈士的铡刀。15岁的少女刘胡兰至死不肯指认村里的共产党员，敌人威胁要用铡刀铡死她，她问"咋个死法"，敌人张开了铡刀，她义无反顾地引颈就义。这具铡刀被陈列者用粗铅丝捆住了刀片放在地上。刀不能张开了，但观众还是想象着这具铡刀是怎样合在年轻姑娘的颈项上的。人被这种不屈震撼了，人真正感受到抛头颅洒热血的情景，人真的感受到了崇高与伟大。人在博物馆里能产生这种崇高感，也是因为这件凶器见证了烈士的崇高与伟大。博物馆提供的不是说教而是有血有肉、活生生的、可以触摸到、感知到的至善的榜样。博物馆的崇高感与思齐感是与博物馆的历史在场感伴生在一起的，具有很强的现场冲击力和真实感，这是与任何别的文学艺术形式都不同的教化力，认识和加强博物馆特有的情感力量，博物馆的生命力就更强大了。

4. 人的爱美之心与人生艺术化及对艺术精品的膜拜

人的爱美之心与向善之心、求真之心是一套具有内在关系的情感境界。爱美之心与求善之心连接起来就是人追求的美德，求善之心与求真之心连接起来就是人追求的良知，真善美在博物馆内是相通的，相互渗透的。但是真善美情感形成的渠道又是各异的。人的真知情感是在物证的面前发生的；人的向善情感是在一座座道德丰碑的面前被感召的；人的爱美情感是在美的面前得到心灵感应的。不同的渠道从而产生了不同的智育、德育、美育的方法。博物馆既是美的殿堂又是美育的课堂。

翻开美学史不难发现美学是哲学中很难弄的分支学科。美育则不同，美育是审美能力、审美的情操、艺术兴趣与教育相结合的产物。美育这一概念是1799年英国哲学家席勒首先提出的。当时正是欧洲教育革命兴起的时候，美育的提出扩大了审美情感的普及，提高了审美情感的社会价值，人的精神素质也得以提升。近代美育概念传入我国较晚，直至20世纪初才由王国维、蔡元培介绍给国人。蔡元培更对博物馆美育大力提倡。但是并未引起社会的重视，20世纪我国博物馆的美育并未提上日程。博物馆的美育资源并未得到充分享用。我国改革开放后，社会对丑恶的厌恶与批判，也引起了美的觉醒。博物馆、美术馆的观众多起来了，但是人的美的情趣、美的欣赏能力是一个需要长期培养的过程，甚至终生都在不断提升中。因此有识之士又在重提"人生艺术化"。"人生艺术化"的口号是19世纪唯美主义者提出的，以提高生活的物质美为目标。20世纪二三十年代，我国以梁启超、朱光潜、宗白华为代表发起的"生活艺术化"运动，则更深一层，以提高精神与心灵美的追求为目标。人生艺术化在当前技术主义、物质主义盛行中的再提出，确实是有现实意义的。博物馆是终身教育的大课堂，也是"人生艺术化"的大课堂，是大众美育的大课堂。

美育虽然是博物馆的重要社会功能，但博物馆更大的情感吸引力还在于博物馆是美的殿堂，艺术珍品的圣地。闻名于世的艺术珍品是博物馆的镇馆之宝，也是艺术家把亲睹珍品原件视为终身幸事。网上的蒙娜丽莎，其逼真程度甚至可以超过肉眼的直接感觉，但是艺术家还是不辞辛苦赶赴卢浮宫去亲近珍品原件，这是因为艺术家怀着一种对这件珍品的崇拜之心前去朝拜的。这种情感可以与佛教徒的顶礼膜拜相媲美。博物馆并不收藏一般的艺术品，博物馆是艺术珍品的宝库。最负盛名的那些艺术珍品只有在博物馆中才能看到，因此对博物馆艺术珍品的顶礼膜拜的情感也是博物馆情感里独有的情感，博物馆对膜拜者的尊重与服务是博物馆的光荣与高尚的职责。卢浮宫为艺术家开专场使之能更充分的审视珍品。日本正仓院在每年秋季晾晒珍品时使艺术家得以一睹真容。我国上博、故宫珍品的联展，也是服务于艺术家膜拜之情的。这种几个大馆稀世珍品的大幅度展出受惠的绝不止于少数艺术家，更多的艺术追求者得以一睹原件真容，可能成为他一生中艺术追求的新起点。联展的创意让人敬佩，因为他们懂得膜拜者的情感，大胆地实践着博物馆的情感奉献。

三、社会的情感危机与博物馆的社会责任

无论后工业社会还是转型期的发展中社会都存在着情感危机。情感危机是工业化、城市化、市场化的发展中伴生的，是历史形成的。工业化发展了工业文明，提高了人的物质生活水平，也伴生了物欲横流和掠夺自然的人类中心主义；城市的发展、市场的发达也伴生了拜金主义的泛滥；技术的高度发展带来了信息交流的空前扩大，也带来了技术主义和技术崇拜；物质生活的迅速提高，也带来了享乐主义的滋生和低俗廉价文化的追求。马克斯·韦伯认为资本主义社会出现了"工具理性"与"价值理性"的失衡。他把提升价值理性寄托在宗教精神上。我国在改革开放，社会进入转型期后，邓小平敏锐地发现了物质文明建设与精神文明建设"一手比较硬一手比较软"的失衡状态。1996年党的十四届六中全会做出《关于精神文明建设的决议》就是解决两手都要硬的战略

部署。虽然价值理性的滞后是世界现象，但是我国党和政府在科学发展与和谐发展以及核心价值体系的建设上，比较有一整套的理论思考与实际部署，是有作为的。

情感危机并不是社会缺失情感，而是人的物质情感的追求超越了精神情感的追求，人对情感的冷漠，实际上是物质利益的情感主宰了价值取向。一个人如果在公共汽车上不为旁边站立的老人让座，是因为他在价值取向上不愿牺牲个人利益，他的利益情感超越了对人关怀的情感，这并不是情感的缺失，而是恶的情感超越了善的情感，可以说社会缺失的是高尚的情感。精神文明建设正是致力于高尚的、文明的情感建设及其价值取向。

高尚的情感建设不能光靠说教，更重要的是高尚情感的感召和教化。黑格尔认为教化是个体通过异化而使自身成为普遍化的存在（《精神现象学》），也就是说高尚情感的建设是个教化过程，是个体向高尚情感转化的过程。黑格尔所说的教化是高尚情感占普遍主导地位时才得以实现的。如果高尚情感缺失的情况下，要实现教化则需要社会价值取向的舆论引导和榜样的带领。在社会教化过程中各种文化力量都能依据自己的文化特征施加影响。文学艺术作品中的那些感人至深的典型人物及其情节，潜移默化地教化着社会。在文化力量中博物馆具有独特的教化价值和独特的教化力。博物馆拥有极高价值的、独特的情感资源，蕴藏着无数的能唤起人们真知、至善、爱美的情感资源，是多元化的情感海洋。人一进入博物馆就会沐浴在高尚情感和精神文明之中，无形中在提高着人的精神状态。现在博物馆的情感教化的价值还没有得到充分的认识，博物馆在社会教化中的责任还没有充分担当起来，这正是有待于博物馆研究者前往的领域。

原文选自《博物馆的沉思：苏东海论文选（卷三）》，文物出版社，2010年

国际博物馆理论发展中的两条思想路线述略

题记

我从 20 世纪 90 年代开始在传统博物馆和生态博物馆两个领域同时工作，接触到两个领域的理论人士及其思想观点，对国际博协理论发展也有所关注，于是逐渐形成了本文的思想脉络。初稿题为《国际博物馆理论研究的分化与整合》，发表于《东南文化》2009 年第 6 期。后又从两条思想路线立论，改编为札记，连续发表于《中国文物报》2010 年 6 月 16 日、30 日。在上述基础上，形成本文的三稿，于内部刊物《近代中国与文物》上发表。

引言

1996 年国际博协副主席帕特里克·博伊兰在纪念国际博协 50 周年的文章中说，60 年代把古迹、遗址、国家公园和自然保护区从国际博协分化出去，成立国际古迹和遗址保护理事会"是国际博协成立 25 年间的最为严重的失误"[1]。现在看来说这种分化是"失误"并不恰当。因为这种分化并不是一次偶然事件，而是博物馆发展和博物馆学演进中的一系列分化中的一个事件，是有前因后果的。紧接着这次体制分化的就是新博物馆学从传统博物馆学分化出来的理论分

---

[1]　帕特里克·博伊兰：《国际博协 50 年》，《国际博物馆》1996 年第 3 期。

化。博物馆发展中的分化与整合也不是孤立的，它是博物馆适应社会发展大环境中产生的分歧，并且形成了两条各有侧重的思想路线：一条是以博物馆功能为基础的专业化路线，另一条是以博物馆职能为基础的社会化路线。当前，这两条思想路线正在新整合理论的整合下进行新的探索和实践。

本文拟对博物馆发展中两条思想路线的形成及其演变进行一点历史回顾，做一点初步梳理，并对新整合运动进行一点展望。

1. 分化的开始，两条路线的形成

国际博物馆界的认识分歧从国际博协一开始建立就产生了。1946年11月在巴黎卢浮宫召开的成立大会上，任命美国人昌西·哈林为主席，大会制定了博物馆第一个定义："博物馆是指向公众开放的美术、工艺、科学、历史以及考古学藏品的机构，也包括动物园和植物园，但图书馆如无常设陈列室者除外。"这个定义在领导层中产生了分歧，争论的焦点在于那些不以藏品为中心的机构，如动物园、植物园、图书馆陈列室应否算作博物馆[2]。就这个具体争论来看，我认为收藏活标本的动物园、植物园算作博物馆是不合适的，也是无法实现的。1994年博物馆学国际委员会年会期间，我曾问会议主席马丁·施尔对这个定义中的附加机构怎么看？他说："我是瑞士博物馆国家委员会主席，我在统计瑞士博物馆名录时，根本不统计他们。"巴西的特丽萨说："我统计他们，但他们自己不承认自己是博物馆。"荷兰的冯·门施说："把这些机构写进定义，不过是博物馆那些政治家想扩大行业的领地。"这三位先后担任博物馆学国际委员会主席的认识和我一样是不把这些附加机构算作博物馆的[3]。之前，我在1993年发表的《从膨胀走向收缩——迎接新世纪的出路》论文，对国际

---

[2] 帕特里克·博伊兰：《国际博协50年》，同注 [1]。

[3] 《1994年国际博物馆学年会札记》（未发表）。

博协的机构外膨胀和机构内膨胀的现象进行了系统批判[4]。现在看来，那时只对机构膨胀持否定态度，并没有认识到第一个定义引发的机构之争，实际上正是博物馆改革的一个新思想的开端，体现了博物馆走向社会最初的一种努力。在博物馆领导层努力开放自己的同时，领导层的另一些馆长们则在努力巩固博物馆自己。当时处于战后恢复时期，战争中欧洲博物馆是重灾区，特别是苏、德两国的博物馆受大战影响最严重。战后欧洲博物馆藏品回迁，博物馆重建任务很重，因此巩固博物馆自己是这一派关注的首要任务。当时培训一大批专业人员以适应重建的需要是紧迫的。在1946年国际博协大会上把专业培训列为国际博协优先考虑的任务，甚至把专业培训作为国际博协的"一个基本原则"。此后，专业培训一直是历次大会不断强调的任务。现在看来，第一次大会把专业培训放在首要位置，实际上是博物馆专业化思路的开端，正如同把外加机构写入定义是社会化思路的开端，这两个开端的分歧在第一次大会上就露出端倪了。接着，1950年伦敦大会关于修改章程又有一场激烈争论。一种意见要增加成员数量。增加成员数量就是在成员构成上以馆长、资深研究人员为会员，向普通工作人员扩展，从而使成员结构从精英层到馆内大众。修改后的章程体现了这种扩大机构内民主的主张。实际上这次争论的思路是之前争论的继续，并向进一步的分歧前进了。1965年在纽约召开的第七次大会的主题是博物馆培训，会议细化了《博物馆人员培训》的工作，推进了博物馆专业化的进程。另一派思路则展开了博物馆"非科学化"的呼声。1968年在科隆和慕尼黑召开的第八次大会的主题被定为"博物馆与研究"，就此而展开争论，最后大会强调了"博物馆本质上是一个科学机构，因而任何博物馆都必须推进、鼓励、承担或开展基于其收藏和计划的科学研究工作"。同时大会又强调"应把博物馆视为真正向研究开放的机构，而不是一些传统的'堂皇的隔绝'理论的支持

---

[4]　《中国博物馆》1993年第2期。

者，或是一种私人领域"。接着召开的第九次大会的激烈争论，预示着一场新的风暴的到来，改革的方向将走出重大的一步。1971年在巴黎和日内瓦召开的第九次大会主题是"为人民服务的博物馆：今天和明天；博物馆的教育和文化功能"。这次大会在机构民主化上取得重大突破，在新任主席简·杰里奈克、咨询委员会新主席杰弗里·路易斯和主席雨果·戴瓦兰的支持下，扩大了表决权，使大批人员得以参与表决，从而使改革派赢得了组织上的优势。1974年在哥本哈根召开的第十次大会主题是博物馆与现代世界。这次大会决定了国际博物馆的未来，所有与会者都清楚地意识到章程变得陈旧，不能再代表国际博协的真正目标，终于产生了新的章程及其新定义，给予博物馆更加面对社会、面对未来的新意义："博物馆是一个不追求赢利、为社会和社会发展服务的公开的永久性机构。它把收藏、保存、研究有关人类及其环境见证物当作自己的基本职责，以便展出，公之于众，提供学习、教育、欣赏的机会。包括：1.隶属于图书馆和档案馆的库房和展览厅。2.在搜集、保护和传播活动方面具有博物馆性质的考古学、人种学和自然方面的遗迹和遗址及历史遗址、遗迹。3.陈列活标本的机构，如动物园、水族馆、动物饲养场或植物栽培所等。4.自然保护区。5.科学中心和天文馆。"上述1974年定义获得通过，是各方面都能认可的表述（附加机构除外）。这个表述框架一直有争议，但一直使用至今。可以说1974年定义保持了博物馆不同思想路线的平衡，保持了博物馆的平稳发展[5]。这次大会还在戴瓦兰的努力下，使生态博物馆的概念及其实践为大会认可，从而壮大了新博物馆学诞生的声势[6]。

2．两次大会的体制分化，两种思想路线的发展

在1971至1974年新章程、新定义产生之前，国际博协出现了前进中的第

---

[5]　上述博协大会主要材料：国际博协编《国际博协历史（1946—1996）》。

[6]　雨果·戴瓦兰：《"生态博物馆"一词及其他》，载《中国博物馆》1986年第4期。

博物馆学理论研究

127

一次体制性的分化。在博物馆专业化的挤压下，在联合国教科文组织的帮助下，1965年6月21日至22日，古迹、遗址理事会在华沙召开了成立大会，1971年古迹遗址理事会正式从国际博协分离出去，建立了另一个非政府组织的国际遗产保护机构，从而摆脱了博物馆传统职能的束缚，得以不断地扩大自己的职能，做得有声有色，贡献很大。所以我不认为古迹遗址理事会从博物馆整体中分化出去是什么失误，而是博物馆界中的一次瘦身，对两方面都是有益的。与这次体制分化差不多同时，国际博协的改革派进行了博物馆机构的新试验。这个新试验是生态博物馆这种新思维下的产物。第一代生态博物馆是在里维埃的指引下，以人与环境的紧密结合为特征，于1967年至1975年创建的法国地方公园系统。在生态博物馆另一位倡导者戴瓦兰引导下于1971年至1974年在法国索勒特索煤矿区建立了生态博物馆，开创了工业社区建立生态博物馆的先河。1974年至1979年在里维埃的指导下在加拿大法语区魁北克开辟了新的实验区，把生态博物馆扩大到小型社会的整体，被称为"社会生态博物馆"[7]。生态博物馆的新思维推动了新博物馆学的诞生。1972年在联合国教科文组织的代表和国际博协改革的领军人物戴瓦兰帮助下，在巴西召开了著名的圣地亚哥圆桌会议。戴瓦兰指出："本次会议应该被视为一座将两个不同领域的科学家联系在一起的桥梁。"这次会议除了博物馆方面出席的专家外，还邀请了一些教育、文化、科学机构的学者出席。这些业外学者把博物馆引入社会改革与发展的大环境中去思考博物馆改革之路。经过深入讨论终于出现了"整体博物馆"概念。这个新的博物馆概念大大超过了传统博物馆的自我封闭。将博物馆与社会整合在一起的"整体博物馆"思想，启动了新博物馆运动的创建[8]。1984年10月12日新博物馆运动者在加拿大魁北克正式成立了自己的组织"国际新博

---

[7]　苏东海：《国际生态博物馆运动史略》，载《中国博物馆》2001年第2期。

[8]　马里奥·特鲁吉：《圣地亚哥圆桌会议》，《国际博物馆》2001年第4期。

物馆学联盟"，发表了《魁北克宣言》。《宣言》的序言写道："1972年，国际博协在智利首都召开的'圣地亚哥圆桌会议'上，第一次将一个新博物馆学运动公之于众，因而引起了国际上的关注。这一运动表明了博物馆的社会作用和对社会全面渗透的特征。"宣言要求：国际博物馆社会承认这次运动；要求将生态博物馆、社区博物馆、邻里博物馆和地区博物馆纳入博物馆类型之中；要求国际生态博物馆——社区博物馆委员会，设在国际博协内。宣告"国际新博物馆学联盟"与国际博协和国际古迹遗址理事会联合协作，其临时总部设在加拿大[9]。新博物馆学组织1984年建立以来，始终把自己定义为一个运动，一个涵盖所有符合博物馆哲学体系和行动方针的学科运动（涉及社会博物馆学、社区博物馆学和生态博物馆学）[10]。新博物馆学虽然在战略方向上有很高的价值，但其理论比较薄弱，在实践上影响力不大，因此直至90年代在国际博物馆理论界是没有什么地位的。1993年时任国际博物馆学委员会主席的冯·门施访华，我们在学术交谈中，我问他对新博物馆学的评价，他说："新博物馆学运动是以法国几位专家为核心，在法国以物为中心的土壤中掀起的对博物馆新的思考。我个人同意新博物馆学运动把博物馆的物置于社会广泛地联系之中，但是新博物馆学否定传统的功能我就不同意了。实际上新博物馆学最有市场的是在地区性博物馆，至于艺术博物馆，新博物馆学运动就找不到办法了。"[11]1994年9月我与新任国际博物馆学委员会主席马丁·施尔学术谈话时，谈到新博物馆学运动和生态博物馆，他说："我不喜欢新博物馆学这个词。新博物馆学是研究博物馆一种新现象的理论，这种新现象只是博物馆现象中的一部分，怎么能取代博物馆学而称新博物馆学呢？这是不确切的。我对新博物馆学和生态博

---

[9] 《魁北克宣言》，载《中国博物馆》1995年第2期。

[10] 马里奥·穆希尼奥：《新博物馆学国际运动的变革》，2008年10月内部文件。

[11] 《中国博物馆通讯》1993年第3期。

物馆是持批评态度的，他们的理论很难实现。安德烈·德斯沃里斯已经和你谈过他的运动，他是新博物馆学的鼻祖之一，我想你会做出自己的判断。"[12]1994年9月12日晚，我和德斯沃里斯谈话，他对新博物馆学和生态博物馆的现状是忧虑的。他说："新博物馆学是对社会的一种试验，不知能否继续下去。"[13]（《与安德烈·德斯沃里斯谈新博物馆发生的历史原因及其发展》札记）

学术分化后，国际博协更加有力地推进了以博物馆功能为基础的专业化路线，不断扩大专业培训的范围和规模，培训的重点在非洲。同时不断强化博物馆职业道德建设，1986年正式推出了《国际博协职业道德规范》，把机构和个人的职业行为置于准法律的水平上，大大提高了博物馆机构和人员的业务素质和道德素质。

在专业巩固与提高的基础上，国际博协建立了博物馆学专业委员会，从根本上强化了博物馆的基础理论建设。1977年博物馆学专业委员会建立后，逐步聚集了一批国际博物馆界有实际经验又有现代科学知识背景的学者，通力合作建立现代博物馆学。特别是1982年索夫卡担任学委会主席后，加强了学科建设的计划性，经过十年努力，学术论文材料就汇集了30卷（包括《研究系列》的15卷，《博物馆学新闻》11卷）。到1988年，这个委员会宣称他们的研究"已极大地提高了博物馆学的地位，并导致了1988年博物馆学实实在在的振兴"。那时国际博物馆界确实出现了空前的博物馆学热[14]。我国博物馆在80年代后期也出现了博物馆研究热：自1984年至1992年不完全统计，全国出版物中公开发表的博物馆研究论文已达2000多篇，其中《中国博物馆》（学术季

---

[12] 《中国博物馆通讯》1994年第11期。

[13] 《1994年国际博物馆学年会札记》（未发表）。

[14] 索夫卡：《国际博协博物馆学委员会与博物馆学——对博物馆基础的十年国际性研究》，载1988年亚太地区大会会议文件。

刊）就发表了学术论文785篇，其学术繁荣可见一斑[15]。1994年国际博物馆学委员会年会在中国召开，围绕"博物馆实物与资料"主题，进行了博物馆实物的哲学的讨论，其间还进行了关于社区的专题讨论和文化多样化的讨论[16]。综观这一时期的发展，国际博协的专业培训、职业道德的建设和基础理论研究，大大强化了博物馆专业化思路的地位，博物馆数量不断增加，博物馆质量不断提高，出现了全球博物馆70年代、80年代直至90年代初的大发展，传统博物馆仍居于主流地位，这是不容置疑的。

3. 博物馆社会化的战略思想深刻地影响着博物馆的整体

博物馆社会化思想自1974年进入国际博协章程及其定义后，"为社会和社会发展服务"的战略方向不断深入人心，深入实践，把博物馆从自我封闭引向开放。

生态博物馆是新博物馆学直接的实验区。从法国逐渐推展到五大洲。我国是从1986年开始传播生态博物馆实践和新博物馆思想的。90年代，中国博物馆学会在挪威政府的财政支持和技术支持下，在贵州开创了生态博物馆在中国的试验，后来又在广西、内蒙古、云南等地，在地方政府支持下建立了一批生态博物馆[17]。2005年在贵州召开了生态博物馆国际会议，生态博物馆的许多领军人物和许多国家生态博物馆的馆长出席会议，盛况空前[18]。社区博物馆也在发展。但新博物馆学最重要的贡献不在实践而在战略方向。博

---

[15]　苏东海：《中国博物馆学研究综述》，载《中国博物馆》1993年第4期；苏东海《博物馆学在中国》，1989年国际博协亚太地区大会主旨报告。

[16]　《中国博物馆》1994年第4期。

[17]　苏东海：《中国生态博物馆的道路》，载紫禁城出版社《2005年贵州生态博物馆国际论坛论文集》。

[18]　《2005年贵州生态博物馆国际论坛论文集》，载紫禁城出版社《2005年贵州生态博物馆国际论坛论文集》。

物馆改革的愿望是普遍存在的，社会化改革的思路是整个社会前进中历史反思的结果，也是反映了整个社会发展的趋势。博物馆要生存、要发展就必须适应社会大环境的发展。在现实需要的面前，以专业化为基础的主流博物馆的改革与以社会化为基础的改革日益融合起来。两者并非对抗的矛盾，是可以相容的，从两者的对抗到两者的包容是理论日益成熟的表现。1974年国际博协第十届大会的主题是"博物馆与现代世界"，1977年第十一届大会的主题是"博物馆与文化交流"，1980年第十二届大会的主题是"世界的文化遗产——博物馆的任务"，1983年第十三届大会的主题是"博物馆在发展的世界中的作用"。1992年第十六届大会的主题是"博物馆职能的再思考"，1995年第十七届大会的主题是"博物馆与社区"，1998年第十九届大会的主题是"驾驭变革——面对经济和社会挑战的博物馆"，等等。从这些大会讨论的主题可以看出国际博协是如何努力把博物馆融入社会的。1990年当选国际博协主席的阿尔法·科纳里答记者问时说："今后十年，我们将集中全力去迎接人类文化与自然遗产破坏向我们发出的挑战。博物馆无论何时都尽力去满足人们保护文化与自然遗产的需求。现代人们越来越强调博物馆应具有'人的属性'。作为一种'社会武器'，博物馆应积极参与社会发展活动。"[19]1993年当他离任国际博协主席之职就任马里总统时告诫博物馆："我们不应该为迎合公众对博物馆兴趣的增长而放弃研究和保管工作，这两项工作依然是博物馆有特色的基础工作。我无法想象一个没有扎实起码的考证工作的博物馆如何从事知识传播活动。"[20]后任国际博协主席的印度人高斯是位新博物馆学者，但在他两任主席期内致力于遗产的保护。可见这时的国际博协领导人的头脑中社会化思想与专业化的重视是交融在一起的，

[19]　《中国博物馆通讯》1990年第7期。

[20]　《中国博物馆通讯》1993年第2期。

而不再偏执于一方。国际博物馆学专业委员会从90年代后期开始，也随着国际大会的主题变化而变化，90年代末特丽萨担任主席后，博物馆学的研究及年会的主题都从基础课题研究转向现实课题的研究，而共同致力于博物馆的改革。

4. 整合博物馆运动的兴起，理论界从分化回归整体

在世纪之交，对博物馆职能扩大与专业提升进行整合的理论逐渐抬头。理论家特丽萨，首先在她任国际博物馆学委员会主席期间提出整合博物馆学的概念。她是国际博物馆理论界崛起的新一代，思想深沉而敏捷，来自新博物馆学发祥地拉丁美洲，有整体博物馆的思想渊源，又有传统博物馆的实践和理论修养。它的整合博物馆学概念如她在论文中所写："现在，再也不可能把传统的典型的博物馆作为唯一的、一般模式和唯一参照。现在提倡博物馆学的调和，将会把现存的理论和实践的许多积极的方面整合起来。博物馆面临着以下五个方面的扩大：1.博物馆概念的扩大，把博物馆看作一种现象而不仅仅是一种机构；2.物品概念的扩大，超越了人类的'创造物'而包容了人类社会及自然环境之间的所有证据，收藏行为要作为发展的一个优先考虑。收藏不是手段而是博物馆的一种最终目的；3.遗产概念的扩大，超越了有形文化遗产，包含了文化的无形证据；4.社会概念的扩大，包含所有人类群体、平等地融入博物馆中；5.发展与可持续性概念的扩大——21世纪必须研究发展的多元模式共生的可能性、可持续发展的不同模式。""一种整合的博物馆学，从传统博物馆几个世纪以来积累经验的丰富资源中获益。同样也试图描绘出博物馆团体的成功的开创行动，博物馆先驱的经验也开始在实际行动中出现。"她还指出："整合的博物馆必须强化圣地亚哥圆桌会议的特色。"显然她是把她提出的整合的博物馆概念和30年前圣地亚哥圆桌会议提出的整体博物馆概念进行了历史因果的联系，体现了从整体到分化，再到新的整合的历史辩证法。她在她的论文中提出希望："希望整合的博物馆概念能够明确地融入博物馆学的知识中；希望社区的有效参与，包含收藏；希望其他形式的文献和保护能够被接受；希望超越了学术知识的其他形式的知识价值能够被博物馆学所接受。"[21]2006 年她在北京国际博物馆馆长论坛上，再次提议建立综合的、调和的博物馆学，她认为"接受差异并在差异中行动，是我们主要的伦理职责。"[22]

另一位提出对博物馆职能与功能进行整合的新崛起的博物馆理论家，印度裔澳大利亚人阿玛瑞斯瓦尔·加拉，是国际博协副主席、联合国教科文组织博物馆和可持续遗产发展主席。他的论文指出："当前博物馆出现了几个发展动态，预示着博物馆将更具包容性，参观者的包容性；还要超越高雅文化和大众文化的分隔，技术科学的与日常普通之间的分隔；全国的现代和民族地区的传统之间的分隔。要创造一种新的普遍性形式，那就是普遍的包容性。"加拉认为："博物馆的所有权和使用在概念上的分歧必须在保护个体的和集体的权利的框架下得到整合。"[23]2006 年国际博协组建了跨文化组织（Icom—Cctf），任命加拉为主席，开展跨文化的整合。在加拉的推动下，2008 年 6 月在莱顿召开了第一届国际包容性博物馆会议，"讨论了在这个发生了根本性社会变革的时代，博物馆作为变革的产物和变革的促动者应该发挥什么作用？这次会议形成了上述结论。"[24]无论特丽萨倡导的整合性博物馆还是加拉倡导的包容性博物馆都是联合国教科文组织遗产理论的大发展和保护行动的大力推进下对博物馆改革推动的结果，更直接地是对国际博协新的战略方向的理论支撑。国际博协新的战略目标是要使国际博协成为"一个在保护世界文化遗产和自然遗产方面

[21]　特丽萨·希尔纳：《博物馆学、遗产与可持续发展——新世纪，新理论》，2001 年国际博协博物馆专业委员会论文。

[22]　特丽萨·希尔纳：《世界博物馆的新思维、新现象和新趋势》，《中国博物馆》2006 年第 3 期。

[23]　加拉《寻找包容性博物馆——文化多样性——伦理的接触》，2007 年宁波高端论坛文件。

[24]　加拉《寻找包容性博物馆——文化多样性——伦理的接触》。同注 [23]。

令人尊重的声音"[25]。2005年以桑德拉·康明斯为主席的新一届领导制定的战略规划进一步重申了博物馆核心价值和历史使命，再次明确了博物馆的核心价值在于"对物质与非物质世界的文化遗产保存、延续、交流的义务"，其历史使命在于"在社会上致力于保存、传播和交流目前与未来世界的有形与无形、自然和文化遗产的工作"[26]。这时特丽萨和加拉都已进入国际博协执委会，是制定战略方向的参与者。康明斯主席在2007年宁波高端论坛的演讲中说："2007年国际博协在其2008年至2010年战略计划中进一步强调把博物馆人的多样性联合在一起的就是我们普遍奉行的'核心价值'。核心价值确定了我们的'新责任'。我们继续寻找博物馆和博物馆人进行长期交流、分享知识和参与世界遗产的管理途径"[27]。2010年在中国上海举行的国际博协大会以和谐为主题词，我们期待能包容各种分歧使博物馆和谐存在。

5. 新整合运动及其展望

新整合运动是博物馆界以一种前所未有的大视野，包容了博物馆业内的各种流派；向业外的各种文化机构广泛地建立联系；依托教科文组织的理论支持和组织支持，使博物馆有力地向前发展的一种趋势。博物馆职业道德的新版本，博物馆培训的新方向，都紧跟着这种新趋势。博物馆正以更高的热情联系和服务更广大的观众。这些都是博物馆在艰难改革中出现的新曙光，无疑是令人鼓舞的。

但是，改革需要锐气，无锐气无以突破；改革也需要理性，无理性改革无以为继。改革首先需要锐不可当，然后在实践的基础上继之以理性的整理。从突破到理性要经过一段时间的实践，然后才有不断地总结，不断地巩固，不断

---

[25]　《国际博协2001—2007年战略规划》，内部资料。

[26]　《国际博协2005—2007年战略规划》，内部资料。

[27]　康明斯：《21世纪博物馆的核心价值与新责任》，内部资料。

地前进。我们正处在改革的征途上。从近十年的实践来看，我认为整合的博物馆思路有两条需要理性地对待。

其一，博物馆对遗产的收藏与保护不能无所不包。博物馆对不可移动文物，有的可以收藏、保护，如遗址博物馆，但不可能包容"古迹、遗址理事会"的全部事业。博物馆可以有限度地对非物质文化遗产进行保护、展示，但这是很有限的，也不是所有博物馆都能做到的。从事实看，目前民俗民族博物馆、戏曲博物馆有一点经验，实事求是地说，如何在传统博物馆中保存和展示无形遗产，还是难题。对此不能凭热情而要理性对待[28]。国际博协博物馆学委员会现任主席希尔德加德·维尔格明确地说："世界各地的博物馆并非对世界性遗产这一整体负有责任，而是只对博物馆内的全部遗产负责。"[29]

其二，整合的博物馆是应博物馆战略发展的需要而产生的，应该说它是博物馆的战略学而不是博物馆的基础理论。这些年博物馆理论界，头痛医头、脚痛医脚的研究现实问题，忽视了博物馆学（一般博物馆学）的建设，博物馆的基础理论是滞后的。

整合博物馆学不能代替基础理论研究。整合博物馆学是国际博协整体发展战略的理论概括，显然有一定的空想成分，但方向是正确的，增强了博物馆的社会责任意识，提高了博物馆的知名度，博物馆出现了繁荣发展的局面。与此同时，一种有益的新的分化也形成了，这就是遗产保护的社区化的发展。它的形成也是客观形成的。

（1）文化遗产的多样化形成博物馆的多样化。文化的多样存在是一种历史存在，是固有的。但对文化遗产多样性的认识是晚近才逐渐加深的。人类对保

---

[28]　苏东海：《无形遗产就是无性遗产》《无形遗产保护：博物馆的特殊价值及其局限》，载苏东海《博物馆的沉思》卷二，文物出版社出版，2006 年版。

[29]　希·维尔格：《国际博协的世界遗产》，《国际博协通讯》2007 年第 1 期。

护文化多样性的觉悟是在反文化霸权中开始的。直至2001年《世界文化多样性宣言》和2005年《保护和促进文化表现形式多样性公约》，才总结了文化多样性的理论认识和国际联合行动的准则。文化多样化正在促进博物馆的多样化发展及其分化。

（2）文化遗产的两极分化促进了博物馆的两极分化。博物馆是社会文化精品的总汇，是展示国家、民族文化的窗口。文化遗产在博物馆里得到专业的保护、保存，为国内外广大观众享用。传统博物馆的价值和作用，在当代不是弱化而是不断强化之中。同时，由于文化遗产概念的扩大和保护范围的扩大，存在于广大的民间领域的文化遗产的保护日益受到关注，生态博物馆、社区博物馆以及小型的地方博物馆、行业博物馆迅速发展起来。这种贴近文化原生地环境的博物馆，对文化遗产的保护是和产生这些文化的环境连在一起的，于是文化遗产就分成两种存在：一种是聚集在博物馆中的存在，另一种是生活在原生地的存在。两种存在形成了文化遗产保护的两极分化，博物馆也由此发生了两极分化，出现了主流博物馆和社区博物馆共存共享的新局面。这种分化是有积极意义的。我认为这种分化是客观存在的，不必要也不可能把它们统一起来，他们应该在博物馆这面大旗下分别发展共存共荣。2005年8月24日我在给戴瓦兰的信中提出我的"两极一轴"说，我写道"传统博物馆是北极，新博物馆运动和生态博物馆是南极，但它们并不遥远，地轴把北极和南极连在一起，如果我们看到了抽象的地轴线，我们就不会把北极和南极分开了；南极和北极并不相互排斥，它们同属于寒带，有着天文上和地理上的共性。我在中国所做的努力就是要使两极接近，共同服务于地球的公转"[30]。2007年新博物馆学里斯本会议提出了新的变革目标"除地方与乡村外，要通过多种途径，加强对毗邻

---

[30]　苏东海：《戴瓦兰与苏东海学术通信集》，载苏东海《博物馆的沉思》卷二，文物出版社出版，2006年版。

大城市地区和新兴城市移民中心社区的干预"。该组织已在加强社区博物馆学的理论建设[31]。传统博物馆学和新博物馆学，正分别改造自己的理论体系，既有对立又有包容，这是符合发展中的博物馆的现实的，前景也是令人鼓舞的。

六十年来，国际博物馆界和博物馆理论界有合有分，有分有合，博物馆研究的两种思想路线在分合中前进。新世纪以来，新的整合，新的分化，给博物馆界带来的不是相互削弱而是共生共存的繁荣。

原文选自《博物馆的沉思：苏东海论文选（卷三）》，文物出版社，2010 年

---

[31] 马里奥·穆蒂尼奥：《新博物馆学国际运动的宪章》，内部资料。

博物馆业务中的两个问题

题记

新世纪以来，我国博物馆数量发展很快，新人骤增，博物馆业务水平明显下降，我有些担忧，遂写了这篇短文以提醒之。载于《中国文物报》2010 年 6 月 2 日。

近几年来，在博物馆业务工作中逐渐感觉到"重陈列轻保管"的倾向有所抬头；逐渐感觉到陈列形式与陈列内容脱节的倾向有所抬头。本文就从保管与陈列，陈列内容与形式的关系谈一点我的也许不合时宜的看法。

近几年来，博物馆业务中藏品保管工作的地位有所下降，保管业务建设的速度有所下降，藏品建档建账和藏品的科学管理受到重视程度也在下降，出现了"重陈列轻保管"的失衡的状态。博物馆业务中的保管工作和陈列工作之间存在着密不可分的系统关系，只有保持它们各自在系统中的应有地位，这个系统才能合理地向前发展。如果出现失衡，危及的不仅是部分而是系统整体。当然现在只是这种倾向的抬头，但是确立保管工作在系统中的基础地位并巩固它并不容易。前些年在拨乱反正中，我国文博界对此做了大量卓有成效的工作，让我们略微回顾一下我们走的路。"文革"中博物馆是重灾区，文物的科学意义丧失殆尽，陈列也可以随意编造，文物成了造伪的工具。80 年代在拨乱反正的浪潮中，文博界发生了一场保与用的激烈争论。从博物馆来看争论的焦点是收藏是目的还是手段。一种意见认为收藏是博物馆的基础；另一种意见反对"为收藏而收藏"。我则认为收藏本身就是目的，既为今日使用也为将来使用。使用产生社会效益，保存文物使之不断存在也是一种社会效益。不间断地保存人类足迹使之不消失的意义并不比使用它的价值低（详见1989年答《东南文化》记者问，收入拙著《博物馆的沉思》卷一）。博物馆社会效益与经济效益的关系也是这一争论的延续。到了90年代初，在"文革"惨痛教训的基础上，在80年代大辩论的基础上，终于诞生了"保护为主，抢救第一，合理利用，加强管理"的方针，并写入了新版《文物保护法》的总纲之中，具有了法律地位。我认为我国提出的这16字方针是对新形势最清醒的估计，最简洁的表达，对行动最正确的指导。博物馆为此采取一系列步骤加强保管工作的建设。继全国书画统一鉴定之后，国家文物局组织了馆藏一级历史文物和馆藏一级近现代文物，在全国博物馆范围内的鉴定确认工作，这是一次空前的，全国规模的藏品的科学研究和定级工作。在藏品管理方面，从1986年制定的全国统一的藏品登记账格式（即总账格式）到《博物馆藏品管理办法》再到《博物馆保管工作手册》，可以说逐步形成了一套很成熟的中国的藏品管理办法。为了贯彻这套办法，国家文物局和博物馆学会联合举办了总账建设和藏品档案建设的培训班。期间，关于藏品编目中的藏品定名和藏品分类两个基础性问题引起了专业人员的热烈讨论，出现了多种文物定名法和分类法的探讨。新颁《文物法》增加了一条重要规定，凡是未建档的文物不得处置。这是针对我国博物馆大量存在账外文物的现状而封堵文物流失的。为此我写了《建立完备的藏品总账是杜绝藏品流失的关键环节》一文以推动账外文物的清理。2002年是我国文物保护又一个重要年份，是年召开了第三次全国文物工作会议和2002年全国文物局长会议，制定了新世纪文物保护和发展的方针和基本思路。其中博物馆工作的基础建设放在战略的首位。这是极现实又极富远见的工作方向。紧接着部署了馆藏一级品档案的建设并加紧藏品数字化建设步伐，还发出了将"文留"文物全部移交博物馆的通知，使大量滞留在行政保管中的"文留"文物转入博物馆收藏，扩大了馆藏。2003年还召开了专题的全国馆藏文物保护管理座谈会，2005年又一次发出加强保管工作的基础建设的通知，不断推动博物馆基础工作建设。可以说从1985年到2005年这一时期博物馆保管工作备受关注，从而为陈列工作的发展给予了坚实的文物支持。保管工作虽然是默默无闻的，但其意义是深远的。这使我想起一位国外同行说的话。1990年当选国际博协主席的科纳里是一位新博物馆运动者，他上任时对记者说："现代人们越来越强调博物馆应该具有人的属性，作为一种社会武器博物馆应该积极参与社会发展活动。"1993年当他离任国际博协主席一职就任马里总统时，他又告诫博物馆"我们不应该为迎合观众对博物馆的兴趣的增长而放弃研究和保管工作，这两项工作依然是博物馆有特色的基础工作。我无法想象一个没有扎实起码考证工作的博物馆如何从事知识传播活动。"他的认识真是与我心有戚戚焉。

近几年来，博物馆陈列业务中内容与形式有些脱节的倾向，引进西方小馆的项目管理制则更助长了这种倾向。特别令人关注的就是当前流行的形式设计制作"外包"的做法。本来自己拥有艺术设计人才和有经验的制作人员的大馆也把设计与制作包出去，引起人们担心。我听到一些形式设计人员对这种"外包"弊端的诉说，还看到一位全国政协委员列举"外包"弊端，请求关注的提案。最近《文物报》以整版篇幅刊登了一篇"外包"的调研材料，引人思考。虽然政府有关专项经费应按招标办法执行的规定导致了博物馆业务的外包，但博物馆业务有其自身的规律，应按博物馆规律办事。难道WTO可以实行"文化例外"原则，国务院采购招标办法就不能例外了吗？问题在我们自己。博物馆陈列的运行有它专业的规律，内容与形式的高度统一是其基本规律之一，无论怎样创新，基本规律是不会变的。这里也略微回顾一下历史。上世纪90年代我国博物馆伴随着保管工作的建设，陈列改革的大规模行动也随后发展起来。1991 年 3 月国家文物局在上海博物馆召开了全国博物馆陈列改革的现场会，以推动全国博物馆陈列现代化改革。这是一场中国博物馆界 10 年改革的运动。2000 年 7 月《中国博物馆》杂志和南京博物院联合召开了博物馆改陈的座谈会，出席会议的都是亲自领导本馆改革的总体领导人。有上海博物馆马承源馆长，中国历史博物馆王宏钧副馆长，中国革命博物馆沈庆林副馆长，军事博物馆阮家新副馆长，故宫博物院杨新副院长，河南省馆任常中馆长，湖南省文物局领导湖南几个博物馆改陈的谢辟庸局长，北京鲁迅博物馆李文儒主任，四川省馆高大伦副馆长，南京博物院徐湖平院长，还有严建强教授等几位高校研究者。这是一次实践者的理论探讨。那时的陈列是由能调动与整合全馆人力、物力、财力的，能进行学术决策和艺术决策的几位有关领导组成的总体组来领导的，而不是委托给项目人去做的。所以这次研讨以怎样实现强有力的总体领导，怎样实现形式与内容的浑然一体，以及总体领导人的素质要求三个问题展开的。这里简略说一下形式与内容关系的讨论。根据自己的实践，李文儒先生认为陈列的形式决定陈列的内容，因为陈列是一种视觉艺术，观众只有通过形式才能进入内容。马承源先生则认为陈列内容决定陈列形式，因为陈列体系中的学术价值是灵魂性质的东西，而陈列中的形式则是它的补充。沈庆林先生认为陈列的内容与形式的结合应贯彻陈列的全过程，现在重内容轻形式的现象很普遍。王宏钧先生认为陈列是复杂的系统工程，是逻辑思维与形象思维统一的过程，总体领导就是对内容与形式全面的领导。我在小结这个问题的讨论时说，陈列的内容与形式是互为表里的，陈列的内容是在特定的形式中存在的，陈列的形式则是特定内容的形式，两者应该是浑然一体的。我们的经验是在陈列的创意阶段就应该把内容与形式统一起来进行，陈列的内容与形式统一得越早，陈列过程中的矛盾就越少，两者如果形成先后工序矛盾就越多。可惜现在许多陈列领导人还没有认识到这一点（详见《中国文物报》《中国博物馆》报道）。当然这是博物馆基本陈列改陈时的经验交流。但作为历史的经验还是可以参考的。今天业务外包的做法割断了内容与形式的进程，是值得注意的弊端。我尊重创新试验，也不完全反对外包，一些小型的临时展览包出去也可以，但必须以我为主，这是底线。

系统论的问世提高了人的整体思维的能力，可持续发展理论的问世伸延了人的发展眼界，博物馆的改革创新也应该借重这些思想武器，从整体看效果，从长远看利益，从而使我们的行动更有根底一些。

原文选自《博物馆的沉思：苏东海论文选（卷三）》，文物出版社，2010 年

什么是博物馆

题记

2007 年国家博物馆开办学习讲座，邀我给全馆同志讲什么是博物馆。2009 年馆办要出版这一讲座的讲稿，让我交讲稿全文。这是我重新整理的讲稿全文。其实，什么是博物馆？一直是我思考的问题，并且这一思考还在发展中。因为博物馆在发展，对博物馆的认识也在发展中。我力求在博物馆变化中找出不变的东西，从而能够把握住什么是博物馆。

说在前面的话

我们馆的工作正在有序地展开。当基建工程上马后，不失时机地推进了软实力建设。因此我先谈几句关于软实力的话。

一个博物馆的软实力主要存在于博物馆藏品和博物馆人才之中，物与人是博物馆软实力的基础。一个博物馆的藏品实力是博物馆声誉之所在。法国卢浮宫博物馆的藏品，大英博物馆的藏品，后起之秀的美国大都会博物馆的藏品，以及我国故宫博物院的无与伦比的皇宫建筑和宫藏文物，都是饮誉于世的基础。藏品实力是软实力中的核心。没有一流的藏品不能称为一流博物馆，但没有一流的陈列却不影响其为一流博物馆。卢浮宫博物馆被公认为一流的展品、二流的陈列，陈列水平是第二位的。我们国家博物馆的馆藏如何评价？我认为我们馆已经拥有了全国最多的一流藏品。历博1912年建馆，藏品有近百年的积累。革博1950年建馆，也有半个多世纪的积累。更重要的是1953年全国大征集和1959年全国大调拨，全国的精品汇聚到两馆，两馆是馆藏一级品最多的大馆。总之应该充分评价我们的馆藏。

博物馆人才是博物馆软实力的另一个基础。据说卢浮宫拥有600人的教授级人才。我们馆正处于人才结构重大变化的时期，原来拥有40年代、50年代的一批专家，60年代的一批专家和70年代的一批专家，其中60年代以前的都已退休。现在形成了60年代、70年代、80年代的人才新梯队。这一批年轻人才，视野开阔，拥有新的知识结构，有发展前景。但是作为博物馆人才，还缺乏博物馆至关重要的实践和经验。实践，只有在实践中才能人才辈出。今天在这里不多作分析了。

下面谈什么是博物馆？

博物馆是一种外来文化，一般人并不熟悉它，也不善于使用它。前年，鲁迅博物馆社会讲座请我去讲"什么是博物馆？如何参观博物馆？"那天是星期天，刮着大风，没想到礼堂坐得满满的。可见人们多么想知道博物馆是怎么回事。去年，我馆进了10名新同志，我给他们讲课之前，给每人10分钟写出什么是博物馆的个人认识。他们的回答都很好，基本上都写出了博物馆1974年定义的重要内容。当然，他们在博物馆工作下去就会不断深化他们的认识并产生新的问题。下面结合我的实践，谈几点我的认识。

一、什么是博物馆，光有定义是不够的，要从实践中去体会

博物馆比别的文化体更复杂一些。图书馆就是图书馆，档案馆就是档案馆，舞蹈就是舞蹈，音乐就是音乐，顾名思义不难理解。但是博物馆不同，它是文化复合体，它既是物质的又是精神的统一体，既是自然的又是人文的统一

博物馆学理论研究

体……它的多元文化和多元文化的存在方式使它变得丰富而又难以把握。以至于给它下定义都很难。从1946年国际博协建立起，对于定义就争论不休，直至1974年才产生了为各方面能接受的定义。这个定义是这样表达的："博物馆是一个不追求盈利，为社会和社会发展服务的公开的永久性机构，为研究、教育和欣赏的目的，对人类和人类环境见证物进行搜集、保存、研究、传播和展览。"为什么说是各派妥协的结果呢？1946年制定的第一个定义只表达了博物馆是对外开放的美术、工艺、科学、历史以及考古学藏品的机构。收藏和开放是博物馆的传统职能。改革派一直要突破。1974年的定义，既保留博物馆的传统职能，又增加服务社会的宗旨，还增加了不盈利的经济定性，不盈利是美国提出的。传统博物馆代表不同意把经济写进定义，认为降低了定义，后来的发展证明了经济定性的必要性。1974年定义既保留了博物馆传统的本质表达，又增加了服务社会的改革方向以及经济定性，这就使这一定义为各方接受，一直使用到现在。但是随后的岁月里，关于定义之争仍然不断。但也只达成了词句修改方面的改进。到2004年汉城大会之前，领导层已经组织了一个修改定义的机构，广泛征求修改意见，动作很大，但汉城大会上不了了之。1974年标准定义是高度概括的定义，是一个普遍性定义，各国在此定义基础上又纷纷制定了自己国家的博物馆定义，像英国博物馆协会制定了英国的定义，英国简明大不列颠百科全书又给了另一个定义，各有强调，百科全书定义强调博物馆是文化教育机构；法国的定义强调收藏，不强调教育；苏联的定义强调科学研究和科学教育；日本的定义强调保管、研究、教育三位一体；美国定义强调教育与审美，美国司法部门还制定了博物馆法定定义，明确不赢利的标准，以便执行免税政策。美国是市场经济和税制最发达的国家，所以博物馆有法定定义的制定。可见国际博物馆界虽然有统一的定义，但统一的定义也在斗争中发展，而且统一定义之后，各国大多有自己侧重的定义。之所以出现这种现象，就是因为博物馆的多样性，和各国文化需求不同产生的多义现象。我们也有中国的博物馆定义。1956年的"三性二务"定义，一直用到现在，但仍在不断修改之中。我之所以详细谈定义，就是希望大家不要抽象地认识博物馆，用自己的体会和实践不断加深自己对博物馆的认识。

二、没有文物不是博物馆，文物的征集、保管，是博物馆第一位的责任

博物馆是多功能、多职责的统一体，业务人员要站在总体高度上，审视博物馆是不容易的。因此对什么是博物馆会有所侧重的。1959年我从部队转业到革命博物馆，分到陈列部搞陈列研究和内容设计，以后还搞了陈列制作和现场布置。在陈列工作上一直搞到1965年。前7年搞陈列。1965年至1975年在保管部搞了10年保管工作。1976年回到陈列部，在陈列部又干了20年，1995年离休，返聘至1999年。1986年以后，除了陈列工作，还开展了博物馆研究工作。前后加起来，陈列工作近30年，保管工作10年，研究工作也不少年了。在前7年正赶上建馆高潮，调动全国人力、物力搞基本陈列，甚至中央书记处直接抓。所以陈列工作者对博物馆科研、教育的意义看得多。但是在保管部10年，深入藏品征集、鉴选、编目、供应等多项工作，从保管工作岗位上更多地感受到了保管工作的基础意义。举个例子，我负责鉴定馆藏太平天国400件文物时，深入进去，狠下功夫，如对太平天国王帐的真伪问题，请沈从文鉴定哪个时代的，请罗尔纲鉴定天朝服制，请刺绣研究所鉴定是木机织还是铁机织（铁机则在太平天国后），请故宫刺绣组鉴定是川绣还是苏绣（此物从重庆购入，如是川绣则为伪），还请有关单位鉴定是矿物染料还是植物染料，还从青岛海关查矿物染料进口时间（矿物染料进口时间为19世纪90年代），以上材料都否定了此帐为真品。罗尔纲看后说"你真细"。400件太平天国文物真伪都做出了鉴定报告，几十件赝品，罗尔纲建议都保留作为资料，他就保存有好几书架赝品。我整理柳亚子6000件遗物，下了一番功夫。把六千件遗物分了18类造册，每件文物都有研究价值。柳亚子的字非常难认，只有他的一位

弟子苏同铸能认。苏同铸帮助我把几千首诗词都认下来，我也成了认柳亚子字的第二人。柳亚子除了南社诗友外，与社外政治家、文化人有很多交往，而且在解放战争时期他有许多政治活动，从香港带回来的民革密信就是在遗物中发现的。这些遗物对于研究柳亚子非常有价值。我还为藏品检索设计了一套藏品检索目录卡。苏联博物馆制定的目录卡是8套。我根据我馆的需要建立了12套新的目录卡，共12类，每件藏品打印12张，分别排入12类中。例如新增加的单位卡，在革命史上重要的单位在这里都能找到它的文物，比如黄埔军校，馆藏的所有黄埔文物都在这里可以找到。我建立这套卡片目录，研究了北京图书馆、人大图书馆、近代史所图书馆，甚至协和医院病历档案室，参考了他们的分类方法和检索经验。建立藏品目录卡工程很大。我走了以后还有人继续这个工作，不过后来减少到5套。还有很多很有意思的工作，这里不多谈了。

我在保管部工作10年，深感保管部的工作是博物馆的根。树长得越大，根扎得越深，或者反过来说，根扎得越深，树才能长得越大。1976年我回到陈列部工作，接着又搞博物馆学研究，视野就不局限于陈列了。我感到如果光从陈列实践角度看问题，容易看到博物馆的教育价值，容易强调博物馆的教育职能的地位，容易把收藏和传播本末倒置。当时文博界正热议保与用的关系，一种意见认为保是为了用，不用保它干什么？另一种意见认为没有文物拿什么用？各执一端。1989年《东南文化》记者就博物馆学若干有争议的问题采访我，其中就有对收藏的意义的认识。我认为当时博物馆普遍存在着重陈列、轻保管的问题，对收藏文物的目的和意义认识不够，特别是为收藏而收藏的目的认识不够。我说："我们既要看到文物为今天、明天以至子孙万代使用的意义，也要看到永远保存人类文化足迹不使消失的意义。既要看到使用文物产生的效益，也要看到保存文物使之继续存在也是一种社会效益。收藏是有双重意义、双重目的的。"我的关于收藏本身也是目的的说法，在《中国博物馆通讯》论点摘编中被摘编传播，但并没有引起重视。至今人们还在说收藏是手段，使用是目的。对博物馆收藏的意义的认识还是没有到位。过去批为收藏而收藏，其实是批错了。为收藏而收藏说明了收藏本身也是目的，因为博物馆是为国家保存文物的总库，为人类社会保存人类的历史和文化的珍品，保存的意义就在于代代继续下去，不使消失。为人类保存着历史和文化记忆的文物，使之持续存在。这是使用的前提，它的意义是独立于使用之外的，不能把一切意义都归于使用，这就是本末倒置了。我的收藏本身也是目的的观点，以及收藏具有收藏和使用双重目的、双重意义的观点，还有待于进一步阐述。总之，重陈列轻保管，重使用轻收藏的倾向应该克服。什么是博物馆，我的第一点感受就是文物的征集、保管应是博物馆第一位的责任，不收藏文物就不是博物馆。加拿大博物馆学家威特林关于博物馆反定义的一段话印证了我的观点。她说："任何机构如果根本不利用物品，或者没有把藏品用作主要的信息传达工具，不论其性质如何，都不是博物馆。"

三、博物馆不是博览会，博物馆陈列是靠文物说话的独特文化

各种文化样式都有自己别于其他文化样式的特征。旋律是音乐的语言，肢体动作是舞蹈的语言，摇滚乐是旋律加肢体动作，出现了肢体音乐，这是一种突破。文学的基础是情节，但是电影文学则是文学加上电影技术，如果电影只强调技术不讲文学性，则电影失去了灵魂。博物馆是一种很特殊的文化，博物馆的语言是文物的组合。如果一个陈列没有文物那就不成为博物馆陈列；如果一个陈列不是靠文物说话而是靠附加的展品说话，那就失去了博物馆的特征，也就失去了陈列的灵魂。苏联十月革命后博物馆定位为科学文化教育和共产主义思想教育机构，陈列用许多辅助展品形成比较完整的知识体系。1930年苏联第一届博物馆代表大会，从理论上支持陈列应表现过程而不是表现实物的观点，后来这次大会被批判为庸俗社会学观点。由此苏联博物馆开始强调博物馆的实物特征，这是正确的，是符合博物馆文化特征的。但是由于强调宣传教育

功能，苏联在陈列的科学体系上下功夫很大，形成了一套逻辑严密的主题结构理论，实际上其陈列又走上了教科书化的道路。我国新中国成立后学苏联，就学了这套主题结构陈列法。1959年两馆在天安门建新馆，建基本陈列，虽然也强调实物说话，但实际上不过是实物教育。80年代，外国博物馆学家评论我们的陈列是挂在墙上的教科书。这是一针见血地指出我们陈列的弊端。外国那些有影响的博物馆也不是杂乱堆放全无体系。比如大英博物馆、卢浮宫都是按大的历史时段和大的区域，有一个极概括的陈列大框架，而把大量文物安排进去。参观者不是看它的陈列体系，而是看陈列体系中的文物。陈列体系不过是一个容器，给文物一个适当的位置而已。它的体系是服务于它的文物展示，而不是文物服务于陈列的体系。有人称为无主题陈列，其实也不能说它无主题，它的主题隐在它的文物群中，不给人以说教的感觉。摆脱教科书化，才能更好地实现博物馆化。

为什么博物馆不能教科书化，为什么博物馆不能简单地等同于实物教育？因为博物馆不是简单地灌输知识。博物馆获得知识的途径与学校教育不同，不是通过教科书获得知识，而是通过实物获得感知，文物不是完整系统的存在，文物不可能组织得像教科书那样的逻辑知识。如果一定要使陈列组织得像教科书那样的知识，只有依靠加大辅助展品的分量使之合乎知识逻辑。这就是苏联早期博物馆走上庸俗社会学道路的原因，也是苏联博物馆第一届代表大会的"博物馆表现的是过程而不是实物"的错误理论的观点。我们1959年建新馆、建基本陈列时，虽然一度强调"文物说话"，但很快又强调反对"文物挂帅"，接着又强调"一条红线"。所谓"一条红线"，无非是思想挂帅。我们在1959年至1961年的基本陈列探索中，从强调"文物说话"到反对"文物挂帅"到"思想挂帅"，经历了这个反复，我们不是更博物馆化了，而是更教科书化了。本来搞历史专业的同志搞陈列就很容易往理论深处搞，理论搞得越深，学术性越强，离博物馆越远，以至有的同志还提出陈列"能不能百家争鸣"这样的问题。英国自然博物馆搞陈列改革试验，就让一线的讲解员挂帅，因为他们了解社会观众，他们的思考是大众逻辑，而科研工作人员思考的多是学术逻辑。他们认为讲解员比专业理论人员更懂得博物馆。我认为我们不是不要陈列的科学高度和思想深度，而是如何把握博物馆文化特点的问题。有一些专业博物馆应该保持学术水平，甚至成为某专业的学术基地。如人类学博物馆、考古学博物馆等专业博物馆，但历史博物馆则是普通博物馆，是面向社会大众的，雅俗共赏的。90年代革命博物馆也努力改变挂在墙上的教科书的面目，从体系作了些探索。比如把近代史陈列改称为"近代中国"，把当代史改为"当代中国"，把教科书式的大小题目从书面语言改为一般语言，把政治内容为主扩大到经济、文化等。我认为总的方向是对的，但也还是浅层次的实践。革博陈列部一位老同志到国外大馆去参观，那里的博物馆的文化氛围和琳琅满目的历史文化精品，使他惊呆了，他说我干了一辈子博物馆，现在才知道什么是博物馆。什么是博物馆，什么是博物馆陈列，我们不能光从苏联理论家写的《陈列的组织与技术》专著中讨结论，要凭我们自己的实践。革博、历博两馆的同志都有几十年改革陈列的体验，现在两馆合成国家博物馆，共同反思，共同体会什么是陈列的博物馆化，共同摆脱教科书式的陈列，共同走出一条博物馆化的道路。

四、博物馆不是学校的附庸课堂，博物馆有自己的教育学

博物馆与学校联盟是比较早的。早在1851年英国伦敦举办的首届世博会开创了实物展览，即实物教育的先河。世博会结束后，这些实物展品成了博物馆新藏品的基础。反映工业革命前后对比的这些藏品就成了实物教育的教材，学校与博物馆挂起钩来，博物馆就逐渐发展成学校的第二课堂。后来美国成为博物馆教育最发达的国家，美国有的地方政府教育部门甚至把参观博物馆正式列入教育课程之中，从教学计划中牢固地确定了学校教育与博物馆教育的一体化。我国博物馆也比较重视组织学生参观博物馆，甚至博物馆讲解员的讲解与

学校老师的讲解衔接起来。例如学校课本上的长征历史，在博物馆长征历史陈列中可以看到历史实物，与课本紧密结合效果很好。在应试教育盛行时，有些学生自发到博物馆来看陈列以巩固课本知识。博物馆作为学校的第二课堂确实在发挥着作用。

我国博物馆有看重教育功能的优良传统。我国自从1905年开始建立自己的博物馆事业后，几十年间博物馆一直归属于教育部门，是教育事业的一部分。新中国成立后，我国博物馆事业改属于文化部门，但它的教育功能一直加强着，特别是政治教育功能一直是被强调的。如果从我国博物馆教育发展史来看，我国早期博物馆是受日本博物馆教育的影响。日本博物馆理论界比较强调博物馆是教育机构，甚至有人提出博物馆最本质的功能是教育。后来我国博物馆又受苏联博物馆教育的影响，特别强调博物馆的意识形态价值。改革开放后，我国博物馆强调了文化自主，但也是受欧美一些先进的博物馆教育理念的影响。在国际博物馆教育方面，美国的教育思想领先，法国的博物馆的文化思想领先，特别是博物馆改革的新理念，法国走在前面，给我们许多启示。今天就先不谈博物馆发展方向的问题了。

1989年3月亚太地区第四届大会在北京召开，我代表中方作了《博物馆学在中国》的主旨报告。大会专题讨论博物馆教育问题。有人认为博物馆社会教育不同于一般水平的教育。我发言提出：博物馆是第二课堂的说法虽然不错，但需要分析，博物馆教育既应当是学校教育的伸延，又应当有自己的特点。如何使博物馆教育变成其他教育所不能代替的教育，是我们应当研究的课题。我强调博物馆教育的特殊性研究，受到重视。鹤田总一郎还专门找我讨论这个问题。我在1992年国家文物局主编的《博物馆群众教育工作》序言中，进一步阐述了博物馆教育特征。我说，博物馆教育固然也是一种教育，但它是以特殊的途径实现教育的。学校是通过教师传授实现教育的，教师是学校教育的主导方面。而博物馆是通过为观众自我学习提供服务而实现教育目的，因此在博物馆，观众恰恰是教育的主导方面。观众与学生不同，观众来到博物馆是怀着不同目的的，自由地选择自己的需要。从教育行为来说，观众是自我教育的主体。博物馆施教者则是在通过调动和满足学习者的各种不同的自我学习的需要中实现教育目的。所以博物馆应该有自己实现教育目的的途径。如果博物馆不是与学校教育趋同，而是自觉地与学校教育区别开来，努力去创造有博物馆教育特色的思想和实践，那么博物馆教育就会在社会大教育系统中独树一帜，释放出博物馆教育的特殊价值。教育界把教师、教材、学生的三角关系视为教学铁三角。这是以教师为主导形成三者铁的关系。博物馆教育则与学校教育的三角关系相反，博物馆是陈列者、陈列、观众构成三角关系，博物馆三角关系是以观众为教学主导方，这一原则区别带来博物馆与学校根本性差异。循着这一差异，产生了博物馆独特的教育思想和教育方法。美国21世纪博物馆教育课题研究中，就建议把博物馆教育改称为"博物馆学习"，或称为"博物馆体验"。这就从教育这个概念中脱离出来了。把"教育"改为"学习"就体现了教学铁三角中主导方的变化，把"教育"改为"体验"就体现了博物馆教育的特殊价值和特殊方法。这些超前的思考必将吸引着博物馆的发展思路和改革的方向。我们将会在实践中逐步建立起博物馆自己的教育学。我在1989年亚太地区第四届大会讨论中提出的把博物馆从学校教育中区别出来，在社会大教育系统中独树一帜的想法，正在实践中露出了头角，有待于博物馆界共同努力，为创造独特的博物馆教育学共同努力。

在博物馆教育中，讲解员是居于一线的施教者。讲解员是连接陈列与观众的桥梁。早期不称讲解员，1905年建立的南通博物苑称为导引员，引导观众参观的指导员。欧洲早期的博物馆没有陈列室，是引导观众在库房参观。以后有了陈列室，有了陈列也就有了博物馆教育。从库房参观到陈列室参观，博物馆的教育行为就开始了。陈列形成了教材，讲解员的角色也就上升到教师的角色，但是讲解员不同于教师，教学铁三角的关系变了，讲解员应该按博物馆教学铁三角的关系去"施教"，而不是课堂教育那样去灌输。所以我说是桥梁作用。所谓桥梁作用就是把观众带领到陈列中去，让观众在审视展品中，感受其意义，让观众自己得出自己的结论。好的讲解员不是当教师，而是当进入陈列的导引。好的讲解员不是站在观众和陈列之间，而是使观众不离开展品。西方有一位博物馆教育家说，讲解不要使观众离开展品太久。我很欣赏洛阳古墓博物馆的一位讲解员，她始终侧着身子说话，使我能亲近展品。她简短的讲解不断引起我对展品的兴趣。那真是起到了桥梁作用。有一次在中宣部开会，好像是讨论爱国主义教育基地建设问题，徐惟诚副部长主持会，不知怎么说到了讲解员的条件问题。我说，讲解员不能太美了，如果光彩照人，观众光看讲解员，影响看文物了。大家笑起来。我的意思还是考虑如何引导观众看文物，不要分散注意力。现在培训讲解员还请电台名播讲解如何控制音速，如何控制声调等技巧问题。我是落伍了，我想的是讲解员如何低调自己的问题。我没当过讲解员，说的是外行话。我是重视讲解工作的，我特别重视口头讲解。口头讲解是任何工具讲解都代替不了的。面对面的口头讲解是最具亲和力的交流，是博物馆与观众直接交流的桥梁，是博物馆教育中最具有人性化、情感化的桥梁。口头讲解是无论如何都应该坚持下去的。志愿者，台湾称之为义工，在美国博物馆很盛行。旧金山附近的阿奥克兰博物馆，正式职工只有几十人，而义工和帮助他们工作的朋友就多达两千多人。美国艺术博物馆三分之二的工作由志愿者担当。现在我国一些博物馆也在推行志愿者讲解，但不太理想。台湾做得不错。举一个例子，台湾经销石化原料联合企业的总经理李宪国，在台北故宫当了七年的展览志工，上岗前受了半年的专业培训，每星期五上岗时还不断充实自己。他写文章介绍自己的感受说，当志工是付出与得到的良性循环。他写的文章题目是《全方位发展生命》，登在台湾《天下》杂志2003年第2号上。我自己也碰到一位很有知识背景的志愿者，她是《求是》杂志国际部副编审牛京辉，是主修英国伦理学的哲学博士。2003年3月她向我约稿时，我才知道她在北京新文化运动纪念馆当了很久的志愿讲解员。志愿讲解也是一种口头讲解，志愿讲解员另有一种特殊的亲和力，像苏联卫国战争的老兵志愿讲解者，美国波士顿博物馆举办的"毒之旅"展览，就是由戒毒成功的人当志愿讲解员的。我国有些老讲解员毕生担任讲解工作，职称评为研究员后，仍活跃在讲解第一线。他们的口号是反对"讲解员是青春职业"说法。这些都应该视为博物馆教育的精神财富。

博物馆教育越来越受到重视，但是博物馆教育的理论基础的研究却仍很滞后，更多的是依靠学校教育的原理。而博物馆教育自己的教育原理，还有待于博物馆教育者去认真探讨。这也是我从博物馆教育上回答博物馆是什么的问题。

五、博物馆不是研究所，博物馆有自己的科研体系

传统博物馆非常重视博物馆的科学研究工作。博物馆的科学研究工作不仅关系到博物馆的业务水平，而且关系到博物馆的学术质量。一些有声望的博物馆都拥有相当数量的纯研究学者，保持着博物馆固有的科学品位。我国博物馆本来是比较重视科学研究的，1956年第一次全国博物馆代表会议，就提出科学研究是博物馆工作的基础。近些年博物馆的科学研究工作在博物馆的地位下降了。博物馆的科学水平、科学精神也下降了。科学性下降，主观随意性就上升。主观随意性上升，博物馆的可信度就动摇了。这就出现了博物馆的科学危机。博物馆科学研究功能的萎缩，不仅我国，而是世界现象。有的外国学者把这归之于博物馆太重视陈列展览的结果。当然这有一点道理。但关键在于博物馆对科研功能的日益萎缩和整体科学素质的日益下降缺乏察觉。如果博物馆不能保持较高的科学水准和比较好的科学形象，那么博物馆就不可能在文化领域中保有较高的档次，不得不日益下降为低档次的文化机构。这不能不说是博物馆科学危机带来的后果。因此必须唤起普遍的重视，为提高博物馆的科学素质而努力。

博物馆是多学科、多类型的科学综合体，对博物馆的科学研究，我曾做过一些分析，把博物馆的科学研究的级别与层次加以区别。我认为：

首先应该把科学研究与一般研究区别开。一切工作都可以而且应该研究，但并不是所有研究都称得上科学研究。科学研究是在系统掌握已有科学知识的基础上，运用和推进已有知识的研究工作。进行这种工作要具有一定的知识背景和经过训练的研究能力，要具备一定的条件。因此首先要把科学研究和一般研究区分开来。

科学研究本身也还存在着类别和层次的区分。科学研究不但有不同的领域而且有不同的层次。研究的层次来源于知识的层次，不同知识的层次有不同层次的研究领域和研究方法。正是由于这种不同领域和不同的方法区分开了不同的研究层次和不同的研究类别。博物馆的科学研究也应该根据知识的层次加以区分。我认为博物馆的科学研究可区分为三类：

1.学术性研究。这是一种严格科学意义上的具有科学探索价值的研究。国外有的博物馆学者称之为纯研究，或称基础研究。这种学术性研究存在于博物馆专业学科的研究、博物馆学的研究以及藏品研究之中。但不是这些领域中的所有研究都能达到学术性研究这个层面，这要看某一研究课题达到的知识层面及其价值。学术研究的成果最终仍要通过公认的论著的途径传达给社会。

2.普及性研究。博物馆的许多业务研究是属于学术成果的运用而不是学术研究本身，是一种普及性研究。普及性研究也是一种创造性研究，具有很高的社会价值。例如陈列研究工作就是博物馆业务中很重要的研究工作。但陈列研究仍应属于普及性研究，因为陈列是一种科学普及形式甚至是科学服务形式但不是学术形式。博物馆的许多业务研究工作是属于普及性研究这一类。

3.服务性研究。这里指的是为科学研究服务的某些研究工作。如编制藏品、资料检索系统，编写出版藏品、资料目录、图像以及提供学术研究动态资料等。

把博物馆的科学研究与一般研究区别开来，把科学研究本身的类别区分开来，使我们能够更好地按照不同规律、不同方法来开展科学研究工作。这有利于博物馆科学研究的推进，有利于改善博物馆在社会上的学术地位。

博物馆科学研究的课题，目前太强调以博物馆业务、博物馆藏品为限，这实际上是把博物馆的科学研究自我封闭在博物馆之内。画地为牢的受害者只能是博物馆自己，博物馆在社会上学术地位的下降就是这种封闭的结果。博物馆的科学研究也太强调与研究所不同，太强调研究的个性而忽视科学研究的学术共性。博物馆的科学研究人员不参与社会争辩，不接触学术前沿课题，不掌握学术动态，脱离了社会上的学术运动，博物馆的学术水平怎么能提高，博物馆的个性研究又怎么能施展。博物馆的学术研究只有进入社会的学术洪流中去，才能在学术界占有一定的位置，也才能不断提高自己的学术水平与业务水平。国外一些有声望的博物馆都拥有相当数量的纯研究学者，保持着博物馆固有的科学研究品位。美国自然史博物馆顾问阿伯特.E.巴尔甚至主张博物馆馆长应有一半时间进行个人研究。中国博物馆的科学研究也应该引起充分重视，在改革开放的社会转型时期，努力保持博物馆的品位，努力走上开放与社会化的道路，把博物馆的科学研究从萎缩引向振兴。

最后我再归纳一下，什么是博物馆，什么不是博物馆：

第一，博物馆是收藏机构，但不是文物仓库；

第二，博物馆是教育机构，但不是学校；

第三，博物馆是科研机构，但不是研究所。

最重要的一点，也是人们往往忽视的一点，就是博物馆是多种性质的复合机构。博物馆是收藏机构、教育机构、科研机构三者的统一体，缺少其中任何一种都不是博物馆。只有三者同时存在，成为一个相互作用的完整的有机体，才是博物馆。

原文选自《博物馆的沉思：苏东海论文选（卷三）》，文物出版社，2010 年

博物馆学理论研究

二 博物馆历史与发展研究

博物馆演变史纲

题记

　　本文撰写于 1987 年下半年，在一些场合作为教材试讲过。本文试图用历史学的方法把二十多个世纪以来博物馆嬗变演进的历程分阶段的总揽起来。我所用的方法就是把博物馆化入它所存在和发展的那个社会形态中去。不同阶段的博物馆是不同社会形态的产物。我在作历史概括的时候，从纵的方面考虑到历史的继承和发展，从横的方面考虑到时代的特征，从而使这一阶段的博物馆坐落在它所在的那个社会和时代之中。也许这就是历史唯物主义的运用吧。本文发表在《中国博物馆》1988 年第 1 期上。

　　博物馆现象是一种古老而又常青的文化现象。原始的博物馆现象出现在距今廿多个世纪之前，中经几次重大的性质上的变异，直至演变成当代博物馆的这种新形象。在长达二千多年的嬗变演进的历程中，博物馆作为一种文化现象，也作为一种社会现象伴随着社会的演变而演变着。在漫长的演变历程中，博物馆一方面发展自己，一方面否定自己（所以我称之为演变史不说是发展史）。时至今日，我们看到的当代博物馆与原始的古代博物馆相比已经面目大变，不可同日而语了。但是当代博物馆是从古代博物馆演变来的，要研究今天的博物馆、预测未来的博物馆就需要追溯到博物馆的古代形态、近代形态和现代形态，我们才能理解哪些是保留至今的博物馆的本质现象，哪些是属于时代局限性的

博物馆历史与发展研究

现象而被克服了；才能理解博物馆是如何演变成今天这个样子的。

博物馆是个复杂的现象，我们不能不从多种角度去研究它的演变。从文化史角度来看，博物馆作为一种文化现象它经历了收藏珍品的原始形态阶段，收藏珍品、科学研究的复合形态阶段，收藏珍品、科学研究、社会教育的三职能复合形态阶段，以及当代的多职能复合形态等四个阶段。从社会史角度看，博物馆作为一种社会现象它经历了私人秘藏阶段，社会上层开放阶段，社会公众开放阶段和博物馆发展外化阶段。从博物馆本身的业务角度来看，博物馆最古老、最本质的业务是保管，保管是博物馆一切工作最早的基础。随着博物馆科研职能的出现，科研业务就从保管业务中独立出来，实现了博物馆内部机制的第一次分工。随着博物馆教育职能的出现，教育业务就从保管和科研中分化出来，实现了博物馆内部的第二次分工。随着当代博物馆职能的多样化趋势，博物馆业务形式将会发生重大变革，新的业务分工将会导致博物馆更高级的系统工程的形成，导致博物馆最佳的整体效益的出现。

不论从文化视角、社会视角还是从业务视角来看，博物馆现象都具有时代特征。它是一定时代的经济、政治、文化、科学的产物。它是在时代提供的条件下产生和发展的，它又受着时代条件的限制，因此应把博物馆现象放在一定时代的历史条件下去研究。但是光把握时代性还不够，还要把握历史的连续性，把博物馆现象放在历史的长河中去考察，既是唯物的又是历史的去研究博物馆现象。

下面我们将按博物馆现象演变的四个历史时期加以阐述。博物馆的历史分期可以是多种的。我是根据博物馆本质特征的演变，参照世界史分期将其划分为四个时期，即古代博物馆时期（奴隶社会、封建社会，大约公元前四五世纪至公元十六七世纪），近代博物馆时期（自由资本主义时期，大约17—19世纪），现代博物馆时期（垄断资本主义时期，大约20世纪上半叶），当代博物馆时期（20世纪下半叶开始），试分述之。

一、博物馆现象的古代形态

我们研究博物馆现象是研究博物馆这种文化现象的发展过程，变异过程。因此不要用现代博物馆的特征去要求和衡量古代博物馆现象，那时是处于博物馆的原始状态。我们研究古代社会出现的博物馆现象就是要弄清博物馆现象的古代形态是怎样的，弄清博物馆的原始现象。

博物馆现象出现于奴隶社会

博物馆现象是怎样起源的呢？博物馆现象起源于珍品的收藏。收藏珍品是博物馆的第一现象，第一职能也是博物馆最初的本质。从文化史的角度看，则在原始社会就出现了原始艺术。如在欧洲发现的旧石器晚期的洞穴壁画。在中国六七千年前仰韶文化中丰富多彩的彩陶图案，四五千年前龙山文化中的雕刻艺术品。这种文化现象我们还不能说它是博物馆文化。人类文化现象早于博物馆现象。博物馆文化现象的出现要迟至私有制产生，奴隶社会的到来。在奴隶社会，由于生产力的提高，社会财富的增加，使一部分人摆脱了体力劳动的重担，专门从事精神劳动。从而开始了人类几千年的文明史。但是伴随着文明时代到来的是财产私有制的发展。恩格斯在《家庭、私有制和国家的起源》中写道："卑劣的贪欲是文明时代从它存在的第一日起直至今日的动力；财富，财富，第三还是财富——不是社会的财富，而是这个微不足道的单个的个人的财富，这就文明时代唯一的、具有决定意义的目的。"这种个人占有财富的社会现象随着社会的发展不断扩大，从物质财富的占有发展到精神财富的私人占有。搜集或掠夺文化珍品予以秘藏的现象就出现了。原始人是没有任何私有观念的，原始人创作的艺术品是完全公开的。到奴隶社会一方面文化生活质量的提高，一方面私有观念的发展，就出现了私藏文化珍品的现象。这种文化现象的出现就开始有了博物馆文化现象的萌芽。搜集珍品、私藏珍品的文化现象是人类进入文明时代之后出现的，可以说博物馆现象的诞生是人类文明社会的产物。

事实正是这样。古希腊、古罗马的文明孕育了欧洲博物馆文化的产生。古代希腊是欧洲文化的摇篮。公元前四世纪，正值古希腊文化高峰时期，马其顿的亚历山大继承王位，他是古希腊"最为博学的人"亚里士多德的学生。他在扩充自己的版图的征讨中，传播了希腊的文化。在他所到之地搜集了、掠夺了许多稀有之物和战争纪念品回来交给他的老师亚里士多德整理和研究。到公元前四或三世纪，托勒密一世（或二世）在亚历山大城的宫殿里建立了科学和艺术的中心，其中的缪斯庙就存放着亚里士多德学园里遗存的珍品。这个收藏珍品的场所——缪斯庙就成了现在人们所说的最原始的博物馆了。在希腊史地学家斯特拉波的著作中形容亚历山大城："城中最壮丽的公共庙坛和王室，这些宫殿占全城面积四分之一甚至三分之一。王室的一部分就是那有名的亚历山大域博学园，里面有游览的场所，集会的厅堂等"[1]这些场所和设施可以说开始有了博物馆文化现象的含义，其对珍品有了一定规模的收藏、积累，具有一定的保管的场所，因此有人称之为亚历山大博物馆。值得注意的是在宫殿里设立缪斯庙又把珍品放在缪斯庙的含义。缪斯是希腊神话中的人物，是9位女神的总称。她们和太阳神在一起组成了一个智慧和知识的群体，成为文学、艺术和科学的精神力量的象征。缪斯神庙就是体现这种精神力量的崇高场所。希腊大哲学家柏拉图、亚里士多德和毕达哥拉斯的讲学之处都设有缪斯的神庙，象征着这些学园是智慧的场所。托勒密王朝把他们积累的珍品放置在宫殿里的缪斯庙中，赋予了这些文化珍品以最崇高的地位。显然他们认为只有这些珍品才配放在象征智慧和知识的缪斯神庙中。可以说博物馆现象一出现就和某种文化现象的崇高价值观联系着的。把博物馆视为文化的殿堂的观念一直延续到十几个世纪之后现代博物馆的诞生。

古希腊出现的上述博物馆文化现象，还不能说是成熟了的博物馆现象的古代形态。事情还在发展。延至古罗马时代，这种博物馆文化现象开始成批出现

---

[1]　转引自周一良编《世界通史》，第 258 页。

了。罗马文化基本上是希腊文化的继续。日趋腐朽的奴隶主阶级对文化珍品的搜求和占有更加贪婪。加之战争频繁，统治者在武力征讨中掠夺了大量珍宝。在他们的府邸中陈列着各种珍品和稀有古物，称为"奇观"。罗马皇帝奥古斯都建立的神殿，以收藏异兽海怪的巨骨和兵器而煊赫一时。罗马皇帝维斯佩基安的"和平圣殿"因收藏了许多艺术瑰宝成为当时的艺术中心。罗马时期私人收藏艺术品的风气日趋兴盛。有的开辟陈列室供客人观赏，有的还在花园里展览动物和植物，出现了动植物园的雏形。

博物馆的古代形态在中世纪的发展

中世纪的欧洲处于封建制度和基督教会的统治下，但收藏珍品的文化现象并没有消失。在欧洲中世纪社会里，思想上占统治地位的是经院哲学，文化上实际就是教会文化。最有知识和文化修养的是僧侣。恩格斯指出："中世纪只知道一种意识形态，即宗教和神学。"[2]但这不等于说长达一千年的欧洲中世纪的文化完全处于中断与空白之中。恩格斯进一步分析了"中世纪的巨大进步，欧洲文化领域的扩大，在那里一个挨着一个形成的富有生命力的大民族，以及十四和十五世纪巨大的技术进步，这一切都没有被人看到。"实际上欧洲文化领域的这种扩大也包括博物馆文化现象的扩大。过去在奴隶制社会兴起的皇室、贵族中收藏珍品的文化现象，在中世纪教会里有进一步发展。法国、意大利、德国、俄国等许多国家的中世纪大教堂都专门开辟了珍品室保管和陈列珍奇物品、法器、圣像、写本、教主遗物。教皇所在地梵蒂冈就有收藏天主教历史文物、珍品、香客礼品的地方。使徒宫是专藏绘画的地方。传教士是一支精神上的远征大军，所到之处带回了种种珍奇物品、异地特产，大开人们眼界。教会也以展示这些珍品来炫耀自己的财富和力量，从而扩大教会的影响。威尼斯的圣马可教堂，德国境内的哈雷修道院，瑞士的圣莫里斯修道院都以丰富的宗教

---

[2]　《马恩选集》第四卷，第 231 页。

博物馆历史与发展研究

163

文物收藏而知名。世俗文物的收藏也有发展，多集中在宫廷、贵族宅邸、庄园、城堡之中。

中国古代的私人收藏

中国古代私人藏书、藏画、藏钟鼎古器物起源很早。据《周礼》记载，早在西周时就出现了"天府掌祖庙之守藏"，"凡国之玉镇大宝藏马"，"王府掌王之金玉玩好兵器凡良货贿之藏"。《汉书·梁孝王传》载："武有罍尊，值千金，戒后世善宝之，勿得以与人。"这种秘藏之风一直是中国收藏家的传统。《晋书·张华传》记载的收藏事迹更具体，惠帝"元康五年（公元295年）十月，武库失火，累代之宝及汉高祖斩白蛇剑、王莽头、孔子履，都被焚毁"。从这一记载中可以看出收罗的珍品不仅有历代宝物，还有一些是具有历史意义的纪念文物。《隋志》记载隋炀帝（公元605—617）"聚魏已来古迹，名画，于'玩文'殿后，起二台，东曰妙楷台，藏古迹，西曰宝台，藏古画"。唐代石窟雕塑艺术发展，佛像林立，中国史学家范文澜称之为"陈列塑像的大展览馆"，[3]但这和传播佛教有关，不属私藏范围。宋朝文物私藏之风盛行，藏品数量大增。宋室收藏的古器物多达万件以上。有专门的建筑保管藏品。两宋开始，对藏品研究有很大发展，目录学、鉴定学有重大成就。知名的有刘敞的《先秦古器图》，欧阳修编著的《集古录》（十卷），赵明诚李清照夫妇编著的《金石录》。吕大临的《考古图》（十卷）和《宣和博古图》都是重要的文物著述。文物的分类、藏品的登录项目都达到了相当完备的程度。

总起来说，博物馆现象起源于收藏珍品。这种文化现象最早的一批出现在希腊、罗马、中国等文明古国之中。中经奴隶社会、封建社会长达十几个世纪的发展，藏品的种类规模越来越扩大，保管文物的场所和设施越来越完备。从寄放的寺庙到专门建造的亭台楼阁，藏品有了分类和目录，甚至有了包含鉴定

---

[3] 范文澜：《中国通史简编》。

内容的图录，这就形成了博物馆的古代形态。博物馆获得了自己的第一职能，最早的本质——收藏珍品。

从社会视角来看，秘藏是博物馆古代形态中的一个特征。这个阶段博物馆文化与公众无关，博物馆文化现象处于封闭之中。博物馆古代形态的这一特征在之后的发展中将被逐步否定。

二、博物馆现象的近代形态

博物馆的近代形态是伴随着资本主义的产生而产生，资本主义的发展而发展。近代形态的博物馆是资本主义文明的产物。在近代形态中，博物馆的第一职能进一步完善，同时博物馆获得和发展了自己的第二职能，出现了博物馆的第二种文化现象，即科学研究的职能和现象。资产阶级革命敲开了博物馆殿堂的大门，博物馆有限度地对社会上层开放，从而开始了博物馆社会化的进程。

博物馆形态从古代向近代的过渡

14至16世纪，欧洲处于从封建社会向资本主义社会过渡的历史之中。资本主义生产方式从南欧到中欧陆续兴起，封建制度开始解体，新兴城市不断诞生，以市民、商人、新兴地主为基础的近代君主国家同中世纪以来占统治地位的罗马天主教会相对抗。市民阶级也就是资产阶级的前身，成为社会对抗中的革命力量的代表。资产阶级发起的文艺复兴运动就是一次反封建宗教统治的思想解放运动。这个运动以复兴古典学术和艺术为口号，故名文艺复兴，实际上这个运动既不限于文艺也不是复古而是近乎托古改制运动。但是在复兴古典文化的旗帜下，社会上确实掀起了学习古希腊、古罗马文化的热潮。在文艺复兴的浪潮中，收藏珍品的文化现象进一步发展起来。1453年，与希腊文化有继承关系的拜占庭帝国灭亡时，拜占庭学者和教师大批迁居到西欧，带来了比西欧更高的文化。大批希腊著作的手抄本和从罗马废墟中发掘出来的古代艺术珍品一起在欧洲人面前重现了古代文明的光彩。从而引发了在新的达官富贾、新兴地主中兴起的收藏和鉴赏古董的热潮。收藏珍品的文化现象从皇室、教会普及到了市民阶级。据英国考古学者 D·默里统计，那时德、意、法、荷四国的收藏家多达千余家。这些私人藏品以后多为博物馆收买奠定了欧洲各大博物馆的藏品基础。其中出名的如意大利的美第奇家族、贡萨加家族、埃斯特家族的收藏，法国的让 - 贝里·布隆迪公爵的收藏，德国的奥古斯都一世的收藏等。

17世纪中叶爆发的英国资产阶级革命标志着欧洲中世纪的最后终结和近代历史的开始。十七八世纪欧洲各国先后进入资产阶级民主革命高潮，资产阶级登上历史舞台带来了资本主义文明，带来了资本主义的民主与科学。这与近代博物馆的诞生是密切相关的。近代科学与博物馆留待下面谈，这里先谈民主运动与博物馆。

文艺复兴运动虽然是一次思想解放运动，但那次运动是在资本主义形成时期，主要是反对神权的运动。而十八世纪资产阶级领导革命中发起的启蒙运动则是针对封建特权，是从根本上反对封建意识形态的。在思想运动中居领导地位的是以"百科全书派"为中心的一批资产阶级革命思想家。他们通过编纂、出版卷帙浩繁的《百科全书》传播唯物论，传播民主思想，以科学知识武装革命人民。他们的反封建思想斗争成为法国大革命的先声。在资产阶级掀起的民主运动中，在社会开放、知识普及的浪潮中，博物馆的殿门被革命敲开了。博物馆转到资产阶级手中，成为资产阶级很重视的一块文化阵地。一位法国研究者发现近代博物馆是同《百科全书》一起出现的。在英国，《张伯斯百科辞典》的出版与不列颠博物馆的建立同时。在法国向公众开放卢浮宫的藏品与百科全书派首次出版其成果同时。这不是巧合而是资产阶级知识开放运动的共同产物。

1789年的法国大革命，推翻了波旁王朝的统治，收藏在皇宫中的大量欧洲艺术珍品转为国家所有。法国资产阶级政府下令在卢浮宫建立了中央艺术博物馆正式向公众开放。继卢浮宫开放之后，欧洲各国纷纷建立了国家博物馆。

私人博物馆也相继开放，从而开始了博物馆社会化的进程。但是应该指出，十七八世纪开始诞生的近代博物馆虽然是社会开放的产物，但其开放是有限度的。名义上是开放，实际上要对观众进行选择，被允许参观是一种恩赐，是上层人士的一种特权，普通人一般是进不了博物馆的。博物馆的大门虽然被敲开，但它本身仍极力保持着艺术殿堂、科学殿堂的神圣地位。那时，神圣仍然是博物馆的重要特征。博物馆的社会化有待于进一步突破。

博物馆科学研究职能的兴起

随着科学革命和工业革命的发展，在欧洲出现了博物馆的一种新现象。这种新的博物馆现象就是科学博物馆的出现。这是与收藏珍品不同的一种博物馆文化现象。在博物馆里收藏的是动物界、植物界的标本，古生物、古人类和矿物岩石标本以及测量学、天文学的工具，地球仪、天体望远镜、显微镜、温湿度计等。这些标本、器械、仪器进入博物馆不仅扩大和改变了原来藏品的内涵，而且产生了博物馆的新职能，第二职能，即科学研究职能。

近代科学诞生于十六七世纪。当自然科学从形而上学的方法进入实验科学方法阶段以后，各门科学都在自己的领域中积累了大量材料，取得了不同程度的进展。数学进展最快，力学也很快成熟，近代化学、生物分类学也相继发展起来，形成近代科学发展的第一个高潮。这时，为科学研究提供重要的原始资料的科学博物馆就应运而生了。博物馆往往就是科学家工作的场所，藏品就是科研的对象或资料。当时英国的哲学家培根主张多建这样的博物馆为科学服务。这时博物馆的收藏进入了有科学目的的搜集，有系统的发掘。藏品研究成为科学研究的重要课题，收藏和研究成为一体。由于标本和原始资料集中在博物馆中，博物馆自然的形成了科学研究的中心。在欧洲往往是博物馆先于分科的研究所的产生，博物馆往往成为建立相应的科学研究所的基础。十七八世纪出现了一批为科学服务的博物馆，如1751年成立的德意志科学博物馆，1748年成立的维也纳自然史博物馆，1753年作为大英博物馆一部分的大英自然博物馆等。到了十九世纪在工业革命的驱动下，自然科学进入第二个发展高潮。这个世纪自然科学的重大发明和新发现比前三个世纪的总和还多一倍。科技的发展促进了人们学习科学的兴趣，因之涌现了一大批科学博物馆或科技博物馆。根据哲学家笛卡尔建议于1779年在巴黎创建的国家科学工业博物馆，是世界科技博物馆的先驱。有代表性的如1802年成立的法国工艺研究院的技术博物馆。1851年检阅工业革命技术成就的伦敦万国博览会震动世界，在这个博览会带动下各国相继产生了不少科技博物馆。继近代自然科学之后，近代社会科学发展起来，随着又出现了一批人文类型的博物馆，如1873年创立的德国皇家民族博物馆，1878年巴黎人类学博物馆，1825年墨西哥国立人类学博物馆等。

博物馆双职能的形成，博物馆业务的第一次分工

博物馆的科学研究职能虽然发轫于近代科学，但是这种新职能并不止于对学科的研究。博物馆科研职能的内涵继续扩大，出现了对博物馆本身的科学研究。首先出现的是对藏品管理的科学研究。在古代博物馆中出现的藏品目录和图谱是对藏品管理的初步研究。近代博物馆中藏品数量和品种有巨大发展，藏品管理的科学化要求日益迫切。其中最迫切的是藏品的科学分类。博物馆藏品分类学的研究几乎和生物分类学的研究同时期发展起来的。1735年出版的生物分类学名著《自然系统》的作者林奈就是以博物馆为基地进行生物分类研究的。博物馆藏品分类学的发展也在这一期间。1727年博物馆学研究者尼克里阿斯著的博物馆学教科书中提出了自然标本和人工制品的分类法。这个分类法在当时成了收藏家进行藏品分类的参考书。丹麦学者提出的《汤姆逊分类法》出版，各国都加采用。

科学博物馆的诞生使博物馆开始获得了科研的新职能。这种新职能对博物馆内部业务建设也逐步发生重大影响。过去博物馆的藏品是杂乱陈放的，人们进行观赏并不需要按什么逻辑的顺序去进行。近代博物馆由于增加了科学目的和科研职能，因此就需要加强对藏品的研究，进而推动了对藏品管理的科学研究，这就提高了科研职能在博物馆内部的独立地位，形成了博物馆内部的保管、科研双职能机制。博物馆的科研职能从保管职能中独立出来是博物馆内部机制的一大变化，是博物馆发展中内部的一次重大分工。对博物馆本身进行科学研究的结果，产生了第一批博物馆学著作，从而开始了博物馆建设的科学化进程。

近代博物馆在东方

在东方，近代形态的博物馆并没有自发地产生。这是和东方长期处于落后的经济制度之中有关。以收藏珍品为主旨的古代博物馆在中国和日本都是盛行的。中国的帝室和私人收藏十几个世纪一直盛行不衰。日本于公元 8 世纪建立的正仓院是世界保存下来最早的古代博物馆建筑。但是东方出现近代形态的博物馆则是由西方引进、移植的。中日两国大约都是在 19 世纪六七十年代开始提倡和引进西方近代博物馆。日本的明治维新和中国晚清的洋务运动、维新运动都致力于向西方学习。其中办博物馆就是"开民智"的重要措施。日本明治维新实现了国家的近代化，近代博物馆也得到发展。明治年间就建立了 85 个馆，大正年间建立了 115 个馆。而中国维新失败，引进西方博物馆的高潮迟至 20 世纪二三十年代才到来。

总起来说，博物馆现象的近代形态从 14 世纪至 16 世纪的欧洲文艺复兴运动为开端，中经西欧的启蒙运动、科学革命和产业革命到 19 世纪末共经历了五六个世纪的发展，达到了相当完备的程度。从文化视角看，收藏职能更加发达，科研职能迅速发展，形成了博物馆双职能复合形态。第二职能的出现不仅丰富了博物馆的本质属性，扩大了博物馆文化的内涵，而且由于科研职能固有的特性，促使博物馆加快了本身建设的科学化进程，实现了博物馆业务的第一次重大分工。博物馆的实践和理论在此期间都得到相应的发展。

从社会视角看，近代博物馆是随着社会开放而逐步发展起来的。从秘藏到开放，从为私人到为社会这就是博物馆现象的一次大变异。古代博物馆的文化现象只存在于统治者少数人之间，享受这种文化是尊贵者私人的事情，与社会无关。近代博物馆诞生之后，博物馆向一定的上层人士开放，博物馆现象就由个人的文化现象转化为一种社会文化现象。从个人到社会，从秘藏到公开这是博物馆第一次飞跃，是博物馆特性的第一次变异。

有人看到近代博物馆中收藏职能日益发展，科研职能已经形成，教育职能开始出现，社会化进程也已开始，就认为这就是真正意义的博物馆。其实，把博物馆在某一时代的形态当作典型形态是一种对博物馆定型的看法，并不恰当。近代博物馆仍在变异之中，在向现代博物馆转化中将会迎来新的突破和飞跃，将会产生博物馆的新的观念。

三、博物馆现象的现代形态

进入廿世纪以后，特别是在两次世界大战之间，博物馆现象的现代形态进一步形成。博物馆的第三职能——社会教育职能有了大的发展，与第一第二职能鼎足而三构成了现代博物馆的三职能复合体。博物馆的社会化进程也达到了新的阶段，向社会大众开放已经成为博物馆的基本特征之一，博物馆的社会价值日益为公众所认识。

博物馆教育职能的崛起

社会教育职能的崛起是博物馆前进道路上的一个重要的界碑，是博物馆走向现代化的一个新特征。早在十九世纪的近代博物馆中就已经孕育着社会教育的新职能。那时由于科学研究职能的加强，博物馆藏品已经不是杂乱陈放而是纳入一定的科学体系，分门别类地放置在库房里。参观和使用博物馆的藏品是在库房中进行的，藏品的保管和展示混为一体。后来，把藏品从库房中提出另辟陈列室展示，使藏品转化为展品，这是一次重大突破。这一突破带来了博物馆教育职能的诞生。过去观众在库房中参观藏品固然也可以得到教益，但那是观众自发摄取的。而博物馆方面有目的有组织的陈列藏品，有计划地对观众施以影响这就形成了一种教育行为了。博物馆的这种教育现象大约出现在十九世纪。像1852年建立的德国纽伦堡日耳曼博物馆就是按史前时代、罗马时代、德国时代三个系统六个展室组织陈列，帮助观众了解不同时代的社会面貌。在陈列手法上这个馆最早采用组合陈列法。1851年在伦敦举办的万国博览会也是含有宣传教育目的，是为了展示工业革命的成果和各国科技的成就。举办这种轰动社会的大型博览会显示了实物的宣传教育价值，实际上扩大了以实物教育为特征的博物馆的影响。这时博物馆的教育价值开始为有识之士所认识。1873年美国皇家艺术学会提出"使所有的公共博物馆，皆具有教育及科学的目标"。1880年美国博物馆学者鲁金斯著《博物馆之功能》明确提出博物馆应成为一般人的教育场所的观点。

博物馆与教育渊源久远。虽然教育现象比博物馆现象出现的早得多，但古代学校与古代博物馆则差不多是同时出现的。亚历山大城的学术文化中心既有古代博物馆形态的缪斯庙，又有古代学校形态的讲堂。中世纪的学校和博物馆都在教会统治之下，世俗所办则是一种补充。在资产阶级提倡知识开放和进行教育改革运动中，有趣的是近代博物馆也是和近代学校同一时期诞生的。近代学校实行的是双轨制，培养社会上层人才和培养普通人才是在两种学校系统中进行的。高等教育只有统治阶级子弟才能进入。而博物馆当时也只为上层人士开放。到了十九世纪，由于工业发展的直接需要，教育事业迅猛发展，初等学校成倍增长。这时博物馆教育应运而生，博物馆作为一种特殊的学校开始发挥了社会教育作用。可以说博物馆社会教育产生于工业发展的需要。但是博物馆教育职能的真正崛起还是在廿世纪，是在另一种力量驱动下崛起的，体现着另一个时代的新特征。

资本主义发展到垄断阶段后，帝国主义之间的战争，侵略反侵略战争连绵不断。廿世纪上半叶，五十年间爆发了两次世界大战，战争和战争准备充塞了这段历史。启发民族意识，培养民族精神，灌输保卫祖国的责任感是各国国民教育的主旨。民族主义成为这一时代思想教育的主题。博物馆恰恰是弘扬民族传统文化、凝聚民族向心力的好场所，博物馆教育遂为各国普遍所重视。在第一次世界大战前的一二十年间博物馆出现了一个发展的高潮。德国在 1900 至 1920 年间新建了 179 座博物馆，致力于培养对德意志国家的崇拜。英国博物馆 1850 年为 59 个，到第一次世界大战前增至 295 个。美国在廿世纪初也有一个博物馆新发展时期。在这次博物馆大发展中出现了一个重要的现象就是博物馆横向组织的相继建立。1889 年英国诞生了世界上第一个博物馆协会，出版了会刊。1903 年在德国召开了欧洲第一次博物馆馆员会议。1906 年美国博物馆协会成立，出版会刊《博物馆新闻》。1915 年北欧各国成立斯堪底纳维亚博物馆协会。各国的、各地区的博物馆协会的出现是博物馆事业兴旺的现象，也是推动博物馆发展的有力杠杆。

两次世界大战之间的世界博物馆运动

两次世界大战之间的暂时和平时期，世界博物馆又出现了新的发展高潮。战后这次高潮是在博物馆的世界组织产生后形成的。1926 年，在许多国家和地区成立博物馆协会的基础上，国际联盟在巴黎成立了国际博物馆事务局，这是第一个博物馆世界组织，是 30 年代世界博物馆运动的纽带。1934 年国际联盟学术合作委员会举行万国博物馆专家会议，同年出版了两卷本《博物馆学》。这部著名的博物馆学大部头专著对博物馆的理论建设具有划时代意义。出版后很快被译成多种文字，促进了博物馆学研究，推动了博物馆事业的发展。

第二次世界大战前的 20 年，博物馆的大发展也有客观需要。战争推进了工业发展，工业发展需要科学技术的普及。在 30 年代世界出现了科学技术博物馆发展的新局面。北美洲取代欧洲成为世界工业最发达的地区，科技博物馆运动的中心也转移到了美国。1933 年芝加哥成立了规模宏大的科学与工业博物馆。在其影响下科技博物馆运动迅速推向全美。1937 年巴黎大学创办的"发现宫"是博物馆走向现代化的一个知名的典型案例。这个馆打破传统科技馆静止的陈列，面向观众表演或现场实验科学知识并向观众提供自己动手操作的实验设备。这是当时大学里流行的实验教育学思想的体现。"发现宫"把博物馆科普教育的职能提高到一个新阶段。

在此期间，法西斯国家十分重视利用博物馆进行法西斯教育，鼓动战争狂热情绪。意大利1926年建立的罗马帝国博物馆，1938年建立的墨索里尼博物馆；纳粹德国建立的祖国博物馆、军事博物馆都为战争服务，成为军国主义的重要宣传手段。博物馆在日本国家法西斯体制中是颇受重视的一个部门。文部省于1932年接管了博物馆协会，把博物馆纳入了官方的战争宣传轨道之中。30年代后期，日本从教化总动员时期进入总体战体制时期，博物馆进入法西斯体制之一翼阶段，对战争的配合十分密切。如1942年在文部省主持下制定的配合侵略战争的"大东亚博物馆"计划以及一些特别展览等。法西斯国家30年代的博物馆运动是围绕战争而发展的。

苏联社会主义博物馆出现，中国现代博物馆兴起

社会主义博物馆的出现，在博物馆演变的历史上具有崭新的意义。与西方博物馆最大的区别在于它把马克思主义注入到了博物馆概念之中，从而使博物馆的理论和实践具有鲜明的社会主义意识形态特征。早在18世纪60年代德国工人运动兴起时，莱比锡工人教育联合会受伦敦万国博览会的启发，由倍倍尔主持筹办了小型的科技陈列，帮助工人提高知识水平，但在当时条件下也只能是昙花一现而已。十月革命胜利，苏维埃国家直接领导了博物馆的建设事业。十月革命刚胜利，十一月人民教育委员会就发出了《致工人、农民、士兵、水兵和俄罗斯全体公民书》宣布博物馆、图书馆等所有文化财富都真正属于人民了。接着1918年1月召开全苏代表大会正式宣布博物馆为全民所有，并做出发展国内博物馆工作的决议，要求博物馆成为教育的泉源。苏联社会主义博物馆一开始建立就强调博物馆的社会教育职能，强调苏联博物馆是向人民进行科学文化知识和共产主义教育的重要阵地。在教育职能的发挥上，苏联博物馆的

理论和实践都有显著成就和鲜明特色。马克思主义哲学的认识论是苏联博物馆方法论的理论基础。陈列主题结构是苏联博物馆陈列体系化的基本方法。30年代出现的反对陈列中的庸俗社会学倾向后，对博物馆实物特征的掌握前进了一步，苏联博物馆的社会教育职能得到不断地加强。苏联博物馆的发展是迅速的，十月革命前只有180个，到四十年代发展到近千个，在全国形成了博物馆网。20世纪初，中国开始了自己的博物馆实践。至第一次世界大战前在中国的土地上陆续出现了一批博物馆。这些博物馆不论是外国人还是中国人办的都是以西方近现代博物馆为模型。因此中国博物馆一开始就是具有比较鲜明的科研和教育的作用。中国博物馆事业一开始就由国家和各省的社会教育部门领导。中国第一座国立历史博物馆就是中央教育部直接领导的。在30年代中国也有一个博物馆运动，形成了中国博物馆建设的第一个高潮。这个高潮一方面受世界博物馆运动的影响，一方面与当时中国社会的经济、科学文化发展的需要有关。据统计，1928年全国博物馆为21个，至1934年短短五六年就发展到250个。大型博物馆如国立历史博物馆、故宫博物院、中央博物院、自然博物院相继筹建，各省也纷纷建馆。1935年5月中国博物馆协会诞生，发行会报、刊印丛书。1936年举行年会讨论学术、规划事业。战前中国博物馆事业进入一个兴盛时期。抗战期间，中国博物馆事业又处于困顿之中。

中国现代博物馆的另一引进途径来自苏联。30年代中央苏区和40年代陕甘宁边区的博物馆筹备机构和展览会都已开展了相当的工作。中国共产党如同苏联党和政府一样是重视文物、博物馆事业的。在战争环境中对革命文物的征集和历史文物的保护是不遗余力的。只是受到条件的限制没有得到大的发展。中国现代博物馆的进一步发展将在新中国成立之后。

总体来说，20世纪以来博物馆的三职能逐步完备，形成了三职能鼎立的文化复合体。博物馆的现代形态我们比较熟悉，不再赘述。这里就博物馆这种文化复合体的内部关系谈一点认识。正如同科研职能在博物馆的出现，从本质上扩大了博物馆文化原有的内涵一样，社会教育职能的崛起又一次从本质上扩大了博物馆文化的含义。博物馆文化现象的本质属性因而更加丰富，更能适应时代和社会的需要，博物馆更富有生命的活力。三职能的相继诞生是博物馆职能不断强化的过程。新职能的诞生并不是对旧职能的否定而是从旧职能中衍生出来的。博物馆的第一职能是博物馆最古老的职能，物的收藏是博物馆多质中的核心，离开了物，博物馆就失去了最本质的特征。科研职能的出现就是以物为基础而产生的。社会发展需要科学技术，但科学技术在博物馆这种文化体中生根，离开了物是不可能的，物是博物馆科学信息的载体。离开了物就没有博物馆科研的特色，也就失掉了博物馆作为科研基地而存在的特殊价值。一些博物馆实践较少的研究者，往往对博物馆物的作用体会不深，对物在博物馆本质中的地位估计不足，因而容易使自己的科学研究从物中游离出来，失去博物馆的特色。博物馆教育职能的发生和发展也是如此。社会教育作为博物馆现象出现，固然是时代的产物，但它不是凭空植入博物馆的。它是博物馆第一、第二固有职能的延伸。博物馆教育是一种围绕着物化的教育，只有紧紧围绕着物，博物馆教育现象才会呈现异彩。一些研究者看到博物馆教育在博物馆中的前沿位置和显著作用，就误以为教育是博物馆最本质属性，这恐怕是不全面的。我认为博物馆是一个多质的复合体，对它的三职能应历史地看、辩证地看。所谓历史地看，三职能在博物馆现象中是依次出现的。第二职能是第一职能的延伸，而第三职能则是第一、第二职能的延伸和扩展，三者是同心圆的关系。中心圆是物的收藏，内圆是科研，外圆是教育。所谓辩证地看，三职能是相互渗透的，是复合体而不是混合体。博物馆三职能实际上构成了一个系统工程，合理发挥三职能的作用才能求得博物馆最佳的整体效益。

三职能在博物馆中产生了相应的保管、科研、教育三项业务。对业务的管理体制，各时期、各国是不完全一致的。业务部门的设置是发挥业务职能的外在形式，是可以不断改善和改变的。对三项业务可以分工但不要分家，只有保证整体上处于最佳效益才是业务分工的最佳形式。

四、博物馆现象的当代形态

现代博物馆发展到 20 世纪下半叶时，出现了一些崭新的博物馆文化现象和博物馆社会现象。这些新现象超越了现代博物馆既定的内涵，出现了博物馆的新形象。由于现代博物馆的诸概念发生了重大的本质性的突破，博物馆实际上进入了一个新的历史阶段，开始形成博物馆的当代形态。但是博物馆当代形态的基本特征我们还不能像过去的几种形态那样陈述得明确。因为当代形态正在发展之中，处于历史的进行式中。对当代博物馆的历史进行概括还需要等待实践。目前我们只能对博物馆的新形象做一点粗略的分析和简单的描述。

博物馆发展的新趋势

当代博物馆是处于现代社会中的一个新的历史条件下。这个新的历史条件就是战后的和平发展带来的社会变化。第二次世界大战后，世界处于相对和平的环境中。科学技术日新月异，物质生产迅速发展，社会财富增长很快，人民生活不断提高，国际社会进一步开放，和平进步事业不断前进，人类新的文明时代正在到来。凡此种种都为各国文化的新发展创造着条件。从五六十年代开始，在世界范围内，特别是在经济发达国家中出现了文化发展的种种新趋势。其中与博物馆发展密切的趋势有：科学技术普及化趋势，文化消费高档化趋势，文化民族化趋势和文化回归自然的趋势。这四种趋势不能不影响着博物馆的发展趋势。20 世纪上半叶发展起来的现代博物馆已经不能满足公众日益增长的文化需要，加之 50 年代以后电视和其他当代文化工具的发展，博物馆处于激烈地文化竞争之中。形势逼迫博物馆进一步现代化。在竞争中当代博物馆出现了与上述文化趋势相应的新现象。试分述之。

第一，从科学研究向大量科学普及职能发展的趋势。作为博物馆的科研职能最鼎盛的时代是在 18 世纪前后，实验科学发展的时期。博物馆对自然科学的分科提供了研究资料和研究场所，成为不同学科科研中心。产业革命后，科技博物馆进一步发展，博物馆同时是科技研究的重要场所。在当代博物馆中，博物馆对科学的研究发生重大作用的时代可以说过去了。许多科学试验更多地依靠计算机，依靠一、二次资料信息。科学家不必到博物馆来，不必依靠对原始资料、零次文献的直接掌握。（当然人类学、考古学、生物学、历史学等学科的某些方面还是依托博物馆为基地的。）从博物馆对社会的科研职能来看，逐渐向科普职能转化。战后，50年代以来，科技馆、科学中心在世界各地成倍增长。据统计，目前世界上科技馆的数量有900多座，其中五分之三以上成立于50年代以后。科学的昌盛是建立在科学普及基础上的。美国人就很重视参观科技博物馆。据美国全国科学基金会估计，美国每年有1.5亿人参观各种类型的博物馆，比去观看垒球、篮球和足球比赛人数的总和还多。据分析，一方面是父母希望子女对科技感兴趣，这对孩子前途很重要，一方面是成年人本身希望补充各方面的科学知识。而政府方面则希望通过提倡科学促进经济发展。这是科学发达国家有远见的措施。科技馆的大发展提高了博物馆在社会上的地位。科技馆在博物馆界中不仅数量发展领先，而且陈列先进。科技馆在陈列技术和陈列手段上运用新技术、新材料比其他类型博物馆更新颖。博物馆的科普职能还在强化。科技馆的藏品从历史的到今天的以至预测未来的无所不包。博物馆的含义已经从历史走向未来。在科技馆中博物馆的历史感日益淡薄而现实感则日益加强。人们不再说"老掉牙了，该送博物馆了"。

博物馆的科普职能有自己的特点，它是从博物馆三职能中发展起来的。首先，博物馆科普教育是围绕物进行的。宇航博物馆的展品就与电教馆的教材不同，它是物化的教育。其次，它是通过博物馆藏品的研究基础上进行的。博物馆的科普活动是博物馆科研指导下的产物。第三，博物馆科普职能是科研和教育两职能结合的结果，它进一步提高了博物馆教育社会化的程度。所以我们不说科普是博物馆的新职能，实际上是三职能的新发展。

第二，适应精神消费高档化趋势。战后，在人民物质生活提高的基础上对精神生活的需求也相应地提高了。由于教育的普及，知识水平的上升，人们的文化素质有了很大的变化，出现了精神消费高档化的趋势。参观博物馆被认为是一种高尚的文化活动。旅游也是一种高档消费。旅游业的兴起很能说明这种文化消费的高档趋势。在文化的追求中，人们不但要吸收本民族、本地区的文化营养，还渴望观光、学习异国、异民族的文化。这种需要只有在社会温饱后才有条件去满足。旅游从少数富有者独享，发展成社会公众乃至在校学生、退休工人都能问津的文化生活是近30年的事情。据官方旅游机构国际联游会统计：1960年全世界国际旅游者仅7210万人，到1970年猛增至1.59亿人，十年翻一番。旅游收入从68亿美元增至179亿也翻一番。从1970年至1980年旅游人数继续大幅度增长，1980年旅游人数为2.8亿人比1960年翻二番，国际旅游收入翻了四番。旅游业的大发展，触发了博物馆的大发展。旅游业叩击着博物馆的大门。近30年间旅游事业与博物馆事业相辅相成，形成了共生共进的关系。参观博物馆成了旅游的重要项目，世界上许多文化古迹、著名博物馆成了旅游热点。旅游者视博物馆为了解一个国家的"好望角"。博物馆为了适应来自旅游的大批观众的需要，其职能也有新的转化。单是科研和教育的职能对服务观众来说已经不够了。许多博物馆增加了娱乐的项目和设施，甚至与其他娱乐事业组合成文化中心以增强吸引力。许多严肃主题的陈列也尽量向趣味性、可读性发展。一些大型博物馆分解成小型的专业分馆群，大型陈列分解为许多专业小型陈列以适应快节奏参观的需要。美国一个博物馆搞了一个5分钟美国史展览，保证观众在最短时间里摄入为之准备的信息。浓缩内容、提高陈列质量是当代博物馆为之努力的主要方向。

在文化生活高档化趋势下，一个值得重视的现象就是文化娱乐的需求。在工业社会紧张喧嚣的生活中闲暇时间是很宝贵的。高尚的文化娱乐活动是休息和积蓄精神再生产能力的积极方式。博物馆是提供高尚文化娱乐，培养生活情趣，满足美感要求的场所，博物馆应该强化这方面的职能。但娱乐的职能应该是博物馆固有职能合乎逻辑的发展而不是硬贴在博物馆上。事实上博物馆不能完全迎合人们对娱乐的需求。因为博物馆的物不是娱乐工具。为了吸引观众可以把博物馆和游乐园、电影院放在一起成为一个文化中心，但博物馆还是博物馆。博物馆可以在自己的业务中增加文化情趣和娱乐成分，但博物馆本身恐怕不能说是一个娱乐机构。人们在博物馆所进行的积极休息、文化享受日益包含更多的娱乐成分这是明显的事实。但博物馆的娱乐成分是否能发展成独立的职能并形成博物馆娱乐这个概念，博物馆实践是否能围绕娱乐发展，都还要等着看。

第三，适应宣扬文化传统的使命。由于文化的竞争和传播工具的现代化，国力雄厚国家的文化传播力量有很大优势，特别是对不发达国家的影响更大。有识之士已经提出警惕世界文化的一体化倾向。各国包括发达国家都在致力于本国文化传统的宣扬。英法这样发达的国家也在竭力发扬本国文化，抵制一体化倾向。一些发展中国家很重视把博物馆作为传播知识、增进民族意识、保卫民族文化的场所。像坦桑尼亚对苏库马文化传统的抢救和宣扬就不遗余力。坦桑尼亚苏库马博物馆20年来一直致力于这项事业。许多非洲国家和中东国家非常重视文物的保存，出口限制非常严格。在世界文化中出现的宣扬本民族文化传统的热情是世界文化健康发展所必需的。民族文化越灿烂，世界文化越呈现百花齐放的多彩局面。在这种趋势下，赋予博物馆以特殊的使命，博物馆是民族文化精华之所在，要观摩一个民族的文化传统最主要的窗口就是博物馆。中国的故宫、长城、秦俑馆，意大利的庞贝遗址博物馆，威尼斯的文化区域，法国的卢浮宫等许多国家的知名的艺术博物馆、历史博物馆、文化名城都为传播本民族文化传统做出贡献，自身建设也得到了积极的发展。

第四，适应回归自然的趋势。在当代工业异常发达、人工制品充斥各个领域的形势下，人们面对千篇一律的机器产品产生厌倦情绪。趋向自然，欣赏自然，向往自然日益成为一种心理潮流。连建筑、家具都呈现回归自然趋势。法国卢浮宫博物馆长在他为一本图册写的序言中指出：当代物质享受与精神空虚之间的分歧威胁着生活中各个方面。确实物质的单调带来精神的空虚。工业越发达，人们越是珍视历史文化遗产，越是珍视原始、质朴的物品。机器制品越精致越普遍，人们收藏原始粗糙的旧物品的热情越高。回归自然的趋势就这样发展起来。把自然景观、自然环境纳入博物馆正是对这种趋势的适应。古老的露天博物馆又受到人们的青睐，新兴的生态博物馆方兴未艾，打破博物馆围墙走向自然已经成为当代博物馆追求的重要目标。

当代博物馆出现的上述四种发展趋势使博物馆当代形象呈现多样化趋势，成为纷繁庞杂的一种社会文化现象。博物馆文化的多样化发展，三职能概念已经不够了，有待于我们进一步去概括。

博物馆的外向化进程

从社会视角来看，当代博物馆正在进入一个外向化的发展进程。过去的博物馆是内向的，三职能是在馆内运转的，是在内部自我完善的，当代博物馆突破了封闭的内部循环机制，走向外部形成大循环。博物馆教育加强了社会横向联合，博物馆成为第二课堂，终身教育场所。博物馆教育与学校教育、家庭教育和其他社会教育一起形成国家大教育系统的组成部分。博物馆与旅游加强横向联合，形成共生共进关系，博物馆成为国家无烟工业的组成部分。博物馆与环境保护加强了横向联合。环保也是70年代后新兴的世界性事业，它与博物馆的自然保护区、国家公园、自然博物馆密切相通。博物馆也成了人类环境保护事业的伙伴。博物馆与科学研究机构、教学机构、各类事业、企业的横向联合，与各项文化事业的横向联合等都冲出了博物馆的院墙，更深地走入社会，更深地与外部世界结合。

对观众的研究是当代博物馆外化的一个重要特征。文化竞争迫使博物馆从等观众变为争取观众，千方百计吸引观众。这就需要开展对观众的研究，博物馆的注意力已经从对自身转向对观众。文化竞争越激烈对观众的研究越强化，引进心理学、教育学、美学、社会学的方法研究观众蔚然成风，并取得了相当的成就。在当代博物馆中，争取观众、服务观众的意识渗透到博物馆内部各业务之中。

西方国家存在着文化市场，博物馆为了免税虽然标榜不以营利为目的，但它的经济来源依靠竞争，因此实际上进入了文化市场，适应市场规律的机制，这就推动了西方的博物馆经济学、管理经营学的建立。社会主义国家的博物馆面临着文化竞争这是肯定的，但并不等于博物馆已进入文化市场。实际上，社会主义国家文化事业并不完全受市场机制的支配。博物馆经费由国家拨款，业务由国家领导或指导，票房价值并不决定博物馆的命运，因此经济观点在社会主义博物馆中并没有被认为那么重要。虽然经济还不是社会主义博物馆竞争的杠杆，但竞争意识已开始引入社会主义博物馆，这是事业发展必不可少的因素。在竞争中争取观众也是社会主义国家博物馆的努力的方向。在组织观众方面，在讲解方面，也有自己的成就，我们对社会主义国家博物馆的群众工作不要采取虚无主义态度。

研究观众是当代博物馆外化的重要内容，这就把博物馆的观众工作推到前所未有的重要位置上来，观众工作的好坏将会关系到博物馆的命运。在博物馆发展的外化过程中，能否重视外化前沿的观众工作，将是衡量博物馆领导是否具有现代意识的试金石。

总起来说，当代博物馆正处于发展之中，它已经突破了博物馆的三大基本职能，博物馆的社会功能还在向多方面开拓。作为文化现象，博物馆已经打破了传统模式出现了许多前所未有的新的博物馆现象，当代博物馆的形象正在塑造之中。当代博物馆形态不是完成式而是处于进行式之中。从文化视角看，我们还不能肯定地说它是四职能或五职能，只能说它是多职能的文化复合体。从社会视角来看，博物馆还在变异之中，正在从内向发展转为外向发展。它已经走完了从秘藏到上层开放到社会开放的历史进程，进入博物馆整体外化的新阶段。博物馆将更深地植入社会之中，在社会生活中将发挥出更广泛更巨大的博物馆作用。

原文选自《博物馆的沉思——苏东海论文选》，文物出版社，1998 年

当代世界博物馆大发展的剖析

题记

这篇论文是我对当代世界博物馆发展研究的一个重要成果。我从历史学角度提出了战后世界博物馆出现了一次大发展，这次大发展始于50年代，终于80年代，发展高峰居于60、70年代的历史概括。对产生这次大发展的若干驱动力；大发展中的主要矛盾及大发展中博物馆出现的若干新现象做了比较细致的剖析。这篇论文在1991年3月国家文物局召开的全国博物馆工作会议上作了专题发言。《中国博物馆》1991年第3期全文发表。在国内有较广泛的转载和引用。这篇论文的英译文在国外同行中也有回应。

本世纪六七十年代，世界博物馆出现了大发展的浪潮。二十年间，数万座博物馆猛然发展起来，在博物馆发展史上形成了一次新的世界博物馆发展运动。这次世界性的博物馆大发展，与欧洲工业化时期博物馆的第一次大发展以及两次世界大战之间三十年代博物馆发展运动相比较，具有许多新的特点和原因。本文拟对这次大发展略做一点剖析，以期有助于对我国八十年代博物馆大发展的研究。

一、六七十年代世界博物馆出现了空前的大发展

据保守的估计，到七十年代末，世界博物馆总量已经超过了三万五千座。

这三万多座博物馆中的大部分是二十世纪六十年代至七十年代之间猛然发展起来的。换句话说，二十世纪六七十年代世界博物馆出现了一个空前的大发展时期。美国进入大发展最早，大约五十年代末到六十年代初。接着日本于六十年代中期进入大发展。欧洲西方国家六十年代稍晚一些时候进入大发展。苏联是七十年代开始大发展。发达国家大约先后于六七十年代进入博物馆大发展时期。到八十年代，这种大发展的势头停顿下来，进入迟滞状态。

美国进入大发展最早，因为大战未涉及本土，从战争转入和平轨道最早，加之高科技一路领先，因此五十年代末就出现了博物馆大发展的现象，到六十年代初已达高峰。据美国博物馆协会1965年提供的数字：1960年至1963年美国达到每3.3天出现一座新博物馆。日本本来是战败国，民族精神颓丧、崇拜西方文化抬头。但五十年代初朝鲜战争爆发，日本作为战争后方基地，地位上升。政治地位和民族精神陡然变化，以朝鲜战争为契机，六十年代经济开始起飞，民族精神振奋，随之出现了日本博物馆的大发展。战后，1948年日本只有238个博物馆，1960年600个，但是到1975年就达到1307个。从1960年到1975年15年间猛增一倍多。日本的科技馆80%是此期间建立的。欧洲西方国家经过战后的十几年恢复时期，随着经济的复苏，博物馆从六十年代中后期开始激增。苏联受战争破坏最惨重，战后恢复时间较长，到七十年代，博物馆大发展才到来。在这期间发展起上万座社会办博物馆。在第三世界国家中，六十年代才形成民族独立高潮，博物馆还没有出现大发展。中国博物馆的发展高潮是在八十年代改革开放中到来的。1980年至1985年，中国平均10天新建一座博物馆。1984年到达发展高峰。1984年每2.4天全国就有一座新博物馆出现，比美国六十年代初3.3天一座的发展还要猛。到八十年代末，中国已有一千多座博物馆。中国的博物馆在发展中国家里可以说名列前茅。我们对自己的成就和地位应有一个肯定性的评价。

世界博物馆的大发展至八十年代已经迟滞。这是和世界性经济不景气分不开的。同时，博物馆在大发展中必然要产生传统观念与当代观念的矛盾，因此也需要一个调整与消化的阶段。我个人认为在高科技时代到来之际，博物馆大发展的第一个浪潮，居于六七十年代，本世纪内不大可能再出现新的发展高潮。

二、博物馆大发展的若干驱动力

为什么会在本世纪六七十年代出现世界性的博物馆大发展呢？最直接的原因也是最明显的原因就是战后处于和平与发展的大环境中。特别是五十年代以后，高科技的发展深刻地、急剧地改变着人类社会生活的质量。近二三十年来，人类社会的物质生活质量和精神生活质量都有了巨大的变化和提高。在此期间博物馆数量的猛增，也正是人类生活质量提高的一种表现。

那么，对博物馆大发展直接相关的有哪些驱动力呢？我在1988年《世界博物馆发展趋势》一文中从文化角度分析驱动博物馆发展的4种世界文化发展趋势，即科学普及趋势、精神消费高档化趋势、文化民族化趋势、文化回归自然趋势。本文拟从博物馆之外的，世界若干重大领域对博物馆的驱动作用，做点分析。

1. 大众旅游的兴起，驱动博物馆的大发展

旅游本来是一种高档的文化消费，为少数富有者所独享。六十年代以后，在社会生活实现温饱以后，大众旅游迅速兴起。一二十年内发展到社会公众以至在校学生、退休工人都能问津的文化生活了。旅游事业的兴起，来势很猛。据官方旅游机构国际联游会统计，1960年全世界国际旅游者仅7210万人，仅仅十年到1970年就猛增至1.59亿人。从1970年到1980年几乎又翻一番，达到2.8亿人。如果国内旅游也计算在内，1978年世界旅游人数达12亿人。可以说大众旅游的兴起和发展始于六七十年代。旅游的大发展驱动着博物馆的大发展。大批的旅游者叩击着博物馆的大门，驱动着博物馆向大众化、公共化发

展。参观博物馆成了旅游的重要节目。世界上许多文化古迹、著名博物馆成了旅游热点。许多以旅游业为国民经济支柱的国家，其领导人都有很强的旅游意识，极为重视旅游资源的开发、保护和博物馆建设。旅游业越发展，博物馆越发展。显然六七十年代博物馆的大发展与大众旅游的大发展是共进的。

2. 终身教育的广泛发展，兴旺了博物馆事业

从五十年代计算机普及以后，人类迅速进入高科技时代。知识更新和新学科出现越来越快。重要新技术出现的间隔时间大大缩短。科技成果转化为生产力以致转化为商品的周期也在加快。由于新知识、新技术的猛烈发展，深刻地影响着社会的经济发展和文化教育。劳动就业的知识准备已经不是一次性的学校教育所能完成了的，从而产生了终身教育的迫切需要。从六十年代开始，这种终身教育的呼声和实践就不断地提上了日程。六十年代联合国教科文组织就建立了成人教育局。1967 年以后终身教育就广为人们所重视，成为教育改革的一股洪流。博物馆也迅速进入社会大教育系统，成为一支引人注目的生力军。各种人文的、自然的博物馆，科技博物馆，工业博物馆以及种种科普中心大量发展起来。二战前，全世界大小科技博物馆只有二三百座，目前已发展近千座，其中 60% 是五十年代以后建立的。日本的科技博物馆 90% 是六十年代以后建立的。高科技越发展就越需要科学知识的普及机构，就越需要发展传递高级知识的公共途径。科学博物馆正是传播和解释科学语言的大众化机构。科学博物馆在高科技时代到来之际大量发展正是社会发展的需要，也是博物馆服务社会的又一有力途径。在科学发达的国家里，博物馆已经成为科学教育的又一基地。

博物馆的社会教育功能不仅在于文化教育方面，而且思想教育方面的作用日益为人们所重视。运用博物馆的基本陈列和临时专题展览加强政治思想上的导向，参与社会重大和紧迫问题的解决。博物馆教育功能的扩大和多样化，使博物馆在社会大教育系统中占有日益重要的位置，并且成为别的教育机构不可替代的特殊教育园地。六十年代开始的作为终身教育重要内容的回归教育、继

续教育、成人教育和职工教育都可在不同程度上在博物馆中得以实现。终身教育的广泛开展，更加兴旺了博物馆事业。

3. 环境保护事业的急速上马，开拓了博物馆的服务领域

由于工业的高度发展，人口猛增和新技术的种种压力，打破了生物系统的有机联系和人类赖以生存的维持生态系统的物质过程。人类环境问题特别尖锐地表现在人均土地减少，森林面积减少，生物基因储备库下降，能源不足，大气污染。人类生存和生态环境处于危机中。这已经成为世界共同关心和焦虑的重大问题。为此联合国设置了环境规划署，统筹全球环境管理。甚至在联合国经济合作与发展组织（OECD）中也设有环境委员会。各国也成立了环境管理机构，在全球形成一个环境观察治理的网络，可见环境问题受到何等重视。我国也参与了这一环境系统工程活动之中，并颁布了《环境保护法》。由于全球性的环境保护综合治理的迅速上马，也成了促进博物馆六七十年代大发展的一个契机。有的国家已成立沼泽地自然保护区、湿地博物馆等，成为环境科学某一分支的研究基地。自然博物馆、自然保护区、动植物园等都具有环境保护、环境教育等功能。自然博物馆系统不仅是环境保护、标本收藏和参与教育的机构，而且是参与环境科学研究和提供人类环境演变的历史资料的权威机构。积极参与环境保护事业已经成为博物馆面临的重大任务。全球性环境保护事业的大发展，也积极地推动着博物馆的大发展。

4. 保护世界文化遗产的紧急呼吁，极大地加重了博物馆的历史使命

第二次世界大战，人类文化遗产经受了一场炮火与掠夺的浩劫。欧洲国家特别是苏联损失极为严重。战后交战各国经过一二十年的恢复、追寻，使重要的历史遗迹初步的修复，珍贵的历史文物逐步运回或追回。但战争掠夺和几个世纪殖民掠夺的文物追还一直很难实现。第三世界国家普遍发起了文物还家运动，联合国为此做出了相应的决议，但大多数的情况是未予执行。

二战后，人类文化遗产在建设中的破坏也是严重的。工商业的大发展、交

通网的建设、城市的民用住宅和公共建筑的扩大，使许多重要历史遗迹、古墓葬被拆除平毁。美国1966年调查表明，为建设公路、民宅而将三十年代进行"美国历史建筑物调查"时确定的历史建筑物拆毁了一半。人类文化环境的保护也成了世界普遍关注的尖锐问题。有博物馆传统、懂得保护文化遗产重要性的国家都努力采取相应措施。如日本六十年代经济起飞后，全国卷起了一股开发浪潮，许多地区的历史遗址、遗物都面临破坏危机，因此新建了许多历史博物馆、纪念馆，对历史遗址、遗物加以保护和保存。日本横滨市港北地方原是一片荒村。1967年横滨市扩大到港北地区建成新兴城市。港北地区的原始、古代、中世、近世的文物古迹多达500处，其中半数遗址是在施工区内。对此横滨市十分慎重，特委托横滨市埋藏文化财产调查委员会进行一次有组织的发掘、收集、整理遗址遗物，建立博物馆予以保护和保存。

在历史文化遗产迅速消失的严重情况下，抢救人类当前尚存的文化遗产已引起各国普遍重视，为此联合国发出了紧急呼吁。1975年联合国教科文组织第十七次会议通过《保护世界文化和自然遗产公约》；1982年在墨西哥召开的"世界文化政策"大会，提出制定世界文化十年发展规划，其中把"保护与传播人类文化遗产"列为一项重要内容。联合国和世界各国对保护文化遗产的紧急呼吁和极端重视，对博物馆的建设和发展成了一股强大的推动力。博物馆是保护人类文化遗产最重要的机构之一，各国对保护文化遗产的高度重视，无疑大大提高了博物馆的社会地位，加重了博物馆承担着的历史使命。为此国际博协连续召开大会专题研究博物馆与文化保护问题。1980年10月在墨西哥举行的第十二届国际博协大会的议题就是"世界文化遗产和博物馆的任务"；1986年11月在布宜诺斯艾利斯举行的第十四届国际博协大会的议题是"博物馆与我们遗产的未来，紧急呼吁"。各国博物馆对保护文化遗产的紧迫感和使命感不断加强，许多历史博物馆、纪念馆和遗址博物馆在这一段时间内在数量上猛增起来。

总之，六七十年代出现的博物馆空前的大发展，考其原因不仅是文化发展的需要，而且有着更广泛的社会原因。博物馆与社会的许多新兴事业发生了共兴共进的良性关系。

三、博物馆大发展中数量与质量的矛盾

世界博物馆在大发展中出现了数量和质量的矛盾。传统博物馆的质量是很高的，因为博物馆是人类文化遗产最密集的地方，是知识密集的地方。要达到文物密集、知识密集，特别是文物的积累需要相当长的时间和条件。欧洲那些大博物馆的藏品都是几个世纪甚至十几个世纪积累起来的。流散的文化珍品集中的过程，是一种社会性的流动，类似资本原始积累那样有个历史过程。卢浮宫的40万件珍贵的艺术藏品，不是一代人积累起来的，是从十六世纪弗朗索瓦一世开始收藏的，之后不断充实库藏。拿破仑把他武力征服的国家里的艺术珍品都运进卢浮宫。尽管卢浮宫艺术珍品来源有不光彩之处，但从文物的积累来看确实需要一定的时间和条件。作为文物的运动规律来看，欧洲更多的博物馆藏品来源是经过多少个世纪私人收藏积累的基础上转入博物馆的。美国正是缺乏艺术珍品长期积累的历史条件，因此战后虽然用大量金钱购买，终究没有像欧洲博物馆大馆那样丰富的古典艺术珍品。实际上传统博物馆大馆的声望是来自它的馆藏。没有一定量的馆藏，没有著名的镇馆之宝（像卢浮宫的《蒙娜丽莎》），在传统博物馆是不能称为博物馆的。许多国家的博物馆立法都把藏品、馆舍和展出作为博物馆的基本条件。

但是六七十年代的大发展中，几乎大部分博物馆没有充分的具备这些条件，特别是馆藏条件。日本在大发展中建立起来的博物馆，据1984年3月日本博物馆协会统计全国2356个博物馆，按博物馆法衡量符合条件的只有675个，不符合的1681个，大部分达不到日本博物馆法的标准，但仍然承认它是博物馆。苏联在七十年代大发展中建立的上万个社会办博物馆，大都是仓促建立的。为此苏联文化部于1978年公布了《社会办的博物馆示范章程》以推动社会办

博物馆走向规范化。1981年统计苏联社会办博物馆总数12000个，其中达到示范章程的授予"人民博物馆"称号。获得称号的只有800个，达标的不到总数的十分之一。

这种在大发展中十几年甚至几年就建立起来的博物馆，其质量在世界博物馆界中是有非议的。一位在大型综合历史博物馆当了16年馆长的英国学者巴兹尔·格林希文，在1983年国际博协第十四届年会上抨击博物馆过分普及和放弃学术标准。他还强调必须"摆平专业和公共标准"。苏联博物馆学界对那些没有专家。没有足够物质技术基础、没有充分保管和利用藏品的博物馆算不算博物馆，社会办博物馆是否恰当等问题一直存在争论。我国有些同志对大发展中出现的许多被称为"挂牌馆"的小馆，必须整顿的态度。

世界博物馆在大发展中出现数量与质量的矛盾是客观存在，是不可避免的。各国对待不达标的博物馆，一般是容忍、承认的。苏联的办法更积极些。他们通过博物馆的网络建设，一方面鼓励其达标，一方面把基金和文物财产纳入国立博物馆的体系管理之下。社会办的博物馆的重要文物由国立博物馆登录。

总之，在大发展中数量与质量的矛盾，实际上是一种博物馆观念的矛盾。我们对不达标博物馆采取什么态度，什么政策更有利于博物馆事业蓬勃发展，这是一个值得探讨的课题。

四、博物馆大发展中的若干新现象

博物馆在大发展中不仅出现数量与质量的矛盾，而且出现许多新现象、新矛盾。虽然这些新现象超越了博物馆的传统观念，但它确实已经破壳而出，客观地存在着。六七十年代以来，日益普遍地存在着博物馆传统现象与新现象并存的局面。在这里择要地谈几点。

1. 高雅文化与通俗文化并存

传统博物馆属于高雅文化范畴。博物馆收藏和展出的都是原件，是独创的有个性的艺术珍品和历史见证物。参观博物馆是一项高雅的文化活动，参观者需要有一定的审美经验和知识背景。因此传统博物馆被视为艺术的殿堂和学术的殿堂。但是博物馆的教育职能上升以后，特别是六七十年代大发展中，在大众心目中，博物馆的教育价值超越了博物馆的学术研究价值和鉴赏家的审美要求。为了普及的紧迫需要，复制品以及带有工业味道的文化传播工具如闭路电视、幻灯片、唱片、印刷品等进入博物馆陈列，甚至电视、流动展览大量复制，广泛传播，从而使博物馆转入通俗文化范畴。现在全世界到处可以看到《维纳斯》和《蒙娜丽莎》的复制品。当然复制品也有审美价值，但属于通俗文化。因此，真正的鉴赏家总是力求直接审视原件。必须说明，通俗文化与高雅文化同等重要，不分高低。美国一位哲学家站在文化多样化的高度上评价两者作用时说："香槟和白兰地被视为最好的饮料，但在球场上我们却需要一瓶可口可乐或是一杯啤酒。"两者的价值是不可能也不必要相互取代的。虽然主张高雅文化的某些人坚决排斥通俗文化，认为大众传播工具使高雅文化由内部发生了"非纯化"的变化；可是另一些人则针锋相对地认为群体社会里的通俗文化比少数贵族享受的高雅文化更应受到重视，通俗文化是向文化民主化、大众化的一种进步而不是对文化的糟蹋。尽管从二十世纪中期以来，这种争论日益深入，但博物馆对此，还没有从理论上进行多少探讨。在博物馆实践中，实际上是高雅的与通俗的并存。那些知名的保持高雅文化的大博物馆一直门庭若市，社会需要保有一些艺术殿堂和学术殿堂。同时社会也需要大量的大众化的解决公众紧迫的文化需要和思想需要的通俗文化。满足社会不同层次的文化需要，正是博物馆追求的目标。博物馆的多样化和多层次化正是一个国家文明的表现。

2. 大馆与小馆并存

七十年代博物馆大发展中，建立最多、发展最快的是小型博物馆。美国赞成和重视发展小型博物馆。美国博物馆80%是小馆。除了收藏对象各种各样的小馆以外，更多的是社区博物馆，形成一个社区的文化中心，非常贴近社区的生活需要。民主德国发展的乡土博物馆都是小馆。波茨坦地区 15 个县都有乡土博物馆。开始建立时一般是一人一馆。发展后也不过每馆二人，但业务很活跃。日本博物馆在大发展中主要是发展府、县、市及村立乡土博物馆。苏联的一万多个社会办博物馆有的属于居民区，有的属于学校、工矿企业、事业单位，都是小型的。小馆贴近生活，直接为社区服务，同时它的多样化也使它富有生命力。比如美国名人纪念馆很受欢迎。1982 年调查有 5 万多名人进入纪念馆，其中有许多是体育名人，吸引许多球迷，对于提倡体育也是有好处的。

尽管小馆蓬勃发展，但不能取代大馆。大馆对于一个国家和人民来说，它的地位和作用是不可代替的。有的大馆是国家的骄傲。英国的不列颠博物馆，它继承、收进英国和欧洲许多收藏名家的古器物，又广收世界各国的文物，成为世界收藏古物最丰富的博物馆。法国的卢浮宫，美国的自然历史博物馆，苏联的艾尔米塔什博物馆，中国的故宫博物院、秦俑馆闻名世界，是国家文化的明珠。旅游者为了一个知名度很高的博物馆，可能改变出游路线。旅游的热门线路往往是由博物馆及其他自然景观串起来的。大馆的声望吸引着参观者。据美国大都会艺术博物馆 1975 年调查，80% 游客来纽约前就有参观大都会博物馆的计划。有名望的大博物馆往往是旅游者事先预定的目标。六七十年代大发展中，世界知名的几个欧洲大博物馆经过十几年的战后恢复，从七十年代开始改建或扩大建筑，刷新陈列，又焕发着老馆的青春。

六七十年代大发展中，小馆林立，大馆复苏，出现了大馆小馆并存的繁荣局面。

3. 群体发展与分散发展并存

六七十年代大发展中博物馆的地区覆盖面主要靠小馆的出现和发展。在西方大城市里大馆小馆并存，小馆星罗棋布于社区。在苏联小型社区博物馆有上万座，拥有上千万件藏品，是学生、居民、工人文化活动的重要场所，也是地方文物征集、保存和展出的无穷潜力所在。

在小型博物馆分散发展的同时，大城市的博物馆正在向群体化发展以加强竞争力。一个大城市有几十个、上百个博物馆。馆际之间是相互竞争还是相互协作，其结果大不相同。因此，日本博物馆学家鹤田总一郎提出加强博物馆群体意识。有目的地加强一个城市博物馆之间的横向联系，逐渐成为一种互补的网络。西方国家还出现一种壮大博物馆声势的博物馆群的做法，也就是博物馆联片。加拿大在七十年代大发展中渥太华地区有一批博物馆出现，但处于无联系的分散状态。八十年代加拿大政府制定了一个在首都地区建立一个声势浩大的博物馆群，从国会大厦开始出现博物馆，沿河两岸排列下去，与国家首都委员会相邻，构成一条加拿大街。设计者说要使这个博物馆群构成的地区是加拿大最庄严的地方之一，是国家的象征，使人民为我们的文化而骄傲。这个博物馆群体建筑将要到 21 世纪才能完成。建成以后，将和现在美国国会林荫大道上的沿街建立的属于史密斯学会的博物馆群一样壮观。显然像这样的博物馆群体能够造成强大的博物馆声势。博物馆群体的发展与博物馆的分散发展两者的并存也是这次大发展中的新现象。

4. 博物馆的自发发展与统筹发展并存

六七十年代大发展时期，出现了多姿多彩的博物馆文化。博物馆文化的多样性成为战后博物馆发展的一大特色。西方博物馆出现的多样化局面，并不是国家统筹的结果。国家只是鼓励和资助个人、单位办博物馆而不包办。实际上这么多博物馆，国家也是包办不了的。国际博协前主席路易斯说过，传统博物馆都是自发发展的。今后自发发展仍然是会继续存在的。

另一方面，由于博物馆社会职能的发展与博物馆的社会价值日益为人们所认识，因此在博物馆大发展中国家不断加强了对博物馆的领导。从经济上和业务导向上加强了统筹性，尽可能地把博物馆纳入国家文化事业的领导体系之中，使之为国家服务。法国文化部国家博物馆管理局直接管辖全国博物馆总数的 2/3。对私人博物馆，国家通过资助的办法予以影响。美国的博物馆并不直

博物馆历史与发展研究

193

接受国家统筹管理，除了联邦政府直接拨款资助的国立博物馆外，一般博物馆主要靠社会资助。肯尼斯·赫德森形容美国博物馆是饱一顿饿一顿的状态。苏联博物馆的统筹性很强，有计划地建立博物馆网络，根据不同系统纳入不同的网络。1987 年，苏联文化部博物馆处升格为博物馆局加强统筹管理，对自发发展的社会办的博物馆也加强了管理，在藏品管理和业务导向上纳入国家统一的轨道。从世界范围来看，今后自发发展和统筹发展仍将是并存的局面。

5. 基本陈列与临时展览并存

博物馆举办临时展览是六十年代从美国兴起的。美国在博物馆大发展中竞争日趋激烈，举办临时展览是刺激观众对博物馆产生"新兴趣"的一种途径。到七十年代博物馆办临时展览已经在全世界流行起来。国际博协主办的《博物馆》杂志 1983 年有一篇美国人写的文章说："走进西方国家的任何一座博物馆，你都会发现近十年来的一个明显的变化，如果在一个国家级或市级以上的博物馆内，没有一个大规模的临时性展览正在展出的话，那将会使参观者觉得不可思议。"其实不仅西方国家，在苏联博物馆办展览也已兴起。1985 年，莫斯科大学作了一个调查，75% 的答卷称赞临时展览。在美国就连史密森学会所属的国家自然历史博物馆也加入了专题性展览活动行列，并且组织了史密森学会巡回展览服务公司，以加强展览业务。

在竞争中临时展览的质量越来越高，针对性强，吸引力大。例如纽约市历史博物馆鉴于纽约吸毒问题严重，毒品交易猖獗，决定举办"毒品之景"展览，于 1971 年开幕。这个展览的主题是积极的，贴近生活的。但用什么方法和形式展示毒品和吸毒工具才能警醒吸毒者，怎样展示吸毒产生的幻觉，而不致产生反作用鼓励人去吸毒呢？他们先采取触目惊心的办法，在序厅内让观众首先看到三口棺材，棺材的上方的横幅上醒目地写着"今天将有三名纽约人死于吸毒"。展厅内从始至终播放着两位著名歌手的歌唱遗音。众所周知这两位歌手因吸毒已经死去。展览科学地展示吸毒产生的幻觉及其上瘾的过程，展示吸毒致死的过程。讲解员是聘请原来吸毒者担任的，他们外衣上缝着一粒大纽扣，上面印有"问我"两字，以自己亲身经历回答问题。这个展览引起了轰动效应。头三个月的观众就达22万5千人次，超过了该馆历史上任何一年观众的总数。

显然博物馆办临时展览的做法之所以能在全世界推开，它的好处确实是很多的。扩大了博物馆的影响，开拓了博物馆藏品使用的途径，增加了博物馆的生命活力。目前临时性展览已经超越一个馆的藏品，出现了馆际联展，借展以及国际交流等活跃的方式。

当然，临时展览分散了博物馆的经费和研究力量。有些展览的主题着眼于普及，因此也遭到一些大博物馆某些人的反对。如美国芝加哥自然历史博物馆的副馆长米歇尔·斯伯克就呼吁，从专题性展览的哲学中彻底转变过来。他认为花费在大型专题展览上的钱最好用于增加永久性陈列上。芝加哥博物馆的目标是每年开放一个新修的陈列展厅。美国大都会艺术博物馆的一位馆长认为博物馆的最高目的是"尽力增加有鉴赏力观众的数目"。他认为展览应该庄重，而尽量不要太狂乱。莫斯科大学的调查，有8%的答卷贬低临时展览的作用，认为展览是"暂时的口味"。1986年苏格兰对公众调查的结果是喜欢基本陈列的占44%，喜欢专题展览的占34%。可见基本陈列和临时展览并存的状况，观众是认可的。博物馆本身如果固守基本陈列而排斥临时展览，或是放松基本陈列的更新和建设都是不可取的。

开展博物馆发展研究具有迫切的理论意义和现实意义。国外对博物馆发展研究已经引起普遍注意。我国博物馆研究者也已开始重视这一研究。如果能够更广泛地展开我国博物馆的发展研究，将会有利于博物馆建设的理论导向，有利于建设具有中国特色的博物馆事业。

原文选自《博物馆的沉思——苏东海论文选》，文物出版社，1998年

创建有中国特色的博物馆学的十年

题记

这是为了纪念和总结中国博物馆学会成立十年来中国博物馆学学科建设的回顾文章。发表在《中国博物馆》1992年第一期上。

1982年9月，邓小平在党的第十二次全国代表大会开幕词中发出了"把马克思主义的普遍真理同我国的具体实际结合起来，走自己的路，建设有中国特色的社会主义"的伟大号召。十年来，中国的经济建设和各项事业的发展，正是沿着建设有中国特色的社会主义道路，探索着、前进着。在中国人民这一伟大实践之中，中国博物馆界也正是沿着这条道路，为创建有中国特色的博物馆和中国特色的博物馆学，探索着、前进着。

创建有中国特色的博物馆是历史赋予中国博物馆界的光荣而艰巨的任务。本世纪初，中国开始自己动手创办博物馆。半个多世纪过去了，中国办了几百个博物馆，但是却没有走出自己的道路。不是循着西方办馆的道路走，就是循着苏联办馆的道路走，直至党的十二大提出建设有中国特色的社会主义号召之后，我们才自觉地、坚定地走上创建有中国特色的博物馆的道路。这是中国博物馆发展历史上的一个转折点。十年来，中国博物馆出现了大发展的局面，新建了上千个大小博物馆，出现了一批很有中国特色的博物馆，其中有的已经以中国特色而饮誉世界。至于中国内涵特别丰富的民俗博物馆、民族博物馆、纪念馆、乡土博物馆等也已经开始发展起来。中国的各类博物馆都从自己的专业出发，紧紧跟随中国社会主义建设的步伐开展各项业务活动。全国博物馆每年推出数千个陈列、展览，为中国社会的政治、经济、文化的需要服务，成为两个精神文明建设中的一支引人注目的力量和具有特殊价值的基地。中国博物馆事业已经很深地植入了中国的社会之中，已经成为建设具有中国特色的社会主义的有机的一部分。

十年来，中国博物馆学的建设，也是在中国特色这条轨道上前进的。中国博物馆学会成立后的这十年，也正是致力于创建有中国特色的博物馆学的十年。十年来，在创建有中国特色的博物馆学的道路上是怎样前进着，怎样发展着呢？现仅摘其要者略述如下。

更高地举起了马克思主义的旗帜

中国的博物馆实践和中国的博物馆理论是有马克思主义的传统的。早在三十年代的中央苏区、四十年代的陕甘宁边区就已经接受了苏联社会主义博物馆的影响，出现了社会主义博物馆事业的萌芽。新中国建立后，又从苏联系统地移植了马克思主义博物馆学的理论观点和苏联社会主义博物馆的实践经验。以马克思主义为理论基础的苏联博物馆学，在中国博物馆界迅速传播开来，有力地指导着中国博物馆的实践。仅用十多年时间，就奠定了中国的社会主义博物馆事业的初步基础，并在苏联博物馆学的理论框架内，发展了中国博物馆学。

七十年代，国际博物馆界发生了变化。随着国际交往的加强，以苏联为代表的社会主义博物馆与西方博物馆界的联系加强了。特别是1977年国际博协第十一次代表大会在苏联召开，推动了东西方博物馆界的广泛交流。在这次代表大会上，成立了国际博协下辖的博物馆学委员会。在这个委员会中，在传统博物馆学者维诺兹·索夫卡主席、民主德国马克思主义博物馆学者克劳斯·斯莱纳副主席的领导下，东西方博物馆学者的理论合作和交流是有成绩的。八十年代，民主德国、捷克斯洛伐克、波兰等国的博物馆学者发表了一批以马克思主义为指导，深入研究博物馆现象的理论著作，体现了马克思主义博物馆学者的理论优势。可以说在国际博物馆学界，马克思主义博物馆学者占有相当的位置。对此，我在《世界博物馆及博物馆学存在着两个系统》一文中作了概述（见《中国博物馆》1986年3期）。八十年代末期，东欧、苏联社会主义国家相继解体，这些国家的博物馆学界的思想和理论动向，我们尚不清楚，无法置评。

中国从1982年中国博物馆学会成立后，中国博物馆学界在原有的马克思主义传统的基础上，更高地举起了马克思主义的旗帜，有所前进，有所发展。随着创建有中国特色的博物馆实践的发展，首先碰到的问题是如何使马克思主义与中国博物馆发展的实际相结合，如何运用马克思主义的理论和方法研究中国的博物馆现象并指导中国博物馆实践。这已经是十分现实而迫切的课题了。但是要不要马克思主义的指导，在研究者中并不是完全一致的。五十年代这在中国是不成问题的。而八十年代对马克思主义的指导反倒不是那么一致认同了。这是和世界上非意识形态化思潮的影响有关的。西方的一些思想家夸大科学技术革命对于社会的经济、政治和文化带来的影响，提出所谓社会生活的"非意识形态化"。这种思潮也影响到国际博物馆界。有一些西方博物馆学者鼓吹博物馆超政治、超国家、超意识形态，甚至在国际学术会议上公开反对讨论博物馆的政治哲学，贬低和排斥马克思主义对博物馆研究的指导价值。这不能不对我国某些博物馆学研究者产生消极影响。在博物馆学的某些研究者中忽视和淡化意识形态作用的现象是存在的。当然，从另一方面说，也不要把意识形态绝对化了。马克思主义并不是"唯意识形态"论，并不是从意识形态出发研究问题。马克思主义很重视意识形态的历史继承性，重视同一社会中不同社会意识形态的共存及其相互影响。因此我国博物馆界在马克思主义旗帜之下，并没有放松向西方博物馆学习，一直重视研究西方博物馆学的成果。既不忽视意识形态的差异，也不唯意识形态论，在各国博物馆共性的基础上创建有中国特色的博物馆学。

中国在马克思主义指导下，1986年以来出现了一批以马克思主义的历史观点和历史方法研究博物馆历史现象的有分量的论文。这些论文运用马克思主义的历史观分析世界博物馆和中国博物馆发展演变的历史。这种研究推动了我们对博物馆本质的认识。这些论文更深层的意义还在于把马克思主义的历史方法引进中国博物馆学的研究，使学科建设的方法论上获得某种进展。1987年以来，我国一些博物馆刊物相继发表了一批马克思主义博物馆学的译文和译著介绍，加强了马克思主义对中国博物馆学界的影响。同时还发表了一批西方博物馆学论著，以资中国博物馆学者的借鉴。1986年以来，还出现了一批以马克思主义伦理观为指导的博物馆职业道德论文，提出了比资产阶级更高的道德标准，把共产主义的理想和道德观引入中国博物馆的基本功能和道德规范之中。总之，马克思主义的认识论和价值观正从各个方面和不同程度影响着中国博物馆学的建设。马克思主义的旗帜在中国博物馆学中正在更牢固地树立起来。

更深地植入了中国社会实际

如果说十年来更高地举起马克思主义旗帜是创建有中国特色的博物馆学的一大特征的话，那么与之紧密相关的另一特征就是中国博物馆学已经更深地植入了中国的社会实际。在建立有中国特色的社会主义的道路上，对中国社会的研究，对中国国情的研究加强了。同样，中国博物馆的建设和中国博物馆学的建设也已更自觉地把目光转向中国的实际，脚踏实地地研究中国的博物馆。尽管也有的同志想亦步亦趋地模仿西方博物馆，推广西方模式，但历史和现实都证明单纯模仿是没有多大出路的。只有立足中国的实际，汲取别人的长处，走自己的路，才能创造出中国的特色，在中国这块土地上才能有所发展、有所前进。

十年来，我们正是从某种教条倾向、模仿倾向中解放出来，逐步进入中国的国情和中国的实际之中来思考问题，解决问题的。1985年左右，中国博物馆进入改革的第一个高潮。中国博物馆的工作和研究者的目光首先集中到体制的改革和管理的改革。国家文物局和中国博物馆学会连续召开会议，组织力量研究博物馆改革中的新问题。当时涌现出一大批研究论文。这种研究是从中国管理体制、管理方法（包括党的领导、政治思想工作体制）的现实基础上出发的，因而适合中国的国情，具有鲜明的中国特色。同时，从这批研究成果中我们还清楚地看到中国特色是和现代化紧密联系着的。具有中国特色的博物馆管理概念包含着博物馆管理的现代化含意。中国特色的管理不是固守传统模式，而是创造具有中国特色的现代化管理。在这次讨论中有一批论文是专题研究中国博物馆管理现代化问题的。由于运用系统理论、信息理论等现代科学方法指导博物馆管理体制的改革，使中国博物馆管理学的建设不仅根植于中国实际，而且根植于现代科学方法。这是创建这一分支学科的良好开端。八十年代后期，在国家博物馆和省级博物馆带头下掀起了陈列改革的浪潮。在改革中，博物馆推出了大量临时展览。全国博物馆每年推出的临时展览以及调展、借展、联展数以千计，而且连年增加。博物馆大量办展览反映了博物馆以"短平快"的姿态迅速贴近现实生活、服务现实生活的强烈愿望，强化了博物馆服务社会的功能。博物馆以较少的经费、较短的周期举办各种展览适应社会政治、经济、文化的紧迫需要，是博物馆陈列改革的一个收获。博物馆不断推出有价值的展览，增加了博物馆的活力，扩大了博物馆的影响。那些举办了有轰动效应展览的博物馆，自然也大大提高了自己的知名度。博物馆办展览虽然在七十年代就已经在世界上流行起来，但像中国这样普遍地、大量地办展览，不能不说是具有中国特色的一种陈列改革，是一个值得注意的课题。有些同志已经开始这个课题的研究。我国博物馆在大量办临时展览以迅速适应社会需要的同时，也抓紧了基本陈列的改革。有的博物馆以一两年时间，有的以三四年的时间探索创建有中国特色的基本陈列。从内容方面看，在改革中不但更加贴近了中国的精神文明建设两个方面的紧迫需要，而且开拓了许多新的具有丰富的中国内涵的陈列。博物馆陈列已经有了比较浓郁的中国文化特色。从陈列的基本方法看，强化主题陈列，谋求更高的教育效果仍然是多数陈列改革的方向；但也有淡化主题陈列，以求突破原有陈列模式的尝试。从艺术设计方面看，出现了一批时代风格与民族风格相统一的，形式与内容较完美结合的典型（包括博物馆建筑典型）。在广州举行的陈列艺术设计方案展览就是陈列艺术设计改革的一次检阅。在改革实践的同时，陈列艺术理论的探讨也是活跃的，出现了一批很有学术质量的艺术论文，并且接触到了博物馆艺术理论和艺术实践多方面的问题，应该说是富有成效的。但毋庸讳言，陈列艺术设计的这些理论和实践，确实从西方博物馆的理论和经验中汲取了不少的营养。西方的应用博物馆学居于世界领先地位，学习它的科学理论和先进经验是完全应该的。从这里我们得出一种看法，就是创建有中国特色的博物馆和博物馆学不是关起国门来创，不是脱离世界已有成果去独创。应该看到中国特色和各国特色是相通的，是可以相互借鉴、相互吸收的。因为所有的特色都是一种个性，所有的个性都是联结于共性之中的。中国博物馆的个性不能离开世界博物馆的共性去独创。中国个性、中国特色必须在开放之中去创建。更深入地植入中国实际和更广阔的放眼世界两者应该统一起来，才能创造出真正具有世界水平和中国特色。这种中国特色才能为世界所尊崇。

更广泛地开拓了研究领域

十年来，在创建有中国特色的博物馆学的学科建设上进展是迅速的。八十年代，随着研究的进展，先后出版了《中国博物馆学概论》（国家文物局编），

《中国博物馆学基础》（王宏钧主编）两本很有分量的学科概论；编写了（即将出版）具有学术权威性的《中国大百科全书·博物馆卷》（吕济民主编）。全国的博物馆刊物上发表了 2000 多篇学科论文，广泛地接触到了学科的宏观的和微观的课题。学科建设的广度和深度达到了空前的程度。

1. 基础理论的研究接触到了相当多的深层问题

我国对博物馆基础理论的研究是十分重视的，五十年代就有了一定深度的展开。当时对博物馆性质、任务、功能等基本问题的讨论，产生了具有中国表达方式的学术结论——"三性二务"论。八十年代以来，基础理论的研究更广泛地接触到了一些深层次的问题。例如，博物馆和博物馆学定义的再讨论，中国博物馆学理论体系及其框架的讨论，博物馆学方法的讨论，博物馆本质及其基本矛盾的讨论以及有关博物馆的若干哲学思考等。讨论这些深层问题，除了在国际博协博物馆学委员会中曾讨论过以外，在外国博物馆界是很少见到的。国际博协博物馆学委员会前主席索夫卡说："中国博物馆学研究的一些观点有独到之处，在博物馆学研究上有重大的意义。"中国博物馆学界有许多研究者致力于基础理论的探讨。《中国博物馆》杂志发表的稿件中，基础理论的稿件占 28%。基础理论稿件占这么大比重，在各国博物馆刊物中是没有见到过的。日本博物馆学者中川成夫教授说："我所见到的各国博物馆刊物中，《中国博物馆》杂志的理论性是很强的。"重视理论研究是马克思主义旗帜下固有的特色。我们应该继续保持这种理论优势，使学科建设始终维持在一定的学术水准上。但是从发展趋势来看，基础理论的研究毕竟是建筑在实践基础之上的，不是一鼓作气能够攻下的。应该看到我国一些研究者虽然具有理论探索的勇气，但大部分论文学术质量并不高，带有速成的痕迹。而西方的荷兰、法国、加拿大、美国等有丰富博物馆实践经验的发达国家已经开始重视基础理论研究。七十年代西方一些博物馆学家发起的新博物馆学运动，接触到了博物馆本质及概念的变革，具有深远的意义。居于东西方之间的日本博物馆学界，七十年代以来也出现了一批有相当深度的理论博物馆学论文。西方国家这种从重视技术，重视实践转而寻求理论解释的现象值得我们注意。我们绝不能放松基础理论的探讨，应继续努力，更深沉地展开一些基础问题的研究，以加速我国博物馆学的学科建设。

2. 应用理论的研究开拓出了相当多的分支领域

关于应用理论的研究，西方一直是领先的。西方十分重视运用新学科、新知识、新技术、新材料武装博物馆。博物馆的面貌日新月异是和他们的应用博物馆学的发达分不开的。近十年来，我国也加强了对应用理论和组织、技术的研究，在博物馆管理方面进行了一些研究，并探讨了现代科学管理的理论和经验。机构设置，人员配备，干部素质，教育、培训以及创收、财政，服务等方面都有论文论及。对提高博物馆社会效益和经济效益展开了讨论。博物馆立法虽然仍在舆论准备阶段，但中国式的管理模式实际上是存在的，只是有待于上升到理论，有待于理论的描述和概括。只有把博物馆立法搞上去，博物馆工作的规范化才能实现。

在业务研究方面，已经打开了思路，开拓着不同的分支领域。陈列研究成果是明显的，前面已经论及。在保管研究方面，接触的问题很多，争论也很激烈，如定名问题、分类问题，至今仍在热烈讨论之中。在多次学术讨论会中，研究者提出了一些分类模型，但一时难于统一认识。保与用的矛盾虽然争论很多，但归根到底还是在实践中如何统一的问题。新技术在保管工作中的研究和应用正在展开。在社会教育研究方面，对观众的科学研究显然落后于西方。但我国研究者也作了不少有价值的观众调查，发表了一批论文。我国在组织观众和口头讲解方面是有丰富经验的。近几年来有一些论文出现，但具有中国特色的丰富的实践还有待于理论的解释。在应用理论的研究上，跨学科的研究也有探索。如博物馆与美学，博物馆与教育学，博物馆与心理学，博物馆与社会学，博物馆与社会统计学，博物馆与建筑学等都有研究者探讨。新技术、新材料在博物馆也有了一定的研究和应用。总之，应用理论的研究开拓了不少分支领域。所取得的理论成果和实践经验，将从正在编写的《陈列艺术手册》《藏品保管手册》《社会教育工作手册》等著作中体现出来。目前全国正在抓改进管理、改进陈列，可以想象应用理论和实践方面的研究，正处于方兴未艾的阶段。

3. 博物馆的发展研究正在探索中国博物馆的道路

博物馆的发展研究是一个新兴的重要的课题。随着竞争日益激烈，博物馆如何发展，如何适应社会，已经成为人们普遍关注的问题。西方博物馆已经走上了微观改进管理与宏观统筹相结合的路子。国家拨款的那些博物馆已经纳入国家统筹规划之中。对私立博物馆也在加强指导。社会主义国家的博物馆本来就由国家统筹发展，因此加强发展研究更有自己的优势。建设有中国特色的博物馆及其体系是我们发展的目标，也是发展研究的重心。什么是中国特色，如何发展中国博物馆和中国博物馆学是研究者注意的焦点。随着"七五"计划和"八五"计划的展开，博物馆界有过全国规划的战略研究。许多省市也有发展规划的研究。有些馆作了本馆的发展研究和规划。《中国博物馆》上发表了十多个省市博物馆的发展规划，还发表过全国战略规划研究的论文，以提倡这方面的研究。目前我国发展研究的成果还不太多，但已有了一个良好的开端。今后随着博物馆的发展，博物馆布局的研究，网络的研究，体制的研究，发展速度的研究应得到进一步加强。发展研究应围绕着创造中国特色的博物馆和中国博物馆学这一主题展开。关于中国特色还有一种误解，以为中国特色就是说中国博物馆的发展完全受制于中国的物质条件，只能处于与之相当的不发达状态。这是有害的观点，创造中国特色的出路在于创造。民族杰作是创造出来的，不是金钱堆砌起来的。事实上，八十年代末九十年代初，我国一些博物馆陈列在改革中的突破，就是用很少的钱办出来的。因此中国特色应着眼于超越。中国特色不是低标准，不是苟安，而是高标准，是对现实的超越，对世界的超越。当然，我们不是无条件论，发展研究要重视条件，但也要把现实和理想统一起来，振作精神，才能走出中国的道路。

4. 博物馆史的研究正在迅速展开

我国对博物馆史的研究正在加强。我们要澄清一个观念，就是博物馆西方中心的观念。固然近代意义的博物馆是从西方引进的，但博物馆这种文化现象，特别是收藏文化在许多国家都是早已存在的。我们中国就有古老的收藏传统。有人研究认为我国不仅有收藏传统，而且在纪念性设施及其活动中有纪念馆文化的萌芽或雏形。三十年代以来的传统、五十年代以来的传统，都有丰富的实践内涵。因此我们不要有博物馆民族虚无思想。研究中国博物馆史，理出中国博物馆发展的历史轨迹，挖掘中国博物馆优秀传统是很迫切而有意义的工作。可喜的是近几年来已经整理出一批史料性的大事记和少量的历史分析文章。史料的整理发表，大大增加了对我国博物馆发展史的感性认识，改变了对我国博物馆传统原来的那种苍白浮浅的认识。中国博物馆史的研究逐渐改变了博物馆西方中心的观念，使我们能够更好地认识自己，规划未来。

创建有中国特色的博物馆学是一个把马克思主义与中国博物馆实践创造性地结合起来的过程。在这个过程中，中国博物馆学将从传统博物馆学的基础上逐步实现学科的现代化、科学化，逐步建成有中国个性的博物馆学。这是一个相当长的过程。一蹴而就的、速成思想是不妥当的；看不见学科建设的成就，贬低博物馆学的学科地位的思想也是不妥当的。十年来我们已经取得了前所未有的成绩。我们相信在中国博物馆学的进一步创建中，只要更高地举起马克思主义的旗帜，更深地植入中国社会实际，更有力地把学科建设推上现代科学的轨道，就一定能够更迅速地发展具有中国特色的博物馆学。中国博物馆学就一定能够跻身于国际博物馆学界之中。

原文选自《博物馆的沉思——苏东海论文选》，文物出版社，1998 年

外国博物馆史

提要

《中国大百科全书》设置了长短不等的条目，本文是该书的长条目，9000字。本文是我与南开大学冯承柏教授合作撰写的。1992年撰写，1993年出书。

博物馆是社会一定的政治、经济和文化的产物。外国博物馆的产生，可以远溯到古代希腊、罗马时期和欧洲的中世纪。现代意义的博物馆则诞生于欧洲资产阶级革命时期，从19世纪起逐渐普遍发展。第二次世界大战后又进入了一个新的发展时期。

博物馆的历史渊源　博物馆起源于珍品的收藏。收藏文化珍品的现象出现在私有制产生以后。在奴隶社会，随着私人占有的不断扩大，相应地产生了搜集或掠夺文化珍品予以收藏的现象。随着社会的发展，文化珍品的积累，私人对珍品占有的规模日益扩大。当私藏珍品的规模发展到相当程度并且建立了专门保存珍品的场所之后，就开始有了原始意义的博物馆行为。现在已知的这个博物馆原始现象在西方最早出现于公元前3世纪亚历山大城的博学园内。早在公元前4世纪，马其顿的亚历山大大帝在建立地跨欧亚非三洲大帝国的征讨中，搜集、掠夺了许多艺术珍品和各地稀有之物，交给他的教师亚里士多德整理和研究。亚历山大逝世后，他的部将托勒密在亚历山大城建立了新的王朝，继续致力于传播和发展希腊文化，使亚历山大城博学园成为当时最大的学术和艺术中心。博学园内有图书馆、动植物园、研究院，还有专门收藏文化珍品的缪斯庙。托勒密王朝把积累的珍品放置在缪斯庙中，赋予这些文化珍品以最崇高的地位。西方博物馆一词（Museum）就起源于缪斯神庙。托勒密王朝的这座缪斯神庙，具有相当规模的收藏。设有保管文物的专门场所及专职保管人员，经费由国库开支，因此被人们称为亚历山大博物馆。也有学者认为这不能称为博物馆，而是博物馆的一种萌芽状态，像缪斯神庙那样的收藏机构，在当时并不是唯一的，还有一些神庙也具有保存文物的职能，如雅典卫城中的宾那考西克画廊就以收藏壁画出名，至今德国的绘画馆仍称宾那考西克。在罗马还有万神庙（也称潘提翁神庙），至今在欧洲仍以此神庙名泛指历史人物纪念堂。罗马人从希腊人那里继承了崇拜缪斯的传统，征战凯旋的将军们常向缪斯神庙献物。公元189年罗马将军弗尔维阿斯出征归来就向缪斯神庙献上了千尊铜像和大理石雕像。

罗马共和时代结束后，贵族和富豪势力加强，日趋腐朽的奴隶主阶级对文化珍品的搜求和占有更加贪婪，加之战争频繁，统治者在武力征讨中掠夺了大量艺术珍宝，在罗马皇帝奥古斯都用大理石为太阳神阿波罗建立的豪华神殿里，就有大量塑像和绘画，还收藏了各种珍奇动物的骨骸和各种兵器。罗马皇帝韦斯巴芗在他的和平圣殿里也收藏了许多艺术瑰宝，成为当时的艺术中心。在皇室收藏日甚一日的同时，贵族、富豪、私人收藏艺术珍品和稀有物的风气也日趋普遍，贵族们在各自府邸中竞相开辟陈列室陈列府中珍品供客人观赏，有的还在花园里展览动物和植物。罗马帝国时期流行的这种会客室博物馆，将希腊时代以皇室收藏为主的现象扩大到贵族阶层，从而促进了私人收藏家的出现。

古代收藏传统发展到中世纪时，重点转向了教会。教堂、修道院以及教会学校是收藏宗教文物的重要场所。宫廷、贵族府邸、地主庄园则是世俗文物聚集之地。意大利的圣马可教堂和蒙扎修道院，德国的哈雷修道院，瑞士的圣莫里斯修道院都是以收藏宗教文物而知名的。基督教文物最大的收藏地是教皇所在的国家梵蒂冈，那里收藏着基督教历史文物、艺术珍品、各地教徒的礼品。利用教会的收藏宣传宗教的教义，扩大教会的影响，这实际上是博物馆教育行为的萌芽。

西方博物馆的收藏传统从公元前3世纪的亚历山大城博学园算起，到欧洲中世纪结束，经过了1000多年的发展，已经为现代博物馆的诞生准备了文化条件，现代博物馆的多种职能已经在古代博物馆收藏传统中萌芽。

现代博物馆的诞生　在14～16世纪欧洲从封建社会向资本主义社会过渡的时期内，现代博物馆产生的各种条件渐趋成熟。文艺复兴、启蒙运动等思想解放运动为现代博物馆的产生提供了思想前提。在复兴古典文化的旗帜下，社会上掀起了学习古希腊、古罗马文化的热潮。在这个热潮中，收藏珍品的文化现象进一步发展起来。早在十字军东征时，欧洲人从阿拉伯人那里已经接触到希腊古代的遗产了，到1453年与希腊文化有继承关系的拜占庭帝国灭亡时，拜占庭学者和教师大批迁居到西欧，带来了比西欧更高的文化。大量希腊著作的手抄本和从罗马废墟中发掘出来的古代艺术珍品一起在欧洲人面前重现了古代文明的光彩，从而在新的达官富贾、新兴地主中引发了收藏和鉴赏古董的热潮。当时罗马及其附近出土的大量遗物，摆满了整个王室。在意大利、德国和法国，收集古书、手稿、古钱币、纹章、盔甲、化石、标本和古代艺术珍品的活动风靡一时。15世纪末，新航线的开辟、新大陆的发现，人们从远方带回的大量珍品和奇物扩大了收藏范围，从而在欧洲文艺复兴运动期间，使收藏珍品的文化现象从皇室、教会普及到了市民阶级，出现了大批私人收藏家。据英国格拉斯哥博物馆考古学者D.默里统计，那时仅德、意、法、荷兰4国的收藏家就多达千余家。这些私人藏品后来多为博物馆收买奠定了欧洲各大博物馆的藏品基础。

继文艺复兴运动之后，18世纪资产阶级在领导革命斗争中，又发起了一场思想启蒙运动。一批资产阶级启蒙思想家通过编纂、出版卷帙浩繁的《百科全书》，传播唯物论、民主思想和科学知识，推进了现代博物馆产生的进程。

现代博物馆是同《百科全书》一起出现的。在英国、"张伯斯百科辞典"的出版与不列颠博物馆的建立同时。在法国，罗浮宫的藏品是在百科全书出完后不久向公众开放的。1789年的法国大革命，推翻了波旁王朝的统治，历代法王收藏的各国巨匠所作绘画、雕刻、工艺品等大量艺术珍品转为国家所有。1793年法国资产阶级政府下令在罗浮宫的大画廊建立中央艺术博物馆，正式向上层社会公众开放，从而促进了欧洲各国皇家博物馆和私人博物馆的开放，开始了博物馆社会化的进程。

近代科学与博物馆的诞生也有密切的关系。16 ～ 18世纪是近代自然科学诞生和发展的第一个时期。当自然科学从形而上学的方法进入实验科学方法阶段以后，各门科学都在自己的领域中积累了大量材料，取得了程度不同的进展，形成近代科学发展的第一个高潮。这时，博物馆为科学研究提供重要原始资料的职能应运而生。由于标本、原始资料和各种器械、仪器集中在博物馆中，博物馆自然就形成了科学研究的中心。在欧洲博物馆往往先于分科研究所而产生，从而成为建立相应科学研究所的基础。为了适应科学研究的迫切需要，博物馆的收藏进入了有科学目的的收集，有系统的发掘，并出现了供研究用的分类藏品目录。藏品研究成为科学研究的重要课题，收藏和研究汇为一体，从而发展了博物馆的第二职能，即科研职能。当时英国唯物主义哲学家F.培根就主张多建这样的博物馆为科学服务。

博物馆的科学研究职能虽然发轫于近代科学，但是这种新职能并不止于学科的研究。博物馆科研职能的内涵继续扩大，又出现了对博物馆本身的科学研究。现代博物馆中藏品数量和品种有巨大发展，藏品管理的科学化要求日益迫切。其中最迫切的是藏品的科学分类。1735年出版的生物分类学名著《自然系统》的作者C.林奈就是以博物馆为基地进行生物分类研究的。略早于林奈分类法产生之前，1727年博物馆学研究者C．D．F．尼克利乌斯在所著博物馆学教科书中提出了自然标本和人工制品的分类法。这个分类法在当时成了收藏家进行藏品分类的参考书。之后，丹麦的《汤姆逊分类法》出版，各国也都加以采用。这一批博物馆学著作的出现，促使了博物馆建设的科学化进程。

现代博物馆的发展 19世纪的工业革命激发了人们研究和学习科学技术的热情，为博物馆的大发展开辟了道路，因而涌现出一批科技类型的新博物馆。1799年在巴黎创建的国立科学工业博物馆是世界上最早的一座应用科学博物馆，接着英国国立理工学技术博物馆、德国的国立科学技术博物馆和俄国莫斯科应用科学博物馆相继创建。尤其是1851年检阅欧美工业革命技术成就的伦敦万国博览会的举办，成了19世纪博物馆大发展的一个契机。博览会结束后，英国就以这些展品为基础创建了维多利亚-阿尔伯特博物馆。以博览会征集的大量展品为基础筹建新博物馆的做法，在欧美大国中竞相效尤，大大推动了技术性和艺术性博物馆的发展。在近代自然科学发展的同时，近代社会科学也发展起来，随着又出现了一批人文类型的博物馆，如1873年创立的德国皇家民族博物馆，1878年创立的巴黎人类学博物馆，1825年创立的墨西哥国立人类学博物馆等。

欧洲博物馆的发展迅速扩散到了北美洲。在美国，由于缺少宫廷和教会长期的文化积累，早期博物馆偏重于人种志、自然史、艺术史和技术产品的收藏，而且多是以学术团体的收藏为基础建立起来的。美国最早的一座公共博物馆于1773年建于南卡罗来纳的查尔斯顿。19世纪，美国博物馆进入发展时期，1830年建立了波士顿自然博物馆，1846年建立了第一座国家博物馆——史密森学院。1851年伦敦万国博览会后，美国起而效法，以国民教育为宗旨迅速建立了大量博物馆，如1876年美国费城百年纪念博览会后扩建的美国国立博物馆等，从而使美国博物馆有后来居上之势。

欧洲近代博物馆传播到日本的时间大约在19世纪70年代。当时日本处于明治维新时期，正在向近代国家过渡。参加1867年巴黎第5届万国博览会的日本代表，广泛接触了欧美博物馆，回国后做了大量宣传。1871年日本文部省设立了博物馆局，在日本举办博览会，开展文物保护和保存运动，使博物馆事业逐步向前推进。1877年建成了作为国立专门博物馆的教育博物馆新馆，1882年又建成了日本国立中央博物馆。之后，由中央扩及地方，近代博物馆不断发展，仅明治年间（1867～1911）就建立了85个博物馆。

随着资本主义在全球的扩张，亚洲、非洲、拉丁美洲的殖民地、半殖民地国家和地区也出现了一批由殖民者建立的博物馆，如印度的加尔各答博物馆（1796～1814）、南非博物馆（1825）、澳大利亚博物馆（1827）、巴西国家博物馆（1818）、阿根廷自然博物馆（1923）等。至19世纪末，欧洲近代博物馆文化通过输出和引进的不同道路，走向全世界。

博物馆教育职能在19世纪的博物馆中已经有了一个开端。19世纪50年代德国纽伦堡日耳曼博物馆采用的组合陈列法是近代博物馆教育的最早典型。过去参观和使用博物馆藏品是在库房中进行的，藏品的保管和展示合为一体。把藏品从库房中提出另辟陈列室，按一定的教育目的组织陈列，有计划地对观众施以影响，这就形成了博物馆教育行为。纽伦堡日耳曼博物馆就是按史前时代、罗马时代、德国时代三个系统六个展室组织陈列，帮助观众了解不同时代的社会面貌，因此被视为具有现代意义的博物馆教育的开端。与此同时举行的伦敦万国博览会也扩大了以实物教育为特征的博物馆的影响。博物馆的教育价值开始为有识之士所认识。1873年英国皇家艺术学会提出："使所有的公共博物馆，皆具有教育及科学的目标。"1880年美国博物馆学者鲁金斯在所著《博物馆之功能》中明确提出博物馆应成为一般人的教育场所的观点。1904年默里写道："德国的博物馆已成为教育基地。在那里，每一个课题都因为配备博物馆教师而变得易于理解。"19世纪博物馆教育已经有了很好的开端，为20世纪博物馆教育的大发展奠定了基础。

　　20世纪开始，博物馆进入了一个新的发展时期。虽然19世纪的近代博物馆已经具有了收藏、科研和教育三职能的博物馆形态，但是教育职能的真正崛起和博物馆大众化方向的奠定，还是在20世纪特有的历史条件中形成的。20世纪上半叶，爆发了两次世界大战，在这个历史阶段中，启发民族意识，培养爱国精神，灌输保卫祖国的责任感是各国国民教育的主旨。民族主义、爱国主义成为这一时代思想教育的主题。博物馆恰恰是弘扬民族传统文化，凝聚民族向心力的好场所，于是博物馆教育受到各国的普遍重视。德国在1900～1920年间新建了179座博物馆，致力于培养对德意志国家的崇拜。英国博物馆1850年为59座，到第一次世界大战前增至295座。美国在20世纪初也有一个博物馆新发展时期。日本从1891～1910年20年间新设立了55座博物馆，以启发国民的国家主义觉悟。20世纪初这次世界性博物馆的大发展与博物馆横向组织的相继建立互为因果。1889年英国诞生了世界上第一个博物馆协会，出版了会刊。1903年在德国召开了欧洲第一次博物馆馆员会议。1906年美国博物馆协会成立，出版会刊《博物馆新闻》。1915年北欧各国成立斯堪底纳维亚博物馆协会。这些国家的、地区的博物馆协会的出现是博物馆事业兴旺的一种现象，也是推动博物馆发展的有力杠杆。

　　两次世界大战之间的暂时和平时期，世界博物馆又出现了一次发展高潮。这次高潮是在博物馆的世界组织产生后形成的。1926年，在许多国家和地区成立博物馆协会的基础上，国际联盟在巴黎成立了国际博物馆事务局。1934年国际联盟学术合作委员会举行万国博物馆专家会议，同年出版了两卷本《博物馆学》，促进了博物馆学的研究，推动了博物馆事业的发展。两次世界大战之间，工业的发展需要科学的普及，从而促成了30年代科技博物馆发展的新局面。当时北美洲已经取代欧洲成为世界工业最发达的地区，科技博物馆运动的中心也转移到了美国。1933年美国芝加哥成立了规模宏大的科学与工业博物馆，在其影响下，科技博物馆运动迅速推向全国。1937年巴黎大学创办的

"发现宫"是博物馆走向现代化的一个知名典型，它打破传统科技馆静止的陈列，面向观众表演或现场进行科学实验，并向观众提供自己动手操作的实验设备，把博物馆科普教育的职能提高到一个新阶段。

在此期间，法西斯国家十分重视利用博物馆进行法西斯教育，鼓动战争狂热情绪，使这些国家的博物馆成为军国主义、种族主义和法西斯主义的宣传场所，如意大利1926年建立的罗马帝国博物馆、1938年建立的墨索里尼博物馆；纳粹德国建立的祖国博物馆、军事博物馆等。日本文部省也于1932年接管了博物馆协会，把博物馆纳入了官方的战争宣传轨道之中。

1917年苏联十月革命胜利后，博物馆为全民所有。1918年5月成立了博物馆部，负责管理苏联的所有博物馆，强调博物馆的社会教育职能，强调苏联博物馆是向人民进行科学文化知识和共产主义教育的重要阵地。随着苏联统一博物馆网的建立，苏联博物馆的发展相当迅速。1917年十月革命胜利时只有114座博物馆，1920年即增至394座，1934年增至738座。其中历史和革命博物馆占有重要地位。国立列宁格勒历史博物馆（1918），莫斯科红军博物馆（1919），国立伟大的十月革命社会主义革命博物馆（1919）等都是知名的具有苏联特色的现代博物馆。莫斯科技术博物馆更是世界主要大型科技博物馆之一，它首创的以二年制"人民大学"形式普及成年教育的做法，已在苏联许多博物馆推广。

第二次世界大战后的世界博物馆　现代博物馆发展到20世纪下半叶，出现了一些崭新的博物馆文化现象和博物馆社会现象，博物馆进入了空前繁荣的新时期。第二次世界大战后，随着科学技术和物质生产的迅速发展，以及社会财富的不断增长和国际社会的进一步开放，博物馆数量激增，职能范围也不断拓展，新的类型层出不穷。美国由于本土未遭炮火破坏并凭其雄厚的经济实力购买了大批文物和绘画作品，大大充实了美国在古文物和艺术珍品方面的收藏；同时，由于第三次技术革命在美国的深入发展，使本来就相当发达

博物馆历史与发展研究

213

的美国科学博物馆和科技博物馆更加光彩夺目。1939年美国共有博物馆2500座，1985年增至7892座。博物馆观众也十分普遍，据1980年调查，观众占美国人口的68%，其中科技博物馆的观众占观众总数的43%。艺术博物馆、露天博物馆、国家公园和各种创业史博物馆以及深入居民区为地区文化需要服务的社区博物馆也都有很大发展。西欧的博物馆在战争中遭到严重破坏，法国境内的博物馆损失尤为严重，有8107幅重要绘画作品毁于战火。其他参战国虽然关闭了一些博物馆并疏散了部分藏品，但损失也很惨重，因此西欧博物馆战后经历了一个恢复阶段之后，才走上复兴、繁荣的道路。法国卢浮宫博物馆80年代进行了大规模的扩建，在卢浮宫庭院的地面上建造了一座高20米的玻璃金字塔和周围三座高5米的小金字塔，地下建造7万多平方米的展厅和现代化地下服务设施，使卢浮宫的总面积达19.7万平方米，藏品达30万件，年观众量达300万人次。此外，法国还新建了许多现代化的博物馆，如乔治·蓬皮杜国家艺术文化中心等。至1982年法国已拥有博物馆1434座。法国博物馆工作者还发起了一个试图突破博物馆现有模式的运动，即创建一种"生态博物馆"。这一创举很快推广到加拿大，在魁北克地区建立了一批试验性的生态博物馆。1984年，在魁北克举行了第一届国际生态博物馆和新博物馆学研讨会，由此形成了国际博物馆学的新学派。战后英国著名的不列颠博物馆也进行了巨大的改组与改造，每年观众达300万人次。1982年英国博物馆已达1425座。现在英国发展的重点是普及小城市的博物馆。地中海沿岸的国家由于旅游业空前发展，博物馆在政府的引导下主要面向旅游业以吸引海外观众。北欧的博物馆则重视教育作用的发挥，如荷兰的鹿特丹市自命为"博物馆城"，有11座博物馆都是卓越的专业博物馆。日本在战后重新振兴博物馆事业，对博物馆实行了正规、科学的管理，1951年颁布了"博物馆法"，促进了日本博物馆的恢复和发展。1960年日本博物馆数为600座左右，1985年上升到2356座。

上述这些博物馆发达的国家中，英、法、德等欧洲国家的博物馆由于历史悠久，藏品量大，陈列、科研基本上保持传统方式，变化较慢。而美、日等科技发展迅猛的国家，其博物馆则重视运用科技新成果，重视展示方法的变化翻新，使博物馆面貌不断出现引人注目的变化。

第三世界国家在战后走上独立发展的道路，在发展经济的同时，新兴国家也开始重视文化教育事业，重视保存本国、本地区、本民族的文化财产，建立了反映传统文化的博物馆。这些博物馆肩负着保卫民族文化，增进民族意识，鼓舞民族自信心的崇高使命，如坦桑尼亚苏库马博物馆一直致力于抢救和宣扬苏库马文化传统。尼日利亚则决定在19个州各设立一座统一博物馆，陈列、介绍尼日利亚共和国境内各民族的文化及历史，以增进各族间的友谊。此外，肯尼亚、马拉维、马里、尼日利亚、中非共和国、苏丹、坦桑尼亚、乌干达等国，独立后还积极制定了自己的文物保护法。中东地区的阿尔及利亚、卡塔尔、也门和沙特阿拉伯等国也在联合国教科文组织帮助下纷纷订立了新的法律条文来保护本国文物。墨西哥、印度、马来西亚、尼日利亚等国在创办博物馆、发展文化方面也取得了一定成就。印度、新加坡等国则较重视科技博物馆的建设。

苏联等社会主义国家的博物馆在战后有了很大发展。两次世界大战期间，苏联文物、博物馆损失很大，仅列宁格勒市郊的彼得大帝行宫在战火中被抢被毁的文物就达34000多件。战后苏联付出巨大人力、物力、财力对战争破坏的博物馆进行了大力抢修和复原，并新建了一批规模巨大、气势磅礴、设备现代化的新博物馆，如70年代新建的基辅卫国战争纪念馆，1980年新建成的列宁格勒卫国战争纪念馆。苏联的全景画馆是世界驰名的，擅长于纪念性战争场面的再现。60年代苏联进行了全国博物馆网的调整工作，加强了博物馆发展的规划性。60年代后期，又加强了博物馆与旅游事业的联系，进一步发展了一批保护区博物馆，据1977年统计苏联已有保护区博物馆42座。70年代，苏联历史博物馆网中又建立了一批新类型的博物馆——苏联民族友谊博物馆。苏联政府为了加强对博物馆的科学管理，采取了分类对口管理的办法。进入80年代，苏联博物馆数达1800座，藏品5100万件。此外，工矿企业、集体农庄和教育机构的博物馆有12000座左右，形成了深入社会各领域的博物馆网。其他社会主义国家也重视博物馆的建设。

博物馆在世界范围内的新发展以及战后各国交往的加强，推动了博物馆间的国际合作。1948年在巴黎成立的国际博物馆协会到80年代末已经举行了15次代表大会。它的各个专业委员会开展了广泛的活动，推进了国际博物馆事业的合作。当代外国博物馆正处于新的繁荣时期，数量与日俱增，社会功能向多方面开拓。博物馆在社会生活中正在发挥出更广泛、更巨大的作用。

原文选自《博物馆的沉思——苏东海论文选》，文物出版社，1998年

从膨胀走向收缩——迎接新世纪的出路

提要

战后世界范围内出现了博物馆大发展的局面，同时博物馆业务不断地膨胀，出现了收藏膨胀、功能膨胀和业务外部关系的膨胀，从而构成三大矛盾，即收藏的无限与有限的矛盾，功能的扩大化与规范化的矛盾，业务外部关系的一般化与个性化的矛盾。80年代开始，博物馆从过热走向冷静，出现了从无限收藏回到有限目标的收缩趋势，出现了从功能的扩大化回到规范化的趋势，博物馆的个性正在加强。博物馆在二十世纪最后十年中将会变得更加精练、更加典型、更加富有活力，为迎接新世纪奠定更好的基础。

世界博物馆正处于20世纪的最后10年之中。世界博物馆怎样结束在二十世纪，怎样走向新世纪？这是摆在我们面前应该展望而且可以展望的课题。

从宏观上看，本世纪后半叶博物馆经历了40年代至50年代的战后恢复时期，60年代至70年代的大发展时期和80年代至今的发展迟滞时期。90年代——二十世纪的最后10年，博物馆能否取得一个良好的终端，从而为新世纪铺平道路，这就有待于人们科学地、冷静地去认识自己。

在发展中出现膨胀

本世纪六七十年代，世界博物馆出现了大发展的浪潮。20年间，数万座博物馆猛然发展起来，在博物馆发展史上形成了一次新的世界博物馆发展运动。从世界范围看，这次大发展始于50年代，终于80年代，发展高峰居于60、70年代。据保守的估计，到70年代末世界博物馆总量已经超过3万5千座。这3万多座博物馆中的大部分是20世纪60年代至70年代间猛然发展起来的。博物馆在一二十年间骤然出现猛增的局面，带来了博物馆观念上的变化。随着博物馆数量的大膨胀出现了博物馆业务和业务概念的大膨胀。主要表现在收藏膨胀、功能膨胀和业务外部关系膨胀三个方面。试分述之。

一、收藏方面

博物馆的物的概念不断扩大，收藏范围不断膨胀。从国际博协关于博物馆的1946年定义、1951年定义、1962年定义到1974定义的发展变化过程就可以看到这种膨胀的走向。

1946年章程规定博物馆收藏美术、工艺、科学、历史以及考古学藏品，动物园和植物园也算作其中，但图书馆和无常设的陈列室除外。

1951年，修订后的章程规定博物馆收藏艺术、历史、科学和技术方面的藏品以及动物园、植物园、水族馆的具有文化价值的资料和标本。公共图书馆、公共文书保管所（档案馆）如设有常设展览室者亦可视为博物馆。

1962年国际博协章程对博物馆收藏又规定收藏保管具有文化或科学价值的藏品。还包括：

①公共图书馆及档案馆所常设展览室；

②向公众开放的历史纪念物、寺庙的宝物、宗教建筑及其附属物品、史迹、遗址及自然风景地区；

③展出有生命东西的植物园、动物园、水族馆、生态饲养馆及其他机构。[1]

---

[1] 王宏钧主编：《中国博物馆学基础》第 25 — 26 页。

1974年国际博协修订后的章程规定博物馆收藏有关人类和人类环境的见证物。还包括：

①隶属于图书馆和档案馆的保管库房和展览厅；

②在搜集、保护和传播活动方面具有博物馆性质的考古学、人种学和自然方面的遗迹和遗址及历史遗址、遗迹；

③陈列活标本的机构，如动植物园、水族馆、动物饲养场或植物栽培所等；

④自然保护区；

⑤科学中心和天文馆。[2]

从上述一系列定义的修订和变化中，我们可以清楚地看到博物馆收藏概念不断膨胀的轨迹。博物馆收藏的定义一次比一次修改得更抽象，而列举的机构一次比一次更庞杂。博物馆收藏定义的日益抽象化和列举机构日益庞杂化，带来了概念上和实践上的混乱。如果我们从实践是检验真理的唯一标准来看，近二三十年的实践证实了国际博协关于博物馆收藏定义是模糊的，有些是行不通的甚至是有害的。首先，这些定义混淆了文化遗物与博物馆收藏物的区别。人类文化遗产是无限的，而博物馆收藏是有限的。人类文化遗产不能等于博物馆收藏物的总和。博物馆的收藏物只是人类文化遗产中的极有限的一小部分。制定博物馆的收藏定义应致力于界定博物馆的收藏对象，而不应用人类文化遗产的一般概念代替博物馆收藏对象的概念。这是两个不同的范畴，必须加以区别。其次，国际博协的这一系列定义中有些是行不通的。大量的文化遗产以博物馆的能力是无法收藏的。中国的长城、埃及的金字塔都是人类的文化遗存。但作为一个博物馆的藏品是不可能的，没有任何一个博物馆能够把长城作为自己的藏品加以保管。尽管可以办成几个长城博物馆，但长城本身作为某一个博

---

[2]　《博物馆参考资料》（下册）。

物馆的藏品加以保管是办不到的。人类的史迹和遗址更是大量存在的，并且不断增加，人类不可能把它们都办成博物馆或都作为藏品加以保管。定义囊括的越多，能办到得越少。实际上各国重大的历史遗存都是由国家承担保管和保护任务的，像历史名城等。把办不了的事情都写在博物馆收藏定义中是没有意义的。再次，国际博协的收藏定义没有把博物馆收藏的宏观概念和博物馆收藏的微观概念加以区别。从整体上说人类的文化遗产的大部分都可作为博物馆收藏对象，可以说无所不包。但是从个体的博物馆来说，收藏的对象只能是特定的，在种类上和数量上都是极有限的。但是在囊括一切的思想指导下，在博物馆实践中，收藏膨胀的现象是普遍发展着的。博物馆收藏范围一般偏宽、偏泛。特别是以收藏著称的大博物馆，在长期积累下，面临着库房爆满的局面。

总之，国际博协制定的博物馆的收藏定义不仅空泛而且不断膨胀，这就对博物馆实践产生了有害的影响。80 年代开始，这种思想上的膨胀和事实上的膨胀带来的后果，已经逐渐引起人们的反思。

二、功能方面

博物馆的功能概念也不断膨胀。1962 年定义到 1974 年定义，不仅把图书馆、档案馆的展览室列入博物馆而且进一步把科学中心、天文馆也列入博物馆范围。尽管图书馆、档案馆都拥有"物"，但它们的"物"与放在博物馆的"物"的功能是不同的。具有文物含意的那些图书、档案，虽然也可算是文物，但它们在图书馆和档案馆中与在博物馆中是居于不同的功能体系中。如果我们把图书馆、档案馆的展览室视为博物馆，反之能否把博物馆有图书档案展出的展厅视为图书馆、档案馆？显然是说不通的。事情只能有一种解释，那就是我们把图书馆、档案馆中具有展出功能的部分视为博物馆，是我们本身概念的恶性膨胀。

至于把科学中心划入博物馆是属于另外一种不妥当。因为科学中心没有收藏任务，它的"物"只是仪器、模型和装置，并没有博物馆含义的"物"。当然，自然博物馆、科技博物馆是传统博物馆中的重要类型，这是不成问题。但是，60年代从北美洲发展起来的科学中心，是一种科普机构，是以科普教育为宗旨的群众性科学活动中心。把没有科技史内容的科学中心也归入博物馆是不妥当的。有人认为自然博物馆、科技博物馆、科学中心是科学博物馆发展的三阶段。我认为三者可以并存，但不是三阶段。三者的功能是不能互相包含和互相代替的。如果科学中心可算作博物馆，那么推而广之电教馆、实验室、科教电影院都可称作博物馆了。这就陷入了膨胀无边的境地。

关于博物馆出现新功能的讨论，也已经很久了。有四功能、五功能、六功能等说法，比较强烈的是把消遣娱乐列入博物馆新功能。有些人主张把娱乐作为博物馆的功能加进博物馆定义中去。实际上有的已经这样做了，如日本国就把"消遣娱乐"功能写进博物馆法里。有的与博物馆沾边不多的文化娱乐场所也被列入博物馆名录之中。像东京大铁塔、纽约百老汇、迪士尼、米高梅电影城等。现在，把博物馆推向娱乐机构的种种努力，已经走得太远了。

应该看到，把娱乐场所、国家公园、科学中心以至图书馆、档案馆的展览室等列入博物馆系统，是没有什么实际意义的。这些机构自己并不承认它们的功能属于博物馆，这只是博物馆本身在概念上和实践上的膨胀而已。

三、社会横向联系方面

博物馆不断地扩大自己的业务外部关系，博物馆被视为社会大教育系统的一部分，环境保护事业的一部分，旅游事业的一部分，社会文化事业的一部分等。这是博物馆业务外化的一种成果，是事业发展的好事。但是在发展过程中也存在若干困难和问题。最主要的问题是博物馆淹没在大系统中，处于一种近似附庸的地位。在博物馆与学校教育的关系中博物馆处于一种补充的地位。博物馆与旅游事业的关系中博物馆处于配合的地位。现在，旅游事业带给博物馆的好处并不比旅游公害带给博物馆的坏处多多少。如果博物馆光是围绕旅游转，而不按自己的规律发展，将会带来更多的负效益。同样，如果围着文化娱乐转，不仅不能保持住自己的文化品位，而且也只能在大文化系统中聊备一格而已。博物馆与社会相关事业的关系只有超越一般化的关系，显现出自己特殊的价值，才能更好地确立自己在大系统中的地位，才能加强合作的效果。这就需要博物馆以个性化来克服一般化，而不要满足业务外化发展的一般成果。

总之，战后博物馆在大发展中出现了业务不断膨胀的走向，以60、70年代国际博协关于博物馆定义的膨胀为标志，不断影响着博物馆的实践。不妨说，60、70年代不仅是世界博物馆的发展期，也是博物馆业务的膨胀期。度过70年代之后，博物馆业务出现了收缩征兆，从而进入了收缩时期。

从膨胀趋向收缩

在博物馆业务的膨胀期中，出现了三大矛盾。即收藏的无限与有限的矛盾，功能的扩大化与规范化的矛盾，社会横向关系的一般化与个性化的矛盾。在矛盾发展的过程中我们看到了业务收缩的征兆，试分述之。

一、收藏的矛盾及其收缩

由于博物馆概念的放大与博物馆收藏概念的放大，人们以为博物馆的收藏是无所不包，可以囊括物质文化的一切物质或文化遗产的全部。果真如此，博物馆的物和博物馆的收藏就是无限的了。人们这种收藏的无限的欲望，面对的恰恰是博物馆极有限的收藏的可能。博物馆的物和博物馆的收藏是一致的，博物馆不能收藏的物和没有收藏的物，都不能称作博物馆的物。世界上的文物是无限的，而博物馆的文物则是极有限的。在这一点上不区别清楚就会产生概念的膨胀。国际博协主持工作的先生们—正如博物馆学专业委员会主席冯·门施所说的，"主持工作的那些政治家和科学家们，总是要把博物馆的地盘扩得越大越好"。[3]在制定博物馆协会章程时，尽管可能基于种种利益上的考虑，但头脑膨胀到超越了实践中的常识的程度，也是事实。肯尼斯·赫德森在广泛调查的基础上发现许多人认为国际博协的定义超出了"通情达理"的程度。他写道："一种活植物或鱼或动物能有理由被称为物品吗？把植物园、动物园或水族馆称为博物馆，或者就此而论，把图书馆也称为博物馆，岂不是把扩张计划搞得太远了吗？"[4]国际博协章程中不断膨胀的收藏定义，给实践带来了有害的影响。博物馆出现了超负荷收藏的现象。即使博物馆库房目前还没有都出现爆满情况，但在概念膨胀的影响下终归要出现的。这种无限与有限的矛盾是存在着和发展着的。在这一矛盾压力下，90年代初，美国博物馆界开始谈论博物馆业务的简化问题了。美国博物馆协会主办的《博物馆新闻》1990年5/6月号刊上就博物馆收藏方针问题展开了讨论。论者认为："只有在一个博物馆具备收藏某种自然或人类文化遗存的主客观条件下，才应该把该物入藏，主观条件是指本馆的专业人员是否具有保存和研究该物的潜在能力；客观条件是指保存该物的物质条件（如有关设施）。此物罕有，是珍品，此物具有重要性，是某馆多年求之不得的如此等等并不能构成收集和入藏的充足理由。某馆是否具有保存和研究该物的能力必须视为入藏首先考虑的因素。必须把入藏同保存、使用紧密地联系起来，力求取得二者的平衡。"[5]这种讨论实际上表明了美国博物馆界已经较深地接触到了博物馆收藏业务的收缩问题。而在实践中，不仅美国，其他博物馆发达国家的一些博物馆已经着手剔除或减少藏品。至少这个问题已经成为热门话题。美国《博物馆新闻》1990年3/4月号刊上，载文专论"关于剔除的辩论"。据悉，美国明尼苏达州艺术博物馆把该馆的宗旨定为只收藏美国艺术品，也包括与美国艺术有关的艺术品。按照这个标准该馆收藏的大

[3]　《中国博物馆通讯》1993年3期第5页。

[4]　肯尼斯·赫德森：《八十年代的博物馆》第7页。

[5]　冯承柏《国际博物馆学界关于博物馆功能的讨论》，载《中国博物馆》1990年第4期。

部分亚洲和非洲的艺术品就是剔除的对象。[6] 重新界定博物馆的入藏范围，精选典型文物入藏已经成为一种不可避免的趋势。盲目的广收、泛收将会被精选所取代。

个体博物馆的这种收藏收缩趋势并不完全等于博物馆界整体收藏的减少。也就是说从宏观视角来看，博物馆界整体收藏还是会增加的，因为博物馆的数量的继续增加和收藏多样化的发展使博物馆界的收藏物的总量和多样性会继续增长下去，博物馆的收藏功能不会因此而削弱。实际上收藏的收缩不是弱化博物馆收藏而是走上收藏的集约化道路。收藏的集约化恰恰是博物馆收藏功能的强化。博物馆将会更理智、更自觉地展开自己的收藏业务。

博物馆收藏业务的收缩也不会影响整个国家文化遗产的保护。因为博物馆管好它能够管好的那部分文化遗产实际上是加强了整体文化遗产的保护。同时，在博物馆影响下，个人收藏的不断扩大和收藏质量的不断提高，也会加强整个社会的文物保护能力。加之国家直接领导的文化遗产保护机构的不断加强，可以相信博物馆收藏的收缩趋势是会和整个社会文化遗产保护的强化趋势并行不悖的。

二、功能的矛盾及其收缩

博物馆的功能本来就是多元化的，它是集收藏、科研、教育于一身的文化复合体。在漫长的历史演变过程中，逐步形成的收藏、科研和教育三种基本功能，是长期历史发展的产物而不是人们随意赋予的。三位一体已经成为博物馆的传统概念，缺少任何一位都不是典型的博物馆。例如没有收藏功能的科学中心，我们不能称其为博物馆。三功能已经构成一个完整的统一体，缺一不可。但是博物馆功能能不能再增加呢？我认为，这要看历史的沉淀。在文化市场的

---

[6] 同 [5]。

激烈竞争中为了服务社会，各种扩大博物馆功能的尝试和努力，都是应该的和必需的。例如，为了加强博物馆的吸引力和趣味性，把消遣娱乐引进博物馆以加强博物馆固是功能的发挥，如寓教于乐，这是应该欢迎的。但是把消遣娱乐称之为博物馆的新功能，那就需要考虑了。这个问题，我在1988年的一篇论文中发表过看法："事实上博物馆不能完全迎合人们对娱乐的需要，因为博物馆的物不是娱乐工具。博物馆可以在自己的业务中增加文化情趣和娱乐成分，但博物馆本身恐怕不能说是一个娱乐机构。人们去博物馆所进行的精神休息、文化享受日益包含更多的娱乐成分这是明显的事实。但博物馆娱乐成分是否能发展成独立的职能并形成博物馆娱乐这个概念，博物馆实践是否能围绕娱乐发展，都还要等着看。"[7]现在看来，问题更清楚了。把那些娱乐机构列入博物馆名录和把消遣娱乐称为博物馆新功能的主张都是博物馆功能膨胀和庞杂化的一种表现。

前面已经谈到，把图书馆、档案馆的展览室以及科学中心天文馆视为博物馆是不妥当的，同样，从功能看，这些机构都是属于与博物馆不同的功能系统，把这些机构都囊括到博物馆中来，也是博物馆概念的一种膨胀。

随着博物馆功能概念的膨胀，出现了博物馆功能庞杂化的现象，构成了博物馆功能的扩大化与规范化的矛盾。博物馆的三种基本功能并存在一个文化机构中，已经属于罕见的多功能复合体了。如果其功能再不断增多，甚至达到庞杂程度，人们将很难理解什么是博物馆。博物馆的功能越庞杂，博物馆概念就越模糊。博物馆定义之所以不断修改、难予概括，功能膨胀就是重要原因。人们不得不冷静地对待这一矛盾。现在我们已经听到了一点理性的呼声。美国《博物馆新闻》1990年3/4月号刊、5/6月号刊，所登并组织讨论了简化或减少

---

[7]　苏东海：《博物馆演变史纲》，载《中国博物馆》1988年第1期。

博物馆功能的问题。国际博物馆学界也有一些专著讨论这个问题。[8]我认为博物馆三功能并存在一个文化机构中已经是够多，博物馆概念在人们头脑中已经足够清楚。那些不属于博物馆性质的功能和机构写进博物馆协会的章程不仅是博物馆功能概念的膨胀，而且把博物馆概念搞得支离破碎、杂乱不堪。博物馆最终不得不用它的基本功能来规范自己。如果没有博物馆的收藏功能，这个机构是不能称为博物馆的；如果没有科研功能，这个机构就达不到博物馆应有的文化品位；如果没有教育功能，这个机构也不能称为博物馆。具备了这三种功能才能构成博物馆的统一体。

至于博物馆将来会不会出现第四功能，那要走着瞧。我认为至少有两点是明确的：首先，博物馆新的功能是在三项基本功能的框架内生成的，与三功能形成内在联系的新的统一体，而不是另搞一套。另搞一套可以是任何什么别的机构，但它不是人们已经熟悉的博物馆；其次，经过历史的沉淀，得到社会的公认，这样才可能真实地而不是虚妄地成为博物馆新功能。

三、外延的矛盾及其调整

博物馆在与多项社会事业的横向联系中，加速了博物馆的外化过程，使博物馆更深地植入社会，这是好的发展现象。但是博物馆与旅游事业、教育事业、环境保护事业、其他文化事业的横向联系中，还处于一般化的、表层的联系状态中。在这一般化的联系中，博物馆往往是配角，处于被支配的地位。如果不加以调整，不强化博物馆本身的个性，那么这种横向发展不过是一种盲目膨胀而已。

博物馆与学校教育的关系发展的最早，但博物馆一直处于学校教育的一种补充的地位。博物馆教育既没有形成自己的教育思想，在方法上又趋同于课堂

---

[8] 同 [5]。

教育，很难摆脱第二课堂的角色。我在1989年国际博协第4届亚太地区大会讨论教育问题时发言呼吁"把博物馆教育发展成为其他教育所不能代替的教育"。我在发言中指出："博物馆教育作为学校教育的延伸可以说是第二课堂，但也只能从延伸这个意义说，而不是从从属这个意义上理解。长期以来，博物馆教育承袭学校教育的模式，因而摆脱不了课堂教学的观念和形式。如果要加强博物馆教育在大教育系统中的地位和作用，就必须强化博物馆教育与其他教育的区别，把博物馆教育发展成为其他教育所不能代替的教育。如何使博物馆教育在大教育系统中有独立的价值和地位，是我们要研究的课题。"[9] 在横向联系中，克服一般化，加强个性化将会是今后博物馆教育发展的趋向与出路。

在博物馆与旅游事业的关系中既有一致也有矛盾，文物保护和旅游开发的矛盾已经暴露很多。"文物为旅游服务"[10] 的提法我认为是片面的。文物保护的重要性不亚于旅游，光提文物为旅游服务容易导致文物保护服从旅游的后果。服务应该是双向的。应该把旅游公害降低到最低程度，以尊重和保证文物保护的需要。旅游也冲击了博物馆的总体平衡。在旅游热点上的博物馆是全国博物馆总数中的少数，而来博物馆参观的旅游观众却占博物馆观众总数的60%以上[11]。旅游热线的建立不仅影响博物馆观众的合理分布，而且影响了博物馆建设的总体布局。如果博物馆的建设与管理围绕旅游转，博物馆就摆脱不了配合的角色甚至附庸的地位。在与旅游事业的横向联系中，必须按照文博事业本身的规律去发展，才能真正地既保持一致又克服矛盾。

在博物馆与社会诸多事业的横向联系中，由于博物馆个性突出不够，这种一般化的关系实际上使博物馆淹没在大系统中，处于一种近似附庸的地位。只

---

[9] 《中国博物馆通讯》1989年第5期。

[10] 彭卿云：《发展旅游与文物保护》，载《中国博物馆通讯》1992年5期第2页。

[11] 党士学：《旅游业对博物馆的冲击》，载《中国博物馆》1992年4期。

有超越一般化的关系，显现出自己特殊的价值，才能更好地确立自己在大系统中的地位，才能加强合作的效果。出路也就在这里。以个性化克服一般化将会是今后发展的趋势。

战后半个世纪，人类走上了和平与发展的时代。世界博物馆也经历了一个突飞猛进的发展时期。伴随着博物馆的大发展，博物馆业务出现了一个膨胀时期。80 年代以来，博物馆的发展进入低谷，面对这一事实，博物馆是继续膨胀下去，还是从过热走向冷静，从盲目走向理智，从而更科学地界定自己的业务概念呢？我认为在世界范围内，将会出现一个从膨胀走向收缩，从庞杂走向规范，从一般走向特殊的发展过程。世界博物馆将会出现一个收缩期，从而使博物馆在二十世纪最后 10 年中变得更加精练，更加典型化，更加富有活力，为迎接新世纪奠定更好的基础。

（本文是以作者 1993 年 2 月 12 日在南开大学博物馆学国际研讨会上的学术发言为提纲充实整理而成）

原文刊于《中国博物馆》1993 年第 2 期

中国文物博物馆事业可持续发展战略研究

题记

1996 年 9 月 8 日《中国文物报》发表了本文的 6000 字的概要，题为"可持续发展与中国文物博物馆事业"，《新华文摘》《文物工作》相继转载。《中国博物馆》1996 年第 4 期发表了本文。这篇论文对可持续发展思想及其在全球性的实践作了介绍，对其理论意义及理论核心作了自己的评述。本文的主体部分是以可持续发展思想为指导，提出了文物博物馆可持续发展的一系列战略构思，是一篇具有前瞻性的论文。

可持续发展的思想是人类关于发展的新的战略思想。可持续发展思想从提出到形成世界范围的响应和实践，不过是近一二十年的事情。十几年间，它迅速成为全球性的研究热点并成为许多国家和不同专业领域的战略指南。可以想象出它的思想力量和实践价值。可持续发展思想对文物博物馆事业尤为重要。我在这里对其理论意义及其在文博事业的战略实践，作一点探讨。

一、可持续发展思想的理论意义及全球性实践的展开

可持续发展思想是在 20 世纪后期，人类环境意识、生态意识新的觉醒的基础上诞生的。可持续发展思想把整体观念、持续观念和道德观念注入发展的思想中去，为人类走出环境危机、生态危机找到了一条有远见的道路。

可持续发展思想的提出开始于环境保护。1972年在瑞典召开的第一次人类环境会议宣言中提出了"为了当代和后代，保卫和改善人类环境已成为人类的紧迫目标"。1983年联合国第38届大会决定成立世界环境与发展委员会，由挪威前首相格罗·哈莱姆·布伦兰特担任主席。该委员会由来自世界各国的科学、教育、经济、社会以及政治方面具有重要影响的22位代表组成，其中14人来自发展中国家。该委员会经过广泛调查和深入研究，1987年向联合国提交了一份具有划时代意义的长篇报告，即《我们共同的未来》。该报告以可持续发展的思想为指导，对当前人类在经济发展与环境保护方面存在的问题进行了全面系统的评价。《我们共同的未来》中首次提出了持续发展（Sustainable Development）的意义，即"既满足当代人的需要又不危及后代人满足其需要的发展"。这个定义，有人称为"布氏定义"。《我们共同的未来》在1987年第42届联合国大会上得到通过，可持续发展思想及其定义遂为各国所普遍接受。对于"布氏定义"，一些研究者认为不够充分，我国一些研究者还试图在"布氏定义"的基础上再增加一些内容，但都不成功。因此，国家科委社会发展司司长甘师俊指出，目前所有对可持续发展的定义都不能充分地表达可持续发展的全部真谛，也许可持续发展本身就是一个不需要定义的公理。这种说法不无道理。

1991年由国际自然与自然资源保护联盟、联合国环境规划署和世界野生生物基金会共同发表了《保护地球：一项可持续生存战略》报告，进一步从理论上展开了可持续发展的思想，提出了可持续生存的九大原则和衡量可持续性的指标体系，形成了可持续发展的理论框架，为1992年的联合国环境与发展大会作了理论准备。

可持续发展思想的理论内涵十分深刻、丰富，现阶段仍处在哲学思考和实践归纳阶段，对它的研究方兴未艾。就现有的研究成果来看，我认为其理论核心可概括为三点：

1.整体发展的观点。持续发展思想认为，世界上任何事物均处于一个整体之中进行运动。整体运动是具有决定意义的，不是局部决定整体而是整体决定局部。用整体观点和整体战略把生态系统、社会系统和经济系统的矛盾利益；当代人和后代人的矛盾和利益；当代人之间的矛盾和利益加以整合使之持续发展，这是人类思想能力的新境界。

2.持续发展的观点。世界上的事物均处于永远的发展之中，但人类往往未能自觉地把后代的发展的可能性作为当代发展的必要因素去对待，因此人类的发展战略往往是短视的。而可持续发展思想却是把未来的发展作为当代发展的前提来对待，这就远远伸延了人们的发展眼光，把后代的权益和当代的权益融为一体去运作，从而造福无穷。

3.平等发展的观点。可持续发展的思想体现了一种道德观念。人与自然之间，当代人之间，当代人与后代人之间处于平等地位。人不应为了自己的发展而无限制地掠夺自然，也不应为了自己的发展而侵夺他人或后代人的权益。可持续发展思想把平等的观念注入自己的理论中去，大大提高了人类发展的道德水平。

由于可持续发展思想从整体观点、持续观点和平等观点上提高了人类的思想境界和思想能力，实际上是一次新的思想解放，使人类有可能走出工业文明的困境，迈向生态文明的新世纪。

1992年在巴西里约热内卢召开了联合国环境与发展大会，183个国家和地区的代表团以及70个国际组织的代表出席了会议，其中有102位国家元首、政府首脑亲自与会。这是一次把可持续发展思想推向全球实践的具有历史意义的大会。会上通过了《里约热内卢宣言》等一系列可持续发展的全球协议，特别是其中的《21世纪议程》将可持续发展的理论和概念推向实际行动。会后，各国都以《21世纪议程》为蓝图，遵循可持续发展原则，制定并组织自己国家的发展战略。例如，美国于会后成立了总统可持续发展理事会，制定国家持续发展战略。许多国家建立了相应的组织。英、德、芬兰、丹麦等国更从不同领域开展工作。例如法国巴黎制定了《为了明天城市可持续发展——大规划》等等。我国李鹏总理出席了这次大会，并于1993年在世界上首先推出《中国21世纪议程》白皮书，对"可持续发展总体战略""社会可持续发展""经济可持续发展""资源综合利用和环境保护"做了规划部署，表明了中国政府不仅从理论上而且从实践上选择了可持续发展的战略道路。1995年，江泽民总书记在中共十四届五中全会的报告中指出："在现代化建设中，必须把实现可持续发展作为一个重大的战略。"1996年，全国八届人大四次会议通过的《关于"九五"计划和2010年远景目标纲要》，进一步将可持续发展与科学兴国并列为两大战略。《纲要》中可持续发展战略这一节涵盖了社会各项事业。可持续发展将成为国家和全国人民为之贯彻的战略实践。

二、从"文物匮乏"现实出发，制定我国文物持续发展战略

可持续发展战略是一种科学的系统工程，它不仅要在哲学的层面上思考，而且要在操作的层面上运行。这就使得人们在制定可持续发展战略时，不是从概念出发，而是从事实出发。在制定我国可持续发展总体战略时，对我国的国情有了不少新的认识，澄清了某些笼统的概念。例如过去说我国"地大物博"，实际上并非完全如此。我国土地面积有960万平方公里，美国有940万平方公里，两国土地面积差不多，但中国大地上有效生存空间（能住人的地区）只有美国的1/2或1/3，至于人均有效生存空间就只有美国的1/10或1/5。我国可耕地只有20亿亩，人均耕地相当世界平均水平的1/3，我们不是"地大"而是"地少人多"。我国其他经济资源也是相当紧缺。人均森林面积不足世界平均水平1/6，人均草原面积不足1/2，人均矿产资源也只有世界平均水平的1/2，等等。因此我国在制定可持续发展的总体战略时应立足于"地少人多""资源紧缺"的国情上，而不是立足在"地大物博"的笼统说辞上。

同样道理，我们在制定文物可持续发展战略时，也需要对我国文物的实际情况作一点量化分析。说我们有几千年光辉灿烂的文化，积淀了无数的宝贵文物和历史遗迹，这是可能的。可是这无以数计的文物和遗迹大多还沉睡在地上或地下，对我们来说它们还只是潜在状态的文物。这些潜在的文物到底有多少，我们无法知道，更无法计量，因此它们实际上还没有被我们真正地拥有。而我们真正拥有的、国家登记入册的、可见的文物那就太少了。现在全国有1800座博物馆，拥有藏品总量约为800万件，全国文管所约有200万件，合起来号称拥有1000万件文物。如果加上全国文物商店所有的1000万件，全国已知文物或称可见文物总共也不过2000万件而已。拥有2000万件文物，对于我们这样一个文化古国来说，对于拥有1千多座博物馆的国家来说，文物是多了还是少了？我们可称文物大国吗？做点比较就清楚了。

　　美国史密森学会拥有自然科学、历史和艺术等方面的博物馆16座。这16座博物馆的藏品总量就达到1.4亿件。其所属的国立自然历史博物馆的藏品8000多万件。所属的国立美国史博物馆拥有藏品1700万件。后者收藏了美国开国总统乔治·华盛顿的佩剑、托马斯·杰斐逊起草《独立宣言》时的办公桌、历届总统的礼服、战争中用的星条旗、爱迪生发明的第一台留声机和第一支电灯泡，以及移民史、工业史、政治史、民俗风情等大量文物。1964年建馆后，30年间这个馆征集入藏了1700万件文物。美国只有200多年历史，人称美国无历史。就是这个无历史的国家的历史博物馆却拥有1700万件文物。这个馆的馆藏量就等于我国1800座博物馆馆藏总量的一倍以上。美国科罗拉多州历史博物馆馆藏总量700万件，一个相当于我们的省级博物馆其馆藏量几乎接近我国博物馆馆藏的总量。我国馆藏最多的北京故宫也只有100万件，其他大馆和各省馆也不过十几万件。相比之下，我国现有文物数量实在太少了，博物馆的文物太匮乏了。如果我们要制定文物可持续发展战略，就必须摒弃"文物大国"的虚幻称号，树立起"文物匮乏"意识，从文物匮乏的实际出发制定文物保护、文物开发、文物享用的可持续战略。

三、从文物是不可再生资源的认识出发，制定高度严格的文物保护战略

可持续发展战略中，把可再生资源与不可再生资源看作不同属性的资源，采取不同的对策。不可再生资源是保护的重点，也是持续发展对策研究的重点和难点，旅游界对不可再生景点的资源，提出提高使用效益，寻找替代性资源，尽可能推迟其枯竭时间的对策，以保持可持续旅游。文物有不可再生性，从可持续发展观点来看，应该采取特殊对策使之能够持续存在。我们应该从"文物匮乏"的国情出发，制定高度严格的文物保护战略。

首先，要确保国有文物总量持续的有增无减。为此应该严把文物出口关，严禁博物馆出售、拍卖藏品，杜绝临时拥有文物的非正式收藏机构的文物流失。任何人无权擅自处置文物，更无权挥霍国家有限的文物。

其次，加强馆藏文物的安全保护，提高防止风险的系数，与国际博协安全委员会建立密切合作关系，引进新的安全观念和技术手段。加强地下文物资源的保护。地下资源是人民的财富，为国家所有，人人负有保护的义务，各级政府负有保护的责任。文物资源的任何破坏和损失，都不仅是对当代人的犯罪，而且是对后代人的犯罪。我们要从可持续发展的观点来看破坏文物资源的深远影响。

第三，要大力提高文物的科学保养能力，千方百计地延缓文物的自然老化和消失的进程。1936年的斯大林宪法原本，曾经置于地下几十公尺的深处以求永存，但并不如今日运用高科技营造的保存小环境。高科技营造的文物保护小环境不仅可以更好地保护库存文物，而且可以更好地保护陈列展出中的文物。陈列柜中的小环境可以使之达到库房内环境标准，从而接近解决文物保护与文物使用的传统矛盾。但是不论高科技如何发展，它只能延缓文物的老化过程而不可能使文物永不变质。正如同人的生命可以延长但不可能不死亡一样。但是

计算机的发展给我们提供了使文物永续存在的另一种存在形式。现在计算机已经可以贮存文物的清晰图象和准确的图形信息，完全可以据之复原文物原状，从而使后代可以永续享用这件文物。我国上海博物馆、陕西秦俑馆、云南省博物馆、北京故宫博物院、敦煌研究院等已开发这种计算机贮存系统。这是应该提倡的。

在我国文物匮乏的现状下，保护和抢救现有文物及其后备资源是文物持续发展的最紧迫的任务。

四、从文物资源与后代共享的原则出发，制定文物资源开发的战略

我国对文物的开源限于经济实力，尚不能做很大的投入。但我国有1000多座博物馆、遍布各市县的文管所，加上全国城市中的文物商店，可以说我国已有相当规模的文物征集、购入基地。出土、出水的文物时有增加，蒙尘的传世文物时有发现，遗址、遗迹的开发保护日益扩大，我国文物的总量是会根据国力稳步增长的。如果能对全国新兴的、迅速扩大着的文物收藏爱好者采取积极方针予以引导、扶植和提高，使之形成庞大的文物收藏后备军，这将会对我国的文物积累产生很大的影响，并为后代保存更多的文物。

近现代文物比古代文物消失得更快，应该对近现代文物的征集更加关注。人类从钻木取火到火镰取火再到使用火柴经历了多少万年，而从1861年英国建立人类第一座火柴厂到1995年这家火柴厂关闭，火柴只盛行了100多年就为打火机所取代。火柴正在消失中，为了保持人类对火柴的记忆，挪威政府把挪威最后关闭的一家火柴厂整体保存下来，建立了火柴生态博物馆，供人参观并少量生产供特殊需要。鉴于当代文物迅速消失，瑞典博物馆界发起了博物馆为未来而征集的运动。70多家博物馆参加这一运动，对当代生活的不同领域分工合作进行跟踪、著录。如对一个普通家庭的房屋及全部用具用品进行登记造册，以便日后整体入藏。国际博协把1996年国际博物馆日的主题确定为"为

未来而征集"，这是可持续发展思想的体现。我国文物征集收藏的方针也应该向近现代倾斜，加强对加速消失中的近现代文物的研究和收藏。

对于地下文物资源的开发，限于我国经济力量、科技力量和地上保管条件，我们应该采取慎重的方针。我认为可以定这样一条原则：凡是地上保护保管条件不如地下的不应开发。对于地下文物资源的开发不仅要论证条件，而且要论证后代权益。任何人无权批准透支属于后代人应享有的文物后备资源。鉴于国际上倾向于"物加环境"的保护原则，重要的大遗址群应与环境一起进行整体保护。对于事关后代权益的地下文物资源的开发，要贯彻可持续发展的思想及文物资源与后代共享的原则。这既是可持续发展的科学态度，也是一种更高的道德要求，我们在这点上应有充分的认识。

五、质量意识与博物馆总量目标

我国现有博物馆约1800座，这个数目怎么看？我们不能以人均享有博物馆的数字与博物馆发达国家进行横向比较，这是脱离实际的。英国2.6万人享有一座博物馆，美国2.9万人享有一座博物馆，而我国约有70万人才享有一座博物馆。从人均数上说我国是太少了，但从绝对数上说我国博物馆数仅次于拥有3000座博物馆的日本，已高居于亚洲第二。所以制定博物馆持续发展总量目标时，应以本国的博物馆发展的历史进程为依据。我国现有的1800座博物馆，其中3/4是"三中全会"以后发展起来的。十几年间，我国新建1000多座博物馆，可见其速度之快。而速度过快必然引起人们对其质量的担忧。因为建立一座博物馆需要相当长时间的科研准备，藏品准备和建筑准备，博物馆是以文化精品为基础的永久性机构。国际博物馆对博物馆定义中规定"博物馆是一个不追求盈利、为社会和社会发展服务的公开的永久性机构"。这些年，我们比较重视"不以营利为目的"的规定，而对永久性机构的规定注意不够。其实不以营利为目的是一切公益机构的通性，而永久性机构才是博物馆之个性要求。

文物是要求永续存在的，不能放在一时存在的机构中，而必须收藏进可靠的永久性机构中，这个永久性机构就是博物馆。我国大部分博物馆没有够得上称为永久性的库房。严格地说，没有永久性库房的博物馆是不够格的。作为博物馆应该有一定数量和质量的藏品，有永久性的建筑和机构，有一定数量的专业人员，定期陈列展出和服务社会。用这些最起码的条件衡量，我国很大一部分博物馆是达不到的，或者是缺项的。因此，从总体上说我国博物馆的质量是有缺陷的。我们必须树立博物馆建设的"质量意识"，下大力提高现有博物馆的质量，在制定博物馆持续发展的总量目标上，应以提高现有博物馆质量为主，适量发展缺项的、新类型的博物馆。到本世纪末，我国不达标的博物馆应该普遍达标，我国博物馆的总体质量应上升到一个新的台阶。

六、文物收藏与文物享用的双重目的

博物馆具有文物收藏与文物享用的双重目的。博物馆收藏的意义在于使用，但使用并不是博物馆收藏的全部意义。除了使用，博物馆收藏的本身也是目的。我们对为收藏而收藏的目的强调得不够。我们既要看到为使用而收藏的目的，也要看到为收藏而收藏的目的；我们既要看到文物为今天、明天以至子孙万代的使用的意义，也要看到永远保存人类文化足迹不使之消失的意义，既要看到使用文物产生的社会效益，也要看到保存文物使之永续存在也是一种社会效益。因此，应该说，博物馆具有使用与收藏同等重要的双重意义和双重目的。我们在制定博物馆持续发展战略时应把文物收藏与文物使用放在同等重要的位置上。

在收藏方面，由于经费和库房条件的限制，文物征集工作必须制定有限目标。博物馆应根据本馆性质确定征集的方针和范围，把有限的经费集中使用到对本馆最有价值的文物征集上，而不要盲目滥收，范围过宽。前些年美国一些博物馆由于收藏过多过滥，库房爆满而不得不重新明确收藏宗旨，缩小收藏范围，剔除非本馆宗旨之藏品。为了纠正无计划收藏的弊端，美国有的学者提出物品只有在将来得以利用的条件下才予以收藏的观点。有的学者甚至主张：只有在一个博物馆具备收藏某物的主客观条件下才能入藏该馆。所谓主观条件是指本馆的专业人员是否具有保存和研究该物的潜在能力；客观条件是指保存该物的物质条件。不具备以上两个条件，即使该物是某馆多年求之不得之物也不应入藏。可见入藏的主要根据不是需要而是可能。这种观点也值得我们借鉴。我国博物馆在开展征集工作时要避免国外博物馆所走过的盲目收藏的弯路。

为了走可持续发展道路，我国对现代、当代文物的征集收藏应予以特别关注。这是由于现代、当代社会发展很快，变动频繁，物品的消失呈加速度趋势。加之人们对现、当代文物远不如对古物关注，因而出现了时代越近，物品淘汰率越高，文物幸存率越低的现象。十年前长沙市发动周边18个乡征集50年代土改文物，竟连一张土地证都找不到，而20年代农运中的红缨枪却不难找到。可见文物的时间越早越能得到更好的保护。为了博物馆收藏的可持续发展，必须加大现、当代文物的研究、宣传，增加经费投入，使现、当代文物在全国文物总量中的份额逐渐由约1/3上升到约1/2。

文物使用方面，要提高文物使用率，更好地发挥博物馆社会效益。我国博物馆文物的使用率与国外相比差得太远。卢浮宫拥有艺术精品40万件，开辟了250多个展厅，经常展出20万件而且定期更换，藏品使用率达3/5。艾尔米塔什博物馆收藏艺术品300万件，开辟了400多个展厅供藏品展出。我国故宫博物院藏品百万件，只有10余个展厅，展出文物不足1万件，占藏品总量的1%，且缺乏更换。我国博物馆文物一方面匮乏，一方面又没有充分利用，这是很大的浪费。对于馆藏量较大的博物馆应建立陈列品更新和更换的目标要求，以提高藏品使用率。

在博物馆基本陈列开放的同时，不断举办专题展览是70年代以来各国博物馆盛行的做法。临时专题展览提高了博物馆藏品的利用率，扩大了库藏品的使用面，更好地发挥了博物馆的社会效益，使博物馆更加红火地走上持续发展的道路。

七、建立国家对博物馆调控的机制

我国的博物馆大部分由国家文化部门管理，但还有相当一部分属于军队、院校、科协、政协、文联、党史办、地志办以及民政、卫生、农业、地质、冶金、铁道、纺织等政府部门，隶属关系十分复杂。国务院体制改革后，国家文物局升了格，其职权也扩大为主管全国文物博物馆事业。在统管全国文博事业的体制下，必须建立相应的管理机制去运行。主要机制当然是依法治理，通过法律、政策和政令实现统管，但文物主管部门要与归属各异的博物馆建立组织联系才能有效地进行宏观调控。我认为建立全国博物馆登记制度是可行的第一步。北京市的实践证明是成功的。北京有100多个博物馆，归属中央和地方等众多部门。北京市人民代表大会通过了北京文物局制定的博物馆登记办法并以政令公布。博物馆的申请由资格评审委员会确认后予以登记。由于登记工作是政府行为，因此颁发的博物馆证书可以作为税收和公益团体的其他优待的凭证。这一办法受到了博物馆的欢迎，北京市文物局也得以与全市不同归属的博物馆建立了初步的组织联系，并通过定期验证活动有效地调控和规范各博物馆的活动。如果国家文物局制定了全国博物馆登记法（或注册法），授权各省市进行登记注册并报国家文物局汇总公布，可能是与各地各部门建设组织关系和宏观调控的一条渠道，也是国家文物局深化体制改革的一项措施。

原文选自《博物馆的沉思——苏东海论文选》，文物出版社，1998年

论博物馆的现代化

题记

本文初始发表在 1997 年 3 月 23 日《中国文物报》上，是继《中国文物博物馆事业可持续发展战略》和《对实现文博工作两个转变的思考》两文之后，为了深化这一系列发展研究而撰写的。文中指出博物馆的现代化是一个历史进程，探讨了在这个进程中博物馆获得了那些新的内涵。着力阐述了在现代化进程中，博物馆继承了传统中的哪些精华，使现代化与历史有机地联系起来了。文中还回答和澄清了博物馆现代化与现代科学技术知识的关系问题。《中国博物馆》1997 年第 1 期发表此文时，笔者在理论阐述和经验论证上作了较大的充实。

中国正在向社会主义现代化迈进。中国的博物馆也在从传统博物馆向现代博物馆转变之中。现就博物馆现代化的几个基本问题做一些论述。

一、博物馆现代化是一个历史进程

博物馆的发展是随着社会生产和社会生活的发展而发展的。有什么样水平的社会生产和社会生活，就有什么样水平的博物馆。博物馆的职能水平、思想水平和科技水平是和它所处的社会的历史阶段相适应的。从奴隶社会、封建社会发展起来的原始的、古代的博物馆是古代文明的产物，是以私藏珍品为主体的博物馆水平。从十五六世纪的文艺复兴，十六七世纪的宗教改革和科学革命，十七八世纪的资产阶级政治革命，十八九世纪的工业革命中发展起来的近代博物馆是以收藏、科研、教育为主体的公共博物馆水平。近代博物馆是近代社会物质文明和精神文明的产物。近代博物馆发端于欧洲，逐渐发展到世界各地，形成了具有不同地域特点和意识形态特征的欧洲博物馆、北美博物馆、日本博物馆、苏联博物馆和殖民地附属国博物馆等近代博物馆系统。在第二次大战后的现代社会中，博物馆又经历了近50年的现代化发展历程，在数量上有了巨大的发展，质量上产生了重大的飞跃。现代博物馆是现代社会物质文明和精神文明发展的一个果实。博物馆从现代社会中获得哪些新的内涵呢？博物馆在现代化进程中主要的工作内容是怎样的呢？

第一，科普职能的崛起。从50年代计算机普及以后，人类迅速进入高科技时代，新知识、新技术的猛烈发展，深刻地影响着社会的经济发展和文化发展。社会迫切需要科学技术的普及，因之博物馆的科学研究职能迅速地向科学普及延伸，自然博物馆、科技馆如雨后春笋般地发展起来，全球的科技馆五分之三以上建立于50年代之后。博物馆在科普方面的价值日益为社会所重视。

第二，现代教育职能的发展。随着科学技术的迅速发展，现代社会劳动就业的知识准备已经不是一次性的学校教育所能完成的，从而产生了终身教育的迫切需要。60年代开始的作为终身教育重要内容的回归教育、继续教育、成人教育和职工教育等都在不同程度上在博物馆得到实现，同时学校教育的第二课堂的传统职能也在加强。博物馆教育在现代社会中已经成为学校教育以外的第二教育系统，成为社会大教育系统中的重要成员。

第三、与大众旅游共进共荣。随着社会生活的大幅度提高，60年代大众旅游迅速兴起。旅游的大发展驱动着博物馆的大发展，大批旅游者叩击着传统博物馆的大门，驱动着博物馆向现代化、大众化发展。现代博物馆已经与旅游事业形成共进共荣的良性关系。

第四，为环境保护服务。随着后工业社会出现的环境危机、生态危机，70年代开始世界环境事业急剧上马，成为全球关注的事业。博物馆不仅成为环境保护、标本收藏和参与教育的机构，而且出现了迎接生态文明世纪的生态博物馆、整体博物馆等博物馆的新门类。

第五、文化遗产保护的紧急任务。随着二次大战的结束，人类文化遗产在大规模建设中的破坏也是严重的。工商业的大发展、交通网的建设、城市民用住宅和公共建筑的扩大，使许多重要历史遗迹、古建筑、古墓葬被拆除平毁。美国1966年调查表明，为建设公路、民宅而将30年代进行"美国历史建筑物调查"时确定的历史建筑物拆毁了一半。在历史文化遗产迅速消失的严重情况下，挽救人类当前尚存的文化遗产已引起全球普遍重视。为此联合国发出了一系列紧急呼吁，保护文化遗产。这无疑大大提高了博物馆在现代社会中的地位，加重了博物馆承担着的历史使命。为此国际博协在几次代表大会上专题研究博物馆与文化保护问题。遗址博物馆、纪念馆在这一段时间内数量上猛增起来。

第六、为未来而征集。由于科学技术转化为生产力的周期不断加速发展，现代物品的消失极为迅速，出现了时代越近、物品的淘汰率越高、文物的幸存率越低的现象，这就提高了现代物品收藏的紧迫性。瑞典博物馆界发起了博物馆为未来而征集的运动，70多家博物馆参加这一运动，分工合作对当代生活的不同方面进行跟踪、著录。如对一个普通家庭的房屋、用品进行登记造册以便日后整体入藏。国际博协早在1986年第十四届大会上就发出"博物馆与我们遗产的未来，紧急呼吁"。1996年国际博协又把国际博物馆日的主题确定为"为未来而征集"。国际博物馆界已把文物保护的目光伸向可持续发展的未来。

总之，博物馆与上述各项现代事业的紧密结合，与上述人类各项紧迫任务的紧密结合，使得博物馆的传统形象逐渐被博物馆的现代形象所取代。博物馆作为文化遗产的保护神，异军突起的教育新天地，高档文化消费的乐园的现代形象已经树立起来，博物馆已经深深地植入现代社会之中。

二、博物馆的现代化与博物馆传统

博物馆文化是有着悠久历史传统的文化，是一种既善于继承传统又善于发展自己的文化，因此它能够保持青春常在。博物馆收藏、科研、教育三种基本职能形成文化复合体的过程就是一个不断继承、不断发展的过程。收藏职能是博物馆最古老的职能，是博物馆第一职能。到了近代科学革命兴起，博物馆成为科学标本收藏、分类、研究的基地后，科研职能逐渐成了博物馆的第二职能。科研职能的诞生并不是对物的收藏职能的否定，而是从物的收藏职能中衍生出来的。科研职能的出现是以第一职能物的收藏为基础产生的。社会发展需要科学技术，但科学技术在博物馆这种文化体中生根，离开了博物馆的物是不可能的。物是博物馆的科学信息的载体，离开了博物馆收藏的物就没有博物馆科研的特色，也就失掉了博物馆作为科研和科普基地而存在的特殊价值。博物馆教育作为博物馆第三职能的出现，固然是18世纪工业革命后教育普及运动的产物，但它不是凭空植入博物馆的，它是博物馆第一、第二固有职能的延伸，博物馆教育是一种围绕着物化的教育，只有紧紧围绕着物，博物馆教育才会呈现异彩。博物馆三种基本职能的依次出现并构成统一的文化复合体的过程，体现了博物馆始终保持着继承和发展的合理关系，从而使博物馆得以千百年的延续下来，有着不衰的生命力。

正确对待传统是至关重要的。传统既不是一块完整的美玉，也不是一个沉重的包袱，传统是一种客观存在。它既有精华也有糟粕，既有历史继续发展的立足点，也有历史将要抛弃的陈迹。当公共博物馆出现的时候，它既继承了古代博物馆收藏珍品的传统职能，又抛弃古代博物馆"密藏"的消极因素，因而得以开始博物馆社会化的新进程。由此可见对待传统的正确态度应该是研究传统、分析传统，取其精华、弃其糟粕，把传统中最有价值的东西提取出来，与未来相衔接，这就是对待传统的历史主义态度和方法。

什么是博物馆中最核心的精华使博物馆得以生生不已的呢？我认为博物馆

是一个物质世界，是一个有特殊价值的物质海洋，博物馆最本质的特征就是物质特征。博物馆是以收藏珍贵物为开端的，近代博物馆继承并发展了博物馆的物质特征，从博物馆物质特征中引出科研职能，扩大了博物馆物的古老的传统概念。当科研职能在博物馆出现时，博物馆收藏的标本、科学实验仪器、各种科学技术装置、古代科技的遗物等都扩大了传统的珍贵物的概念。赋予了博物馆收藏物以新的内涵，从而使科研职能在博物馆中扎下根来。十九世纪博物馆教育职能的出现又一次扩大了博物馆物的概念。过去参观博物馆是在库房中进行的，后来由于教育普及的社会需要，博物馆开辟了陈列室，按照历史顺序或逻辑顺序把藏品组合起来进行展示，这就形成了教育行为，带来了博物馆教育职能的诞生，博物馆教育继承了博物馆传统的实物特征，又把单个的物发展成为有主题组合的物群，这就又进一步扩大了和发展了博物馆物的概念，进一步丰富了博物馆实物特征的内涵。到了十九世纪末，博物馆三种职能已经完备起来，成为以博物馆实物为特征的文化复合体。

博物馆之所以能以实物为特征生成多职能的复合体，是和诞生它的那个时代的社会先进思潮相联系的。在否定神权的思想解放中、在近代科学的建立中、在工业革命的发展中，十七八世纪的唯物主义和十九世纪的早期实证主义是其中的思想基础。这种当时是先进的哲学思想推动了社会前进，也为近代博物馆的诞生以及博物馆价值的实现提供了思想基础，因之博物馆也进入了社会进步文化的行列，得以朝气蓬勃地发展起来。今天，虽然博物馆的唯物主义本质和实证方法已经不够用了，但其合理的内核仍在作为传统中的积极因素被继承下来。

在二十世纪的现代社会中，博物馆的物质特征继续沿袭下来。博物馆物的概念在社会发展中又有了新的发展。什么是博物馆现代化进程中获得的新内涵呢？从传统意义上讲博物馆物都是占有三维空间的实物，这一概念已被突破，二维空间的实物、无形实物都已被视为博物馆的物而收藏。如占有二维空间的原版照片已成为博物馆收藏的一个重要门类；无形的声音的文物价值已被人们认识，博物馆开始收藏历史声音；无形的民俗、有形的民俗文物，被誉为活化石的某些民族舞蹈，传世的古科技工艺等都已成为博物馆的收藏物。现代文物概念仍在不断扩大，七十年代从国际博协独立出去的国际古遗址理事会，就已经把环境内涵注入到了古迹、建筑群、遗址的概念中。八十年代文化遗产和自然遗产还被视为不同的遗产领域，到了九十年代，自然遗产也被视为文化遗产而统称世界遗产了。文化遗产的概念日益把环境涵盖进来，这是人类环境意识加强和文化遗产概念放大的一种体现。显然博物馆实物的传统概念已经不够用了。国际博物馆学术界正在研究重新界定博物馆实物概念。1994年在北京举行的国际博物馆学委员会年会上重点议题就是"实物——资料"，会议对扩大了的实物概念及资料概念，对事物及实物概念进行了辨析，对社区的概念进行了探讨，这些研究对理解博物馆物的现代含义是有帮助的。所有上述放大的物的概念都没有离开博物馆的物质特征，是博物馆物质特征的新发展。更值得提出的是在博物馆的先进思潮中，不仅扩大了博物馆物的内涵，而且在探索着博物馆物质概念的升华。博物馆物质中的精神含量日益为人们重视就是一种倾向。例如，国际博物馆学委员会前主席冯·门施就认为博物馆的本质是博物馆物携带的信息。我在拙著《中国博物馆的哲学》中论述的博物馆价值观就是阐述的博物馆物的精神价值。七十年代发起的新博物馆学运动和生态博物馆运动所追求的博物馆的整体化、社区化、民主化，无疑是先进的。可惜这些运动的倡导者一开始就以先锋派的姿态充满了对传统博物馆的否定，宣称生态博物馆在空间上、时间上、人与自然的关系上、管理者上都与传统博物馆截然不同。对传统的虚无主义使他们如无根的浮萍一样飘浮不定。1993年2月我与冯·门施的一次学术对话时，我们共同批评了新博物馆学运动对传统的错误态度。冯·门施说："我个人同意新博物馆学运动把博物馆的物置于社会广泛联系之中，但新博物馆学否定传统的功能我就不同意了。实际上新博物馆学最有市场的是在社区博物馆。"我说："我认为新博物馆学运动最大的贡献在于它有勇气去否定传统，而它最大的失误也在于否定传统，因为它对传统不是批判地继承而是简单的抛弃。"如果他们能够克服对传统的虚无主义，他们将会是博物馆的未来。近几年来，新博物馆学运动与博物馆学界的主流派在理论上有所接近，1995年国际博协十七届大会期间，两派还进行了学术合作，共同主持了"博物馆与社区"为题的联席会议，并就博物馆学与新博物馆学的理论界限和结合点进行了探讨，这是令人鼓舞的。

中国博物馆传统中最积极的因素是使命意识。中国近代博物馆诞生于国家民族沦为半封建半殖民之际，救亡图存是历史的使命。中国近代第一座博物馆就是把开发民智、救亡图存作为建馆宗旨的。中国博物馆一直是使命型的博物馆，强烈的使命意识一直是中国博物馆传统中最有继承价值的积极因素。当前，我们正在把这种传统与建设有中国特色的社会主义的使命衔接起来，以为人民服务、为社会主义服务为宗旨，建设和发展我国的现代化博物馆。

三、博物馆现代化与现代科学技术知识

博物馆的现代化不仅表现在博物馆宗旨、思想的现代化，而且也表现在对现代科学知识、现代技术知识的运用上。

首先是运用现代管理思想和管理方法管理博物馆。第二次世界大战后的二三十年间，管理思想和管理科学有了很大的发展，出现了以经营管理为主题的组织管理学和以人为对象的行为管理学，不断提高了对物的管理的科学水平和对人的管理的科学水平。国际博物馆界早在六七十年代就有越来越多的人呼吁博物馆应具有"人的属性"，日本著名博物馆学者鹤田总一郎提出了人与物的结合是博物馆发展方向的观点。博物馆从见物不见人到人的发现，这是博物馆管理思想的飞跃。从管理人到服务于人这是又一次飞跃。越来越多的人认为博物馆应作为"社会武器"积极服务于社会的发展，进而产生了1974年国际博协新章程中鲜明标示的博物馆是"为社会和社会发展服务"的机构。1974

年以来，自觉为社会和社会发展服务就成了国际博物馆界公认的现代博物馆的宗旨，也成了博物馆现代管理的总目标。西方博物馆服务意识的强化和服务战略的展开，使博物馆在社会效益和经济效益上都有很大的收获。目前博物馆现代化管理的程式化、科学化已达到相当高的水平。为了促进博物馆现代化管理的普及，国际博协建立了培训委员会，有很大的投入。我国博物馆的管理正从计划经济体制下的博物馆向社会主义市场经济体制下的博物馆转变，我国博物馆现代化的管理根据我国的国情，将具有鲜明的中国特色。

其次，运用现代科学知识运作博物馆业务。用现代科学知识武装博物馆的业务运作是博物馆现代化很重要的方面。传统博物馆几乎不研究观众，而现代博物馆则把运用科学方法研究观众视为博物馆社会化的首要任务。研究观众是一个非常广泛的课题，这种研究不仅针对个体观众而且要针对各种群体观众，不仅针对现实观众而且要针对潜在观众，不仅针对国内观众而且要针对国外观众。实际上研究观众就是研究社会，需要运用现代社会调查、市场调查以及教育学、心理学等学科的理论和方法，科学地把握观众的需要及其动向。在藏品研究、陈列研究上也都需要把握相关学科的最新知识和社会上的研究动态。那种孤立的藏品考证和仅为满足行业兴趣的陈列是与博物馆的现代化、社会化相距很远的。博物馆的科学研究必须打破研究的小天地，把博物馆的科学研究汇入社会科学研究的洪流之中，既保持自己的研究个性又不游离于社会之外，这样才能更好地为社会的需要服务。博物馆陈列的艺术设计应该掌握当代美学和工艺美术的新成就，运用新知识、新工艺、新材料设计制作出具有时代水平的陈列展览。

第三、运用现代技术装备博物馆。物质文明的进步表现为技术化水平的提高，人类享用技术的程度是物质文明发展水平的标志。博物馆的现代化也应体现技术的现代化，现代博物馆也应拥有与之相适应的现代技术设备。现代博物馆的管理应有高度的技术含量，行政管理应拥有更多的技术手段掌握全馆的行政运作状态。安全系统应充分运用现代科学技术，我国相当大部分博物馆的安全防范能力已达到现代水平，与全国其他行业的安全保障相比是做得比较好的。现代博物馆藏品的检索系统应该电脑化，藏品保护、保养应拥有高科技手段和装备。在陈列中运用现代科技手段加强陈列效果，已在现代博物馆中广泛地使用了。运用各种光源照明、运用光线和色彩调动观众、强化陈列效果已达到很高水平，运用高科技手段模拟陈列规定的情景、营造特定的环境氛围也有了很高的成就，这些都是博物馆传统陈列手法所没有的。但声光电及其他科技手段都不过是工具而不是作为知识载体的文物和审美载体的艺术展品本身，过重的运用科技手段反而喧宾夺主、夺去了文物固有的光彩。西方的一些博物馆专家已经呼吁在陈列中不要滥用新技术手段。我认为我们不要把"声光电"等同于现代化，不要以为"声光电"就是现代化博物馆的标志。我们的陈列既要加强科技含量，又要减少科技气息，既要运用高科技产生的奇妙效果，又要把技术手段从陈列氛围中隐去，以保持陈列固的历史风格和高雅氛围。

总起来说，一个国家的博物馆的现代化是随着这个国家的现代化的发展而发展的；一个博物馆的现代化是这个博物馆的观念现代化、思想现代化和科学技术现代化的综合体现；现代博物馆是从传统博物馆中生长起来的。

立足中国传统就是立足民族的土壤。继承传统是为了超越传统，为了走向世界、走向未来。

原文选自《博物馆的沉思——苏东海论文选》，文物出版社，1998年

中国文物博物馆事业两个根本性转变的思考

题记

1997 年 1 月 5 日《中国文物报》发表本文时题为《学习六中全会决议，开创文博工作新局面——对实现文博工作两个转变的思考》。《新华文摘》作了论点摘编发表，《文物工作》《常熟文博》等刊物全文转载，有的省市印发下属单位。《中国博物馆》1997 年第 2 期发表时，压缩了学习六中全会的部分，增加了主题的叙述。

中国共产党十四届五中全会指出，实现"九五"和 2010 年的奋斗目标，"关键是实行两个具有全面意义的根本性转变，一是经济体制从传统的计划经济体制向社会主义市场经济体制转变，二是经济增长从粗放型向集约型转变，促进国民经济持续、快速、健康发展和社会全面进步"。据此，我对中国文物博物馆事业实现两个根本性转变进行了一点思索。我认为在国家现代化建设的进程中，文博事业也应该：一、实现现代化，从旧的管理模式向现代文博事业转变；二、实现社会化，从封闭、半封闭状态向社会充分开放转变。现就这两个根本性转变，简略地陈述一下我的思考。

一、从旧的管理模式向现代文博事业的转变

1. 观念上的转变

什么是中国文物博物馆的传统？我认为我国的文博事业存在着三个传统来源。我国古代的金石收藏传统和字画收藏传统是我国文博事业的第一传统。二三十年代中国考古事业的兴起和中国博物馆事业第一个发展高潮的到来，两者有密切的关系，考古事业与文博事业共进共荣形成了我国文博事业的第二传统。50 年代从苏联引进了文博事业的管理模式及其指导思想，从形成了我国文博事业的第三传统。这三个传统至今仍然在决定着我国文博事业的面貌和脉搏。这些传统是在中国的土地上形成的，是中国文博事业继续发展的基石。但是我们不能停留在传统上。文物博物馆事业如何从计划经济体制下形成的模式、面貌转变成为具有时代特征的现代化的文博事业，跟上国家的改革和发展的时代步伐，这是摆在我们面前不容迟疑的使命。

西方博物馆在现代化的进程中也经历了与社会发展同步的若干阶段。西方的传统博物馆在六七十年代大发展中逐步被赋予了更多的当代特征。博物馆在 50 年代兴起的科学技术革命中，在 60 年代兴起的成人教育热潮中，在 70 年代兴起的大众旅游洪流中，以及在 70 年代急剧上马的环境保护事业中，都与之形成了共进共荣的密切关系。从而大大改变了博物馆的古老形象，更深地融入到了国家和社会的生活之中。80 年代联合国发出的保护世界文化遗产的一系列紧急呼吁，整体博物馆、生态博物馆、社区博物馆的出现，以及为未来而征集的运动等，更使文物博物馆事业给人以超前的印象。

因此，我认为文物博物馆事业的现代化不是什么声光电的问题，而是紧追时代，赋予时代内涵的问题。我很同意国家文物局张文彬局长在一篇导向性文章《搞好文物工作，弘扬优秀文化》中所说的"关键在于文物工作能否适应时代要求，赋予文物以时代意义"。我们必须从观念上提高向现代文博事业进行转变的认识。

2. 文物概念的转变

从传统意义上讲，文物都是占有三维空间的物，没有不是物的文物。现在，文物的物的概念正在被突破，正在不断扩大，正在获得新的内涵。

100多年前照相技术问世后，留下了许多珍贵镜头。照片比绘画能更原状地保留历史，因此原版照片的文物价值逐渐被人们认识，成为现代博物馆收藏的一个重要门类。录音技术虽然一百多年前就已问世，但人们最近才认识声音的文物价值，有些现代博物馆开始收藏历史声音。我国建立现代民俗学有80年的历史了，但民俗与民俗物品作为无形和有形文物予以保护、收藏和展出在我国才开始不久。传统工艺，被誉为活化石的民族歌舞的文物意义也逐渐被人们认可。所有这些被扩大了的文物概念都应该尽快地进入我国文博事业管理的视野。

显然文物的传统概念已经不够用了。国际博物馆界正在研究重新界定博物馆实物的概念。1994年在北京举行的国际博物馆学委员会年会上重点议题就是"实物——资料"。博物馆实物不仅是指占有三维空间的实物，还包含二维空间的实物和无形实物。会议对扩大了的实物概念及资料概念进行了辨析，对博物馆物的形成及其相关问题进行了深入探讨。这对我们认识文物的现代含义是有帮助的（会议主要论文中译文载《中国博物馆》1994年第4期）。

值得进一步注意的是文物的概念仍在不断扩大。70年代从国际博协独立出去的国际古迹遗址理事会，就已经把环境内涵注入到了古迹、建筑群、遗址的概念中。80年代文化遗产和自然遗产还被视为不同的遗产领域，到了90年代自然遗产也被视为遗产而统称世界遗产了。文化遗产的概念日益把环境涵盖进来，这是人类环境意识加强和文化遗产概念放大的一种体现。

3. 管理体制上的转变

新闻出版署长于友先在《出版工作如何实现两个根本性转变》一文中提出向有中国特色社会主义新的出版体制转变和向加快出版经济增长方式转变的思路，其中第一转变与我在中国博物馆中高级管理人员国际研讨班讲授的《中国博物馆管理学引论》中有关博物馆管理改革的思路有相似的考虑（讲课提纲载《中国博物馆》1994年第3期）。我国现行的文物博物馆管理体制已经运行了40多年，形势逼迫我们不得不加速改革的步伐。这里仅就文博事业管理体制和运作机制中几个问题谈一谈认识。

（1）定位 国务院机构改革后，国家文物局在国家机关中的地位上升了一格，进入了国务院直属局的行列。这与许多国家相比，我国国家文物局在中央政府中的地位算是比较高的了。国务院直属局的设置多是适应现代事业发展的需要，如国家环保局、国家旅游局、城市建设局等。国家文物局跻身于现代事业的直属局中，很需要摆脱古物管理部门的传统观感，树立行业的现代形象和现代品格，才能与其他现代行业的管理局并驾齐驱。地方文物管理部门的地位目前还没有统一的定位，有高有低。我认为应像国家文物局在中央政府中的地位那样在地方政府中获得相应的定位，并从体制上理顺各机构的关系。

（2）职权 国家文物局升格后，其职权界定为主管全国文物博物馆事业，从而涵盖了全国的文博行业的管理。实际上国家文物局在这方面的职权并不是很完整的。首先，博物馆还分属于一些不同的行业，实行着多头管理的局面。其次，按现代文物概念应该包括可移动和不可移动的文化遗产及其环境，其中有一部分职权是与城市建设环境保护部、国家城建总局、民政部等部门共有的。如对历史文化名城的管理、对烈士陵园的管理、宗教建筑的管理等。为了克服职权的分割，意大利建立了文化和环境财产部，挪威的国家文物局隶属于环境保护部等。这种机构和职权的配置都是着眼于扩大了的现代文物概念的管理。我国目前仍应以行业之间的协商来协调职权的贯彻。因为文博事业相对来说是个队伍较小的行业，有待于事业有了较大的发展，行业队伍有了相当规模后，才有可能更充分地管理文化遗产及其环境。

（3）机制 文博事业向现代化转变中，重要的是建立依靠专家的机制和依靠宣传的机制。文物博物馆事业是专业性很强的事业，没有任何行业像文博事业这样广泛地运用着自然的和社会的、理论的和技术的，以及无所不包的物种的知识。因此其主管部门不同于一般的行政部门，它需要动用很专门而又很广泛的知识来支持其行政领导，所以如何运用专家知识是各国文物部门都面临的问题。有的国家当作体制问题来解决，如意大利的文化和环境财产部就在机构编制内设置以部长为主席的委员会（各方代表及专家）和各中央局（相当业务行政司），并设置中央学会（专家组成），以实现行政管理与专家管理相结合的体制。更多的国家则在行政机构外建立非政府的艺委会等专家组织，达到依靠专家知识的机制。我国在体制格局已定型的情况下，可以把专家协助作为机构来运行，建立行政管理与专家协助相结合的机制。目前，国家文物局建立的各专家组发挥了一定的作用，依靠专家的机制已经拥有了良好的开端。根据我国的国情，我们不能照搬国外的行政管理与专家管理结合的机制，而是实行行政管理与专家协助相结合的机制。我国政府体制的改革不是削弱政府而是强化政府的领导职能。行政领导要尊重专家的知识，专家要尊重政府的行政权威。属于政府的行政运作，专家不要越俎代庖，以免政出多头。

文博事业管理向现代化转变中建立的另一个重要机制就是宣传机制。管理中要更多地依靠传媒的作用。事业发展、队伍扩大后，领导部门要实现政治领导、思想领导、业务领导，其意图最迅速及时、准确无误地传达到各级领导和行业全体的方法就是充分利用现代传媒工具。要向社会广泛宣传文博事业的发展，树立文博事业的现代形象，与社会建立最紧密联系的方法也是充分利用现代传媒的工具。为此建议在国家文物局成立宣传领导小组，强有力地推动对文博事业的宣传。对行业内的报刊、社会上的各种传媒体都应充分使用。发挥宣传的威力，最快地提高行业质量和行业声势。

二、从传统事业向社会化事业的转变

文物的收藏，鉴赏和展示，历来是一种高档的文化行为。这种文化行为需要一定的知识背景作基础。因此文物收藏者和博物馆的自发观众历来是相当小的社会群体，文物博物馆事业传统的服务对象是相当有限的。博物馆要实现为全社会服务的宗旨实际上经历了一个相当长的进程。西方博物馆从宫廷收藏转向公共博物馆为起点开始了社会化进程，但100多年来它的观众的主体始终是有限的知识层面。一直到1974年国际博物馆新章程的问世才标志着西方博物馆从自发社会化转到了自觉社会化的阶段。这一认识的飞跃开始于1971年国际博物馆第九次大会。这次会议破天荒地提出了"为当代和未来的公众服务的博物馆"的会议主题，表现了对博物馆基本职能认识的重大变化。1974年第十届国际博协大会制定了具有里程碑意义的新章程，重新界定博物馆宗旨为"不追求营利，为社会和社会发展服务的公开的永久性机构"。在服务社会的思想指导下，这些年社区博物馆、生态博物馆、整体博物馆、无围墙博物馆等向社会推进的形式，以及从科学文化的教育内容向社会思想教育的内容延伸的趋势，都表明了国际博物馆界在现代化的同时正在向社会化推进，博物馆正在更深入地植入社会。

我国博物馆在社会化的进程中是得天独厚的，因为我国有"为人民服务"的革命传统，有自觉服务社会的意识。中华人民共和国建国初期，为了配合全社会的思想改造运动和恢复生产的紧急任务，文博界提出了"为政治服务，为生产服务"的基本任务。1956年中央提出向科学进军的号召时，全国博物馆工作会议上提出了"为科学研究服务，为广大人民服务"的基本任务。之后一段时间为阶级斗争服务，为工农兵服务成了文博工作的主题。"三中"全会以后，根据1982年新宪法的精神，文物博物馆事业的基本任务确定为"为人民服务，为社会主义服务"。十四届六中全会进一步申明了"为人民服务，为社会主义服务"是一切文化事业的方向。这就进一步为我们指明了文博事业社会化的方向。现就博物馆进一步向社会化转变的问题谈一点认识。

1. 参与重大的社会思想教育

应该说我国博物馆是比较"讲政治""讲正气"的。但是我们的陈列展览还停留在说教式的、图解式的阶段，还不善于充分发挥博物馆文物语言特有的魅力和作用。早在1956年苏联博物馆代表大会上，苏联博物馆界就开始批判了陈列中的庸俗社会学现象。这次会后，图解历史的现象减少了，实物说话的陈列指导思想发展起来了。我国博物馆在参与社会思想教育中，不仅要选准好的思想主题，而且要充分发挥别的宣传教育机构不可比拟的文物优势及其特殊感染力，使我们的教育服务更上一层楼。

1994年爱国主义教育提纲颁布后，文博界运用文物参与社会主义精神文明建设逐渐发挥了更现实的社会效益。"孔繁森""红岩魂""反腐倡廉"等一批展览的轰动效应，表明了社会现实题材是博物馆教育切入社会的重要突破口。运用博物馆文物参与社会思想教育使博物馆更深地融入社会生活之中，从而获得无穷的生命力。

2. 推出精品奉献观众

博物馆要更好地为社会和社会发展服务，最重要的任务是把最好的文化产品奉献给观众，这就是精神文明建设决议所提出的精品意识。博物馆本身就是文物精品的总汇。世界上许多大博物馆都是以其馆藏精品而驰名于世的。小馆也不一定没有镇馆之宝，问题是树立了精品意识，博物馆的搜集工作就有了奋斗目标，博物馆馆藏的质量就会因之而提高。

一个陈列或展览精品的问世，是这个博物馆藏品水平、科研水平、设计水平、制作水平达到相当水准的体现。如同企业创造名牌一样，是全体职工总体实践的结晶。因此真正的精品是不会太多的，只有得到社会的公认才会产生真正的精品效应。博物馆有了精品意识就有了全馆为之奋斗的目标，为之奋斗的凝聚力。大馆可以出精品，小馆也可以出精品。精品不在其规模而在其质量。有很深思想内涵和很精致的形式设计的微型陈列、微型展览同样是精品，同样是大小博物馆都可致力的目标。

为了出精品，首先要从把最好的陈列展览奉献给观众做起。如果一个博物馆不论基本陈列还是临时展览，都抱定把最好的产品给观众的决心，那么它就已经实现着为人民服务的宗旨，它就已经在为社会做贡献，而且它就一定能在不断提高中达到精品水平。

3. 扩大开放，服务社会

博物馆向社会开放，实现社会化过程中，一个十分重要的方面就是博物馆资源的社会共享。博物馆拥有的文物资源是全社会的财富，理应为社会所共享。博物馆不仅通过陈列展览、出版物使馆藏文物为社会所享用，而且应该扩大开放把库藏文物尽可能地提供给社会，更大地发挥文物的社会效益。文物资源社会共享是博物馆为人民服务的宗旨所决定的，是精神文明建设所要求的。但是文物社会共享是一个复杂的工程，需要有相当的业务基础和现代技术基础。我们必须加倍努力，在向社会化转变的过程中促其实现。

原文选自《博物馆的沉思——苏东海论文选》，文物出版社，1998 年

中国文博事业深化改革刍议

题记

1996 年我根据"九五规划"精神写了两个根本性转变的战略思考。事过三年,改革进一步深化,在制定"十五规划"时,提出结构改革和企业重组作为攻坚方向。文博事业的改革也进入攻坚阶段。为此我撰写了《中国文博事业深化改革刍议》,载于 1999 年 10 月 23 日《中国文物报》。

改革开放以来,文博界经历了思想的解放和实践的努力,取得了事业改革的第一批成果。在体制的改革、业务的改革、经济的改革和自身的精神文明建设上成绩显著。随着社会的不断进步,文博界有待向深层改革推进,有待改革的深化。

深化改革就是攻坚。攻坚就是攻破传统管理最坚硬的弊端,针对弊端中阻碍前进最核心的部位。这就不仅要有愿望而且要有创新。攻坚最主要的就在于创新意识的觉醒、创新能力的出现、创新方法的形成。文博事业的创新理所当然地应该提上深化改革的日程。以创新的精神和创新的方法推进文博事业的改革和发展,我认为可以从以下几方面切入。

一、大兴调查研究之风

深化文博事业的改革,首先必须深化对自己的认识,深化对周边行业的认识，深化对社会乃至对世界的认识。这就需要大兴调查研究之风。我们的社会已经发生了翻天覆地的变化，社会主义市场经济的规律正在支配我们的生活。我们周边的那些行业，像图书馆、档案馆、其他文化事业是如何深化改革的，我们应该学习和借鉴；像教育事业、科技事业、旅游业、环保事业是如何深化改革的，我们也应该学习和借鉴，以扩大我们的眼界。更重要的是到我们事业的地方和基层向实践学习，向群众学习，进行调查研究。只有深入才能真正发现问题，才能真正找到解决问题的方法。联产承包不是挽救了濒临崩溃的农业经济了吗？办法就是从群众中来的，我们要深化改革，办法不是靠拍脑袋，而是要靠深入下去调查研究。

调查研究不仅是中国共产党的优良传统，而且更是马克思主义世界观的体现。恩格斯在《反杜林论》这本阐述马克思主义基本原理的经典著作中，提出的第一条原理就是：一切从事实出发而不是从原则出发。我们要深化改革只有遵循这条原理，从调查研究入手，到实际中去发现问题，解决问题。就如同1961年大兴调查研究之风那样，领导带队深入下去，因而各个领域都总结出了许多条宝贵的经验和符合实际的做法。

二、制定凝聚全行业的战略目标

关于文博事业改革的总目标，我在1997年1月发表于《中国文物报》上的《学习六中全会决议，开创文博工作新局面——对实现文博工作两个根本性转变的思考》中提出文博事业两个根本性转变是，"一实现现代化，从旧的管理模式向现代文博事业的转变；二实现社会化，从封闭、半封闭状态向社会充分开放转变"，当时是遵循"九五"计划中关于经济体制改革提出的两个根本性转变的思路提出的。现在在制定"十五"计划了，两个转变似乎不够了，有人把四中全会提出的结构改革和企业重组作为第三个根本性转变来认识，不是没有道理的。我们文博事业的改革也必须提出能够凝聚全行业投入改革和发展的鲜明目标，这是深化改革中不可缺少的课题，必须组织力量对之"攻关"。

　　但是光有目标还不行，还必须要有与创新目标相配套的一系列创新方法。这就是"创新理论"所说的"建立一种新的生产函数"。把文博事业改革创新的总目标贯彻到实践的各个环节的创新上去，这就是一种函数关系。因此在组织力量攻研改革的总目标的同时，要把相应的管理方法的创新也提上来，形成从思想到实践，从目标到方法的一个创新系统，以与其他行业一起，汇入国家的创新洪流中去。

三、管理职能的转变

　　管理职能的转变是继机构改革后深化改革的核心问题。机构小了，人员少了，如果事情仍按原来的方法做，怎么做得好，又怎么管得了。这就是转变职能紧迫性之所在。

　　领导机构的大幅度精简是一种重大变革，因之产生的职能转变也必然是一种重大变革，需要思想上和方法上的创新。我认为以下两方面至关重要，可作为切入口。

　　1.下放审批权。现在领导部门微观决策做得多，而宏观掌握方面做得少。许多事情都要审批，唯恐下面出错。殊不知上面审得越多，下面依赖性越大，上面审批得越少，下面的责任心反倒越强。微观决策做多了势必影响宏观决策的精力，其弊端不必细说。建议国家文物局和各级领导部门在整改中把自己的审批项目梳梳辫子，能下放到哪级的就下放到哪级。这样做不仅调动了下面的积极性，对自己也促进了职能的转变和管理方法上的创新。

　　2.借重专家力量。不能说现在对专家不重视，而是要研究在领导职能转变中，如何更好地运用专家的知识和用什么方法借重专家力量的问题。我认为有三点值得注意。其一，现在运用专家知识往往是在决策之后的评估，而不是在决策之前的参与。使专家参与决策的过程而不仅仅是咨询，专家的作用才能更好地发挥出来。其二，专家要知情。知情是专家运用知识的前提，无的放矢没有多少价值。重庆文化局三峡办把每期的情况通报都报送顾问组人手一份，这是一种方法。其三，直属的学会、协会是专家学者云集的地方，对其力量的使用常被忽略。在领导职能转变中，加强运用这部分力量也是十分重要的。

在借重专家力量的问题上，我想从另外一个角度谈一点看法，那就是专家的知识更新问题。专家不是万能的，专家的知识也不是终极的。现在我们处于除旧布新，深化改革的关键时刻，专家需要深入研究新问题，不断充实自己、更新自己，才能不辜负事业的重托。

四、建立激励与约束机制

有市场就有价值，有价值就有追求价值的实现。单位也好，个人也好，追求的都是价值的实现。有追求就会有竞争，有竞争就会有自我完善。一个单位在竞争中自我完善的程度越高，社会对它价值的承认就越高。个人为单位贡献的程度越高，人们对他价值的承认也越高。因此应该研究和创建一种机制来激励和约束竞争，使之蓬勃而又健康地发展。这种机制要能够激励单位和个人投入竞争，还要约束竞争在道德与法的轨道上运行。我们已经有了一些方法，比如评比、表彰、奖励、职称等。这还不够，特别是人才的脱颖而出。现在也有的人才被破格使用，但靠的是伯乐。有待在整改中研制出一种可操作的机制，这也属于制度创新之列。

五、坚持为人民服务的方向

深化改革首先要讲政治。为人民服务就是政治。早在1944年毛泽东主席就提出了"为人民服务"的号召，"为人民服务"一直是党和人民军队的宗旨。1949年新中国建立后，国务院（当时称政务院）迎门的大影壁墙上就写着"为人民服务"五个大字，至今仍赫然在目。这是我们的优良传统，也是在揭示着人民政府的本质。可是这些年，我们似乎太强调管理了，有些事情光靠行政管理是约束不了的。服务是本，管理也是一种服务，如果把管理置于服务之上，那就本末倒置了。文化部孙家正部长上任伊始，首先提出的是为人民服务的问题，这是有深意的。我们在深化改革中应该把服务与管理的位置理顺，把"为人民服务"当作政治来抓，把服务喊得更响一些，做得更多一些。

这里我谈一谈博物馆的服务。国际博协自1946年建立以来，关于博物馆的定义修改了许多遍，没有提过服务二字。迟至1974年，在市场竞争日益激烈的形势下，国际博协的新定义才把"为社会和社会发展服务"定为博物馆宗旨。但这二十多年来，西方博物馆把为社会服务作为市场战略后，取得很大成功。他们在大至各种服务战略的研究，小到无微不至的服务措施都有值得我们借鉴的地方。虽然我们宗旨不同，但他们确实做得不错。不妨把我们的问题也梳理一下，从服务思想、服务态度到服务措施列出几条来，促其实现，让博物馆的精神面貌有个较大的改观。

坚持为人民服务对中国文博界来说，既是业务建设也是思想建设，既是继承传统又是改革创新，在方向问题上我们会比西方理解得更深一点，做得更好一点。

我们正在踏进21世纪。21世纪是知识创新的世纪、科技创新的世纪、经济创新的世纪，是物质生产与精神生产诸领域中广泛的创新时代。中国文博事业一定会在深化改革中跟上时代的步伐，走出自己创新与发展的道路。

原文选自《博物馆的沉思（苏东海论文选；卷二）》，文物出版社，2006年

当代博物馆发展中的几个基本问题

题记

这是我自 90 年代以来进行发展研究的一个阶段性成果，是我理论研究的一篇力作。全文 15000 字。作为 2002 年李文儒先生主编的《全球化下的中国博物馆》一书的总论而发表。

20 世纪后半叶博物馆进入空前大发展的新时期。近 60 年的发展中，博物馆经历了两次重大的战略推进，出现了两次博物馆功能的升华。第一次战略性的推进发生在 70 年代。当时博物馆在数量上迅猛发展，博物馆的社会影响扩大，博物馆的社会化进程迈入了新的阶段，其标志为 1974 年博物馆经典定义的产生。国际博物馆界第一次把"服务社会和社会发展"注入定义之中，从此开始博物馆由自发服务社会进入自觉服务社会的新阶段，博物馆的功能得到升华，从而迸发了博物馆的生命活力。第二次战略性的推进发生在 90 年代末的世纪之交。由于国际遗产界不断扩大与深化文化遗产的概念和遗产保护的范围，激发了博物馆对收藏保护遗产功能的再认识。从 1996 年开始加大了与国际遗产界的合作力度。国际博物馆协会（以下简称国际博协）改革的战略方向正向遗产保护的方向倾斜，博物馆正在更多更深地担当起为当代和后代保护历史遗产的固有使命，力求在国际遗产界继续保有中坚地位。保护遗产的战略推进，实际上也是服务社会战略推进的继续和深化。第二次战略推进刚露端倪，正处在前进之中。

本文拟对全球博物馆在两次战略推进中的实际进程，分五个方面略微加以阐述，以求教于读者。

一、博物馆与全球化

博物馆全球化与博物馆学全球化处于不同的进程中。博物馆的全球意识的起源是很早的。欧洲早期的收藏就致力于世界性。像卢浮宫博物馆、大英博物馆、大都会博物馆的收藏和展示就以包容世界各国文化而闻名于世。即使专题的传统博物馆也是放眼世界的。法国里昂的纺织博物馆收遍了世界各地两千年以来的纺织布样，多达30万块，汇成了世界纺织品的洋洋大观，成为观赏和研究纺织的人向往的去处。可以说，全球化是博物馆天然的品格。

又由于博物馆有很强的行业特征和很一致的专业行为，博物馆之间拥有共同的语言，因此国际博协在联合国行业组织中发展最快，会员最多，影响很大，被列为A级协会。国际博协1974年大会后，不仅推动各国博物馆更深入地融入社会、更广泛地服务社会，而且对自身也进行了改革。特别重要的是放宽了会员资格。过去只有馆长和学者可以做会员，新规定放宽到所有成员包括服务人员都可以申请为国际博协会员。这不仅是一个组织改革问题，实际上是使国际博协更加大众化、更贴近社会的重大举措。到2000年为止，国际博协个人会员已达13509人，团体会员1012个，116个国家建立了国家委员会。在国际博协内建立了28个专业委员会开展专业研究。在国际博协大会、地区大会和专业委员会上为各国交流和合作提供了广阔的舞台。对全球化过程中各国普遍关心的问题，会得到国际博协的帮助和指导，从而促进了博物馆的共同繁荣。国际博协本身就是博物馆全球化的一个推动者、组织者。

博物馆全球化的理论研究却是滞后于实践的。国际博物馆学专业委员会

1977年建立后，聚集了一批具有现代科学知识背景的学者，通力合作建立具有现代科学水平的博物馆学，这是博物馆理论全球化一个重要开端。十年间主要的成果是搭建起了一个涵盖全球的理论博物馆学的理论体系。迟至90年代国际博物馆理论界的学术目光才从基础理论建设转到现实课题。虽然为全球博物馆奠定学科的理论基础也是一种全球化任务，但对博物馆与全球化课题的直接研究究竟晚了一些。比起60年代经济学界、80年代社会学界对全球化的研究晚得更多了。直至1995年国际博协斯塔万格大会和1998年墨尔本大会上，全球化才开始引入大会主题。同时，国际博物馆学专业委员会1998年主题也定为"博物馆与全球化"，理论界的学术目光才聚集于全球化上。这次年会提供的主要论文有法国的马思德·布莱略的《全球化与记忆》、匈牙利的玛丽亚·比赛格的《全球化对博物馆的影响》、美国的尼可拉·莱德全的《博物馆学与全球化》、阿根廷的内丽·德卡罗里斯的《全球化与多元性：微妙的平衡》、澳大利亚的杰维·多兰的《文化特权，帝国主义与全球化》、中国的苏东海和安来顺的《国际生态博物馆理念在中国的第一个实验》、澳大利亚的康纳德·麦克米歇尔的《生态系统的全球化与自然历史博物馆》、克罗地亚的伊凡·马约维奇的《虚拟博物馆：全球化的挑战》、加拿大的彼得盖尔的《地球村中的统一与多元化》、澳大利亚的林达·杨的《全球化，文化与博物馆》、加拿大的里思·马琳达的《博物馆学与全球化——文化全球化的取代力量》等。坦率地说，这些研究还属于起步阶段，涉及的主要课题是全球化的含义、全球化的历史、全球化与多样化、全球化与本土化以及若干实例，如澳大利亚国家博物馆的文化多样化、梭嘎生态博物馆的本土化等。

我认为博物馆全球化是一个很长的历史过程，而且是一个不断磨合、不断深化的过程。近20年来，经济全球化从单一走向多元就是这一进程不断深化的结果。各国经济进展不平衡，只有尊重这一事实，全球经济一体化才能得以推进，多元的全球化才能为各国所接受。文化在全球化的进程中也是如此。文化全球化并不意味着某种文化的全球化，而是意味着不同国家、不同民族、不同地区文化上的平等对话。只有文化的平等，才有全球文化的繁荣，只有多元化才能促进全球文化的繁荣。博物馆的全球化促进博物馆的全球繁荣。1984年我国重新回到国际博协大家庭后，国际交流日益扩大，全球视角打开了我们的眼界。国际博物馆研究中的理论探索和实践课题，对我们都有很大的启发。我国在国际博协中的地位和作用日益上升。可以说我们是博物馆全球化的受益者。

全球化与本土化是从一般到具体的过程。外来的东西要在本土生根，在本土得到发展必须适合与适应本国的土壤，和本国的条件相结合，这也是一个再生的过程。所谓本国的条件也就是本国的国情。外来的东西是在本国的政治国情、经济国情、文化国情以至行政管理的国情下生存的。本土化不仅是为了行得通而且是为了做得好，这就需要创造，需要再生。梭嘎生态博物馆虽然引进的是国际的理论，但照搬外国的具体模式也不行。它必须创造出中国的特色，才能立于国际生态博物馆运动之林中。世界先进理论的本土化、本土特色不仅是对本国的贡献，也是对世界的贡献。这就是本土化之于全球化的意义所在。从另一方面说，全球化与本土化又是从个别到一般的过程。本土文化如果不推向世界，如果做不到世界共享，那它的意义和价值就有了很大的局限性。如果各国各民族的本土文化都是孤芳自赏，那也达不到世界文化的繁荣。我们既反对本土文化保守主义，又反对世界文化单一主义。全球化与本土化既是从一般到具体的过程，也是从具体到一般的过程。努力了解世界，努力参与全球化，努力了解自己，努力创造自己的特色，努力把全球化与本土化结合起来，我们就会更好地立足于世界博物馆之林。

二、博物馆与服务社会

1873年罗浮宫向社会开放，开始了博物馆社会化的进程。但是西方博物馆在漫长的发展过程中并没有真正认识到服务社会的意义及其价值。一直到

20世纪六七十年代，博物馆在大发展中产生了激烈竞争的时候，博物馆才开始认真研究社会需要、研究观众需要，把博物馆行为放到社会需要的基础上，从而逐渐形成了自觉的社会服务意识。西方博物馆从自发地服务社会到自觉地服务社会的转变，也就是博物馆服务意识生成的时间是在1971年至1974年之际。1971年国际博协第9届大会的主题是"为当代和未来公众服务的博物馆"。这个主题是国际博物馆界第一次提出博物馆为社会服务的观念，是博物馆对基本职能认识上的突破。到1974年在哥本哈根召开的第10届大会时，博物馆的服务意识更成熟了。这次大会制定的新章程中给博物馆下了新的定义。新定义写道："博物馆是一个不追求营利，为社会和社会发展服务的公开的永久性机构。"新章程破天荒地把服务社会铸入定义之中，这是具有重大意义的。国际博协自1946年建立以来对章程修改了许多次，但一直未能达到服务社会这个高度，因此可以说1974年新定义是国际博物馆界服务社会的认识从自在到自觉的标志，是博物馆服务意识生成的标志。

1974年新章程实施后，"为社会和社会发展服务"就成了国际博物馆界发展的新的战略方向。博物馆融入社会、服务社会的思想和实践日益强化起来。重要的表现有以下几方面。

1.对观众的服务意识强化了。博物馆比过去更多地关注了观众需要和参观质量。有人说，博物馆正在从物的关注转到对人的关注。这种提法容易误导，因为对人的关注并不是取代对物的关注，博物馆不关注物还叫博物馆吗？博物馆强化对人的关注是博物馆服务社会的题中之意，这些年博物馆对观众服务，从观念上到实际上有了很大的进展，在研究观众需要、服务观众上，下了很大力气，在竞争中有的甚至无微不至。在进一步深化服务上，还应该在提高参观质量上下功夫，加强陈列生态理念，努力使陈列室内的人与物与环境达到和保持合理的生态关系。

2.主张直接服务于社会和社会发展的新博物馆学运动的兴起。新博物馆学的思想倾向是从对传统博物馆及主流博物馆学的批判中诞生的，是与1974年定义的思路一脉相承的。1998年《新博物馆学》一书的主编彼得·弗格在该书的序言中指摘"旧博物馆学"忽视博物馆的目的。如果说这种指摘是指向传统博物馆还可以，如果指向主流博物馆学派则不一定恰当。1994年国际博物馆学委员会主席马丁·施尔与我进行学术对话时对我说："我不喜欢新博物馆学这个词。新博物馆学是研究博物馆一种新现象的理论，这种新现象只是博物馆现象的一部分，怎么能取代博物馆学而称新博物馆学呢？这是不确切的。"博物馆学委员会前主席冯·门施也说："我个人同意新博物馆学运动把博物馆的物置于社会广泛的联系之中，但是新博物馆学否定传统的功能我就不同意了。"以上均引自拙著《博物馆的沉思》中的对话录。我认为所谓新博物馆学是博物馆理论发展中的一种新思维，这种新思维不是偶然出现的，它是对工业社会生长起来的传统博物馆进行的一种理性反思，它是后工业化时代对工业化时代反思的思潮的一部分，这种思潮是有积极意义的。我对新博物馆学的理论勇气和探索精神是推崇的，并且一直努力去理解它的思维真谛。我在生态博物馆的实践中进一步认识了它的价值。但是新博物馆学运动正如同一切新思维一样，在起始时，在向传统发起冲击时，难免是鲁莽的、粗糙的，难免伤及传统中的精华。新博物馆学派一旦懂得传统中的精华，能够站在已有理论的基础上而不是站在被摧毁的废墟上前进的话，新博物馆学就成熟了。1998年墨尔本大会期间，博物馆学主流学派与新博物馆学派联合召开了"博物馆与社区"为题的联席会议，并就博物馆学与新博物馆学的理论界限和结合点进行了探讨。走出会场时，我问主流派权威之一的斯特朗斯基感觉如何，他说："还好，应该这样。"显然，博物馆学主流学派和新博物馆学派正在走到一起，相互汲取理论智慧。

3. 为社会服务的、小型的博物馆的大量出现。 博物馆深入社区、融入社区是博物馆向服务大众的方向推进的一个重要方面，是博物馆实现1974年新定义的一种努力。1974年以后的七八十年代，西方国家和苏联出现了大量的、各种类型的社区博物馆，以社区为中心，为社区服务。社区（community）这个词的含义比我们从字面上理解要宽泛得多。它不仅指地域而且可以指文化团体、政治团体以及一个单位社会、一个自然与人文的整体社会。1994年国际博物馆学委员会年会在北京举行，当讨论到"社区"概念时，有的学者就指出："联合国"也可以是一个社区，可见社区并不限于地域概念。苏联于70年代发展的上万座学校博物馆、农庄博物馆、工厂博物馆实际上都是社区博物馆。乡土博物馆、邻里博物馆、生态博物馆都可以纳入社区博物馆概念中。德国波茨坦一个区内就有18座小型博物馆，不仅为社区服务而且展示社区。据统计，这种工作人员不超过10人的小型博物馆在欧洲占3/4。2001年国际博物馆日的主题就定为"博物馆：建设社区"，进一步推动全球博物馆向社区进军。

4.对社区进行整体保护的生态博物馆的发展。生态博物馆是为社会和社会发展服务、为保护文化遗产服务的一种新思维、新方法。20世纪六七十年代，环境科学的崛起和生态理念的传播震撼人心，因而影响着国际博物馆界的思维。1971年国际博协第9次大会上形成了生态博物馆概念，新博物馆学的理论进一步支持和推动了生态博物馆运动的发展。第一代生态博物馆建立在法国。1974年至1979年在加拿大魁北克开辟了生态博物馆新的试验区。加拿大生态博物馆扩大到了小型社会的整体，被称为社会生态博物馆。之后，欧洲、南美洲、非洲、澳洲的生态博物馆相继出现，亚洲的日本也于90年代初建立了生态博物馆。中国第一座生态博物馆于1995年在贵州梭嘎开始建设，1997年建成开馆。现在全世界已有生态博物馆和类似的博物馆300多座。生态博物馆并没有一定的模式，它的概念在实践中不断发展。我对生态博物馆的特征提出过以下的描述："生态博物馆是对自然环境、人文环境、有形遗产、无形遗产进行整体保护、原地保护、发展中保护和居民自己保护，从而使人与物与环境处于固有的生态关系中并和谐地向前发展的一种博物馆新理念、新方法。"

5.服务社会的深化，参与社会变革。博物馆从为社会服务到为社会发展服务是服务的深化。1987年，汉考克在她的一篇文章中指出："博物馆有机会或许说有责任将其展览作为促进社会相互了解的一种工具。博物馆在举办有关社会问题展览方面，尚未充分发挥自己的作用。以社会问题为主题的展览，对社区生活来说，有着极为重要的意义，它表明博物馆与当今社会有着密切的关系。"[1]1989年国际博协亚太地区大会上，澳大利亚国家委员会主席麦克迈克尔在专题报告中提出博物馆的"社会教育"的概念。他认为博物馆不仅要参与科学文化教育而且要参与社会问题的教育，并举出澳大利亚的博物馆在提高土著文化地位、在解决土著居民土地权利等棘手的社会问题上正在做出自己的贡献。在2001年召开的第19次博协大会上进一步提出了驾驭变革的主题，这是服务社会的深化。同时博物馆学委员会召开了主题为"博物馆学与经济和社会变革：挑战与责任"的学术会议。理论家们对博物馆能否反映经济与社会变革进行了讨论。法国新博物馆学运动的著名人士安德烈·德斯沃里斯不无犹豫地说，博物馆是文化范围内的有效机构，它能反映社会经济吗？能对政治产生影响吗？至今没有几个博物馆对当权者提出质疑。但是他又说，这是很难的又是必需的，博物馆应该接触政治、经济、自然。巴西的布鲁诺·克里斯蒂纳指出，理想与现实是有差距的，我们的责任是参与经济与社会改革，但我们还缺乏一种手段、一种链条。加拿大的戴维斯·安说，博物馆必须与社会联系才能在社会变革中发挥作用。巴西的莫拉介绍加拿大历史学家、工艺学家斯马诺创办的制革经济博物馆，既保护了传统工艺又有很好的经济收入，称其为经济博物馆参与经济变革的一种试验。显然从理论上支持博物馆深化服务社会的战略努力仍存在着困难。

三、博物馆与遗产保护

人类的一切创造都是处于不断消失的进程之中，只有博物馆可以留住在消

---

[1] 见《中国博物馆通讯》1989年第4期。

博物馆历史与发展研究

269

失洪流中的一部分文物，使之得以保存下来。但是阻挡文物消失的最初屏障并不是博物馆而是社会收藏。收藏者的慧眼拂去了文物的灰尘，收藏者是使文物从客观存在发展为自觉存在的第一人，可是文物的私家收藏虽然暂时挡住了一些文物的消失，但文物的真正归宿不在私家收藏。无论实力多么雄厚的家族收藏，包括皇家收藏也不能做到永久拥有收藏文物，其收藏最终不是散失就是进入博物馆。博物馆与私家收藏不同，博物馆是永久性机构，文物在博物馆里才能得到永久性庇护而永续存在下去。正是为了文物的永续存在，文物的管理与保护才成为博物馆最先发展起来的专业。博物馆文物的科学管理与科学保护的专业程度最高，是别的机构不可比拟的，因此社会上的文物最终都会聚到博物馆。博物馆是文物最后也是最好的归宿。

可持续思想问世后，把博物馆收藏理念与收藏实践提升到新的高度。可持续发展思想是把未来的发展作为当代发展的前提来对待，这就远远伸延了人类的发展眼光，把后代的权益与当代的权益融为一体去运作，从而造福无穷。博物馆的收藏不仅是为了我们自己享用，也是为了我们后代享用。瑞典博物馆界发起的"为未来而征集今天"的运动就是可持续发展的高尚胸襟的体现。1996年国际博物馆日的"为未来而征集"的主题通知中写道："重申博物馆为了子孙后代保存文化遗产的根本使命，增进公众对文化遗产及其价值的认识，更积极地参与到博物馆保护人类遗产的事业中来。"但是可持续发展思想和道德高度不是一蹴而就的。在我国现实中不要说为后代而征集而收藏，甚至我们自己的库藏也难以为继。博物馆基础工作的地位日益下降。1989年，我在答《东南文化》记者问时说："从我国目前情况看，对博物馆收藏职能及其意义强调得不是多了而是不够，特别是为收藏而收藏的目的强调得不够。我们既要看到为使用而收藏的目的，也要看到为收藏而收藏的目的。既要看到文物为今天、明天以至子孙后代使用的意义，也要看到永远保存人类文化足迹不使消失的意义。既要看到使用文物产生的效益，也要看到保存文物使之继续存在也是一种社会效益。博物馆收藏具有使用它和收藏它的双重意义、双重目的。"2001 年 1 月 31 日我在《"为收藏而收藏"辨》一文中指出:"论者往往把收藏目的单一化,只强调使用是收藏目的而忽视了收藏自身的目的。为收藏而收藏就是为博物馆本身可持续发展而收藏。"把两个目的都还原到使用上,实际上是放弃了博物馆保护文化遗产的崇高使命。

国际遗产界对遗产保护的呼声和行动是强有力的。遗产的概念不断扩大,遗产保护的覆盖面日益扩大,国际保护遗产的联合行动日益扩大。我认为国际遗产概念的扩大化与深化以及遗产保护的全球合作,是 20 世纪人类最富有历史智慧的行动之一。博物馆曾经是保护历史遗产的本部和总汇,但是这 20 多年来联合国教科文组织站在更高的平台上组织了国际遗产界的联合行动。博物馆保护文化遗产的神圣使命的价值和地位相对降低了。这正是国际博协在世纪之交制定的改革规划中要奋起直追之处。1976 年"保护世界文化和自然遗产委员会"成立以来,纳入《世界遗产名录》的世界最著名的历史文化遗产和自然保护区已达 700 余处。1978 年在联合国教科文组织主持下,从国际博协分裂出去建立的"国际古迹遗址理事会",扩大了古迹遗址的概念和保护范围,极富成果。国际博协前副主席帕特里克·博伊兰在《国际博协五十年》回忆文章中说:"将保护世界物质文化遗产的职责人为地割裂开,是对双方力量的削弱,是国际博协成立 25 年间最严重的失误。"国际博协和这个理事会有迹象再联合起来,这将大大加强国际博协在世界遗产保护中的地位。1997 年联合国教科文组织又建立了"人类口头遗产和非物质遗产代表作"保护体制,并于 2001 年评选出包括我国昆曲在内的第一批无形遗产名录。把无形遗产涵盖在国际遗产保护伞之下,是人类对遗产认识的深刻化和保护的精细化的结果。国际博物馆界也急起直追,加大了对文化遗产的保护与收藏的力度。1998 年国际博协新的一任领导上台后,三年间"把积极组织和参与防止和打击文化遗产非法转运斗争为核心工作之一",在国际"蓝盾计划"框架内与多方进行富有成效的合作，在出版物中、在国际博物馆日的宣传中，广泛组织了博物馆界参与遗产保护的联合行动。2001年新世纪开端的国际博协大会上更进一步明确了努力的方向。在大会通过的改革计划和2001—2007年战略计划中把与文化和自然遗产部门的合作列为促进博物馆发展的"价值取向"，把博物馆被认同为保护世界文化和自然遗产令人尊重的声音，列为"战略目标"。如果博物馆界真正成为保护世界遗产中受尊重的声音，那么博物馆的保藏范围将空前的扩大。从已经明朗的实际步骤来看，国际博协正致力于把无形遗产的保护与收藏纳入博物馆的保护伞下，在章程修改中第一次把收藏和保护无形遗产列入博物馆定义的外延之中，并把"博物馆与无形遗产"确定为2004年大会主题。无形遗产进入博物馆的收藏与保护范围，无疑是极为重大、极为深刻的变革。

无形遗产，对博物馆理论界来说是全新课题，是重大的理论挑战。国际博物馆学委员会于2000年11月26日至12月5日在慕尼黑召开了主题为"博物馆与无形遗产"的学术会议。马约维奇在论文中斩钉截铁地说，首先应该接受这个观点，无形世界可以在博物馆得到管理和保存，然后发展搜集、保护、研究、交流的方法。他断言："新的千年在博物馆世界开始了一个新进程，受到无形文化历史的激励，这个进程是个很大的鼓舞，将对博物馆理论和实践产生深远影响，博物馆学以一种关于遗产的设想翻开了一个全新的篇章。"除他欢呼外，多数理论家感到理论上和实践上的困难。因为无形遗产虽然与有形遗产一样是有意义的，但无形遗产如何搜集、如何保管、如何展示、如何视觉化，以及建立无形遗产上述方面可控的方法将会导致建立另一种物质层面等，尚在争论中。不论在理论的推进中有多大困难，但有一点是清楚的，那就是无形遗产进入博物馆将从本质上扩大与深化博物馆的概念，从根本上扩大与深化博物馆物的概念，从根本上扩大与深化博物馆的收藏与展示，从而把博物馆推上保护遗产的神圣使命的新阶段。这正是国际博协致力的新的战略发展方向，也是国际博物馆界面临的凝重课题。

四、博物馆与经济

从1946年国际博协建立到1974年以前，国际博协的章程中对博物馆定义有多次修改，但从未涉及经济内涵。1974年制定的新章程第一次出现了经济内涵。新定义开宗明义地写道："博物馆是一个不追求营利、为社会和社会发展服务的公开的永久性机构。"在定义中加上经济定性是由于美国代表强烈主张的结果。美国是市场经济最发达、税制最严密的国家，对非营利有精确的衡量标准。为了有利于认定博物馆的公益性质，大会接受了美国的建议，在定义中表达了非营利性质。在博物馆定义中加上经济表达对博物馆的性质及其存在和发展产生了现实的和深远的影响。事实上，西方博物馆受政府经济政策变化的影响是很直接的。1979年，从美国开始的不景气席卷了整个西方世界，政府和民间对博物馆的财政支持猛烈削减。1979年，英国保守党撒切尔夫人上台，大量削减福利经费，连大英博物馆的财政预算都被削减了30%。报纸报道，由于经费短缺，下雨天该馆用馆藏金盆接屋顶漏水。1980年，美国共和党里根上台，让博物馆自找出路，连大都会博物馆都开始经商。报道说，美国博物馆陷入饥一顿饱一顿的状态。法国政府削减博物馆拨款，连罗浮宫都在出租场地。荷兰政府文化部发出备忘录要求博物馆加强创收活动，等等。博物馆不得不加大市场经济行为，如举办临时展览刺激观众"新兴趣"，以增加门票收入，美国史密森学会博物馆设立了展览经营部。扩大博物馆商店是创收的重头戏，有些博物馆的商店占博物馆一层楼，美国大都会博物馆的商业收入占博物馆预算的一半。餐饮服务也是重要的创收渠道，加拿大安大略皇家博物馆的咖啡座就设在序幕大厅里。博物馆设立了公关部捕捉各种创收信息，方法不一而足。博物馆的营利行为危及博物馆的定义，于是国际博协的理论家从理论上予以解围。国际博物馆学委员会主席冯·门施说，我们把不追求营利界定为"博物馆不是为了营利的机构，但并不一定不是一个非营利机构"。这一界定为博物馆的创收开了绿灯。1989年在海牙举行的第15届大会上做了相应的修改，把"不追求营利"解释为"不以营利为目的"，只要不把营利作为目的就可以了，当然还有一些约束，如创收不同于商业收入，它的收入不能转为股票也不能转为职工收入，只能用于博物馆的发展。到了90年代，美国民主党的克林顿、英国工党的布莱尔、法国社会党的若斯潘、德国社民党的施罗德、意大利左翼民主党的达莱马等中左政党人物上台，福利拨款增加，西方大国博物馆的日子好过了一点。十年河东十年河西，世纪之交这些国家的右翼政党又纷纷上台。这使博物馆明白一个道理，那就是博物馆的经济能力要靠增强自身活力，而增强自身活力必须在定义的范围内和职业道德准则的规范下进行。经过不断地改进，西方博物馆的创收行为，例如博物馆商店，越来越符合博物馆的高尚品格和文化个性。这样做反倒获得更大的经济效益。比多找钱更重要的是花好钱，比扩大财源更重要的是博物馆的经济管理。博物馆的领导中增加了具有经济头脑的馆长，加强了成本核算，这就逐渐地接近了创建博物馆经济学的层面。

80年代末，我国博物馆界正在开展博物馆管理的讨论。1989年，我在回答《东南文化》记者访问时，提出来建立博物馆经济学的想法。当时苏联盛行的非生产领域经济学对我很有启发。非生产领域经济学是讲科学地制定各个非生产领域的发展规划，探索合理分配和充分利用国家资金的规律。这种研究还派生出"科学经济学""教育经济学""文化经济学"等学科。我国对艺术经济学的研究已经起步，出版了《艺术经济学概说》《艺术经济学参考资料汇编》等著作。我国博物馆迫切地需要关注经济、研究经济。因为我们既不善于创收又不善于开支，资金严重匮乏又严重浪费，这不仅是因为吃皇粮造成的，也因为我们不懂经济。1997年9月，在学习邓小平社会主义初级阶段理论时，我又提出建立博物馆经济学的呼吁。没有经济学的武器，科学管理是上不去的。

建立博物馆经济学并不是建立博物馆经济的通论，而是建立适合我国经济环境的中国博物馆经济学。市场经济十分发达国家的博物馆经济学对我们不大好用。1994年国际博协培训委员会和中国博物馆学会联合举办的中国博物馆高级人员培训班上，荷兰教授讲的博物馆市场调查和成本核算课程，让中国学员感到隔靴搔痒。实际上，经济学是围绕不同经济现象和经济实践需要而建立的多种经济专论，并没有一种通论，所以有人说经济学无学。我们不可能建立一般博物馆经济学，我们要建立的是根据我国经济环境和实践需要的博物馆经济学。把外国的博物馆市场学、营销学搬来很难照办。美国早在20世纪初就有了市场学专著，而我们现在是向社会主义市场经济转轨的坐标上。我们的经济问题在外国是找不到现成答案的。照搬企业经济学也不行，博物馆不是企业。企业经营的一些巧妙的战略、策略或方法可能对我们有启发，但把企业经济的概念搬过来用，反倒有害于博物馆的文化形象。英国的蒂·安布洛斯和克·佩因合写的《博物馆基础》一书中，借用企业经济的概念把博物馆观众称为博物馆用户，把博物馆奉献给社会的陈列展览说成出售、营销、促销等。他们自己在书中也说："对一些读者来说这些概念是生疏的，但对分析公众与博物馆的关系是有帮助的。"我认为，这些概念的引用反倒模糊了博物馆与公众的关系，丧失了博物馆的文化特征。国际博协已经认识到这种混乱不清的不当。在2001年大会通过的《国际博物馆协会职业道德准则》最新版本上，要求博物馆"明确区分知识驱动与创收活动"，而且要"清楚地知道在博物馆范畴内创收活动的性质"。这正是从博物馆理论上规范了博物馆的经济行为，而且把博物馆的经济认识置于博物馆的个性上。显然把生产领域的经济学概念搬到非生产领域来用是轻而易举的，但不可能适用。如果适用，还建立非生产领域经济学干什么。苏联的非生产领域经济学也不能完全照搬，那是极强的计划经济时代的产物。我们期待着从中国博物馆的现实中升华出来的，属于博物馆自己的经济概念和经济规律，并且有指导现实的真实价值的中国博物馆经济学早日诞生。

五、博物馆与信息

我国博物馆的信息化建设虽然从20世纪90年代已有所开始，但与发达国家的博物馆相比还是远远落后的。国家文物局正在加强组织措施推动我国博物馆信息化建设的进程。我在这里仅就非技术层面上的几个问题，谈一点博物馆与信息的认识。

1. 信息与信息的传递

物是博物馆信息的载体，这是显然的。把物组合起来形成的陈列进一步扩大了博物馆物的信息量。陈列提供的信息量超过了单个的物，增值的部分也是博物馆信息的内涵。至于博物馆陈列中的辅助材料，1994年，国际博物馆学委员会讨论时，多数学者也认为可视为博物馆物，因而采用"博物馆资料"这个宽泛词来包含所有博物馆的物。但也有学者仍一直在使用博物馆物这个概念。不管怎样，博物馆物及其陈列组合应该说都是博物馆信息的载体，是博物馆信息源。

由于博物馆的物的特征决定了博物馆信息的传递的主要方式是对物的直接接触和直接审视，甚至直接触摸。物中蕴含着的信息不是几次接触就可穷尽的，人对物的研究是在不断地深化中。人对它的直接感受也是最真的实感。因此，博物馆信息的传递的最佳方式是直接接触它，也可称为博物馆信息的第一传递方式。为了扩大博物馆信息的传道，它的第二传递方式是媒介传递。通过书籍、报刊、影视把博物馆信息传递出去，这种传递方式是间接接触博物馆信息，它会丢失一部分感觉信息。有一些研究者是反对这种传递方式的，英国一位艺术评论家说，用工业方式大量印刷和电视播放博物馆艺术珍品简直是糟蹋艺术。当然这也未必，因为科技大发展对原件复制的逼真度不断增加，而传递的覆盖面却是直接接触所不可比拟的，从而使广大的人群享用上博物馆的信息。现在正在兴起的网络传递则是一种特殊的信息传递方式和方法，是信息传递的革命。计算机网络传递在20世纪90年代被称为高速公路，后来不再这么叫了。我想把计算机网络传递比拟为信息高速公路可能不太贴切。因为高速公路是在一定的有限时空中，所以不好用公路这种有限时空来形容它。信息网络化是人类进入信息时代的一种标志性信息传递方式，但由于它正在兴起而且它的技术质量不间断地向前推进与变革，对它的掌握和普及还存在难度。

2. 虚拟信息与信息源

在哲学上虚拟与现实都是真实的，但是虚拟实在与物理实在能通约吗？这在认识上是有分歧的。一种意见认为物理实在是我们可以看得见、摸得着的可感知的实体，而虚拟实在则是我们无法从经验上加以触摸的东西，因此是不可通约的。另一种意见认为恰恰是网络传播的出现才真正动摇了物理实在与虚拟实在之间的不可通约性。因为网络存在只是现实存在的延伸与折射，并不是在"真实的时间与空间"之外还存在一个虚拟的时空。我认为，虚拟与现实都是真实存在的，因此虚拟拥有自己的时空也是真实的。但是现实是虚拟的根据，没有现实的存在就没有虚拟的存在，尽管虚拟存在是客观存在。

回到博物馆来说，博物馆的物还应是博物馆信息之源。没有博物馆物的真实存在就没有虚拟的存在。虚拟的存在伸延了博物馆的存在但不能取代博物馆的存在。由于技术的突飞猛进，虚拟的博物馆的物甚至逼真到超过人的感觉达到的逼真程度。例如运用红外线技术透视物超过了人的感觉能力，但也有它不能达到和不能取代的。多媒体技术，已经可以虚拟《蒙娜丽莎》到十分逼真的程度，敲击键盘就可以审视它，人又何必不辞辛苦地非去卢浮宫看原件呢？为什么一睹原件被认为是一大幸事呢？那些历史原件给人的震撼和体验是任何工具取代不了的。如果电脑能超过人脑，那人就不成其为人了。如果虚拟博物馆取代实物博物馆，那博物馆就不成为博物馆了。

3. 信息机遇与信息鸿沟

信息技术给人类发展带来了无限发展的广阔前景。对博物馆来说，它将会打开博物馆信息传播的新天地，将会给博物馆服务社会带来更广阔的机遇，将会给博物馆实现自己的价值带来新的机遇。

但是必须冷静、客观地看到信息化是一个历史过程，而且是一个不断升级的过程。因此，它的建设和发展不能不取决于国家的实力和科学技术基础。而且它不是一帆风顺的。由于客观条件的不平衡，实际上国际上已经出现了"信息霸权"。

2000年7月22日，八国首脑在日本冲绳发布了《全球信息社会冲绳宪章》，其核心有两点，即数字机遇与数字鸿沟。从理论上说，数字机遇对所有人都是一样的，但客观上和现实社会中，发达国家和强势群体利用和捕获数字机遇的可能性要大。全球互联网业务中有90%在美国发起、终结或通过。数字鸿沟是近年来的新提法，专家学者、联合国秘书长、发达国家和不发达国家首脑都从自己的角度在不同的国际场合多次说到数字鸿沟问题。对现代信息技术的掌握和使用的差距现象是普遍存在的。理论上数字鸿沟也是对所有人的，但发展中国家和弱势群体则更为突出。中国科学院张晓明在《文化遗产数字化》论文中还提出了"文化安全"问题，也是值得注意的。

我国信息化建设必须抓紧。江泽民总书记指出："中国还是一个发展中国家，工业化的任务尚未完成，又面临实现信息化的艰巨任务。我们的战略是：在完成工业化的过程中注意运用信息技术提高工业化的水准。在推进信息化的过程中注意运用信息技术改造传统工业，以信息化带动工业化，发挥后发优势，努力实现技术的跨越式发展。"[2]博物馆的信息化建设也应该根据自己的实际，抓紧推进。

原文选自《博物馆的沉思（苏东海论文选；卷二）》，文物出版社，2006年

---

[2]　转引自2000年11月22日《光明日报》文。

新中国博物馆发展简史（1949—2005）

题记

中国博物馆事业一百周年之际，《中国遗产》杂志出刊纪念专号，请王宏钧同志撰写旧中国博物馆事业的发展，请我撰写新中国博物馆事业的发展。由于材料比较多，实际上我写成了一个简史。

1949年10月中华人民共和国建立，至今已经56年。56年间中国博物馆的发展虽然有着波折，但总起来看是走在一条快速发展的道路上。56年的历史可以大致分为第一个发展时期、低谷时期和第二个发展时期。试概述之。

第一个发展时期（1949—1965）

（一）在更高的基础上重建中国博物馆

新中国从旧中国接受的是一个经济、文化烂摊子，博物馆也是一个烂摊子。解放战争后全国博物馆仅存21座，馆藏品七零八落，奄奄一息。幸运的是建国初期党和国家领导人对文物博物馆的异常重视。文物博物馆的行业领导有着很高的专业水平，大力进行一系列的博物馆基础建设，不仅有力地把博物馆推进到第一个发展时期，而且为随后几十年的博物馆的发展和腾飞打下了坚实的基础。其中最大的基础建设在于以下两个方面。

第一，在全国范围内开展了文物征集运动，空前地扩大了馆藏，奠定了博物馆得以存在和发展的坚实基础。

这次全国范围的征集运动带有抢救性。战争和战后，中央军委和各地前委都有保护文物的专项命令，文物保护与征集在部队都是以命令方式执行的。新中国成立后仅10天，中央宣传部就发出《关于征集革命文物的通知》并指示组建革命博物馆接受文物。1950年6月中央政府政务院发布《关于征集革命文物的命令》。战后，以抢救革命文物为起点展开了全面的文物保护和抢救。这是一次强有力的政府行动，文物迅速集中到文物保管机构。军队移交博物馆的是一大批文物。如四野政治部一次就移交2645件。各地政府移交博物馆的来源更多，包括接管敌产、土改、三反五反、基本建设上缴文物，接收外国人办的博物馆等，各地原有博物馆接受压力很大。如1951年3月西南军政委员会指示贵州省文化厅："希你厅从速成立省博物馆筹备委员会，以便掌握可能失散的文物。"1951年6月西北军政委员会发出《关于防止出现文物的流散破坏加强统筹保管的通知》。这些情况都紧急地推动博物馆的建设和文物的大量入藏。

这次文物征集运动，国家领导人带头行动，形成声势浩大的群众性参与。毛泽东、朱德、陈毅等领导人带头捐赠，民主人士社会著名收藏家更是纷纷响应。西周青铜器大盂鼎就是1951年10月苏州著名收藏家潘达于捐献的。青铜器虢季子白盘就是刘铭传后人刘肃曾于1950年3月捐赠的，郭沫若为此题诗相赠。北京刚解放，历史博物馆就收到文化名人贺孔才捐赠的5371件文物。古董商霍明志捐赠文物万余件。白云观寺庙捐献7332册明刊《道藏》。工人、农民、市民、学生都有行动，不胜枚举。从国家领导人、著名人士到社会各阶层相当深入广泛而又自觉自愿，化私为公的捐献活动，达到文物与精神的双丰收。

这次文物征集运动的领导人都有很高的文化素养和战略眼光，并亲自动手去做。郑振铎、王冶秋都不遗余力地去为博物馆搜集文物。1949年4月，北平刚解放，时任军管会文物部副部长的王冶秋，多方寻找，在第二监狱找到1927年杀害李大钊烈士的绞刑架。1949年7月王冶秋根据一野政治部提供的信息，向山西文水县征集到杀害刘胡兰烈士的铡刀。1951年11月周总理根据郑振铎的报告决定以48万港币从香港赎回王献之《中秋帖》和王珣《伯远帖》，1953年从香港购回唐韩滉《五牛图》等多件珍贵文物。博物馆本身更是以征集为建馆的第一要务，纷纷组织人力、深入实际，征集到大量文物。山东省博物馆在一个县就蹲了三个月。革命博物馆1954年以半年时间深入到市、县征集到15916件文物，既征集文物又锻炼干部。

没有这次征集运动和随后的1958年至1960年第二征集运动，就没有今天各个大馆、省馆的藏品基础，就没有博物馆的那些镇馆之宝。

第二，在全国博物馆范围内开展了大规模的博物馆理论和专业知识的学习运动，是一次博物馆学的大普及。

新中国成立初，国家还是按共同纲领指导博物馆改造。1949年3月军管会向北京历史博物馆宣布：要按社会发展规律组织新的历史陈列，使博物馆成为民族的、大众的、科学的社会教育机构。1950年3月文化部文物局就北京历史博物馆陈列方针下达指示：在陈列中要贯彻科学性、思想性、艺术性"三性"方针。1951年4月文化部提出博物馆工作人员和社会一起进行思想改造。"为谁服务"成了讨论的主题，从而大大强化了博物馆的政治使命意识，举办了一些临时展览配合政治运动和思想改造，如1950年3月革命博物馆筹备处办的"美蒋特务大屠杀图片展览"、故宫办的"清代帝后生活与农民对比展览"，等等。

随着向苏联学习的深入，博物馆理论学习和专业培训在全国展开。1949年8月北京大学文学院开办了博物馆专修科，学制两年。1950年1月文化部文物局资料室开始编辑文物参考资料，不断地刊登苏联博物馆的理论和应用知识，如陆续转载米哈依洛夫斯基卡娅的《博物馆陈列的组织与技术》专著。1952

年文物局组织翻译苏联 1950 年出版的关于博物馆科学研究、材料征集、陈列方法等工作经验的五个文件并转发全国博物馆，推进我国博物馆的专业学习。在向苏联学习中，一方面请进来专家讲学，一方面派出去。1955 年派出以王冶秋为团长的庞大访问团，结束访问后该团撰写的《访苏报告》发全国学习，为全国博物馆工作会议作了准备。1956 年 5 月召开的全国博物馆工作会议，是新中国建立后第一次全国大会，这次大会实际上是一次大型的博物馆学讨论会。在这次会议上产生了著名的"三性二务"论，即博物馆是科学研究机关、文化教育机关、物质文化与精神文化遗存或自然标本的主要收藏所三重基本性质和为科学服务、为广大人民服务两项基本任务。这是中国博物馆界对博物馆基本性质和基本任务的理论概括，是 50 年代指导博物馆实践的基本依据。这次会议对于统一全国思想认识起了巨大作用。随后于 5 月 31 日召开的全国地志博物馆工作交流会，在全国省级博物馆按苏联模式开始建立历史、社建和自然之部的地志博物馆。1957 年全国纪念性博物馆会议，明确了纪念馆的基本性质和基本方法。

苏联 1955 年出版的《苏联博物馆学基础》是苏联博物馆理论与实践的最高成果。从理论上回答了苏联博物馆研究的认识论、方法论以及博物馆的本质特征、起源、功能诸问题；从应用上详细阐述了经验与方法。我国赶译出来于 1957 年 3 月出版，成为我国博物馆界的必读教科书。可以说我国 50 年代的博物馆发展一直是在理论的指导下进行的。博物馆理论是受重视的，博物馆学是普及的。

（二）曲折中的发展

1950 年至 1952 年国民经济恢复时期，我国从旧中国接受的 21 座博物馆，经过重组、改造，到 1952 年建成了初具规模的 35 座博物馆。1953 年至 1957 年，国民经济第一个五年计划期间，由于博物馆有了一定的藏品基础，一定的思想、理论与政策的指导，比较扎实地建立了一批博物馆。至 1957 年"一五"

计划结束时，全国已经按苏联模式建成了72座博物馆，除西藏、青海、新疆外，各省省馆大体搭建起来。

1958年博物馆也掀起了"大跃进运动"，博物馆的发展也出现了曲折。当时以"县县办博物馆、社社办展览馆"为大跃进目标，在全国多次召开现场会强行推广。据1958年9月18日湖南文化局报告，全省已有90多个县市办起博物馆，有约1500个左右的人民公社办了展览室。高淳县委报告显示：1958年4月份，乡乡办了文化馆，十天内都办了博物馆，至9月2日全县已办博物馆52个而且没花一分钱。像这样虚报、浮夸的博物馆，即使真有也是泡沫，旋即消失。全国到底建了多少这样的博物馆，据说15万个左右，其实是无法统计。留给我们的只是历史的教训和历史的苦涩。

为了迎接建国十周年，1958年8月中共中央书记处北戴河会议决定新建八座大馆：中国历史博物馆、中国革命博物馆、中国人民革命军事博物馆、中国美术馆、民族文化宫、农业展览馆、北京自然博物馆、北京地质博物馆。其中，中国历史博物馆和中国革命博物馆是重中之重，进一步从全国征调文物，集中全国学术权威和一流专业人员数百人，在党中央领导下共同努力，在展品上集中了全国的精粹，在陈列的思想性、科学性、艺术性上达到了中国博物馆前所未有的高度，集中地反映了新中国博物馆十年来全国文物工作的成果，也集中反映了新中国博物馆的最高水平。这年9月17日毛泽东主席视察安徽省博物馆，指出"一个省的主要城市都应该有这样的博物馆，人民认识自己的历史和创造的力量，是一件很要紧的事"，更推进了建立高水平博物馆的努力。

与此同时，也迅速建立起一批相当水平的地市级博物馆、专题馆，如荆州地区博物馆等。1957年召开的第一次全国纪念性博物馆工作会议，推动了纪念性博物馆的发展，如辽沈战役纪念馆就是这时建立的。天津三条石博物馆也是这时建立的。这些博物馆虽然是"大跃进时期"建立起来的，但它们是正规博物馆。它们的数量仍然是可观的。据统计，1958年360座，1959年480座。

随着国民经济调整，新建的博物馆在调整中也略有下降。1961年降至300座，1962年降至230座，1963年降至215座，"文化大革命"前1965年为214座。从1958年至1965年，中国博物馆是在曲折中发展的，尽管存在"大跃进运动"的干扰，但文物的征集与入藏出现了新中国成立后第二次征集入藏高潮，博物馆的整体水平也提高了。

发展的低谷时期（1966—1976）

（一）博物馆的破坏与扭曲

"文化大革命"中，博物馆事业在全国动乱中遭到了很大的破坏。文化大革命一开始，就全盘否定新中国建立后文化战线的工作，提出"文化部是为资产阶级服务的文化部"，把斗争矛头指向文化领域各方面的工作。博物馆被诬为"封、资、修的黑窝""藏污纳垢之所"，馆藏文物成为破"四旧"的对象。各地博物馆文物库房被冲击，有些单位文物破坏、散失情况严重。

但是文物博物馆工作者和广大群众在逆境中奋起，为保护和抢救文物做了许多工作。有的博物馆派人轮流日夜值班，保护馆舍，保护文物库房，抵挡住了红卫兵多次冲击。故宫博物院在危机情况下，报清周恩来总理派部队进驻保护。鲁迅博物馆的珍藏手稿，在工作人员的坚决斗争下，终于安全进入国家档案馆保存。博物馆工作人员和文物工作者从金属冶炼厂、废品回收站中拣选、抢救文物。当时中共中央发出的保护文物最重要的文件是1967年5月14日《关于在无产阶级文化大革命中保护文物图书的几点意见》（中发[67]158号），这个文件以相当长的两段文字专门阐述了文物的珍贵价值及其历史意义，指出文物图书是革命传统和祖国悠久文化的宝贵遗产，应该加强管理和保护。从而从认识上澄清了由破"四旧"造成的思想混乱，有效地制止了大规模的文物破坏，加强了对文物的保护和抢救。

在破"四旧"行动中，各地博物馆的陈列大多被造反派定为"反毛泽东思想的大毒草",因而博物馆被勒令封闭了。为了适应"文化大革命"的政治需要,北京出现了一批大型的展览,如《学大庆展览》《农业学大寨展览》《毛主席的好学生——焦裕禄同志事迹展览》、泥塑《收租院》展览等。各地博物馆配合政治需要也纷纷办起适应当地政治需要的展览。但是,随着政治风云的变幻,这些展览很快地又成为新的"大毒草",举办这些展览的博物馆又成为政治斗争的场所。这时,博物馆的任何基本陈列或展览都无法办下去了。在"斗批改"声中,全国博物馆除革命圣地纪念馆外,基本上都闭了馆。有的博物馆甚至机构被撤销或裁并,如中国革命博物馆和中国历史博物馆的陈列被批为"又黑又粗的黑线陈列",两馆合并为中国革命、历史博物馆。李大钊故居、瞿秋白故居都被封闭。东北烈士纪念馆被加上"宣传错误路线,为叛徒树碑立传"的罪名,撤销机构,工作人员解散。福建省博物馆除保留文物库房和部分用房外,场地为福州市占用,改为农场和养猪场。有的小博物馆,建筑设施改作他用,人员转业。全国博物馆事业基本上陷于瘫痪状态。

(二)落实政策博物馆一度复苏

中共第九次全国代表大会后,1970年5月,国务院正式批准成立"图博口领导小组",恢复图书馆、博物馆方面的工作。有些博物馆开始组织力量,筹办新的配合政治教育的展览。1971年5月30日周恩来在外事工作会议上讲话,要求革命纪念馆取消"致敬亭"和要外宾行礼等做法,他指出"这是强加于人的",还指出把革命旧址建筑、展室搞得华丽,违反真实。这些意见在当时对博物馆、纪念馆工作人员恢复正常工作有很大的指导意义。周恩来总理还抓了北京故宫的重新开放工作,借以推动博物馆事业的恢复。他请郭沫若组织班子编写高质量的《故宫简介》,并亲自逐字逐句审改定稿。1971年7月1日,关闭五年之久的故宫大门又重新向中外观众敞开了。国务院图博口领导小组为了进一步打开文物博物馆工作的局面,在北京筹办了"文化大革命"期间全国出土文物展览和出国文物展览。这两个全国性展览为全国博物馆事业的复苏注入了活力。1971年7月1日《无产阶级文化大革命期间出土文物展览》在北京故宫慈宁宫开幕。8月17日国务院又向各地博物馆发出《关于选送出土文物到国外展览的通知》，筹办两个文物展览的活动大大加强了文物博物馆恢复工作的势头。为了迎接全国出土文物展览，各地博物馆纷纷进行文物准备。1970年战备装箱疏散到山区保存的一级文物，得以调回原单位，恢复了保管的条件。文物的修复和保养工作也得以恢复和加强。各地博物馆的建制也陆续恢复，下放人员陆续调回，文物清理、保管、保养等基础工作加紧进行，陈列业务也迅速开展，文物博物馆事业出现了令人鼓舞的转机。

湖南长沙马王堆1号汉墓的出土，又为文物博物馆事业的恢复和发展增加了新的动力。这一消息经新华社发表后，轰动了国内外，世界各地的报纸纷纷报道。1973年，国务院拨专款在湖南省博物馆内修建了马王堆文物陈列专馆，国内外观众打破了当时省博物馆的参观纪录，有的外宾、政府首脑专程来参观。

继马王堆出土文物展出轰动中外之后，"文化大革命"期间出土文物展览又推向了国外，在欧洲、美洲、亚洲十多个国家隆重展出。这些国家的元首和政府首脑亲自主持开幕式。不仅反映了各国对中国文化的重视，也大大提高了中国文物博物馆事业的声望和地位，这对在"文化大革命"中艰苦奋斗的文物博物馆工作者来说，无疑是很大的鼓舞。

（三）在斗争中艰难前进

在博物馆业务恢复并开始活跃之际。1974年1月，又掀起了"批林批孔"运动。一些博物馆也受到影响，办起了"批林批孔展览"。还有甚嚣尘上的"黑画展览"，更是明目张胆地把矛头指向周总理和当时的外交路线。接着，上海也筹办了"黑画展览"，展览变成了政治阴谋活动的工具。在"反回潮"的形势下，博物馆的工作虽然很难开展，但博物馆基础工作仍在不断改善和加强。国务院和国家文物局为克服极"左"思潮影响，仍在不断制定和发出一些政策性规定。1974年8月8日，国务院发出《关于加强文物保护工作的通知》，要求各级政府在"批林批孔"运动中进一步加强文物保护工作。通知针对当时一些革命纪念馆大兴土木，搞得富丽堂皇，对革命文物任意篡改、拔高，对其他方面的文物则置之不顾、不加保护等错误做法指出："革命纪念建筑，必须妥善保护，严禁乱拆乱放。修缮时，要严格注意保持原有建筑和周围环境的原貌。不要喧宾夺主，另搞富丽堂皇的新建筑。对革命文物的征集，要采取严肃的科学态度，切实做好详细的原始记录。要充分重视人民群众在革命斗争中留下来的丰富文物。""对于反映错误路线的文物资料，也要进行必要的征集和研究。"多方面地改进文物工作。

1975年1月，邓小平副总理主持中央日常工作，但不到一年时间，在"批邓、反击右倾翻案"风中又离开了岗位。全国博物馆坚持不懈地继续开展工作。除整顿和改进文物管理工作外，还推出了一批好的陈列展览，做了力所能及的贡献。1975年中国革命历史博物馆筹办的"纪念中国工农红军长征胜利四十周年展览"，几经周折，批准于11月30日内部开放，受到人民群众和老一辈革命家热烈欢迎。但展览又被诬为"宣传错误路线"，随后被迫于12月18日停止展出，激起了群众的强烈愤慨。在这种极为沉闷的形势下，博物馆界度过了"文化大革命"的最后一年，终于迎来了一个新的历史转折时期。

第二个发展时期（1976—2005）

（一）拨乱反正，博物馆再起步

"文化大革命"结束后，在思想上、政策上和实际工作中进行拨乱反正是紧迫的任务。1976年10月11日在湖北阳新县召开的革命文物工作座谈会期间，正值粉碎"四人帮"斗争的胜利，会议充满了欢呼与声讨的激情。接着，1977年8月国家文物局在大庆召开的文博图工作学大庆座谈会上，开始了揭批和反思。大庆会议初步总结了正反两方面的经验，提出了五条方针性意见。其中"认真抓保管工作"的意见，有特别重要的指导意义，因为"文化大革命"

中对文物的破坏、伪造、涂改，后患无穷。1977年10月国家文物局在江苏苏州召开博物馆文物保管工作座谈会，通过揭批与讨论，提高了对博物馆藏品保管工作重要意义的认识，在此基础上制定了《博物馆藏品保管试行办法》和《博物馆一级藏品鉴选标准（试行）》。这是新中国保管工作近30年经验的集中，有力地推动了藏品管理的整顿，是藏品管理工作的一次有历史意义的会议。1979年5月29日至6月4日在安徽合肥召开了全国省、市、自治区博物馆工作座谈会。会议的重大成果是讨论修改了《省、市、自治区博物馆工作条例（草案）》。这个条例不仅针对拨乱反正的需要，实际是新中国建立以来第一个系统、完整的管理规章，至今仍然在起着规范博物馆建设的规范作用。1981年2月召开的革命纪念馆调整工作会议，为纪念馆的整顿作了部署，为《革命纪念馆工作条例》作了准备。

在拨乱反正中博物馆举办的陈列展览发挥了显著的社会作用。许多纪念馆调整陈列，举办展览恢复历史原貌。1977年1月8日中国历史博物馆办的"周恩来纪念展览"，虽未得到坚持"两个凡是"的批准开放，但在"内部预展"中接待观众80多万人，每日开放12个小时，假日不休息，仍然一票难求。1979年10月1日中国革命博物馆的基本陈列修改后重新开放，《人民日报》《光明日报》等均以显著标题作了报道。报道说，新的陈列内容体现了实事求是传统，突破禁区，按历史本来面目反映党史。其中最引人注目的是"七大"会场照片，刘少奇赫然居其中。这一信息在社会广泛传播，适时地、紧密地服务于三中全会精神的贯彻。博物馆、纪念馆这一系列拨乱反正的陈列展览，大大提高了博物馆的声誉。博物馆的社会价值为更多的人所认识。这就催动了之后的博物馆大发展。

（二）改革开放，博物馆的大发展

随着改革开放的进程，中国博物馆也开始走向世界。1983年7月以孙轶青为团长的中国博物馆代表团，出席在伦敦召开的国际博协第13届大会，恢复了中国在国际博物馆界的席位，开始回到国际博物馆大家庭中，中国博物馆的声音开始响在国际博物馆大会和专业委员会的会议上。特别是1989年3月在北京举行的以中国为主办方的国际博协亚太地区大会，和1994年9月以中国为主办方的国际博协博物馆学委员会年会，提高了中国博物馆的国际地位。中国博物馆界参加的国际博协各专业委员会也日趋活跃。中国在国际博协的活动传播了中国博物馆的发展信息，也使中国从国际经验中得以汲取国际的理论成果和实践经验，推动了中国博物馆的新发展。

80年代，中国博物馆出现了数量上的大发展，这是有历史原因的。世界博物馆在第二次世界大战后的和平环境中都出现了数量大发展的现象。国际博物馆界的大发展出现在六七十年代。我国迟至 80 年代进入大发展。80年代我国经济复苏，文化上升，大众旅游兴起，博物馆的发展来势很猛。1980年至1985年平均每10天全国新建一座博物馆。其中1984年达到最高峰，年新增博物馆151个，平均每2—4天全国就有一座新博物馆，比美国60年代初3.3天一座新建馆还要快。80年代后期，增长速度逐渐下降。

我国80年代的大发展，主要是发展了多类型的小博物馆。据不完全统计，从1983年至1989年新增的558座博物馆中，纪念类占55%，民族民俗类占12%，艺术类占7%，考古类占6%，自然类占5%，地质类占4%，大学博物馆占2%，地市级博物馆4%，县级馆占3%，还有一座省级博物馆。这种多样小型的博物馆的大发展与国际博物馆战后大发展的走向是基本相符的。只是我国县办的纪念馆太多了，这是我国特有的博物馆现象。

（三）世纪之交，博物馆的现代化与多样化

90年代开始，中国博物馆从数量上的快速发展转向现代化大馆的建设发展。这一变化开始于1991年建立开放的陕西历史博物馆。1993年上海博物馆新馆开始筹建，1996年建成开放。1998年河南博物院建成开放。期间还建成了一批省市级现代化大型博物馆和专题博物馆。90年代开始的建设现代化大

x

馆的趋势仍在发展中。

博物馆的多样化发展也是一个重要的趋势。1991年建成开放的中国茶叶博物馆和苏州丝绸博物馆开始了我国多样化专题博物馆的新发展。经济类的、文化类的、科技类的、军事类的、政法类的、民族民俗类的专题博物馆的发展受到相关领域的关注，因而发展迅速。有的还受到省市政府的特别关注，如上海市、浙江省的专题、行业博物馆的发展规划有力地推动了这一发展。博物馆的多样性发展不仅是博物馆领域的扩展，而且是博物馆向社会的深入与伸延，是保护文化多样性在博物馆的一种实现，是博物馆服务社会的一种进步趋势。

博物馆的现代化与多样化发展，带来了博物馆藏品征集新的努力，带来了博物馆遗产保护职能的新进展。博物馆现代化的改革与发展也带来了博物馆社会功能的提升和服务社会水平的提高。中国博物馆正在现代化的改革与发展中前进。

原文选自《博物馆的沉思（苏东海论文选；卷二）》，文物出版社，2006年

苏东海 著

国博名家丛书

王春法 主编

苏东海卷 下

北京时代华文书局

二 博物馆历史与发展研究

历史与文物的若干思考

题记

本文是我的博物馆物论向历史领域伸延的一个重要研究成果，是我用历史唯物主义方法研究博物馆现象的一篇力作，我自认为有博物馆学意义。刊登在 2005 年 2 月《中国国家博物馆馆刊》《近代中国与文物》创刊号，2005 年 3 月 13 日《中国文物报》转载。

现代史学从 19 世纪初兰克学派诞生后，直到 20 世纪 70 年代一直是西方史学无可置疑的主流，后现代史学的出现挑战了现代史学的客观性，把历史研究推向更复杂的领域并对历史再现方式做了若干新的探索。这种质疑与探索对于深化历史认识是有益的，但是它没有也不可能取代现代史学的地位。值得注意的是，尽管后现代史学质疑进入"原版真实"的可能，但它与现代史学一样承认存在着已经逝去的历史的客观存在，并且试图在更广阔的经验领域接近历史，这种种发展动向，就更加凸显了文物存在的价值。文物作为历史的本体可以是史者进入历史的一条路径，可以是主观历史与客观历史沟通的桥梁。因此研究文物与历史的关系是有意义的。本文拟从历史事实、历史证据、历史情感、历史问题四方面对文物之于历史作一点初步的、简略的探讨。

一、文物与历史真实

马克思主义史学从社会科学导向上说，也是属于西方现代史学的范围。但马克思主义史学另有自己的哲学基础，那就是历史唯物主义。马克思主义史学的出发点是遵循唯物主义认识论路线的。恩格斯在《反杜林论》中用从"事实"还是从"原则"出发来区分唯物主义与唯心主义两条认识路线。只有从事实出发才能获得真正的认识。[1]我们坚持的实事求是的"实事"就是"事实"，实事求是就是从事实出发的唯物主义认识路线的中国表述。马克思是遵从从事实出发的典范。马克思1858年写成的《政治经济学批判》奠定了唯物主义历史观的基本原理，他为这本书的科学研究长达15年。1850年他到大英博物馆，在浩瀚的史料中进行深入研究，就在即将形成它的理论形态时，资本主义社会出现了新的事实，他注意到1848年在加利福尼亚和1851年在澳大利亚发现的大金矿对欧美各国经济发展产生很大影响，他认为"资本主义似乎踏进了新的阶段"，于是"决定再从头开始"透彻地研究新的事实。他遵从新的事实"再从头开始"的决心就写在他这本书的著名的"自序"中。[2]恩格斯称誉马克思的著作是"从铁一般的事实出发"。[3]李大钊是把马克思主义史学引进中国、开拓中国现代史学的先驱。他在他的新史学的文章和一系列演讲中也是贯彻从事实出发的唯物主义史学路线，强调研究历史"全靠所据的事实确实与否和所用的解释方法适当与否"。[4]研究历史和陈述历史的出发点就在事实之上。

文物蕴涵着历史，一件文物就是一个历史事实或是一个历史事实的碎片。研究历史要从事实出发，如果有相应的文物，这个文物就是这个研究的事实出

---

[1] 恩格斯《反杜林论》，《马恩选集》第4卷。恩格斯《共产主义者和卡尔·海因岑》，《马恩全集》第4卷。

[2] 马克思：《政治经济学批判》（序言），《马恩选集》第2卷。

[3] 恩格斯：《马克思政治经济学批判》。

[4] 李大钊：《唯物史观在现代史学上的价值》，《李大钊文集》（下）。

发点。如果有新的文物提出了新的事实，这个新的文物就可能启动新的事实研究。出土的一批竹简甚至一枚竹简可能就像马克思发现美澳大金矿那样，使历史研究"再从头开始"。文物是事实的载体，尊重文物就是尊重事实。《人民日报》曾经报道一则毛泽东尊重历史事实的事例。1952年11月1日毛泽东视察黄河路过汤阴下车去看岳庙，有一座高大的指路碑，正文为"岳忠武王故里"，左侧七律诗，右侧为"镌碑经过"，系1942年汤阴县知事张直主持镌刻，署名中有24个小坑。毛泽东问为什么这8个人名字打掉了？答"他们都是汉奸，群众恨他们才给打掉的"。毛泽东说："汉奸想借岳飞给自己扬名于世，这是历史，不必打掉，留下来让他们作反面教员。"[5]这件文物记载的是事实，不仅记载了立碑的事实而且也记载了打掉汉奸名字的新的事实。这件文物经历了两件历史事实，可能不止两件，所有它的经历都是客观存在的，都是改变不了的。想改变它的企图和行为本身也是改变不了的。文物最重要的价值在于它是历史的本体，最重要的意义就在于它是不可更易的事实。

文物荷载的历史事实有简有繁、有真有伪，对文物荷载的事实进行科学研究是博物馆最重要的基础研究。历史现象是复杂的，追寻历史的事实真相是历史研究的无穷尽的课题。追寻文物的事实真相是追寻历史事实真相的一部分。因此博物馆的文物研究必须放在历史研究的大背景之中。不要止于就文物研究文物，文物是个别事实，是广泛联系着的历史事实的一个片断。把文物放在更大的历史事实中去研究，不仅更好地认识文物本身的事实真相，而且有助于研究历史事实的真相。我认为不要太强调博物馆藏品研究与研究所不同，不要太强调博物馆藏品研究的个性而忽略科学研究的学术共性。博物馆的科学研究人员不参与社会学术争辩，不接触学术前沿课题，不掌握学术动态，博物馆的学术水平是上不去的。博物馆的学术研究只有进入社会学术洪流中去，才能真正

---

[5] 《人民日报》1993年2月9日。

发扬博物馆的研究个性，博物馆拥有的大量历史事实才得以彰显它的特殊价值。

二、文物与历史证据

历史事实是客观存在的，但人对历史事实的认识，人对历史事实的陈述是主观的。人如何接近已经逝去的历史事实，人能多大程度地认识历史事实，人又能多大程度地反映历史事实，这是一些关键问题。后现代史学就是从这些追问中提出对认识历史的真理性、客观性的质疑而异军突起的。但后现代史学与现代史学的思想和理论也不是截然两分的。后现代史学与现代史学有一个共同的前提，就是都承认有一个独立并外在于史家的真实，也就是说都承认历史曾经是客观存在的。不过，后现代史学把认识历史看得更复杂，从而怀疑：史家能否进入过去？历史陈述有多少真实含量？当然，后现代史学并不是历史不可知论。美国后现代史学领军人物怀特就曾声明，他从来没有否认过历史知识的可能性，他只是否认在研究历史时有可能取得类似研究物理时所获得那种科学的知识，但是史学却可能取得如同文学所提供的那类知识。[6]实际上后现代史学在求证历史客观性、真实性方面推进得并不多，因而也不能取代现代史学的正统地位。我认为历史研究应更多地向求证的方向继续努力。如果你认为历史不可知，那你就要证明其不可知；如果你认为历史可知，你就要拿出历史的证据来，确证其为真实。西方当代知识论的发展方向是可以借鉴的。西方当代知识论已经把对知识性质和知识条件的追问，从认识论向本体论转移。不但要追求真知，而且要确证其为真知，并且使人相信其为真知。"确证"构成了现代知识论的核心部分。我认为历史知识也应如此。对历史的研究和对历史的陈述都应该建立在已经确证并让人相信其为真实的历史事实之上。正在我国史学界走红的介于现代史学与后现代史学中间的美国当代史学家柯文也明确主张，

---

[6] 转引自林同奇：《现代史学与后现代史学之间或之外》，《二十一世纪》2005 年 2 月。

史家的"首要目标是在取证的基础上建构一个对过去尽可能准确而真实的理解"。[7]在求证历史事实真相上，文物有其特殊价值。

文物是历史的本体，是逝去了的历史的一部分，是外在于史者而客观存在的。同时文物也是主观历史陈述的事实证据，为历史研究和历史陈述提供不容置疑的客观事实，从而增强了主观历史的客观性和可信性。马克思指出："为了研究已经绝种的动物身体组织，遗骸的构造是极其重要的。与之相同，劳动手段的遗物对于研究已经灭亡的社会形态也是有重要性的。"[8]恐龙遗骸之所以重要就是因为它本身就是恐龙。文物之所以重要就是因为它本身就是逝去的历史事实的本体或本体的一部分。从本体上讲文物是客观事实本体，同时它也具有历史知识的证据的意义，被称为物证。物证是强有力的事实。《苏联博物馆学基础》中有这样一个例子："马可·波罗由中国旅行回来后，向那些还不知道世界上有煤存在的本国同胞讲述道：'在中国，人们从地里挖出来黑色的石头，他们燃烧这种石头来使屋子烘暖，来做饭。'当时对这种可以燃烧的黑石头的报道，没有一个相信。马可·波罗受到人们嘲笑并被称为扯谎的人。如果马可·波罗把这种黑色石头（煤）的样品带了回去，那么这个样品显然要放到博物馆作为认识煤的原始资料以及它的存在的证据了。"[9]如果煤本身作为证据出现，马可·波罗的陈述就不容置疑了。国际博物馆协会制定的博物馆章程中，把博物馆文物定义为"人类及人类环境的物证"。博物馆收藏的大量文物保存了历史并为历史研究提供了宝贵的物证。文物不仅是历史事实的物证，而且使史者更丰富、更实际地认识历史事实。过去从口碑历史中研究者知道在中央苏区就有参考消息，但经历者的记忆已经模糊，语焉不详。直到陈诚的"石

---

[7] 柯文（Paul A. Cohen）：《历史三调：作为事件、经历与神话的义和团》，转引自林同奇文。

[8] 马克思：《资本论》，第一卷第五章。

[9] 《苏联博物馆学基础》，第一章第一节原注。

叟档案"解密，研究者才看到 1931 年 11 月创刊的《无线电日讯》的几份原件，从中确切得知《参考消息》名称的演变、编辑单位的演变及稿件来源等历史事实，丰富了相关历史的知识。重要的是文物不仅丰富了理性知识，而且丰富了感性知识，增加了认识历史事实的厚度。

文物负荷的事实有真有假、有简有繁、有新旧叠加的事实，因此对文物内涵的研究是一个不断深化的过程。国际博物馆协会保管专业委员会提出建设动态的藏品档案，不断充实新的研究成果。罗浮宫建馆二百多年来，对藏品《蒙娜丽莎》的研究一直不断，甚至成为世界关注的课题。据说罗浮宫有几百位教授在研究藏品。藏品的价值是挖掘不尽的金矿，藏品研究是不会有穷尽的。如果要使文物成为真正的取之不尽用之不竭的历史证据，博物馆必须下大力气研究藏品，吸引馆内外的历史学家埋头于藏品研究，更深更广地揭示藏品内涵，更充分地实现馆藏品的证史、补史价值。

三、文物与历史情感

历史是无情的，史者是有情的。研究历史撰述历史著作是人的主观活动，是对客观历史的认识和反映，不可避免地会带上各种主观情感。社会历史与自然历史明显的不同就在于人的参与。社会历史是人创造的，人是有感情的。人在研究和陈述历史时包含着人的思想共鸣和情感倾向是很自然的。史者对是非善恶不能无动于衷。马克思撰述的 1848 年法国历史事变的史著《路易·波拿巴的雾月十八日》是一部通过历史偶然阐述历史必然的重要史著。他以历史笑剧的笔调，嘲笑路易·波拿巴的上台，以抒发他心中的历史悲愤。怀特把这一史著列为以讽刺的"闹剧"手法安排历史情节的典型。怀特的归类有片面性，他只凸显马克思的历史情感的表达而弱化了这部史著的史论意义。[10]马克思在

---

[10]　怀特（Hayolen V. White）：《元历史》，转引自林同奇文。

这部书的第二版序言中就谈到了这个问题。马克思说，与他这本书同一问题的著作有两部：维克多·雨果的《小拿破仑》和蒲鲁东的《政变》。马克思评论说雨果只是对政变发动人作了一些尖刻和俏皮的攻击，把事变看成个人暴力行为，实际上就把这个小人写成伟人了。蒲鲁东想把事变描述成历史发展的结果，却不知不觉中为政变作了辩护，陷入客观历史家的错误。而马克思自己呢？他写道："我则是说明法国阶级斗争怎样造成了一种条件和局势，使得一个平庸而可笑的人物有可能扮演了英雄角色。"[11]马克思这部著作中流露出来的历史嘲笑确实说明了人在陈述历史时存在着强烈的情感。但马克思在著作中是运用一个接一个的客观事实展开历史陈述，揭露出历史的客观进程。我们稍微认真地阅读就可以发现，他的感情色彩强烈的语句中包含着的历史的理性结论。值得注意的是，国际史学界日益重视对感情进入的探讨，柯文的近作《历史三调：作为事件、经历与神话的义和团》中，被认为最精彩的部分就是对义和团的经验世界的追寻。柯文自己也说，我至今仍然认为史家的主要工作是理解并解释过去，但我现在把史家的重要工作视为另外两种"了解"过去的方式——经验和神话，后两者就其对人类日常生活而言比前者远为普遍并更具影响力。[12]向前人的经验领域进入是历史研究和历史撰述重要的理论和实践动向。历史情感是历史经验的核心部分，文物蕴涵着的历史情感是历史最感人之处，深入发掘文物的情感内涵，是十分重要的。

文物是有情感内涵的，不论是文物形成过程中蕴涵的固有情感，还是史者对它的情感共鸣，文物的情感价值都应该引起更多的重视。我在前不久发表的《博物馆物论》中有一章是专论文物情感的[13]，其中有一例谈到中国革命博物馆

---

[11]　马克思：《路易·波拿巴的雾月十八日》第二版序言，《马恩选集》第一卷。

[12]　同注[7]。

[13]　拙著《博物馆物论》，连载在《中国文物报》2005 年 1 月 28 日、2 月 4 日、2 月 18 日。

陈列中的一具杀害刘胡兰烈士的铡刀。15 岁的共产党员刘胡兰至死不肯指认村中的共产党员，敌人威胁要用铡刀铡死她，她问："咋个死法？"敌人张开了铡刀，她义无反顾地引颈就义。这具凶器被陈列者用粗铅丝捆住刀片放在地上。刀不能张开了，但观众还是在想象着这具铡刀是怎样张开又怎样合在年轻姑娘的项颈上的。人被这种野蛮震撼了，被这种不屈震撼了。这具铡刀不仅是凶器，同时它还见证了为理想与信念而英勇献身的壮烈，人为这种崇高所感染。为什么并没有这种历史经验的后人能如此强烈地产生感情进入，就是因为文物把人带到真实的历史背景中去了，带到历史现场感受中去了。凭借这具铡刀人就有了与过去直接对话的某种条件，就有了进入过去的路径。柯文描写在义和团围困下的使馆区的外国人的经验时，用的是外国人自己的记述，但柯文感叹地说："参与者的陈述最多只能提供对过去的一种生动强烈的特定的模糊印象，它无法给我们提供过去。"[14]而文物则不同，与文物对话就是与历史本身对话，感受文物蕴藏的喜怒哀乐，就是对历史情感的进入。这是文物的特殊的历史价值之所在，是口碑和文本所达不到的。因此博物馆不仅要关注文物之于历史的认识价值，还要关注文物之于历史的情感价值。在更大领域中实现文物的特殊价值，更紧密地把文物与历史连接起来，博物馆是可以做出更大贡献的。

四、文物与历史问题

爱因斯坦提出一个论断："提出一个问题比解决一个问题更重要。"他强调"我没有什么特别的才能，不过喜欢寻根到底地追究问题罢了"。[15]提出问题、追究问题的重要就在于提出问题是从实际上推进了认识，可以说一切探索总是从提出问题开始并围绕问题展开的。美国学者史华慈提出了著名的"问题意识"

---

[14] 同注 [7]。

[15] 转引自舒展《疑问与理论兴趣》。

这个新概念。"问题意识"（Problemutique）是指由相关的议题作为核心所组成的问题丛，也含有"无法获得确解的问题"的意思。[16]问题意识是史华慈史学思想中的一个关键性范畴，贯穿于他的史学著作之中。他把问题意识引入史学，从实际历史问题中推进历史认识。他的一系列历史著作都是围绕历史大问题展开的，从而开辟了一条深化历史认识的路径。法国新史学理论也有问题史学的出现。我认为对历史的提问是历史研究的一种深化，是一种探索，也是为了更充分地实现历史的社会价值。中国近现代史的研究，实际上早已围绕着重大历史问题展开了，如中国资本主义萌芽问题，中国沦为半殖民地半封建社会问题，革命与改良问题，旧民主主义革命与新民主主义革命问题，建设社会主义的道路问题等。这些大问题包含着若干相关的问题，形成了纲目之间的逻辑关系，层层深入到历史的实际中去。我个人在20世纪80年代曾进行过两个课题研究，一是《1930年，中国向何处去？》，其中第一个子课题为《1930年李立三、周恩来、毛泽东比较研究》，经过城市中心暴动的最终失败和乡村中心的革命崛起，从而奠定了农村包围城市的道路，回答了中国共产党向何处去问题。另一个子课题是《1930年国民党权力的再分配》，国民党建立南京政权后在权力再分配中引发了你死我活的中原逐鹿大战，进而奠定了蒋家王朝统治的基础，回答了国民党向何处去的问题。这两个子课题都是回答1927年国共分裂后面临的中国向何处去的历史问题。80年代，我的另一个研究课题是《论一九五八年中国空想共产主义运动》，这是一个长时段的历史课题，我从1888年恩格斯提出空想共产主义概念作为开端，探索了在工人阶级内部和工人阶级掌握政权后出现的多次空想共产主义的思潮及其实践（包括列宁、斯大林的两次空想实践），从而理出当代空想共产主义的阶级根源与思想根源。重点解剖了1958年中国空想共产主义运动这个典型，回答了这一历史现象产生的种种

---

[16]　见《世界汉学》2003年第2期，"史华慈专辑"。

博物馆历史与发展研究

303

历史问题。这一论文在 1988 年中国现代史学会、中国党史学会及报刊发表后之所以引起研究者的兴趣，就是因为提出了"空想共产主义"这个大问题，并且描述了空想共产主义的古典形态和当代形态的问题。我并不是问题史学者，我只是在方法上重视历史问题的提炼，把历史的提问作为历史探索的一个路径。问题的提出和问题的解决都是探索的过程。但中国人对自己历史的提问和提问的方式有中国自己的特点。中国有自己的政治思想传统、文化传统、史学传统，有自己的生存环境和自己的语境，也许在历史的提问上西方学者和我们提炼的问题可以趋同，但提问的方式和问题的解答还是有不同特色的。西方对中国历史问题的种种解答并不能代替我们。历史问题不仅是认识问题而且是实际问题。对于实际问题，历史中人的感受最真切。

文物就是历史实际的一部分，历史问题与文物的关系也是密切的。文物本身就有许多问题，有的文物可以引发出历史问题，有的文物可以解读历史问题。博物馆有一种文物征集就是问题征集，围绕特定的历史问题进行专题征集。如 20 世纪 60 年代中国革命博物馆为了配合陈列需要征集洋油侵入中国垄断市场的问题，为此征集到了一批能够佐证历史的文物，如美孚油公司早期产品老头牌煤油、鹰牌煤油、虎牌煤油、飞马牌煤油，亚细亚油公司的壳牌汽油、元宝牌煤油、龙牌煤油，德士古油公司的红星牌煤油、幸福牌煤油的广告；美孚油公司上海西公茂煤油站的站牌；美孚行和代销店的合同；各种规格的油桶；煤油副产品的白礼文洋蜡；美孚行制造的各种煤油灯，有豪华的花灯，也有城市居民用的有灯罩的各式煤油灯和农村用的无罩小煤油灯，其花费比点豆油灯还便宜；一批珍贵的原版照片，有牛车队、骆驼队由码头向农村、牧区运送煤油的忙碌场景。这些文物真实地再现着洋油涌进中国市场，从城市到乡村无孔不入的历史事实，有助于相关历史问题的解读。这就是文物服务于历史问题。

还有另外一种情况就是文物本身的问题引发历史问题的研究。文物本身有种种问题，有大有小，有文物就有问题，所以文物研究的课题是无穷的。太平天国的文物中不少就存在造假的问题，许多布告、凭证都是今人做的，不是复制或仿制而是无中生有，以新出现的文物求索高价，也有的人为了个人出名。太平天国典章制度烦琐而独特，即使造假出自太平史研究者之手也难免露出破绽，被更高的研究者识破。新出现的三张大成国布告，其造假者就是为了出名，能造出这三张无中生有的布告的人是有相当研究基础的人。后来查清伪件出自太平史研究名家某博物馆馆长之手。所以罗尔纲认为这些问题文物很宝贵，推动了对文物的深入研究。他手头就保存一书架的伪文物。问题文物本身就是问题，对它的鉴别把历史研究引向实际、引向细节，也许细节中会引发新的重大探索。文物有助于历史问题的研究，问题文物本身又有赖于历史的研究，文物与历史问题的关系是紧密相关的。

现代史学本身也在不断发展，至今仍然居于主导地位，后现代史学虽然发轫于欧洲，现已趋式微，美国后现代史学异军突起影响日盛。但不论史家如何发展，文物在历史研究中的作用日益凸显出来。文物之于历史事实的研究，历史证据的研究，历史情感的研究，历史问题的研究应该建立更紧密的关系，做出更多的贡献，从而相得益彰。

原文选自《博物馆的沉思（苏东海论文选；卷二）》，文物出版社，2006 年

博物馆的时代主题、时代特征与博物馆的发展走向

题记

　　本文是我的博物馆发展研究的最新的阶段性成果。回答了什么是博物馆的时代主题以及时代主题是怎样形成的；回答了什么是这一时代主题的特征以及这些时代特征的理论意义；回答了博物馆正向何处走去及其展望。世纪之交，博物馆的改革呼声高涨，国际博协制定的战略方针及其规划，既有统一又包含大量分歧。我对国际博物馆界在理论上和实践上的分化，做出了我的分析和评价，自认为是有新意的。载于 2007 年 5 月 18 日《中国文物报》。

一、问题的提出

　　文化遗产的保护与发扬正在成为联合国教科文组织和国际博协的工作重心，正在成为博物馆的时代主题。国际博协 1999 年成立了改革工作委员会，2001 年提出《2001—2007 年国际博协战略计划》，其首要战略目标就是要使国际博协成为"一个在保护世界文化遗产和自然遗产方面令人尊重的声音"。2005 年国际博协新一届领导制定的《2005—2007 年的战略计划》中，重申了博物馆的核心价值和历史使命，指出博物馆的核心价值在于"对物质与非物质世界的文化遗产保存、延续、交流的义务"。其历史使命在于"在社会上致力于保存、传播和交流目前与未来世界的有形与无形，自然和文化遗产的工作"。

为此,国际博协近几年开展了一系列组织工作和宣传工作来贯彻这一战略目标。我在 2002 年发表的《当代博物馆发展中的几个基本问题》文中指出了这一发展趋势。我写道:"20 世纪后半叶博物馆经历了两次重大战略推进,第一次发生在 70 年代,以 1974 年定义为标志,博物馆界第一次把'服务社会和社会发展'注入定义之中,从而开始了博物馆社会化的新阶段。到 90 年代,由于国际遗产界不断扩大与深化文化遗产概念和保护范围,激发了博物馆对收藏保护遗产功能的再认识,从 1996 年开始加大了与国际遗产界的合作力度,国际博协工作的战略方向正向遗产方向倾斜,博物馆正在更多、更深地担当起为当代和后代保护历史遗产的固有使命。向保护遗产的战略推进,实际上是服务社会战略的继续和深化。"[1]这篇论文发表在世纪之交,那时向遗产保护的战略推进刚露端倪,现在这一战略更清晰了,博物馆的时代主题也日益明朗。虽然博物馆界对保护文化遗产的战略重点没有多少异议,但是对保护遗产的理念上和方法上仍存在激烈的争论和严重的分歧。2007 年国际博协维也纳大会的主题说明中列出了战略转移中的若干论点供讨论。预计在这次换届大会上的争论将会是激烈的。无疑博物馆新的时代主题的讨论将会长期下去,并且在实践中加深对这一主题的认识。

二、文化遗产的保护与发扬是怎样成为时代主题的

文化遗产的保护与发扬成为博物馆的时代主题,是有深刻的社会原因和时代背景的,是博物馆服务社会的进一步深化和博物馆核心价值的进一步实现,是符合博物馆发展的主客观原因的。

1. 历史热与文化热是文化遗产热的社会原因

---

[1]　见李文儒主编《全球化下的中国博物馆》。

　　二次世界大战后，人类对战争的反思、对工业化的反思、对现代化的反思，激起了历史研究的热情。20世纪上半叶人类是在两次世界大战中度过的，战争与革命成为时代主题。在渴望和平中，对战争与冲突的历史研究成为普遍关注的课题。同时在后工业化、后现代化社会发展中出现的时代症结问题的解决也都离不开历史的反思。历史热是社会发展中的具有积极意义的社会现象。在人类历史智慧的提升中，人类历史记忆及记忆的物证的意义与价值就凸显出来了。有了历史热就带来了历史证物的搜寻热，有了历史情感就带来了历史遗物的情感。欧洲文艺复兴中的历史热就带来了古物收藏热。历史热与历史遗产热是有因果关系的。证诸我国的现实也是如此。

　　文化热与文化遗产热也有着因果关系。战后和平发展中人类生活质量迅速提高。继物质生活提高之后，精神生活提高的愿望日益强烈，从而升起了文化热。各种文化形式都在迅猛发展，博物馆的大发展和大众旅游的兴起更进一步促进了文化遗产热的升温。事实说明了历史热与文化热促成了文化遗产热，进而促进了文化遗产保护与发扬的热情。文化遗产热感染了博物馆，唤起了博物馆保护文化遗产的荣誉感与责任感。

2. 文化遗产的濒危与稀有敲响了遗产保护的警钟

　　1999年我发表的《文物消失论》是探讨文物消失规律的一篇论文。我认为遗产处于不断消失中是遗产存在的根本规律，其他相关规律是派生的，其逻辑关系是：消失产生稀有、稀有产生价值、价值产生保护，形成了消失规律的逻辑链。加强消失规律的认识，有助于理智地对抗消失。人类认识消失并进行抗消失的斗争，有着漫长的过程，形成了不同的阶段。人类抗消失可以远溯到几千年前的遗体保存，抗消失的斗争从个别行为发展到国家行为是一次飞跃，发展到国际联合行动又是一次飞跃。当代，遗产消失出现了新形势，抗消失进入了新阶段。二战后，人类生产、生活空前发展，在建设中遗产的消失也达到了空前的速度。美国1966年调查表明为建设公路、民宅而将30年代进行《美国历史建筑物调查》时确定的历史建筑物拆毁了一半，也就是说30年间消失了50%。我国80年代进入高速建设轨道，文化遗产消失也进入高速阶段。某省80年代普查的省以下文物保护单位，20年间也大量消失了。在社会发展、社会变迁中，建设的加速度产生了文化遗产消失的加速度。建设的速度是空前的，消失的速度也是空前的。高速度消失是当代消失的新特点。由于高速度消失，使得文化遗产大面积濒临危境。由于濒危，文物抗消失带来了抢救性质。这就形成了当代文物抗消失新的因果链：社会的高速度建设产生遗产的高速度消失，遗产的高速度消失产生遗产的大面积濒危，遗产的濒危产生遗产的抢救。当代抗遗产消失的斗争正是沿着这一轨道不断加强、不断深化的。1972年《保护世界文化遗产与自然遗产公约》是一个重要的开端，继之1976年组成了各国政府参加的"世界遗产委员会"建立了有巨大影响力的《世界遗产名录》评估机制，又进一步建立《濒危世界遗产名录》，推动遗产的抢救行动。90年代提上日程的非物质文化遗产的保护，把人类抗消失的斗争推进到精神遗产领域，保护更加脆弱、更加濒临危境的非物质文化遗产，进一步唤起了文化遗产保护的紧迫感。面对文化遗产迅速消失的新形势，我认为1992年我国政府提出的"保护为主，抢救第一"的战略方针，是对新形势最清醒的估计，最简洁的概括，对行动的最正确的指导。不仅对我国也是对世界抗消失的贡献。

博物馆是文化遗产保护的重镇，也应该是文化遗产抢救的重镇。抗文物消失进入博物馆时代主题的内涵之中是理所当然的。

3. 社会保护与博物馆保护形成了文化遗产保护的两个梯队

文化遗产处于不断消失之中，作为幸存的文化遗产，它之所以能够幸存下来是由于对它的发现与收藏。在事物消失的洪流中，文物得以幸存下来的第一道屏障是收藏者的收藏。文物的收藏者虽然暂时挡住了一些文物的消失，但文

博物馆历史与发展研究

物的真正归宿并不在私家收藏。从欧洲历史看，即使实力雄厚的那些家族收藏也不能永久拥有所藏的文物。其收藏最终不是散失就是进入博物馆。博物馆与私家收藏不同，博物馆是文化遗产保护机构中唯一的永久性机构，是文物最好的也是最后的归宿地。博物馆收藏如果能与社会收藏形成梯队关系，文化遗产保护的整体力量就无限加大了。社会收藏的触角遍及社会的各角落。社会收藏的规模越大，博物馆的后备力量就越雄厚。90年代欧洲出现了收藏者自己办博物馆以保存和展示收藏品的新现象。当时的国际博物馆学委员会主席马丁·施尔向我介绍这一情况时称之为收藏者"博物馆化的兴起"[2]。90年代我国收藏者自己办博物馆也多起来。社会收藏不仅是博物馆收藏的后备军，而且直接成为博物馆的后备军。这无异有利于文化遗产保护的整体力量的壮大，也有利于博物馆的收藏与发扬的可持续发展。

4. 文化竞争的加剧，推动了博物馆竞争力的反思

二战后和平发展中，多种文化形式百花齐放，出现了一种文化兴盛的景象，也出现了多种文化形式之间的竞争。在文化竞争中，一些重要的文化形式的竞争力反倒下降了。日本一位研究者问道："为什么连不懂棒球的老奶奶都痴迷地支持本乡的球队，为什么日本的博物馆几乎都面临参观者下降的困境？[3]这是为什么？我认为这是大众文化消费中，出现娱乐化、刺激化的消费倾向的结果。在工业社会、技术社会的枯燥中，人的精神生活趋向娱乐化、刺激化是很自然的需要。刺激化也是娱乐化的一种。娱乐是人的天性，娱乐是文化的一种重要功能。但娱乐不是文化的核心价值，文化的根本意义在于提高人的精神境界，满足人心灵上的享受。如果娱乐至上，生活就没有意义了。所以大众文

---

[2] 《博物馆的沉思：（苏东海论文选；卷二）》。

[3] 日本《博物馆研究》2003 年第 8 期。

化消费有待提高。一些具有更深层价值的文化形式的竞争力也有待提高。

博物馆在大众消费娱乐化的氛围中，也在努力提高自身的吸引力。增加观众参观的情趣就是一种努力。1992年，国际博协主席高斯出席中国博物馆学会10周年会议，在答问中，有人问，如何看寓教于乐？高斯说，寓教于乐就如同用糖衣包裹药丸，糖是甜的，但药是苦的，求知识是苦事。博物馆所做的努力实际上并没有做到根本上。因为一些努力并没有放在藏品本身上。馆藏品是博物馆特有的文化资源，是区别于其他文化形式的特有的文化符号。博物馆的藏品是最有竞争力的，离开了它就离开了博物馆特殊的吸引力。国际博协2007年维也纳大会的主题说明中也指出："博物馆正面临威胁和放松对藏品的主要关注，然而藏品依然是与博物馆相关的知识、职能和价值的核心。"发扬博物馆藏品的精神内涵才能从根本上提高博物馆的吸引力和竞争力。

文化遗产的保护与文化遗产的发扬是不可分割的，文化遗产的物质存在和遗产的精神内涵的发扬出去是表里关系。这里我用了"发扬"这个词，因为我一直认为我国文博界通用的文物"合理利用"的"利用"一词，降低了文物的价值层次，混同于一般物品。实现文物的价值如果用"发扬"其内涵似乎更符合文物的崇高地位。如果用中性词"传播""交流"也可以，只有充分发扬博物馆的实物特征，博物馆才会发挥出它特有的吸引力，才会真正增强其竞争力，从而实现其社会责任。

三、文化遗产的时代特征与博物馆的发展走向

上文讨论的是文化遗产成为博物馆时代主题的原因，下文要进一步讨论这一时代主题在博物馆发展中产生的结果，也就是要进一步讨论时代主题在博物馆发展中表现出的时代特征及其带来的博物馆发展的新走向。

1. 文化遗产的多样化与博物馆的多样化

文化遗产的多样性来自文化的多样性。文化的多样存在是一种历史存在，是固有的，但是认识文化多样性存在的价值和保护文化多样性的行动却是晚近的事。人类对保护文化多样性的觉悟是在反文化霸权中开始的。20世纪80年代以来，全球经济一体化迅速发展中出现了经济霸权，经济霸权的膨胀延伸到武力霸权和文化霸权，这必然受到各国的反抗和斗争，甚至像法国这样的大国都在采取政府行动捍卫法国的民族文化。在斗争中人类逐渐认识到捍卫文化多样存在的意义及其紧迫性。由于认识不断深化，行动也就更有力。2001年11月联合国教科文组织通过的《世界文化多样性宣言》中，把捍卫文化多样性放到人权、文化权以至国际团结的高度来呼吁，并进一步提出文化多样性"对人类来说就像生物多样性对维持生命平衡那样必不可少"。这个宣言和2005年10月通过的《保护和促进文化表现形式多样性公约》，实际上总结了文化多样性的认识和国际联合行动的准则。文化多样性是个含义很深的概念，而且在实践中充满了各种利益的冲突，国际博协新建的跨文化任务组织（Icom－cctf）就是为了协调、推动文化多样性的实践。这里就不展开了。但有一点是清楚的，就是文化多样性的提出，大大提高了对文化遗产多样性的认识，使文化遗产的保护更加深刻化和精细化。非物质文化遗产的保护就是在这时提上日程的。

有什么样的文化遗产就有什么样的博物馆，文化遗产多样化就带来了博物馆的多样化。藏品多样化促成了形形色色的博物馆出现，正如赫德森在《八十年代的博物馆》中描写的，五花八门的藏品建立起来的形形色色的博物馆，使得制定一个无所不包的博物馆定义都很困难。再从行业办博物馆来看，不同行业的文化遗产的价值逐渐为行业认识后，促成了各种行业博物馆的兴起。行业博物馆增强了行业的凝聚力，发扬了行业的文化，也进一步保护和发扬了行业的文化遗产。当前行业办博物馆正在成为我国博物馆发展的一个重要趋势。从民族类、民俗类博物馆的发展看，民族、民俗的文化遗产价值的发掘，促成了民族、民俗博物馆的快速发展，特别是非物质文化遗产保护的重视，使人更多地寄希望民族、民俗类博物馆的发展。早在20世纪90年代，欧洲就兴起了收藏家办博物馆热。我国收藏者自办博物馆也多起来，许多地方政府出台管理办法予以支持。文化遗产的多样化形成的博物馆多样化正在成为博物馆发展的一个时代特征和发展的重要趋向。

2. 文化遗产保护的两极分化与博物馆的两极分化

博物馆是社会文化珍品的总汇，是展示国家、民族文化的窗口。文化遗产在博物馆里得到专业的保护、保存，为国内外广大观众享受。传统博物馆的价值和作用，在当代不是弱化而是不断强化之中。同时，由于文化遗产概念的扩大和保护范围的扩大存在于更广大的民间领域的文化遗产的保护日益受到关注，生态博物馆、社区博物馆以及小型的地方博物馆迅速发展起来。这种贴近文化原生地环境的博物馆，它们对文化遗产的保护是和产生这些文化遗产的环境连在一起的。于是文化遗产就分化成两种存在：一种是聚集在博物馆中的存在；另一种是生活在原生地的存在。两种存在形成了文化遗产保护的两极分化，博物馆也由此发生了两极分化。

在文化遗产保护的两极分化的发展中，博物馆理论界的分化也发展了。传统的主流博物馆学对文化遗产的保护与发扬的时代主题的理论支撑上有所前进，但其理论影响力和穿透力不如新博物馆学。新博物馆学在后近的发展中，其学理更加锋利，更加活跃。在中国也感受到了这种理论活力。2005年在中国贵州召开的"生态博物馆国际论坛"上，新博物馆学家和一些研究者聚集在贵州发表了许多新见解（见《2005年贵州生态博物馆国际论坛论文集》）。新博物馆学领军人物雨果·戴瓦兰会后继续和我通信讨论。他在2005年11月26日给我的信中谈到了血统文化，他谈到一些学者、艺术家对离开了原环境的民族文物的肤浅阐释时，以非洲传统的宗教面具和圣物为例指出："多数情况下只是看到了它们的艺术价值，然而事实上这些文物是根据各种宗教和实践的不同用途以及一套属于他们自己血统文化的艺术标准而创造的。" 2007 年国际博协维也纳大会的主题说明中，把戴瓦兰的这一观点列入讨论之中了。

面对文化遗产保护两极分化和博物馆两极分化，如何整合？我在贵州国际论坛上提出要巩固生态博物馆则要回归博物馆，也就是生态博物馆要博物馆化。戴瓦兰则提出"去欧洲化博物馆学"（De — Europeanization of Museology）。国际博协执委特丽萨·席奈尔提出"反博物馆"（Ant. — Museum），主张生态博物馆要博物馆学，不要博物馆。戴瓦兰在 2005 年 10 月 6 日给我的信中进一步提出生态博物馆"干脆不叫博物馆"。可见两极分化后博物馆界的理论困惑。我在 2005 年 8 月 24 日致戴瓦兰信提出"两极一轴"说："传统博物馆是北极，生态博物馆和新博物馆学运动是南极。但它们并不遥远，地轴把北极和南极连在一起。如果我们看到了抽象的地轴线，我们就不会把北极和南极分开了。南极和北极同属寒带，有着天文上和地理上的共性。我在中国所做的努力就是使两极接近，共同服务于地球的公转。" [4] 由于文化遗产的两端存在带来的文化遗产保护的学理上的分歧和保护方法上的差异，将会是长期的，并且成为博物馆时代主题的一个显著特征和发展走向。

3．文化遗产的贫困化与博物馆藏品争夺的激化

现在看来文化遗产的稀有不仅产生价值而且产生争夺。年代越久远越稀有，越稀有价值越高，价值越高争夺越激烈。证诸历史，先行的收藏者、先行的博物馆就比后来者获得珍贵文物的机会更多。当博物馆大发展、博物馆数量猛增时，后建的博物馆就会出现藏品积累困难和藏品相对贫困化的现象。文化

---

[4]　以上通信均见拙著《博物馆的沉思》卷二。

遗产消失得越快，后建博物馆的藏品积累越困难，前后对比起来看，博物馆藏品的相对贫困化是一种趋势。还有一种绝对贫困化现象，那就是伴随殖民扩张而建立起来的那些拥有普世性藏品的老牌大博物馆，它们的垄断地位和对稀世珍品的囊括，造成了后殖民时代的新建博物馆藏品匮乏是绝对的。之所以成为绝对贫困就是因为第一次世界大战后，随着殖民地瓜分完毕，古典珍品的瓜分也基本完毕了。这是不平等地位造成的恶果。关于藏品绝对贫困化问题是我的"殖民时代博物馆研究"中的一个子课题，这里不展开。这里要说的是馆藏品来源的日益缩小引发的藏品征集战、藏品保卫战和藏品所有权战。

首先，由于藏品来源的紧缺，博物馆之间的征集竞争日益激烈。针对征集竞争的激化，早在1985年制定的《国际博协职业道德准则》中就专设"征集方针"这一节，规定博物馆要制定成文的征集方针并公布于众，不得在征集方针外侵入别馆的征集领域征集。超出本馆征集方针的征集被视为不道德。可见征集之争在西方博物馆之间早已存在。随着古典珍品日益稀有并不断增值，馆藏珍品也成了盗窃、走私犯觊觎的目标，馆藏珍品的安全日益成为尖锐问题。国际博协从20世纪90年代开始不断加强了反盗窃、反走私的斗争。国际博协1997年、1998年连续两年的博物馆日主题都是"与文物的非法贩运与交易行为作斗争"，连续两年同一主题，可见唤起文物安全意识何等急迫。随着博物馆珍品日益稀缺，国际博物馆界的目光自然转向文物的所有权之中，因之文物追索、返还的斗争日益激烈。先是返还"二战"被掠文物，接着发展到殖民时代流失文物的追索、返还的斗争。由于古典时期文物珍品的珍贵与稀有，斗争更加激烈、艰难。2002年欧美18家号称普世性博物馆结成同盟发表声明拒绝返还殖民时代占有的文物。藏品的所有权之战从现实到历史，从情理到法理争战不已。占有方除了固守藏品的占有外，还用租借、开分馆等方法扩大影响、缓解矛盾。国际博协除了声援追索方外，还建立了国际法律组织协助索还斗争。2006年1月国际博协主席亚里桑德拉·库敏斯甚至采取发布主席声明的特殊行动推进索还斗争。国际博协副主席加拉说："2004年首尔国际博协大会是一个转折点，它让世界更普遍地认识到，博物馆是真正意义上的反殖民主义空间。"（见《中国博物馆》2006年3期）把返还运动上升到反殖民斗争，意义深远。这场斗争正在展开，博物馆藏品的征集之战、安全之战和所有权之战，已成为当代博物馆存在的一大特征。

4．文化遗产的发扬与大众消费的提升

文化遗产的品格决定着博物馆的文化品格，文化遗产的文化地位决定着博物馆的文化地位。历史热与文化热之所以能够引发文化遗产热就是因为文化遗产蕴含着深厚的历史底蕴和文化底蕴。文化遗产负荷着历史智慧和文化情感，赋予了博物馆以崇高与优雅。几百年来，博物馆一直属于先进文化的行列，为社会的前进发挥着独特的作用。博物馆的社会责任就在于以它拥有的文化遗产的精神内涵，哺育社会、教化社会；应该让观众在博物馆中能得到高雅文化的熏陶；应该让观众在博物馆中能沐浴在与文物真善美相称的高尚文化环境之中，从而为社会的精神生活的深化、社会风气的净化作出贡献。时至20世纪下半叶，由于大众文化的兴起，特别是大众旅游的兴起，大众文化消费进入博物馆，博物馆的参观群体迅速扩大，博物馆的社会责任也向前伸延了，如何在普及中传播出博物馆深邃的精神内涵，如何雅俗共赏，就成了博物馆新的课题和不可推卸的社会责任。

从整体上说，文化遗产中蕴含着的是无穷的历史知识和不尽的文化情感，而博物馆保管着的文化遗产又是文化遗产中的精品，其认识价值和情感价值，更是一般文化遗产所不可比拟的。如果参观者匆匆走去，与珍品擦肩而过，这对博物馆来说是资源的一种浪费，对观众来说也是一种损失。之所以如此，毋庸讳言，有的文化遗产虽然可以一目了然，而更多的文化遗产的阅读与欣赏，

则需要有一定的知识背景。知识准备越充分参观的收获就越多，博物馆价值的实现就更充分。所以博物馆不遗余力地强化教育功能，以提高大众文化消费的接受能力。美国博物馆协会在上世纪末进行的21世纪博物馆教育研究中，提出许多新的有价值的理念，如把博物馆教育改为博物馆学习，改为博物馆体验等，引导观众更自主地更深地汲取博物馆的精华，使普及得到提高。我国政府提出的"三贴近"和我国博物馆界提升陈列水平的努力，都是朝着普及与提高相结合的方向发展的。文化遗产的发扬与大众消费的提升是博物馆存在与发展的现实需要，也是博物馆实现自己的社会价值和社会责任的方向。有了正确的方向，博物馆才能保持住它的文化地位，保持住它的文化的先进性。

5. 现代技术与博物馆现代化

物质文明的进步体现为技术化水平的提高，人类享用技术的程度是物质文明发展水平的标志，现代技术的运用是现代社会的一大特征。博物馆的现代化也应该体现在博物馆技术的现代化上。在发达国家博物馆中，行政管理的技术化水平、藏品管理和科学保护的技术化水平以及陈列展览的技术化水平，都有了很高的成就。更加技术前沿的，把博物馆信息输送到虚拟空间的网上博物馆也在建设中。国际博物馆界的工作信息和学术信息交流的技术水平也很高了。这些都是博物馆过去所不能想象的。

近几年运用现代技术保存与传播文化遗产甚受重视。2006年9月16日荷兰莱茵瓦尔德学院彼得·冯·门施教授寄给我他近期完成的一篇研究项目的论文。这篇题为《注解环境：遗产与新技术》的论文中追踪了许多运用新技术、新方法，在遗产原环境中保存与发扬遗产的案例。可以从中看到博物馆界利用新技术的种种探索。该论文中译文已发表在《中国博物馆》2006年第3期上。

虽然技术领域与人文领域并不相互排斥，甚至可以相得益彰，但人文领域与技术领域仍然是处于不同规律之中。过度依赖技术将失去人文自己的色彩，技术崇拜淹没了文化的个性特征。在陈列展览中，技术是手段不是目的。陈列展览运用现代技术产生奇妙效果的目的在于发扬遗产的内涵，而不是显示技术自己。一些博物馆专家已经呼吁在陈列展览中不要滥用新技术手段，不要喧宾夺主。博物馆的现代化最根本的是它的观念上的现代化和思想上的现代化。

博物馆的现代化是社会现代化总进程中的一部分，脱离社会进程的博物馆现代化是不现实的。也许个别博物馆可以超越社会现代化水平，但整体看来，一个国家的博物馆是受制于这个国家社会生产力的。因此研究博物馆的时代主题、时代特征及其发展走向，不能局限于行业本身。如果我们不断地观察时代，不断地研究博物馆生存的社会环境，也许我们能更好地摸到博物馆跳动着的脉搏。如果我们能跨越眼前的困难和眼前的利益，也许我们就能够更好地保持住博物馆的文化地位，更好地践行博物馆的社会责任。

原文选自《博物馆的沉思：苏东海论文选（卷三）》，文物出版社，2010年

城市、城市文化遗产及城市博物馆关系的研究

题记

　　本文是继《城市的高速度发展与文化遗产的高速度消失》之后，进一步研究城市、文化遗产和博物馆三者的关系。奇怪的是城市发展与遗产保护是对抗性关系，而城市发展和博物馆发展却是和谐关系。前者我是从哲学层面上谈的，后者则是从历史角度谈的。三者之间关系则有待于进一步研究。此文载于《中国博物馆》2007 年 3 月。

　　城市建设与城市文化遗产保护的关系十分紧密，而城市建设与城市博物馆的发展关系也很紧密。但是城市建设与文化遗产保护之间是一种对抗性的"逆关系"，而城市建设与博物馆发展是一种和谐的"顺关系"。正确处理城市建设与文化遗产保护之间的紧张关系和抓住城市发展机遇发展博物馆，都已成为迫切的现实问题。研究这些问题是博物馆研究者的迫切任务。本文拟就城市建设与城市文化遗产保护的对抗性关系及城市发展与博物馆发展的和谐关系做一点理论和现实上的分析和比较。

一、城市建设与文化遗产保护的对抗性关系

　　城市建设与文化遗产保护之间存在着一种关系，一种内在的关系。城市建

设越快，文化遗产的消失越快。换言之，城市建设的越多，文化遗产留存的就越少，两者在发展中是一种逆关系。这是为什么？

第一、新城取代旧城是新陈代谢规律决定的，城市文化遗产终将随旧城的逐渐消失而逐渐消失，除非刻意保护它。

一切事物都在消失的过程中，从生成、发展到消失是不可逆转的自然法则。没有永存，没有不朽。只有新陈代谢才能生生不已，只有消失才有前进。城市也是人的创造物。城市也存在于生成、发展、最终消失的自然法则之中。出于自然力或战争破坏而使城市骤然消失是城市的一种非正常消失。而城市的正常发展，城市新功能不断出现，新城市逐渐取代旧城市是一种正常的自然进程。当城市的物质文明条件的发展突破了旧城功能的局限时，作为整体的旧城不能不逐渐退出人的生活，不能不逐渐缩小直至消失。只有作为文化遗产的小部分才能有限地、重点地保存下来。之所以能以文化遗产的原因得以保存下来，是新与旧的连续性的客观需要所决定的。保护文化遗产不仅是文化自身延续的需要，也是城市延续的客观需要。新城市不是在旧城市的废墟上建立起来的，新的城市文化也不是凭空产生的。在新城市建设中保护与继承旧城市的精华部分是完全必要的，从这一点上看城市建设与文化遗产保护也有非对抗的一面和相互需要的一面。

第二、城市发展需要空间，不可移动文化遗产占有着空间，两者之间的空间之争是难以调和的矛盾。

城市发展是人的需要，社会的需要。当旧城市文化遗产成为城市向前发展的桎梏时，人的强烈需要将会加速文化遗产的消失。美国20世纪30年代进行的《美国历史建筑调查》中确定的历史建筑，1966年复查时，为修筑公路、民宅而拆掉的历史建筑多达50%。我国城市化进程中，新城发展与旧城存在的空间之争也是首先发生在民宅、交通、公共建筑等方面。社会发展的步伐是阻挡不住的，也是不应阻挡的。

城市进入高速发展时，也是人的生产、生活条件巨变的时期。

城市向前发展首先是物质文明的发展，人享受物质文明成果的愿望越强烈，新城市建设的推动力就越大，对文化遗产的冲击，首先是不可移动文化遗产的冲击就越大，这是客观发展的必然。必须理智地、清醒地认识到这种对抗的必然性和尖锐性，从而更认真地、更理性地协调各方利益，使之接近发展与保护的双赢。

第三、非物质文化遗产从历史上说是农业社会的产物，城市工业化、现代化越快，它消失得就越快。

非物质文化遗产从历史上说，它形成于农业社会是属于农业文明。进入工业社会后，工业文化取代农业文化成为社会主流文化，是社会发展的必然趋势。城市工业化越快，农业文化消失的就越快。因此非物质文化遗产的保护带有抢救性质。

人类在认识物质文化遗产的价值之后许多年，才开始认识传统的非物质文化中也有遗产价值。把文化遗产的概念从物质的推进到非物质文化领域，是文化遗产概念的深化。非物质文化遗产是个很深的概念，而且是个很难把握的概念。人在城市新生活中，对旧文化传统中的非物质文化部分，很难像对物质文化遗产那样自觉地去保存它，因此非物质文化遗产比有形的物质文化遗产消失得更快。虽然非物质文化遗产比物质文化遗产的存在更脆弱，但它也有比物质文化遗产更坚韧的一面，因为它是世代相传下来的有深厚的生活积淀，一旦它的价值被认识以后，保护它的热情就会高涨起来，从而使城市文化更加厚重起来。目前的状况是有一部分生命力很强的非物质文化遗产得到传承和发扬，如农业文明中的饮食文化，古科技中的制药工艺，语言中的乡音等。而大部分非物质文化遗产则随着生活的巨变而处于消失、半消失之中。对于仍传承着的加强扶植，对半消失的要抢救，对已消失的要重新认识，再发掘其价值，使之得以保持其文化记忆。但是应该清醒地看到，非物质文化遗产毕竟是一种历史遗产，它不可能成为城市新生活、新文化的时代主流。从整体上说，它终将被城市新文化所取代，除非被刻意保存下来的那些精华继续着它的光辉。这就是历史遗产消失与传承的辩证法。

二、城市建设与城市博物馆的和谐关系

奇怪的是城市建设与历史遗产的保护时常发生冲突形成对抗性关系，而大量收藏历史遗产的博物馆却与城市建设相得益彰，和谐发展。这可能是因为城市博物馆诞生于城市，它之所以诞生于城市并在城市中发展起来是因为城市需要它。城市需要保存自己的记忆，保存自己的文化之根，于是城市博物馆就应运而生了。城市需要博物馆，博物馆是保存与发扬城市文化最理想的文化形式。博物馆不仅是保护可移动文物的最佳文化机构，也是保护不可移动文物的最佳文化机构。建立遗址博物馆、纪念馆也是化解城市与保护不可移动文物的对抗的一种途径。这也是博物馆在城市中受到欢迎的一种理由。博物馆因城市而诞生，因城市的发展而发展，这就是一种和谐关系。

城市的发展并不总是平铺直叙的，有量变也有突变，当大发展的机遇到来的时候，抓住机遇就会出现一段城市大发展的局面。北京的城市发展在新中国成立后出现了三次大发展的机遇，因此出现了城市三次大发展并连带给予了博物馆三次大发展的机遇。本文即以北京城市发展的三次机遇与博物馆的三次发展机遇为例，说明两者的密切关系。

第一次，1959年建国十周年大庆是首都城市建设的第一次大机遇，也是北京博物馆发展的一次大机遇。

1949年北平解放，中华人民共和国成立。作为首都的北京，经过1949年至1952年的国民经济恢复时期和1953年至1957年的第一个五年计划，国民经济和城市建设有了一定的基础，1958年党中央和人民政府开始筹备庆祝建国十周年大庆。这给北京城市建设带来了新的机遇。党中央决定调集全国人力物

力，在首都北京建立包括人民大会堂在内的十座大建筑。关于"十大建筑"说法不一，这里采用北京史志的记载，即人民大会堂、中国革命博物馆与中国历史博物馆、中国人民革命军事博物馆、全国农业展览馆、民族文化宫、北京火车站、工人体育场、民族饭店、华侨大厦、北京美术馆。首都国庆工程得到全国23个省市提供大量物资，18个省市派出施工队伍支援，北京机关干部、学校师生、部队官兵参加义务劳动，仅人民大会堂的工程就有30万人参加。如果没有国庆十周年大典的强大推动力，就不会出现1958年至1959年的北京城市大发展。党中央还对博物馆的建设作了专门的决定，决定在北京建八座大博物馆以提高北京的文化面貌，据《中华人民共和国文物博物馆记事》载："1958年8月，中共中央书记处北戴河会议决定，为庆祝中华人民共和国成立十周年，在北京新建中国历史博物馆、中国革命博物馆、中国人民革命军事博物馆、中国美术馆、民族文化宫、农业展览馆、北京自然博物馆、北京地质博物馆8个博物馆和展览馆。"这八大馆大大改善了北京博物馆的城市布局。在城市中心的天安门广场聚集着故宫博物院、革命博物馆和历史博物馆三大馆，向西伸延有民族文化宫和军事博物馆，向东伸延有美术馆、农展馆，向北伸延有地质博物馆，向南伸延有自然博物馆，其中革命博物馆、历史博物馆和军事博物馆为重中之重，向全国调集文物形成一次文物精品的大集中，这三大馆的一些镇馆之宝就是这时调入的。这是北京博物馆从数量到质量的一次大建设。如果没有十周年国庆大典的强大推动力是不可能在二年内同时出现八大馆的。

第二次，90年代我国现代化加紧上马，带来了城市现代化建设和博物馆现代化建设的新机遇。

1992年邓小平南方谈话和中共十四大的召开标志着中国社会主义改革开放和现代化建设进入新阶段。邓小平在南方谈话中告诫"对于中国来说，大发展的机遇并不多"，为此中央提出要抓住机遇、珍惜机遇、用好机遇。1993年十四届二中全会修改了宪法，调整了"八五"计划，全会强调抓住国内国际的有利时机加快改革开放和现代化建设步伐。此时全国大城市现代化建设纷纷提上日程。北京于1993年修订了1983年制定的首都现代化建设的总体规划，大大加速了城市现代化建设的步伐。在城市现代化建设的强力推动下，博物馆作为城市的窗口也得到了大发展，形成了建设现代化大馆的热潮。我在《新中国博物馆发展简史》中写道："90年代开始，中国博物馆从数量上快速发展转向现代化大馆的建设发展。这一变化开始于1991年建成开放的陕西历史博物馆，1993上海博物馆筹建，1996年建成开放，1998年河南省博物院建成开放。其间还建成了一批省市级现代化大型博物馆和专题博物馆。90年代开始的建设现代化大博物馆的趋势仍在发展中。"北京的博物馆也在城市现代化建设的快速步伐中，加速了博物馆的现代化建设。首都博物馆现代化新馆的建设是北京城市文化建设的重中之重，是首都城市的窗口。北京电影馆等一批新馆建设的同时，大馆的现代化改造纷纷上马。中国美术馆现代化改造，北京自然博物馆改扩建，中国地质博物馆改造工程，北京天文馆新馆建设工程，中国科技馆二期建设工程，故宫博物院午门的现代化展厅的建设以及国家博物馆现代化扩建工程，国家和北京市都投巨资推动其实现。建现代化新馆和老馆的现代化改造成了20世纪90年代新发展的特点。

第三次，新世纪开端，北京承办奥运给北京城市建设带来巨大的新的机遇，北京博物馆也得到新的发展契机。

承办奥运对世界任何一个城市来说都是城市新发展的重大机遇，都是城市向更高质量发展的巨大推动力，因为这个城市为此成为世界瞩目的焦点。世界对奥运承办城市有很高的质量要求，北京是正在向现代化迈进的城市，承办奥运既是推动北京城市快速建设的一次重大机遇，也是一次严峻的挑战。北京奥运提出的科技奥运、绿色奥运、人文奥运三大理念，实际上也是北京向高质量城市发展的目标。其中人文奥运特别重要。按照惯例，奥运主办城市要开展各种文化活动，向世界展示本国、本市的文化。为此国家对北京文化遗产的保护和博物馆的建设给以巨大的财政支持，在此期间博物馆的发展出现了新的特征。

北京博物馆的新发展是和国际遗产界和国际博物馆界的新思潮、新发展相通的。主要在以下三方面。

第一、向多元化、多样化发展。

近几年北京出现了一批专门类博物馆，如北京通信电信博物馆、中国邮政邮票博物馆、北京自来水博物馆、中国印钞造币博物馆、中国铁道博物馆、中国电影博物馆、中国马文化博物馆、税务博物馆、民族服饰博物馆、北京皇城艺术博物馆、北京历代帝王庙等，以及李大钊故居、北京上庄纳兰性德史陈列馆、密云铁矿博物馆等一批专门博物馆。同时出现了一批民间经营的民办博物馆，如睦明唐古瓷标本博物馆、胡同张老北京民俗博物馆、北京科举匾额博物馆等。多元化经营和多样化博物馆的发展趋势，方兴未艾。

第二、向社区化、小型化发展。

二战后，博物馆发达的欧洲博物馆向社区化、小型化发展成为主流趋势。到80年代欧洲小型博物馆已占博物馆总量的75%。70年代文化遗产保护向文化原生地伸延的运动兴起，邻里博物馆、生态博物馆的发展，进一步推动博物馆向社区伸延。北京近几年，博物馆建设向社区化、小型化发展的趋势也日益显著。区、县都建立了区县级博物馆。小型博物馆发展很快。值得注意的是在社区出现的博物馆文化现象。2001年开始由北京市档案馆与社区街道办事处合作筹建了常设的胡同历史展，如禄米仓胡同展、总部胡同历史展、外交部街胡同展、崇内社区胡同展等。干面胡同社区还举办了以"干面印记"为主题的60位原居民口述胡同历史活动。这些胡同展和口述胡同史记忆，实际上是一种博物馆文化现象，是博物馆文化深入社区、邻里的重要动向。2007年西交民巷居委会举办的西交民巷地区历史文化展，参观者不仅有本地居民，还有打工者和外国人。西城区在此基础上建成了李大钊就义纪念旧址和中国大学旧址纪念馆。社区历史文化活动已向微型博物馆方向发展。

第三、非物质文化遗产保护快速上马。

2003年联合国教科文组织的《保护非物质文化遗产公约》问世后，我国迅速批准参加这一公约，非物质文化遗产保护在我国迅速行动起来。由于非物质文化遗产传承着传统文化，是认识古老中国和现代中国的最直接的链条，在北京举办奥运的动力下，掀起了非物质文化遗产保护的热潮。各区县展开了非物质文化遗产的普查，这是一场空前的非物质文化遗产的再认识、再发掘，为保护这些传统文化作了大量的调查研究和初步整理。市级《非物质文化遗产名录》2007年又公布了第二批（105项）。目前地方政府的申报与保护热情仍在持续上升。博物馆如何保护非物质文化遗产也在努力探索中。北京湖广会馆的戏曲博物馆、北京智化寺的文博交流馆、北京民俗博物馆、北京人民艺术剧院博物馆都做了有益的尝试，取得了经验。

承办奥运期间，政府和社会对文物博物馆事业发展的关注和财政投入都是空前的，博物馆的建设也如同城市建设一样，向更高的质量发展，博物馆出现的向多样化、社区化的发展和向非物质文化遗产保护的精细化方向发展，都具有前瞻意义，将会有深远的影响。

原文选自《博物馆的沉思：苏东海论文选（卷三）》，文物出版社，2010年

当前我国博物馆热的初步分析

题记

本文是继《博物馆发展的新动向》一文之后，进一步思考的成果。文中不仅梳理了政府办馆热和社会办馆热的现象，而且探讨了这些现象的意义。先是应邀在《国际博物馆》杂志主办的"国际博物馆与中国遗产保护论坛"上发言，后载于 2008 年 5 月 9 日《中国文物报》出版的。

进入新世纪我国博物馆的发展出现了新的高涨。在博物馆建设的新高涨中，政府高涨的建馆热情是这次博物馆热的主导。虽然我国博物馆一百年的发展历史上政府一直处于主导地位，但这次建馆的力度大大超过以往。可以说，发展中国家有了钱后，没有哪个国家的政府像我国这样短时间内投入这么多的钱，建这么多、这么好的博物馆。政府建博物馆的热情迅速辐射到全社会，点燃了社会建博物馆的热情。政府建馆热和社会建馆热形成了当前我国博物馆发展的新现象。对此试做初步的分析。

一、政府建馆热的现象及其意义

新世纪开端这几年，也就是"十五"计划期间，中央政府、地方政府以前所未有的高投入，动辄几个亿、十几个亿建现代化博物馆。高投入、高标准是当前政府建馆的一个特点。其二，政府不仅大力支持建馆而且政府部门自己也积极建博物馆。中央财政部在杭州建了中国财政博物馆，国家审计署在南通建了中国审计博物馆，中央铁道部先建了一座以机车为主的中国铁道博物馆，又在北京老车站旧址新建以铁道史为主题的博物馆，中央邮电部先是建了邮电博物馆，后因建制变化，又分别建了中国邮政邮票博物馆和中国通信电信博物馆。不仅国务院部门纷纷建馆，而且最高法院赶在换届前建成了中国司法博物馆。中央公安部也在赶建中国公安博物馆。其三，政府不仅重视博物馆的建设而且重视博物馆的使用。许多重大题材的博物馆陈列展览都是中央直接抓的。如国家博物馆承办的"复兴之路"大型展览，实际上是中央宣传部直接策划、直接组织实施的。政治功能强的纪念馆，政府更加重视。如2005年国家发改委批准扩建南京大屠杀遇难同胞纪念馆时，把该馆定位为"爱国主义教育基地，国家开展外交斗争的阵地，国际和平友好交流的场所，人类历史文化遗产"。博物馆免费参观也是党中央提出，政府推动实施的。

我国党和政府如此重视博物馆的建设和使用，我认为原因有三。其一，我国蕴藏着巨大的文化遗产资源，政府在经济建设快速发展中对保护文化遗产的责任感和紧迫感日益加重。在保护人类文化遗产的国际联合行动中，我国政府的重视程度和行动的快速，在国际上是名列前茅的。博物馆是收藏保护文化遗产的最重要的永久性文化机构，博物馆建得越多，文化遗产就得到更多的庇护。其二，我国政府对文化实力在国家综合实力中的重要地位的认识日益加深。从2003年"科学发展观"的提出，到经济、政治、文化、社会四位一体的建设，再到和谐社会的理念、社会主义核心价值体系的提出，其中对文化建设的地位和认识不断上升。博物馆对文化建设、文明的传承以及对外交流具有特殊的价值和特殊功能，因此政府更多地关注了博物馆的建设。博物馆的政治功能和社会功能更多地为政府所看重。其三，文化的多样性发展是文化繁荣的体现，博物馆是文化多样性的天然载体，博物馆不仅保护多样文化而且展示多样文化，是促进文化繁荣的重要的文化机构。这就是政府建馆热情的认识原因和政绩原因。

　　政府建馆的热情高涨，在我国具有特殊的意义。其一，在我国的政府体制和政策环境中，政府的重视是文化事业发展的必要条件，也是博物馆发展的必要条件。党的十七大报告中把推动文化大发展大繁荣写进政治报告中，这是空前的。这就是政府对文化建设、对博物馆建设与以往不同的特殊意义。其二，政府部门开发自己拥有的历史遗产资源，建立博物馆予以保护和向社会传播，也具有特殊的意义。政府部门建自己的博物馆，实际上是博物馆文化进入了政府的行政领域，从而加强了政府部门与社会大众的直接联系，也使博物馆得以更多地参与了社会的变革与发展。这在理论上和实践上，对我们来说都是新的问题，需要予以特别的关注。

二、社会建馆热的现象及其意义

　　在政府的倡导下，博物馆热辐射到社会各界、各阶层，社会办博物馆的热情也在高涨。社会各界、各行业开始关注自己拥有的文化遗产资源，加强了保护与开发。这几年，新建的工业类、商业类、文化类、纪念类、民族民俗类、大学类以及一些一时难以归类的博物馆，不胜枚举。甚至城市务工者这样的弱势群体也起来建博物馆。北京几位打工者在郊区一座废弃的厂房里自发地建起了"打工文化博物馆"，收集与展出他们打工史上的种种物证。深圳市第一座劳务工博物馆也宣告建立。医药业、餐饮业的老字号建博物馆的热情很高。国家发改委等14个政府部门联合发出通知并拨款支持老字号文化的传承和发展。在社会建博物馆的热潮中，特别值得关注的一个新现象就是城市社区博物馆的诞生。北京、上海、南京、沈阳、深圳、郑州都有城市社区博物馆的出现。北京自2005年以来，许多社区都办了胡同史展览，开展了社区老物件征集活动，组织社区老居民口述胡同史活动，以及社区非物质文化遗产的传承和演示活动、传统节庆文化活动等。其中花市社区博物馆对社区文化生态和环境生态的整体保护尤为自觉，我正在帮助他们把花市社区博物馆发展成社区生态博物馆。社会建博物馆热是当前博物馆出现的新动向，是充满希望的新生事物，有广阔的发展前途。

社会办馆热的兴起，我认为其原因有三。其一，社会保护文化遗产的认识正在普及。文物保护法的深入宣传，文化遗产日活动的广泛开展，文化遗产的国际交流日益活跃，社会对文化遗产保护的责任感也逐渐上升。其二，社会对博物馆价值的认识正在增强，博物馆的知名度正在上升，建博物馆被看作是一种文化时尚。其三，博物馆文化是一种高尚的、高档的文化，在引领社会精神文明建设中具有特殊的价值，是社会在变革和发展中的重要的文化力量。因而为国家和社会所看重。

行业办博物馆、社区办博物馆的不断出现，其意义尤为重要。社会办的这些博物馆与传统博物馆不同，这些新博物馆是在行业之中，社区之中，在文化的原生地保护和展示自己的文化遗产。这就把文化遗产与遗产产生的环境统一在一起了，把遗产的产生者和遗产的保护者统一在一起了。这就实现了把文化还给文化原生地的理想。新博物馆运动的先驱、国际博协终身顾问戴瓦兰在他最近的一篇论文中称社区博物馆、生态博物馆是参与社会发展的"先驱机构"，寄予很高的期望。[1]不过戴瓦兰所指的社区博物馆是指南美洲兴起的整体博物馆，整个社区是一个博物馆。而我国现在兴起的社区博物馆是社区办的反映社区的博物馆。在概念上有点不同，但其实际意义和价值是一致的。我国的社区博物馆诞生于我国社会之中，是我国城市建设中的一支新兴力量。

总起来说，博物馆新热潮的出现，扩大了文化遗产保护的领域，开发了博物馆的新资源，博物馆的使用价值正在上升，博物馆更深地参与了我国的社会

---

[1] 戴瓦兰：《博物馆是社会发展的参与者》，载《国际博协通讯》2008 年第一期。

变革与发展，我们正处于我国博物馆发展的重要的机遇期中。

三、对博物馆新发展的期望

第一，期望政府对博物馆的管理更加符合博物馆的规律。博物馆是专业性很强的文化形式，政府多一点宏观指导，少一点微观管理，推动博物馆发挥它的自主创新能力。

第二，期望社会更加认识博物馆，更加有效地使用博物馆。博物馆的繁荣不能光看建了多少博物馆，而且要看有多少人使用博物馆。不光要看参观人数还要看参观质量。参观的质量决定于参观者对博物馆的认知程度。

第三，期望博物馆更好地参与社会的变革与发展。博物馆是推动社会变革与发展的一种文化力量，是当前国际博物馆界共同的努力方向。我们已经有了一些成果，应该取得更大更多的成果。在这方面，我们是走在世界的前列，而不是落在后面。

第四，期望国际博物馆界更多地了解中国。我国改革开放后，我国博物馆界对外国博物馆的了解远远比外国对中国的了解多得多。我国博物馆的思想与实践应该让更多的外国同行了解，要赢得更多的对我们的了解与尊重。这里要感谢《国际博物馆》杂志为我们提供了双方了解的平台。我们要更多地做这方面的工作。

原文选自《博物馆的沉思：苏东海论文选（卷三）》，文物出版社，2010年

三

博物馆学方法与应用研究

论文物组合

题记

这是我的陈列研究的一篇论文,发表在《革命博物馆工作》1983 年第 7 期上,后收进 1983 年中国博物馆学会第二次学术讨论会论文集中。我在其他文章和授课中时常引用它。

文物组合是陈列工作的基础。研究文物组合对提高博物馆陈列有密切关系。我国博物馆界日益重视文物组合的研究,这是提高陈列质量很关键的问题。但是文物组合在理论上和实践上还有许多问题有待进一步研究和探讨。本文拟提出一些粗浅看法就教于博物馆同行们。

微观文物组合与宏观文物组合

什么是文物组合,我们通常讲的文物组合就是把几件文物组合在一起更好地表达一个主题思想,也就是说思想观点和文物的结合就是文物组合。这样来理解和研究文物组合是不够的,还不足以概括文物组合在陈列中的地位。当然,几件文物和陈列的一个观点相结合,可以说是文物组合,但这是最简单的文物组合,最基础的文物组合。从整个陈列的结构来看,陈列是由大大小小的许多文物组合构成的。由几件文物围绕一个陈列要点组合在一起的最基层的文物组合,比

博物馆学方法与应用研究

它再大一些的是一个陈列组的文物组合。一个陈列组有主题思想,有一些文物,两者的统一形成一组文物组合。比它再大一些的是一个陈列单元的文物组合(在苏联博物馆里,陈列单元是最基本的环节,它小于主题陈列组,我国习惯于单元大于陈列组),一个陈列单元组合里包含几个陈列组的文物组合。再扩而大之,整个陈列也应该说是一个大的文物组合,它是由全部文物和一个思想体系的结合。这样由小到大,整个陈列就是一个由几个层次文物组合构成的统一体。为了从陈列整体上研究文物组合和从各个层次研究文物组合的规律,可以把目前许多学科广泛引用宏观微观分类研究法引进到我们的研究中来,把一个陈列中的文物组合分为宏观文物组合和微观文物组合两个领域进行研究。

微观文物组合就是指陈列单元、陈列组、陈列要点等局部的文物组合。研究微观文物组合的规律和方法,可以直接提高陈列质量和效果。我们在实践中已积累了一些经验,创作出了一些好的文物组合典型。应该继续努力实践。创作出更多的, 令人难忘的, 成功的微观文物组合。

宏观文物组合指的是整体陈列的文物大组合。一个陈列要有几十件、几百件甚至成千上万件的文物,这些文物虽然众多, 但它们是按照一定的思想体系组合起来的。陈列是有思想体系和众多文物的庞大而完整的统一体。因此从整体上研究一个陈列的文物组合规律,就是宏观文物组合研究的领域。多年来, 相对地说, 我们比较多地是从微观角度研究文物组合。一个陈列、一个展览常常暴露出总体领导、总体研究的薄弱,这就从根本上影响着陈列质量的提高。正如同作战一样, 缺乏全局性战略构想和部署,则战役打得再好也是零碎的, 不能从根本上使战争改观。因此加强宏观文物组合的分析研究也是不容忽视的。

文物组合是陈列的基础

在一个陈列中, 无论微观文物组合还是宏观文物组合都包含两个不可缺少的基本因素, 就是文物和思想。没有文物当然谈不到文物组合, 没有思想观点,只是一堆文物的堆集也不能称为文物组合。同样道理，没有文物或没有思想体系都不能称为陈列。文物和思想体系是陈列不可缺少的两个方面。但是，我们通常只是说文物是陈列的基础，或说文物是陈列的物质基础，却忽略了思想方面。说文物是陈列的物质基础，只是说出了陈列基础的一个方面，但陈列还有另外一个方面，就是思想方面，陈列思想也是陈列的基础，即思想基础。只说物质基础，不说思想基础是不全面的。应该说文物和思想都是陈列不可缺少的基础。再进一步看，有了物质和思想两个方面的基础，并不等于有了陈列，只有文物和思想的统一——文物组合起来，才有陈列。所以从陈列来看，文物组合才是它的基础。

说文物组合是陈列的基础，这在一些西方博物馆里并不是这样认识的。他们只讲文物不讲思想，甚至反对用一定的思想体系和观点来统率文物。比如，最近来华讲学的美国博物馆学者莫莉就认为：对博物馆陈列来说，有展品和展品标签就足够了。而社会主义博物馆的陈列则是以人民群众进行科学教育为目的，它是运用博物馆手段向观众提供共产主义思想和科学文化知识的。所以社会主义博物馆很重视思想和体系。在社会主义博物馆看来，没有思想观点就没有真正的文物组合，没有思想体系就不能称之为陈列。这是社会主义博物馆的任务和性质所决定的。思想挂帅而不是文物挂帅，这是社会主义博物馆陈列工作必须坚持的一条原则。

把文物组合当作陈列的基础，这并不是我国的独创，在社会主义国家的博物馆里，由于博物馆的性质和任务相同，因此在实践上和理论上都在研究这个问题。比如，《苏联博物馆学基础》中写道："一组在一定的有限的陈列空间里布置着的，完整而目的明确地展示生活现象的，在主题上面相联系的陈列材料，在苏联博物馆学中称之为主题陈列单元。主题陈列单元乃是主题陈列的基础环节，陈列的主题可以由一个或若干个陈列单元构成。"所谓"主题陈列单元"也就是我们所说的微观文物组合。在苏联博物馆有关陈列的一些著作中，还介绍了许多关于文物组合的方法，称之为陈列品的编组法。这些经验是值得我们借鉴的。

社会主义博物馆重视思想和体系，但它并不是忽视文物。恰恰相反，它是通过文物组合来加强文物的感染力，加强文物的客观效果，从而获得更高质量的陈列。如果在我们的博物馆里出现单纯强调思想而忽视文物倾向，那不是社会主义博物馆特性的表现，而是庸俗社会学的反映。忽视文物，单纯强调思想体系只能把陈列搞成图解式的教科书，它不是真正的博物馆陈列。只有文物组合才是陈列的基础。

文物组合与博物馆语言

我们说文物组合是陈列的基础还有一层意思，就是文物组合体现着博物馆语言的特色。什么是博物馆语言，这是有待进一步探讨的问题，这里先不展开。我们只从博物馆语言的特色这个角度谈一点看法，以便进一步研究文物组合。我认为博物馆语言的特色在于文物说话。文物语言最有真实感和原始性，可以产生不容置疑，不可争辩的效果，因为它是历史直接的见证物。这是任何历史书本，任何艺术创作所没有的特殊的评议。离开文物就没有博物馆语言的特色。有的同志说，博物馆陈列是形象化教材，党史陈列是形象化的党史。这种说法是不确切的，它没有说出博物馆语言的特色，而把博物馆陈列和形象化教育混同了。党史陈列应该是用文物写的党史，用文物论证和传播党的思想，用文物再现党的历史情景。不是文物说话，就不是真正的博物馆陈列。我认为把握着陈列的文物性，才是把握住了博物馆语言的特色。依靠文物说话，这是博物馆陈列必须坚持的原则。

文物组合就是为了让文物要充分的说话，更系统的说话。文物组合起来它所表达的含义往往比单个文物要丰富得多。试以中国博物馆党史陈列中刘胡兰英勇就义的一组文物组合为例。这是一组简单的文物组合，只有三件展品，一件是杀害刘胡兰的凶器——铡刀，一件是表现就义时不屈形象的雕像，一件是毛泽东题词"生的伟大，死的光荣"。三者组合在一起，使人一目了然地认识到和感觉到刘胡兰英勇不屈的精神及其意义。如果只是单纯展出这具铡刀，给人们的观感,往往更多的是这具凶器的残忍和野蛮。但是把它放在刘胡兰雕像的脚下,两者结合以后,人们的观感就有了新的发展,感受的中心成了刘胡兰英勇不屈的精神。至于铡刀,在观众心目中已经变成了刘胡兰高大形象的一个反衬,进一步加强着人们对英勇不屈精神的感染。再把毛泽东题词组合进来,刘胡兰就义的意义和价值就更清楚了。虽然这只是一组简单的文物组合,却显示出了单个文物所不可能有的丰富而深刻的含义。更多的历史情节,更多的思想观点,需要更多的文物组合来表现。这就需要我们更好地研究文物组合,不断提高博物馆语言的表达力。

文物组合与形式设计

文物与思想观点的统一还只是文物组合的内容方面,文物组合还有形式设计的方面。这方面也是十分重要的,不可缺少的。从宏观文物组合来看,不能离开形式方面的总体设计,从微观文物组合来看,也需要形式设计发挥作用。

一组文物,有主题观点、有文物,要组合得好,就要进行形式设计。一组成功的形式设计往往不会引起争议而获得公认。比如党史陈列中的"王朝末日""开国大典"这两组文物组合的设计就是如此。就"王朝末日"来看,这一组合有十几件文物。有"中华民国"宪法,总统办公室门牌,蒋介石的印章和他用的日历等,这些象征权力和权力者使用的东西统统摆在一个特制的像棺材样式的低柜里,让人很明确地意识到国民党王朝的覆灭已经盖棺论定了。在棺材柜的外面插着一截折断了的总统府旗杆,一面"中华民国"的国旗垂落在折断的旗杆上,墙面悬挂着解放军占领总统府的巨幅照片,把观众引入当时特定的情景中去。这是一组成功的文物组合。但是应该指出,一组文物组合并不是只能有一种成功的形式设计。对同一组文物组合可以创作出许多好的陈列形式,可以有许多方案。这就要看形式设计者的创作能力了。可以设想,如果鼓励竞争的话,同是一个"王朝末日"文物组合,可以设计出许多好的形式。这种竞争,有利于设计思想的发展和繁荣。

在文物组合中,还有一个内容对形式的制约问题。我认为博物馆的形式设计比其他艺术创作要受内容方面更多的制约。形式设计不是万能的，也不应该这样去要求。因为文物组合中的形式设计是有条件的，它受内容特别是文物的制约。比如几件细小的文物，几张纸片不可能制造出磅礴的气势来，因为文物本身没有气势。"开国大典"陈列所以有气势，那是因为有巨幅油画，有 460×332 厘米的开国第一面大国旗，有了这些大型展品作为文物组合的骨架，从而为创造庄严磅礴的气势提供了良好的物质条件。可见不能离开具体文物的特征去设计，要从文物及其组合出发进行形式设计的创作。

文物组合的内容和它表现出来的形式是表里关系。有人说形式是内容的机体，这话是对的。凡是好的形式设计都是恰当地体现了文物的内在含义，而不是从外部强加到文物身上的形式。所以形式设计要渗透到文物和文物组合的主题中去，才能设计出好的形式。比如，党史陈列中有几十个湖南各乡农民协会的图章，这些圆形的木质图章代表农民协会的权力。地主豪绅害怕农民协会的权力，因为他们认为农民运动"糟得很"，贫苦农民拥护农民协会，因为他们认为农民协会办了许多好事，农运"好得很"。这是对农民运动截然不同的态度。陈列中用这几十个农民协会图章，组成了一句话"好得很"，这一组合"言简意赅"内容和形式浑然一体，是形式设计渗透到内容中去的一组成功的文物组合。从这些成功的、精彩的文物组合中，使我们得到启发，认识到加强对文物的深入研究，加强对主题思想的深入研究，一句话深入到内容中去,形式设计就会找到创作的源泉。

我相信，加强文物组合的研究,认真实践,认真探索,那就不仅会不断提高我们的陈列水平，而且可以预期,博物馆界将会写出一本至几本《博物馆文物组合学》专业著作的。

原文选自《博物馆的沉思——苏东海论文选》，文物出版社，1998年

博物馆学在中国

题记

1989 年 3 月，国际博协第四届亚太地区大会在中国北京举行。这是我代表中国在大会上作的重点报告。在这篇论文中，回顾了 80 年来中国博物馆及博物馆学发展的状况，着重阐述了 30 年代、50 年代、80 年代，中国博物馆和博物馆学三个发展时期的特点及其进程。这里只是鸟瞰式的介绍，之后在我的一些论文中，对三个时期的兴衰有较详细的展开。这篇论文在《中国博物馆》1989 年第 2 期上发表后，中国的不少研究者引用了我的这个三个发展时期的分法，因此，可视为得到广泛的认可。

中国现代博物馆产生于本世纪初，80 多年来，中国博物馆出现了三个发展时期，随之，博物馆学在中国也有了三个相应发展的时期。这三个发展时期就是两次大战之间的 30 年代，战后的 50 年代和当前的 80 年代。从世界范围看博物馆在本世纪也经历过这三个发展时期，但中国与先进国家相比，每次起步大约总是落后一二十年。这是中国历史条件造成的。由于中国博物馆事业在发展中处于跟进地位，因此中国博物馆的理论和实践往往受着博物馆先进国家的影响。30 年代中国较多地受欧美和日本的影响，50 年代较多地受苏联的影响。80 年代中国博物馆事业正沿着创建有中国自己特色的道路前进。中国博物馆学的研究者正站在更自主的高度上，指导中国博物馆的实践并为博物馆学的学科建设贡献自己的力量。

现在，请允许我将博物馆学在中国的三个发展时期作一个鸟瞰式的介绍。

一、第一个发展时期

中国酝酿建立博物馆的时间并不太晚。在二十世纪六七十年代，中国几乎和日本同时发起了向西方学习的运动，开始了社会近代化的进程。建立西方式博物馆被认为是"开民智"的一项措施。但是中国清政府的腐朽统治，扼杀了中国的近代化运动。这时，尽管外国人在中国办了几个博物馆，如1868年法国传教士创办的上海徐家汇博物馆、1874年英国人建立的亚洲文会博物馆等。但此时的清政府是不支持办博物馆的。中国博物馆建设的先驱者张謇先生呼吁在首都北京仿照日本帝室博览馆建立一座中国的帝室博览馆，遭到了拒绝。他于1905年转而自费筹办了中国第一座私立博物馆——南通博物苑，开始了中国现代博物馆事业的纪元。1911年孙中山领导的革命推翻了清王朝的统治，建立了"中华民国"。新政府中的教育总长蔡元培、社会教育司官员鲁迅都是重视博物馆建设的。政府成立的当年（1912年）就开始筹办中国第一座国立博物馆——中国历史博物馆。可惜这个政府不久即为军阀政府所取代，中国陷入军阀混战之中。1928年，蒋介石独揽国民党军政大权，他所领导的南京政府在三十年代有一个发展时期，博物馆事业也有了发展。这就是中国博物馆事业的第一个发展时期。据统计1928年全国博物馆共有10个，到1936年就发展到77个，平均每年增长29%。当时博物馆业务相当活跃，北平历史博物馆原有藏品57127件，至1932年就扩大收藏为215177件。北平古物陈列所1928至1934年观众数达42万余人。1928年河南省博物馆举办民族文物展，日接待观众最高竟达3.4万人。中国的博物馆多次出国参加国际展览活动。

由于博物馆事业的发展，博物馆学的研究随之兴起。1935年成立了以研究博物馆学为宗旨的中国博物馆协会。编印了《中国博物馆一览》《博物馆学书目》。协会会报刊登了一批博物馆学论文。1936年6月出版了中国昆虫学家费耕雨、农业生物学家费鸿年编著的《博物馆学概论》，这本书是以日本棚桥源太郎著《诉于眼的教育机关》一书为蓝本的。接着出版了上海市博物馆学者陈端志著《博物馆学通论》，胡肇椿著《征集品之修复与保存》以及四十年代出版的曾昭燏、李济编著的《博物馆》。从这个时期出版的博物馆学专著来看，可以说中国早期博物馆学著作的水平并不太差。以陈端志著的《博物馆学通论》为例，该书主要参考书目39种，其中21种属于欧美博物馆学著作，10种属于日本著作和资料。具有相当广阔的世界视野和相当全面的业务论述。总之，三十年代是中国博物馆事业富有希望的年代，是博物馆学在中国兴起的年代，可惜战争中断了这一富有希望的进程。

二、第二个发展时期

1949年中华人民共和国成立后，中国政府对发展文物、博物馆事业是相当重视的。中央人民政府刚一建立，就发布了一系列法令保护珍贵文物和文化遗址，还专门发布了《征集革命文物令》，文化部长沈雁冰发布了对地方博物馆建设方针、任务、性质及发展方向的指示。国家的许多领导人都曾到博物馆进行过视察。新中国政府成立时，中国大陆只剩下21个博物馆。三年后的1952年统计，全国省市以上博物馆已经发展到40个，这个时期中国博物馆的建设是参照苏联社会主义类型的博物馆模式进行的。社会主义博物馆最主要之点在于：第一，全国的文物和博物馆都归社会公有；第二，所有的博物馆都在政府领导下工作。1953年中国第一个五年计划开始后，博物馆进一步学习苏联。仿照苏联地志博物馆的样子，筹办全面反映地方自然、历史和社会主义建设面貌的地志性博物馆。1957年第一个五年计划结束时，全国博物馆的总数已达到72个。除青海、西藏外，省级博物馆大体已建立。基本上改变了旧中国博物馆集中于少数城市的不平衡局面。

五十年代中国新型博物馆的发展，给中国博物馆学的研究带来了全新的课题。由于把马克思主义注入到了博物馆概念之中，从而使博物馆的理论和实践具有鲜明的社会主义意识形态特征。五十年代中国博物馆学的研究，出现了两个不同于过去的新特点。第一，群众性的博物馆学研究。三十年代博物馆学的学科建设是在学术团体和学者中进行的。五十年代博物馆学的研究是在文化主管当局领导下，在博物馆工作者广泛参加的大范围内展开的。这个时期虽然博物馆学的专著不多，只有傅振伦著的《博物馆学概念》和译自苏联的《苏联博物馆学基础》等。但博物馆学中若干重要问题的探讨却具有广泛的群众性。如博物馆的性质问题，服务对象问题，特征问题以及阶级性问题等都成为广大职工讨论的课题。发动广大职工讨论博物馆的性质和任务等基本理论问题，说明了这个时期博物馆理论问题的普及化特点。可以说五十年代在中国出现了一个博物馆学普及的时期。第二，博物馆功能研究的深化。在普及运动中，最为博物馆界关注的问题就是博物馆的功能问题。"为谁服务？如何服务？"是有关博物馆功能的一个重大问题。由于讨论中注入了阶级观点和政治观点，因而强化了博物馆界的阶级意识和政治倾向。博物馆纷纷办起配合政治运动的各种展览，大大加强了博物馆的社会政治功能。如土地改革展览，革命运动史展览，社会发展史展览等。"为政治服务，为生产服务"是五十年代初期关于博物馆功能的基本命题。1956年周恩来总理在全国知识分子问题会议上提出向科学进军的任务后，博物馆为科学研究服务提到了突出重要的地位。1956年5月召开的全国博物馆工作会议，实际上是一次大型的博物馆学讨论会。在这次会议上产生了著名的"三性二务"论，即博物馆是科学研究机关、文化教育机关、物质文化与精神文化遗存或自然标本的主要收藏所三重基本性质，为科学研究服务、为广大人民服务两项基本任务。会议热烈讨论了三重性质之间的关系，两项任务之间的关系。文化部副部长、中国学者郑振铎对会议作了学术结论。他对三重性质关系的结论是：博物馆的科学研究、文化教育与征集保管文物标本三项基本性质之间是不可分割的辩证关系，三方面同样重要，博物馆的性质特点就是由于同时具备这样三种性质。他对两项基本任务讨论的结论是：为科研服务和为广大人民服务二者是统一的，有着提高和普及的辩证关系，为科学研究服务也是为了长远的人民利益服务。"三性二务"论是中国博物馆界对博物馆基本性质和基本任务的理论概括，是五十年代指导中国博物馆实践的基本依据。这个时期博物馆学关于性质和功能问题的研究不断深化不是偶然的，是中国现实生活提出的要求。由于中国社会阶级斗争日益激化，博物馆的政治功能的发挥日益为人们所关注。博物馆理论研究的注意力较多地引向博物馆功能性问题的研究是很自然的，是可以理解的。

三、第三个发展时期

1978年12月召开的中共十一届三中全会开辟了中国走向现代化的新道路。在改革、开放的新国策之下，中国博物馆迎来了第三个发展时期。八十年代的中国博物馆与战后发展起来的当代世界博物馆相比，起步迟了一二十年，因此中国加快了博物馆建设的步伐，宪法、党的十二大文件、国家经济和社会发展的五年计划等重要文献，写进了对中国博物馆事业发展的要求。国家文物局从1977年开始召开一系列全国性专业会议，推动博物馆事业的建设和发展。1977年召开两次全国性会议初步批判了"文化大革命"运动对文物、博物馆事业的破坏，制订了新的博物馆藏品管理办法。1979年召开的全国省市自治区博物馆工作会议，研究了博物馆的性质和任务，重新肯定了"三性二务"论，制定了带有法规性的《省、市、自治区博物馆工作条例》（草案）。1981年召开的全国革命纪念馆调整工作会议，调整了"文革"期间大量发展的领袖个人纪念馆，制订了《文革纪念馆条例》。近十年来博物馆在数量上、质量上和品类上都有了相当大的发展。1977年统计我国共有博物馆300个，1987年底统计共有827个，十年发展了2.7倍。目前中国博物馆总数已达一千余个。博物馆工作的重点正转向巩固与提高方面。提高现有博物馆质量和开发博物馆新品类，使博物馆在数量上、品类上获得合理的发展，使业务质量不断提高。

八十年代，博物馆学在中国取得令人瞩目的新发展。八十年代初，中国博物馆学会、各省市博物馆学会以及各行业系统的博物馆学会陆续成立。以这些学术团体为核心，在中国迅速掀起了研究博物馆学的新运动。研究者的阵容远比过去强大。1982年中国博物馆学会成立时，会员为212人，1988年底统计已拥有会员1720人。各省市博物馆学会、各行业博物馆学会也发展了相当数量的会员。全国有六座大学建立了博物馆专业，政府还建立了博物馆学的培训中心，在这些教育机构里也有一批活跃的研究力量。中国开始形成了一支数量可观的博物馆学研究队伍。这个时期全国性的学术会议不断举行。1982年在北京举行的中国博物馆学会第一次全国学术会议收到论文98篇，编辑出版了《博物馆学论集》。1983年学术年会收到论文185篇，出版了第二集《博物馆学论集》。1984年以来接连举行了博物馆"群众工作""科学管理""形式设计""社会效益与服务""建筑设计""保管专业""社会教育"等一系列全国性专题学术讨论会议。各省市、各行业的博物馆学会召开的学术会议也很频繁。博物馆学论文的数量和质量，广度和深度都有相当快的发展。据中国历史博物馆图书馆的不完全统计，1949年至1978年在全国出版物中公开发表的博物馆学论文只有395篇，而1979年至1988年则有2029篇，近10年是过去30年总和的5倍多。

近十年来中国博物馆界开始呈现出学术繁荣的景象和八十年代中国博物馆实践对理论的需要分不开的，也是和近一二十年来世界博物馆领域中学术空气的上升分不开的。

但是我们也不能过高评价我们的成绩。我们知道，博物馆学在中国仍然处于学科建设的初级阶段。根据我们的国情，我们的博物馆学研究正在经历着两种思想解放的历程。第一，从狭隘的功能观中解放出来。长期以来中国处于"阶级斗争为纲"的政治环境中，博物馆界对博物馆政治功能的研究和实践占有突出地位。"文革"以后，博物馆学研究的首要课题就是对博物馆功能的反思。在反思中重新确认了博物馆实物特征的意义。强调博物馆的实物特征是从认识上医治功能随意症的良方。中国博物馆界改造了"三性二务"论。把科研、教育、文物标本收藏三重性的旧顺序改为文物标本收藏、教育、科研的新顺序，把为研究、为人民服务改为为人民服务、为社会主义服务，从而形成新的"三性二务"论。博物馆基本功能的研究是博物馆理论的基本课题。我们正从狭隘的政治功能论中走出来，更全面地认识和开拓博物馆的社会功能。从大文化的广阔视野上探索博物馆的价值和功能。第二，从封闭走向广阔的天地。介绍国外博物馆和博物馆学的文章和出访报告在专业刊物上占有很大比重。国际博物馆界在理论上的一些新思考，应用上的一些新技术新材料，管理上的一些新方法在我们的报刊上有相当数量的介绍。这些都有利于开阔中国博物馆工作者和研究者的视野，打开探索的思路。中国博物馆正在走向世界。但是在博物馆改革开放的过程中，我们遇到了如同中国文化在开放中遇到的中外文化碰撞相似的问题。如果我们照搬外国的东西，我们将失掉民族性；如果我们固守民族的东西，我们将失掉世界性；我们正在寻找两者结合的途径，为创造具有中国民族文化个性的现代博物馆而努力。博物馆学在中国也是如此。一方面它必须根植于中国土壤之中，才富有生命力；另一方面它必须汲取世界营养，才能引导中国的实践走向未来。中国的博物馆学研究者正为此而努力。

最后，我想对亚太地区博物馆学者的合作说几句话。当代文化正在走向世界性趋势和民族性趋势高度统一的道路。东西方博物馆的共同语言正在增多，意识形态的差异正在缩小，这是博物馆国际合作和学术交流的有利基础。我们很感谢国际博协在倡导博物馆学的研究方面做出的贡献。同时，我们特别关注亚太地区博物馆学的研究趋势及其成果。我们与东亚、东南亚许多国家在传统文化上是相通的，亚洲文化的优良传统仍然哺育着我们这个地区。例如鹤田先生把人提到和物相等的高度，正是亚洲重视人的伦理的文化传统的又一体现。

在博物馆学中对人的发现是走出传统博物馆学的重要一步。我们对日本博物馆界的理论动态是比较关注的，今后我们将更努力地关注亚太地区各国博物馆学研究的动态。我们对本地区博物馆学者的合作寄以期望。祝本届大会取得成功。谢谢。

原文选自《博物馆的沉思——苏东海论文选》，文物出版社，1998 年

论博物馆及博物馆学之中国特色

题记

　　1992 年 5 月在西安举行了"中国博物馆学会成立十周年纪念暨学术讨论会"。学术讨论会的主题是如何创建有中国特色的博物馆和博物馆学。我在大会闭幕会上作了学术讨论总结。这个总结在《中国博物馆》1992 年第 2 期上以论文形式发表。这篇论文指出了研究中国特色的认识上的两个误区；提出了有中国特色博物馆的基本特征是：社会主义的，中国文化的，现代科学技术的，文物琳琅满目的；提出了有中国特色博物馆学的理论指导和实践升华的有关问题。

　　1982 年，邓小平同志在党的第十二次全国代表大会开幕词中，发出了"建设有中国特色的社会主义"的伟大号召。十年来，中国的经济建设和各项事业的发展，正是沿着建设有中国特色的社会主义道路，探索着、前进着。在中国人民这一伟大实践之中，中国博物馆界也正是沿着这条道路，为创建有中国特色的博物馆和中国特色的博物馆学，探索着、前进着。十年来，我们已经积累了一定的实践经验和认识基础，已经有了分析中国特色的初步条件。试论述之。

一、研究中国特色，首先要解开思路上的两个扣子

　　在一些文章中、会议中，对中国特色的讨论虽然很热烈，但是往往很难

深入下去。究其原因，我看在思路上有两个扣子需要解开。其一，中国特色是创建中的中国特色而不是中国现状的特色。但人们往往把中国现状中的特色当作要创建的特色了。中国现状中的许多东西，是要在改革中改掉的，中国博物馆现状的特色，不能也不配代表中国要创建的博物馆特色。我们要创建的中国特色的博物馆，其特色要在世界博物馆中受到尊崇和爱慕。因此，研究中国特色不要在博物馆的现状中去寻找、去概括，而应放眼于我们要创建的足以自豪于世界博物馆之林的那种特色。其二，把中国特色和中国独有混为一谈，这两个概念虽然相一致，但也可以精细的加以区别。中国特色的东西并不一定是中国独有的。中国特色是和各国特色相通的，可以互相吸取、互相借鉴的。因为所有的特色都是一种个性，所有的个性都是联结于共性之中的。中国博物馆的个性不能离开世界博物馆的共性去独创。因此中国特色并不一定要中国绝对独有。不要把我们的思路搞得很窄，非在中国独有上做文章不可。以上两个思路上的扣子解开了，我们的讨论就比较容易进一步深入下去。

二、什么是中国博物馆的中国特色

基于上述两点认识，我认为创建具有中国特色的博物馆，其中国特色主要表现在四个方面。

1. 中国特色首先是社会主义特色

中国博物馆是在中国这个社会主义国家中存在和发展的。它必须在社会主义的轨道上建设自己，发展自己，它必须履行中国宪法规定给它的社会职责。1982年全国人民代表大会通过的中华人民共和国宪法第22条明确规定博物馆和其他文化事业的发展必须遵循：为人民服务、为社会主义服务的方针。只有为人民、为社会主义服务的博物馆在中国才能得到国家的支持，得到发展。可以说为人民、为社会主义服务，不仅是我们博物馆存在和发展的根据，而且也是存在和发展的条件。"二为"方针贯彻得越好，国家的支持就会越大，就越会受到重视，我们要创建博物馆的中国特色，要发展中国的博物馆事业，首先就要紧紧围绕中国的社会主义建设，为中国人民、为社会主义服务。中国特色从政治性质和社会宗旨上看，首要的就是社会主义特色。

2. 中国特色是浓郁的中国文化特色

中国特色的博物馆应该是让人一看就是中国的。走进具有中国特色的博物馆，扑面而来的应该是浓郁的中国文化气息。从形式到内容具有鲜明的中国个性。要千方百计发挥中国文化的魅力，这样才能赢得世界观众。有一个纪念馆，明明是一位中国革命领导人的纪念馆，却去仿照林肯纪念堂的样式，与这位领袖的个性格格不入，这不能说是具有中国特色的纪念馆。前不久我看到一篇文章，作者认为民族博物馆从建筑外观起就应该具有民族特色，让人在进门之前就呼吸到了这个民族的文化气息。我认为这是有道理的。民族博物馆与民族学博物馆不同，它是反映特定民族文化的。如果一个民族博物馆从建筑到陈列，从形式到内容浑然一体地物化了这个民族的文化，那是会很有吸引力的，使人难忘的。最近法国在巴黎东郊建造了一座美国式的欧洲迪士尼乐园，引起了法国人的争论。因为这种迪士尼游乐园是美国式的文化，如果法国需要综合型的文化游乐场所，应该创造法国式的而不是照搬具有美国文化色彩的迪士尼乐园，创造中国特色的博物馆也是如此，要创造出那种具有中国色彩和浓郁的中国文化气息的博物馆。

一个民族是否具有文化创造力，是这个民族精神独立的重要内涵。德意志民族在理论思维上的创造力，法兰西民族在造型艺术上的创造力，原来都是闻名世界的，可惜现在处于低谷之中，反倒被浅薄的美国经济文化所侵袭。无怪法国知识界对引进迪士尼乐园惊呼为美国文化侵略的信号。中华民族是一个有强大的文化创造力的民族，有自己独特的文化传统而且影响着东北亚和东南亚的广大地区。因此中国特色重要的是创造中国文化特色，创造文化上的中华牌博物馆。我看陕西历史博物馆就具有中国文化气息。它那具有民族气魄的宏伟建筑，就镇住了国内外的观众。走进陈列大厅，扑面而来的那些精美的文物珍品把观众带进了中国文化的摇篮时代里去。中国文化特色越浓郁，越会受到观众的欢迎，越有吸引力，观众特别是外国观众总是鄙弃文化附庸、总是尊崇文化异彩的。

3．中国特色是现代科学的特色

中国特色的博物馆应该是用现代科学管理，用现代科学技术装备起来的博物馆。中国特色要和科学化、现代化联系起来，而不是那种陈旧的、抱残守缺的博物馆。中国特色的目标是现代的、高标准的。把中国特色理解成初级的、粗放的、简陋的是对中国特色的误解，不能因为经济不够发达就降低中国特色的科学水平和现代化水平，那不仅有损中国特色的形象，而且降低了中国博物馆的竞争力。从形式到内容陈旧不堪的博物馆是没有竞争力的。不论大馆小馆只有锐意更新的博物馆才有生命力，才能参与竞争，才能赢得观众。

不仅物质产品，同样精神产品也需要现代科学武装的。现在，科学技术和科技人员正在向生产部门进行大规模的战略转移，以提高产品的国际国内竞争能力。同样，我们博物馆也需要现代科学武装，也需要大幅度地提高博物馆的科学水平。不要以为一用新科技就是学外国，好像现代科学姓资。这种用姓"资"和姓"社"织成的逻辑死扣，紧紧束缚着人们的头脑，不敢去想、不敢去做。上海博物馆的改陈较多地运用了现代科技手段，有些同志就认为上博是西方模式，说好像走进了西方博物馆。这就是受到了那种把现代科学看成西方独有的思路的影响。实际上这个博物馆之所以受到观众特别是外国观众的高度赞赏，恰恰是因为用现代技术美学组织起来的陈列，使这个馆的中国文化特色更浓郁了。如果上博的陈列是外国文化的附庸，那外国人何必万里迢迢跑到中国来看呢？它之所以受到外国人的尊崇就是因为它放射的是中华民族的文化异彩。可见现代化的博物馆陈列应该是民族文化与科学技术的有机结合。两者结合，相得益彰。浓郁的中国文化和现代科学技术都是中国特色不可缺少的主要内涵。科学技术并不是高不可攀的东西，科学技术的应用实际上已经在中国开始起步，新科学技术已经悄悄地进入了中国博物馆。我建议同志们读一读沈庆林同志写的《科学技术手段在中国博物馆中的应用》一文（载《中国博物馆》1991年第2期）。

4. 中国特色是文物琳琅满目的特色

中国是个文物大国，无论是古代的还是近现代的文物其蕴藏量在世界上是屈指可数的。因此作为中国的博物馆，文物馆藏的质和量也应该是首屈一指的。琳琅满目的馆藏应该是中国博物馆的一大特色。从传统博物馆来看，一个博物馆的馆藏往往是这个博物馆的声望之所在。法国的卢浮宫、英国的不列颠博物馆，虽然他们的陈列手法陈旧而粗放，但他们的馆藏使他们饮誉全世界。我们中国有这么大的文物蕴藏量，如果没有与之相称的博物馆馆藏，那是谈不到中国特色的。所以我们要建设有中国特色的博物馆，必须千方百计充实馆藏。一个博物馆有了丰富的、高质量的馆藏，它的教育功能、科研功能才能成为有源之水、有本之木。因此应该说文物的琳琅满目是中国博物馆应有的特色。

但是理想与现实的距离却是很大的，中国的文物多并不等于馆藏多。在遍地是文物的中国里，我们的博物馆说不定还是处于文物的贫血状态里呢！如果现行体制不改革，博物馆拿什么去竞争。从理论上讲，博物馆是文物保管和使用的最主要的载体，它的保管条件和使用条件高于任何其他单位，全国主要的文物应该收藏于博物馆内。当然这个问题有待于从认识上统一，从实践中逐步解决。最近孙轶青同志在纪念中国博物馆学会成立十周年的纪念文章中提出已经开放的文物保护单位向博物馆职能转化和升格的问题，这是一项有战略意义的构想。建议同志们读一读这篇文章。

总起来说，我对创建有中国特色的博物馆是从四个方面考虑的，即社会主义的，中华民族文化的，现代科学技术的，文物琳琅满目的。要具备这些特色才称得起中国特色。具有中国特色的博物馆等待着我们去创建，中国特色将会一步一步呈现和升起。中国特色的博物馆将会受到世界的尊崇和赞美。

三、对建设有中国特色的博物馆学的几点意见

1. 首先是马克思主义的指导思想问题

要创建高水平的博物馆学没有马克思主义的思想指导是办不到的。目前西方的一些博物馆学著作，整体水平并不高，对博物馆本质的整体性研究很薄弱。即使运用现代科学分析博物馆现象比较有成就的课题，如用行为主义心理学研究观众，用现代统计学方法进行观众调查，运用系统论研究博物馆管理，运用现代科技加强博物馆技术美学实践，以及近几年用生态学方法改变博物馆观念等等，也仍然比较零碎。使人感到西方博物馆学研究处于一种"碎化"状态。作为一门学科的建设特别是具有一定意识形态影响的学科，如果没有统一的方法论及方法论的思想基础，不可避免的出现"碎化"。这是这个学科处于较低级阶段的表现。许多学科在现代化的过程中，如果其方法论仅仅建立在现代科学方法如系统论、信息论等基础上是不够的。因为这些现代科学方法虽然发展了但并没有越出马克思主义的理论轨道。因此创建中国博物馆学必须坚定不移地以马克思主义为理论基础，以马克思主义的世界观、方法论和历史观研究博物馆现象，才能创建有较高水平的中国博物馆学。

2. 创建中国博物馆学主要是中国实践的升华

现在对创建有中国特色的博物馆学存在着种种误解。有一种误解认为博物馆学就是博物馆学，如同物理学就是物理学一样，怎么还会有中国的博物馆学呢？这种把博物馆学与自然科学进行比附是不恰当的。还有的同志用纯自然科学的模式去套博物馆学的建设，也是不恰当的。因为这些误介都是想把博物

馆学的建设引向自然科学化。之所以不恰当就在于不理解博物馆学这门学科的特点。博物馆学这门学科是一个非常复杂、非常特殊的学科，甚至在科学当中都难于找到它的恰当的属类。由于现代博物馆现象的异常复杂性，就使这门科学的建设处于极为艰难的过程之中。由于博物馆的"物"无所不包，而它的功能又多种多样，并且在不断地发展变化之中，以至于连这门学科的定义都难以确立起来。博物馆不是没有定义。国际博协1971年就在世界范围内制定了达到各国公认的定义，但1974年国际博协大会时不得不大幅度修改这个定义。1974年后，这个定义又处于不断动摇之中。博物馆定义之所以不断发展是博物馆理论跟踪博物馆实践的结果。我认为博物馆定义的浮动不是坏事，它正反映了这个学科在创建中的特点，它正反映了博物馆实践的不断发展变化。不应因定义的发展变化，而认为博物馆无学。这里我再谈谈博物馆理论中包含着某些个性因素的问题。同是博物馆现象，但在不同国家中存在着不同的文化特点、地域特点、政治哲学特点等，这些特点构成了博物馆学在这个国家的特色，从而使博物馆理论带上一定的国家的、地域的个性色彩。这就产生了苏联博物馆学、中国博物馆学、日本博物馆学等。日本已故著名博物馆学家鹤田总一郎就曾约我们几位同志和他一起创建东洋博物馆学，因为具有地域文化的共同背景。可见，不但可以建立不同国家的博物馆学而且可以建立地域博物馆学。甚至科学技术博物馆学在不同国家也应有不同的个性。1978年12月在马尼拉召开的发展中国家科技博物馆规划专家会议上制定的"科学技术博物馆的建设标准"中指出，科学技术是不分国界的，各国科技博物馆可以采取同样的形式和共同语言，但同时又应展现本国的科学与工业的历史发展道路，在这一点上，各国又是不同的。可见各国又有自己的科技博物馆学的个性。中国博物馆学作为博物馆理论当然要解释整个人类出现的博物馆现象，否则它不具有整体的理论意义。但是作为中国博物馆学，它首要的也是主要的是对中国博物馆实践的理论升华。它要追踪有中国特色的博物馆实践，又要指导这一实践的发展，从而发挥出理论的导向作用。国家文物局希望中国博物馆学术界更多地研究中国实际，为政策的制定，事业的发展发挥出理论的力量。我想国家文物局对我们学会的希望是正确的，今后在继续努力学科建设的同时，更多地研究一些实际的课题，更紧密地结合实际，为实践的升华、理论的建设打下更坚实的基础。

原文选自《博物馆的沉思——苏东海论文选》，文物出版社，1998 年

中国博物馆学研究综述

题记

1993 年 8 月，中美博物馆学研讨班在天津南开大学举行。本文是在会议上的学术报告。文中综述了中国博物馆学的研究经历了兴起——衰落——再兴起——再衰落——新的兴起，三起两落的曲折过程。按 30 年代、50 年代、80 年代三次兴起的时代特点和博物馆学的研究特点进行了阐述。《中国博物馆》1993 年第 4 期全文发表。1994 年 4 月 24 日《中国文物报》作了转载，题目改为"兴起·衰落·兴起——中国博物馆学研究综述"。

中国博物馆学的研究是随着中国博物馆事业的兴起而兴起，随着中国博物馆事业的发展而发展的。中国近代博物馆产生于本世纪初。近百年来，中国博物馆出现了三个发展时期，随之，博物馆学研究在中国也有了三个相应的发展时期。这三个发展时期就是本世纪的 30 年代、50 年代和 80 年代。试分述之。

一、第一个发展时期　中国博物馆学研究的兴起

中国酝酿建立博物馆的时间并不太晚。在上个世纪六七十年代，中国几乎和日本同时发起了向西方学习的运动，开始了近代化的进程。建立西方式博物馆被认为是"开民智"的一项措施。但是中国清政府的腐朽统治，扼杀了中国

的近代化运动。办博物馆也遭到清政府的拒绝。中国博物馆事业的先驱者张謇先生，几经奋斗终于1905年自费筹办成功了中国第一座私人博物馆——南通博物苑，开始了中国现代博物馆事业的纪元。1911年孙中山领导的革命推翻了清王朝的统治，建立了"中华民国"。他的政府中的教育总长蔡元培、社会教育司官员周树人（鲁迅）都是重视博物馆建设的。政府成立的当年（1912年）就开始筹办中国第一座国立博物馆——中国历史博物馆。可惜这个政府不久即为军阀政府所取代。1928年，蒋介石独揽国民党军政大权，他所领导的南京政府在三十年代有一个发展时期，博物馆事业有了较大发展。这就是中国博物馆事业的第一个发展时期。据统计，1928年全国博物馆仅有10个，到1936年就发展到77个，平均每年增长29%。当时博物馆业务相当活跃，博物馆的社会影响日益扩大。

由于博物馆事业的发展，博物馆学的研究随之兴起。1935年成立了以研究博物馆学为宗旨的中国博物馆协会。编印了《中国博物馆一览》《博物馆学书目》。协会会报刊登了一批博物馆学论文。1936年6月出版了生物学家费耕雨、费鸿年编的《博物馆学概论》，7月出版了上海市博物馆学者陈端志著《博物馆学通论》，胡肇椿《征集品之修复与保存》等。总之，30年代是中国博物馆事业富有希望的年代，是博物馆学在中国兴起的年代。可惜抗日战争中断了这一富有希望的进程。

在这个发展时期，中国博物馆学研究表现出两方面特点。

第一，向西方学习。

一般地说，先有博物馆实践，后有博物馆理论。但是中国博物馆是从西方移植进来的，是先有博物馆的认识和研究，而后才有博物馆的建立。中国对西方博物馆的认识和研究有个由浅到深的过程。从1866年中国第一批外交官访欧开始，30多年间介绍西方博物馆的著述不下数十种，对于国人了解博物馆是有帮助的。但那时还谈不到对西方博物馆的研究。直到上世纪末、本世纪初，康有为、张謇等的著述问世后，才有了对西方博物馆较深刻的研究。康有为对西方博物馆收藏保管文物、研究文物和展示文物的收藏价值、教育价值和审美价值的阐述，接触到了西方博物馆理论的若干问题。张謇经过对西方博物馆的多次考察和专门研究，对西方博物馆的理论与实践的认识达到了更高的水平。蔡元培在多次出国考察教育的过程中，深入研究了西方的博物馆。他的论著更深刻更完整地表达了博物馆本质及其规律。1936年，即中国博物馆协会成立的第二年，中国学者出版了两本博物馆学专著。其中，陈端志的《博物馆通论》，参考了10种日本博物馆著作和21种欧美博物馆学著作，广泛汲取了西方博物馆学的成果，是向西方学习的产物。需要指出的是，这时西方博物馆学理论也并不是十分先进的，西方的博物馆理论远远落后于实践。一直到19世纪末期才有人提出博物馆学这个概念。最早使用这个名词的是德国人杰·格拉瑟。他在1883年发表的《博物馆学与古物学》一书中第一次在"博物馆"后面加上"学"字。成为Museologie。在此前后，西方的博物馆学著作主要是博物馆历史研究、功能研究和博物馆技术研究的论文或论著。到1934年才有《博物馆学》（两卷本）问世。因此，在这个时期，无论是西方还是中国的博物馆学研究，都是处于学科建设的起步阶段。

第二，突出博物馆的社会使命。

中国第一批博物馆的建立不是自发产生的，是为了实现一定的使命而自觉创办的，是在社会有识之士的强烈呼吁下产生的。早期改良主义思想家郑观应在《盛世危言》一书中，甚至把办博物馆与修铁路、造轮船、开矿山相提并论。上海强学会把办博物馆列为强国的要事之一。康有为起草的上海强学会章程序言中，指出办博物馆"以开风气而成才"，"济中国"而"自强矣"。可见中国从西方移植博物馆，一开始就突出了博物馆的社会使命，办博物馆和开发民智，救亡图存联系了起来。这是当时中国博物馆办馆宗旨，发挥功能的一大特点，也是中国博物馆研究的首要课题。

还值得重视的是20世纪初，与中国第一批博物馆建立的同时，中国还出现了一些以振兴实业为主旨的国货陈列馆。如天津考工厂陈列馆、直隶省国货陈列馆、河南劝工陈列所等。这些馆所实际上是一种准博物馆，是博物馆实现社会使命的补充。30年代中国博物馆发展的第一个高潮中，同时还出现了大批的古物保存所。这种古物保存所，也是一种准博物馆，是实现博物馆保存古物的社会使命的重要补充。

总之，中国博物馆学的研究，一开始就体现了时代的呼唤，着眼于历史的使命和社会的责任。在博物馆宗旨、博物馆功能的研究中，突出社会使命意识，是中国博物馆学研究在第一个发展时期值得重视的特征。

二、第二个发展时期　中国博物馆学研究的再兴起

在抗日战争和解放战争中，中国博物馆事业遭到战争的破坏，中止了发展的势头。1949年中华人民共和国成立后，中国博物馆事业进入了第二个发展时期。中国政府对发展文化博物馆事业是十分重视的。中央人民政府刚一建立就发布了一系列法令保护珍贵文物的文化遗址，还专门发布了《征集革命文物令》。国家许多领导人都曾到博物馆进行视察。文化部长沈雁冰发布了对地方博物馆建设方针、任务、性质及发展方向的指示。这时对旧博物馆的改造和新博物馆的建设都是参照苏联社会主义类型博物馆模式进行的。新中国政府刚成立时，中国大陆只剩下21个博物馆，3年后的1952年统计，全国省市以上博物馆已经发展到40个。1953年中国第一个五年计划开始后，博物馆进一步学习苏联，仿照苏联地志博物馆的样子，筹办全面反映地方自然、历史和社会主义建设面貌的地方志性质的博物馆。1957年第一个五年计划结束时，全国博物馆总数已达到72个，除青海、西藏外，省级博物馆大体已建立。基本上改变了旧中国博物馆集中于少数城市的不平衡局面。1959年又建成了中国历史博物馆、中国革命博物馆、中国人民革命军事博物馆、中央自然博物馆等大型

博物馆，把中国博物馆的水平提到新的高度。

随着新中国博物馆事业的蓬勃发展，中国博物馆学的研究再度兴起。在第二个发展时期中，由于时代的变化，社会的变化，中国博物馆学的研究具有了崭新的内容和崭新的课题。其主要特点如下。

第一，向苏联学习。

新中国成立后，向苏联学习是一项国策。博物馆的建设和博物馆学的研究，当然从向西方学习转而向苏联学习。苏联当时是社会主义国家，苏联的博物馆称为社会主义类型博物馆，它的博物馆学是我们直接承袭的。苏联博物馆学是重视理论建设的，它力求在马克思主义指导下建设博物馆。从1917年十月革命开始，经过几十年的积累，于50年代初集中一批苏联学者和专家写成了《苏联博物馆学基础》一书。这本书是苏联博物馆理论和实践的最高成就。它的第一章专论苏联博物馆学的理论基础。这本书第一次系统地提出了在马克思主义世界观指导下的博物馆各种理论问题，回答了苏联博物馆学研究的认识论问题、方法论问题、博物馆的本质特征问题、起源问题、功能问题等。苏联博物馆学与西方博物馆学最大的区别在于它把马克思主义注入到了博物馆概念之中，从而使博物馆的理论和实践具有鲜明的社会主义意识形态特征。《苏联博物馆学基础》一书传入中国，成为中国博物馆学界一本必读的教科书，指导中国博物馆的理论研究和业务实践。向苏联学习，成为这个发展时期中国博物馆学研究的主要承袭方向。

第二，突出博物馆的政治使命。

如果说突出博物馆的社会使命是博物馆学研究在第一个发展时期的主要课题，那么，突出博物馆的政治使命则是博物馆学研究在第二个发展时期的主要课题。

新中国成立后，进行了一系列的社会改造运动和政治运动。中国博物馆界在突出政治、突出阶级斗争的大环境中，加强了对博物馆性质问题、宗旨问题、功能问题的再研究。这些问题的讨论不光是在学者中进行，而且发动博物馆界全体工作人员进行大讨论，形成了博物馆理论问题的一次普及运动。在这次大讨论中最为博物馆界关注的问题就是博物馆的政治功能问题。"为谁服务？如何服务？"是有关博物馆功能的一个重大问题。由于讨论中注入了阶级观点和政治观点，因而强化了博物馆界的阶级意识和政治倾向。在理论指导实践中，博物馆纷纷办起配合政治运动的各种展览，大大加强了博物馆的政治功能。如办土地改革展览、革命运动史展览、解放台湾展览、帝王农民生活对比展览等。"为政治服务，为生产服务"是50年代初期关于博物馆功能的基本命题。这个时期博物馆学关于性质和功能问题的研究不断深化，是中国现实生活提出的要求。突出博物馆的政治使命是这个时期博物馆学研究的一个突出特点。

第三，中国的理论概括。

50年代中国博物馆学的大讨论，起到了博物馆学研究的普及作用。1956年5月召开了全国博物馆工作会议，进一步把对中国博物馆学基本问题的认识，加以理论化。这次全国会议实际上是一次大型的博物馆学讨论会。在这次会议上产生了著名的"三性二务"论，即博物馆是科学研究机关、文化教育机关、物质文化与精神文化遗存或自然标本的主要收藏所三重基本性质和为科学研究服务、为广大人民群众服务两项基本任务。会议热烈讨论了三重性质之间的关系，两项任务之间的关系。文化部副部长、中国学者郑振铎作了学术结论。他对三重性质关系的结论是：博物馆的科学研究、文化教育与征集保管文物三项基本性质之间是不可分割的辩证关系，三方面同样重要，博物馆的性质特点就是由于同时具备这样的三种性质。他对两项基本任务讨论的结论是：为科研服务，为广大人民群众服务二者是统一的，是提高和普及的辩证关系。为科学研究服务也是为了长远的人民利益服务。"三性二务"是中国博物馆学界对博物馆基本性质和基本任务的理论概括，具有中国的特征。

三、第三个发展时期 博物馆学研究再深入

1978年12月召开的中共十一届三中全会，开辟了中国走向现代化的新道路。在改革开放的新国策下，中国博物馆迎来了第三个发展时期。受60、70年代世界博物馆大发展的影响，和国内条件的变化，80年代中国博物馆发展空前迅速。十几年间，中国新建了大大小小一千座博物馆。博物馆学的研究也进入了高潮。1982年中国博物馆学会成立，之后各地方博物馆学会、各行业博物馆学会相继成立。以这些学术团体为核心，在中国迅速掀起了研究博物馆学的新运动。研究者的阵容远比过去强大。至80年代末，仅中国博物馆学会就已拥有会员近2000名，各地博物馆学会也发展了相当数量的会员。这个时期全国性和地方性的学术会议不断举行。在全国出版物中公开发表的博物馆学论文，据不完全统计已达2000多篇。广泛接触到了各种宏观的和微观的课题。80年代开始出版了多种博物馆大部头专著。其中《中国博物馆学概论》（1985年国家文物局编）和《中国博物馆学基础》（1986年王宏钧主编）是两本很有分量的学科概论。之后出版了具有学术权威性的《中国大百科全书·博物馆卷》（吕济民主编）。中国博物馆学会会刊《中国博物馆》自1984年创刊至1992年底止共发表了学术论文785篇。会刊《中国博物馆通讯》每月及时传播全国博物馆学研究的信息。各地学会主办的学术刊物也很活跃。80年代以来，中国博物馆学研究出现的学术繁荣景象，远远超过了前两个发展时期，并且还在发展之中。

在第三个发展时期呈现出以下新的特点。

第一，创建有中国特色的博物馆学。

本世纪初，中国开始自己动手创办博物馆，但是却没有走出自己的道路，不是循着西方办馆的道路走，就是循着苏联办馆的道路走，直到中共十二大提出建设有中国特色的社会主义号召之后，我们才自觉地、坚定地走上创建有中国特色的博物馆的道路。随着实践的发展，创建有中国特色的中国博物馆学的

历史任务也降临了。中国博物馆学研究的注意力转向了中国特色的研究。中国博物馆界在理论上和实践上遇到的突出问题是如何解决博物馆的世界共性和民族个性、国家特色的关系问题；如何解决放眼世界与立足中国的关系问题；如何解决现代化与中国现实基础的关系问题；如何解决外来博物馆文化与本国博物馆文化的关系问题；如何解决传统博物馆文化与当代博物馆文化的关系问题，以及如何解决市场文化与博物馆使命的关系问题等等。这些问题都是建立有中国特色的中国博物馆学的过程中，需要和正在解决的问题。

第二，突出博物馆的文化使命。

在第一、第二发展时期，博物馆突出了改造社会的使命和配合政治运动的使命，而在80年代的第三个发展时期，博物馆的文化使命突出了。由于阶级斗争和政治运动的减少，博物馆从狭隘政治功能中解放出来了。因而博物馆的文化本质得以恢复和发扬。博物馆成了精神文明建设和物质文明建设的重要窗口。博物馆与旅游业结合，与学校教育结合，与科学普及运动结合，与经济建设相结合以及大力进行的爱国主义教育。大大扩大了博物馆的文化使命感。在中国博物馆学的研究领域中，近10年来，博物馆文化本质的研究、博物馆美学与美育的研究，以及民族博物馆学研究、民俗博物馆学研究、科技博物馆学研究都有人在进行。80年代博物馆文化使命的突出，有利于中国博物馆学研究与国际博物馆学界的研究相接轨，有利于国际文化的交流。

第三，学科建设发展迅速。

我国对博物馆学基础理论的研究十分重视。50年代就有了一定程度的展开。80年代以来基础理论的研究更广泛的接触到了一些深层次的问题，例如，博物馆和博物馆学定义的再讨论，中国博物馆学理论体系及框架的讨论，博物馆学方法的讨论，博物馆本质及其基本矛盾的讨论以及有关博物馆的若干哲学思考等。学会会刊《中国博物馆》杂志发表的稿件中，基础理论的稿件占

28%，可以看出我国理论博物馆学研究方面的活跃。

在应用理论方面的研究，正在广泛展开。博物馆管理的研究，博物馆立法的研究，博物馆技术设备的研究都在积极进行。在业务研究方面，博物馆陈列学、博物馆保管学、博物馆教育学等分支学科正在创建。其成果体现在分支学科的概论《陈列艺术手册》《藏品保管手册》《社会教育工作手册》之中。

博物馆史的研究颇有成果。出版了一批史料汇编，如宋伯胤编《博物馆历史文选》（1985年）、国家文物局和南开大学汇编《博物馆学参考资料》（1986年）以及一些省市的大事记、年鉴，一些博物馆的史略等。还发表了一批博物馆史研究的专著，如吕济民的《中国博物馆历史发展概貌》（1986年），梁吉生著《旧中国博物馆历史述略》（1986年），苏东海的《博物馆演变史纲》（1988年），胡骏的《社会主义新时期我国博物馆事业回顾》（1991年），吕济民的《中国博物馆事业一百年》（1992年）等。这些历史专著都是以历史唯物主义的观点研究博物馆历史，具有中国特色的研究成果。

中国博物馆学的研究如同中国博物馆事业一样，经历了：兴起——衰落——再兴起——再衰落——新的兴起，三起两落的曲折过程。这是中国社会曲折发展的结果，也是战争与和平，进步与倒退发展的结果。时代在前进，历史在前进，中国博物馆事业和博物馆学研究，已经出现了初步的事业繁荣和学术繁荣的新局面。在改革开放的新时期中，中国博物馆学研究，一方面加强国际合作与交流，一方面加强民族个性、国家特色的发展，把博物馆事业和博馆学研究推上一个新的台阶。

原文选自《博物馆的沉思——苏东海论文选》，文物出版社，1998年

中国博物馆管理学引论

题记

有什么样的社会就有什么样的管理，管理具有很强的时代特性和国家特性，不能形而上学地运用外国经验。本文主要讲中国管理学的方法论和中国管理学的基本问题，所以称为引论。这是我在1994年5月中国和国际博协培训委员会办的"高级管理人员国际研讨班"的讲义。已经收入我的第一卷论文集中，这里为了理论延续的需要再用一次。

中国现行的博物馆管理模式已经运行了40多年，但是中国博物馆管理的学科建设刚刚起步。与国际上开展博物馆管理理论的研究相比，晚了二三十年。我们不得不加速这一学科的建设。

目前，中国正处于一个新的历史时期的开端，国民经济乃至整个社会正在展开全面的改革，博物馆管理的改革也在实践之中。因此中国博物馆管理学科的建设，首要的是围绕管理改革中的紧迫的课题进行研究，在理论引导实践的过程中，发展学科建设。

这次课程中，我只能就管理的起源、管理学的发展和中国博物馆管理学创建中的若干基本内容，作一点肤浅的阐述，这一研究还有待我们共同去深化它。

一、管理学的历史

1.管理是同人类社会生活同样久远的一种社会行为。有什么样水平的社会，就有什么样水平的管理。原始社会的生产力水平和生产关系的性质决定着原始社会的管理水平和管理方式。奴隶社会的生产力水平和生产关系决定着奴隶社会的管理水平和管理方式。封建社会的生产力水平和生产关系决定着封建社会管理水平和管理方式。资本主义社会的生产力和生产关系性质，决定着资本主义社会的管理水平和管理方式。随着社会主义和将来的共产主义社会的实现，又会出现新的管理水平和管理方式。

原始社会的生产力是很低的，只会使用石器以至弓箭。因此与猛兽斗争，在自然界求生存，必须共同劳动，否则就会饿死。共同劳动，共同分享食物，这是原始的公有制。这时的管理也就是分配劳动和分配食物。从原始社会进入奴隶制社会时，生产力的水平与性质已经发生了变化。从石器时代发展到铁器时代，由原始的狩猎经济发展到畜牧生产、农业生产和手工业生产，开始有了分工，出现了奴隶制国家。在管理上提高了一大步，出现了行政管理和经济管理两大部类。从奴隶社会进入封建社会，生产力又有了质的变化。鼓风炉（风箱）的出现使冶炼技术大大提高。织布、制陶等技术发展，出现了手工业作坊。社会经济管理与行政管理有了封建制度的内容，封建等级制和超经济剥削普遍存在。从封建社会进入资本主义社会，生产力又有重大突破，其标志就是蒸汽机的出现。随之发展起了机器工业。大生产的管理改变了手工业的管理方式，开始了现代的管理。

2.现代管理是现代社会的产物。现代管理理论是现代管理实践的理论结晶。早期资本主义生产的实践产生了早期的管理理论。早期管理理论的中心课题是劳动分工和劳动专门化的研究。其理论成果就是劳动分工原理。十八、十九世纪欧洲产业革命之后，出现了大批用机器组织起来的大生产。这就产生了企业管理的新课题。这个新课题就是如何运用科学方法，研究生产本身使之速度快、成本低、效率高。这种科学管理方法称为"科学管理"理论。其代表性成果就是1911年问世的泰勒的《管理科学原理》。泰勒的科学管理理论不但风靡资本主义世界，而且为新生的苏维埃政权试用。列宁在1918年写的《苏维埃政权的当前任务》一文中，号召在俄国研究与传授泰勒制，有系统地试用这种制度。第二次世界大战后的二十年间，出现了以经营管理为主题的组织管理学和以人为对象的行为管理学。之后，随着新技术革命的出现和新方法论的出现，产生了"最新管理科学"理论。"最新管理科学"理论的主要原则有：系统原则，整分合原则，反馈原则，能级原则和有效原则等。80年代以来，企业管理转向文化战略，突出"文化"制胜。企业文化的提出，被认为是管理学发展历史性的一场革命。从上可以看出管理理论随着社会发展的不同阶段，有着不同阶段的课题。尽管已经抽象出一批管理学的基本原则，但是今后科学技术的不断加速度的发展，社会生产和社会生活将会加速地出现巨大变化，管理科学将会出现全新的课题。可以说管理科学是一门极具发展变化性的学科，它是处于不断的发展之中，不会停止，也没有不变的课题。

3.博物馆管理的理论也是随着社会发展而发展的。在博物馆管理中，最早出现的课题是对藏品分类及登录的研究。当时的理论成果最出名的是1727年博物馆学研究者C.D.F.尼克里乌斯著的第一部以博物馆方法学命名的著作。该书主要探讨藏品的分类、管理和补充来源。书中认为博物馆应该根据便于学习的原则展出藏品。提出了自然标本和人工制品的分类法。这个分类法在当时成了收藏家进行藏品分类的参考书。随着博物馆科学研究职能的出现和教育职能的出现，博物馆管理的研究课题日益增多。成果也日益丰富。许多著作论述了博物馆保管工作的组织与技术，陈列工作的组织与技术，社会教育工作的组织与技术等。博物馆各项业务工作的分类研究都有了许多成果。但是真正把博物馆管理作为一个整体，作为科学研究的独立的对象并发展成为博物馆管理科学，还是在20世纪六七十年代博物馆大发展之中诞生的。西方流行的博物馆管理学，致力于博物馆管理的科学化，逐渐形成了比较科学的操作规程，但是博物馆管理的理论探讨是相当薄弱的，距离一门学科的建设，还有很长的距离。

二、博物馆管理学的特性

博物馆管理与企业管理有很大的差异性，与其他文化管理也有很大差异性，研究这种差异性，对于学科建设和指导实践都是有意义的。我认为博物馆管理具有如下特性。

1.时代特性。不同时代有不同的管理方式和管理水平，具有不同的时代特征。古希腊、罗马时代的收藏管理带有秘藏特征。中世纪的收藏和展示带有宗教管理和僧侣文化的特征。资产阶级革命胜利后，博物馆的半开放体现了当时的管理特征。二次大战后，博物馆的管理进一步向科学化和民主化特征发展。中国博物馆的管理，也形成了30年代、50年代和80年代三个不同时代的不同管理特征。我们研究博物馆管理学，不能脱离时代特征去认识它。

2.国家特性。不同国家有不同的管理特征。美国是市场最发达的国家，甚至国家总统都参与推销。日本的管理科学成功地贯彻着儒家管理哲学。中国有中国的管理特色。因此，国际博协制定的《国际博协职业道德准则》中有一段话是专门说明博物馆管理的国家差异性。"准则"序言第4节"决策者"中写道："由于各国法律和政策的不同，在博物馆的方针制定、行政管理和财务经费方面，国与国之间存在着很大差异。即使在一个国家内，博物馆与博物馆之间也不尽相同。"因此，应该看到博物馆管理学具有国家个性。

3.实践特性。博物馆管理学是一门实践性很强的学科。一般地说，应用科学的实践性都很强，但是博物馆管理学的实践条件超乎了一般应用科学之上，具有极强的实践特征。一般的应用科学理论制约着它的实践，而博物馆的管理学，它的实践条件制约着它的理论条件。它的理论要得到发挥必须适应它的实践条件。各个国家、各个博物馆的实践条件千差万别，因此一般理论必须根据

博物馆学方法与应用研究

和适应不同的实践条件，它才能有效地指导实践。例如中国的管理实践中有一条党的领导。中国的管理学就要回答实践中提出的问题。而其他国家的管理理论则不会涉及这个问题，所以说实践条件在管理科学中具有前提意义，博物馆管理学具有极强的实践特性。

当然，强调国家之间、博物馆之间的差异性，并不等于抹杀其共性。共性仍然是理论具有普遍意义的基础。

三、中国博物馆学的试定义

中国博物馆界对博物馆管理进行专题研究始于80年代。1981年国家文物局组织专家编写出版的《中国博物馆学概念》中首次开辟了"科学管理"课题。这一章阐述了四个问题：科学管理重要性，组织机构，工作人员，管理制度。1986年王宏钧主编的《中国博物馆学基础》一书中，也设置了"博物馆管理"专章，阐述了博物馆管理中的五个问题：意义，组织机构，人员，规章制度，事业管理。80年代，中国博物馆界对科学管理问题举行过多次研讨会，发表了不少论文，这些都为创建中国博物馆管理学做了很好的准备。1993年出版的《中国大百科全书·文物·博物馆卷》对博物馆管理学研究的对象作了阐述："从宏观上研究博物馆事业的国家或地区的发展规划和管理制度，从微观上研究博物馆内部职能、机构组织、人员配备、管理制度和管理方法。"目前，对中国博物馆管理学下一个全面的定义，条件还不成熟，还有待进一步酝酿。我在这里下一个不成熟的试定义，供进一步研究，中国博物馆管理学是"研究中国博物馆的行政管理和业务管理活动及其规律的科学，其研究的主要内容是博物馆的管理体制、运作方式和管理方法"。

四、中国博物馆管理的宗旨（管理的总目标）

中国博物馆一开始建立就是使命型博物馆，至今仍然是使命型博物馆为主体。完成博物馆的使命是办馆的宗旨，也是管理的总目标。博物馆的使命完成的好坏程度，是检验博物馆宗旨实现程度的尺度。

中国第一批博物馆的建立不是自发产生的，而是为了实现一定的社会使命而自觉创办的。是在社会有识之士的强烈呼吁下产生的。19世纪后期，中国处于列强瓜分的危机之中，救亡图存成为社会强烈的呼声。在向西方学习中，很重视从西方引进博物馆，把博物馆和开发民智，救亡图存联系起来。中国从西方移植博物馆，一开始就突出了博物馆的社会使命，把开发民智、救亡图存作为办馆的宗旨。1949年新中国成立后，在中国共产党领导下，社会生活中的政治因素大大加强。在突出政治，突出阶级斗争的大环境中，中国博物馆的办馆宗旨适应政治使命的需要，博物馆的一切管理工作围绕与服从政治使命。政治使命成为一切管理工作的宗旨和出发点。80年代，中国进入了以经济建设为中心的新的时期，博物馆的政治使命相对弱化了。而文化使命相对加强了。研究者发表论文，研究博物馆的文化特性，呼吁按文化特性管理博物馆。博物馆的文化使命从博物馆的管理中逐渐突出出来。中国博物馆正在回归文化。

一百多年来的博物馆建设中，从突出救亡图存的社会使命，到突出阶级斗争的政治使命，再到突出两个文明建设的文化使命，这个过程是博物馆办馆宗旨的演变，也是博物馆管理总目标的演变。

五、中国博物馆管理的体制

中国博物馆的管理体制是在国家计划经济体制下，移植苏联的管理体制而形成的。全国博物馆是在一个比较统一的体系中集中管理的。博物馆的管理体制是整个国家管理体制的一个小系统。博物馆的行政和业务都相应地与国家管理机构对口衔接，体现了计划经济下的管理的统一与集中。全国博物馆的宏观管理由国家文物局归口管理（文化系统以外的博物馆由其他系统管理，这是统一管理的一个缺口。目前已经形成文化系统、军事系统、科技系统、民政系统、学校系统、行业系统等多元领导的体系）。

地方博物馆的宏观管理由地方的相应厅局归口管理。国家的管理与地方的管理形成条块结合的管理格局，在国家统一领导下分级管理。博物馆宏观管理机构是作为各级政府机构的一部分设置的，具有很大的行政权力（包括很大的业务行政权力）。它对博物馆实行行政方式管理，建立了上下级关系。宏观管理机构的权力配置是十分集中的：博物馆的经费拨交、业务活动的计划安排、人员的任免、甚至文物的定级、职称的评定，都由国家管理机构用行政手段统一管理。博物馆本身几乎没有多少自主权。改革开放以来，人权、物权、财权有一点下放，也只是开始。宏观管理机构仍然没有走出集权管理体制。在经济体制改革的大潮中，博物馆体制的改革也迫在眉睫。

在微观管理的体制下，多年来实行的是苏联管理体制模式，即三部一室制（保管部、陈列部、群工部和行政办公室）。这种三部制的长处是业务界限清晰，业务的专业化程度高，缺点在于业务的分割形成三脱节。为了克服这一弊端，有些博物馆试行业务一条龙的体制，即保管、研究、陈列三位一体化。这种业务一体化的体制对于小馆容易见效，而藏品多、陈列场地大、业务范围广的大馆仍然弊多于利，难于运转。在体制改革中还有其他一些探索。总之，博物馆机构的设置是和部门、人员的职、权划分，业务发挥相统一的。不合理的机构设置造成职权和业务的矛盾和扯皮。在体制改革中，博物馆内部的机构和职权的配置是十分重要的课题，我们将予以认真的探讨。

六、中国博物馆管理的运作

现行的中国博物馆管理模式已经运行了40多年。目前正在进行改革，以适应从计划经济向市场经济的转轨。但是，中国博物馆管理运行的机制与西方不尽相同。我们将根据中国的实践条件研讨一些紧迫的课题。

1. 用文化运行规律领导文化事业。

博物馆事业的性质及其归属是一个有争议的问题。有的主张属于文化事业，有的主张属于教育事业，有的认为是高雅文化，有的认为是大众文化，有的认为是公益文化……这些都可以讨论。1979年颁布的《博物馆工作条例》称博物馆为科学文化事业。据此，我们暂且从大文化角度称博物馆为社会文化事业。既然是社会文化事业，对博物馆的管理就应该用社会文化事业规律去领导，应该逐步削弱行政方式的领导。目前行政领导方式贯穿各个方面。如用行政级别定博物馆的地位：国家级博物馆定为局级、省级博物馆定为处级、县级博物馆定为科级。这种行政级别固定了博物馆的档次，规定了博物馆的经费、编制、人员甚至职称比例。大馆虽然得天独厚，却恰恰缺乏竞争力，如同国有大中型企业一样。如果不改变行政管理机制和方法，根据博物馆特性的运行机制就不能发挥出来。早在十一届三中全会宣布停止阶级斗争为纲之后，我国的经济运行机制就开始强调用经济办法领导经济。现在在向市场经济转轨中，行政干预正在减少，经济规律正在日益受到尊重。博物馆事业的领导机关——国家文物局、地方文化文物厅局等机构，虽然仍然是国家行政机关，但其职能正在进行改革，处于职能转换之中。国家一级的博物馆事业管理机关的职能正在向宏观调控方向摆动，其具体的运作方式、方法还没有出台。地方各级政府中的文化文物部门如何改革对博物馆的宏观管理，如何放权，我们还不清楚，希望大家在研讨中多提供一些信息。

2. 党委领导与馆长负责。

在现行的管理机制中实行的是党委领导下的馆长分工负责制。在博物馆中究竟如何实现党的领导，这还是具有中国特色的管理问题。从党的领导机关来看，国家文物局设有党组，中央有中宣部，地方有省委、市委、地委、县委及其宣传部，这些党的机构都是博物馆事业管理的领导机构，对博物馆的管理具有决策地位，其权力超过了同级行政管理部门。

从一个馆的党的领导来看，党委（支部）是全馆重大事项的决策者，其决策范围比西方博物馆董事会还要广泛。党委书记往往是第一领导者，称为第一把手。有的单位实行双肩挑，既是书记又是馆长，权力集中运作，权威性更大一些。也有的馆实行馆长负责制，支部起保证作用。这些运行模式都在摸索中。党政机关对博物馆事业的管理如何运作，馆内党政领导的运行如何协调，都还需要进一步探讨。

3. 中国博物馆经济管理的运作。

中国博物馆的经济管理与西方不同。博物馆的事业活动经费，主要来源于国家的预算拨款。国家拨给博物馆的经费，首先要支付人员经费（工资、附加工资、职工福利费），然后才能分配给业务活动。由于经费不足，缺口很大，因此，特殊的业务项目只好依靠追加预算。一般业务活动也就只能有多少钱办多少事。国家预算拨款制约着博物馆经济，博物馆经济又制约着博物馆的行政和业务活动。这种机制把博物馆紧紧地捆在行政机制之中，博物馆依附于领导机关，很难发挥主动性和积极性，博物馆活力受到很大限制。党的三中全会以后，这种状态逐渐有所变化。先是出现以文养文，之后，陆续又出现以商养文，以工养文，以旅游养文，以科技养文等，逐渐扩大了博物馆的创收渠道，开辟了博物馆的经济来源。虽然，目前博物馆经济来源的主渠道仍然是国家预算拨款，但其发展趋势将会不断加大博物馆创收的份额。在博物馆经济中自己创收的份额越来越大的情况下，带来了博物馆经济运行中的许多新问题。如经济效益与社会效益的关系问题，主业与副业的摆法问题，创收的分配问题等。有的已经初步解决，有的正在解决之中，研究博物馆的经济运作，有很强的中国特点，还不能完全按西方博物馆市场学来运作。

4. 中国博物馆人员管理的运作。

中国博物馆人员管理的机制是十分呆板的。长期以来，博物馆的人员管理完全纳入国家人事管理的体系之中，有严格的任免权限和任免手续；人员的待遇按行政职务及行政级别划分；人员的来源也由上级管理部门输送。1988年试行专业技术干部聘任制后，情况有了变化。专业技术人员的地位和待遇得到提高，人员的自主流动也出现了，博物馆人事制度和运作有了较大改进，增加了人事管理机制的活力。我认为我们在人才问题上还缺乏两种机制。一种是使人才脱颖而出的机制；一种是使有丰富积累的老文博专业人员持续发挥作用的机制。使人才脱颖而出是博物馆改革的紧迫课题。博物馆要走出因循守旧的管理状态，必须启用德才兼备的人才，特别是要敢于启用有抱负、有作为的青年人。目前博物馆人才不能脱颖而出的原因，从管理机制上看，一是论资排辈的机制还在起着作用；二是竞争机制没有建立起来。改革开放以来，虽然"德才资"的用人标准已经为德才兼备的标准所取代。但是实际操作上，资历仍然起着很大作用。因为资历可以计量，便于掌握，便于取得共识。如果要摆脱论资排辈，使人才脱颖而出，就必须使学识、才能也得以计量。实行目标管理有利于对人员学识、才能的量化评估。我们应该在目标管理的实践中发现人才、选拔人才，使之脱颖而出。至于建立竞争机制，问题比较复杂。目前首要的是运用激励原则，调动积极性。开展评奖活动是许多行业普遍采用，行之有效的方法。我认为博物馆学论文的评奖活动可以首先开展起来。开展这种评奖活动，可以把有学识、有作为的人才的注意力吸引到博物馆规律的研究上来。这不仅有利于博物馆业务的提高，而且有利于这些人员事业心的建立和巩固。现在，有一些博物馆，有一些地区已经开展了博物馆学论文的评比活动，对于提高和巩固队伍起到了很好的作用。如果在全国范围内进行博物馆学论文的评奖活动，对于繁荣学术、评定职称、选拔人才都有很大益处，最终有利于人才的脱颖而出。

博物馆业务的专业性很强，业务水平的提高不仅靠学识积累而且要靠经验积累。文物的征集鉴定、保管是如此，研究、教育、传播同样是如此。博物馆的老专业工作者，长期积累起来的学识和经验是博物馆宝贵的财富。如何使这些积累得以持续地更好地为博物馆服务，也应该在管理上建立有效的机制。

博物馆人员素质的保证是重要方面。过去由于用人权在上级管理机关，博物馆往往被安置许多非需要人员，影响了博物馆人员素质的保证，成为人员包袱。应该指出博物馆业务性很强，不仅需要一般培养，而且需要专业培养。国家文物局和各大学设置了培训机构，博物馆除输送学员外，还应加强馆内培养，使人员素质不断提高。人员管理是博物馆中十分重要的环节，如果没有人的积极性、创业精神、敬业精神和专业素养，博物馆的其他条件都难以发挥。

5. 中国博物馆藏品管理的运作。

中国博物馆由于藏品保管在体制上和运作上的缺陷，长期以来保管与使用的矛盾是尖锐存在的。因而产生了目的与手段的争论。一些论者认为保管是手段，使用是目的；而另一些论者则认为第一位是保管，第二位才是使用，文物损坏或消失了还如何使用。两种观点都有道理，但都不够全面。我在1989年12月接受《东南文化》记者采访时，发表了第三种观点。我认为博物馆保管具有使用和收藏同等重要的双重意义和双重目的。既要看到为使用而收藏的目的，也要看到为收藏而收藏的目的，不要以使用目的去否定收藏的目的。文物的使用意义和目的是显而易见的，而文物的收藏意义和目的往往被人忽视。因为文物的收藏意义在于为人类的长远利益服务，具有永远保存人类文化足迹不使消失的意义。使用能够产生社会效益，保存本身也应该承认它也产生着社会效益。不过这种效益是以潜在的形式存在着的。因此对保管与使用不应该说谁是唯一目的，应该两者都是目的。基于这种认识，在博物馆保管工作上既要加强藏品保管的基础工作，又要加强藏品的使用机制。

实际上保与用的矛盾是相对的。保护技术的水平越低，保与用的矛盾越尖锐；反之保护技术的水平越高，保与用的矛盾越缩小。有朝一日，科学技术发展到使用中的保护条件接近保管中的保护条件时，保与用的矛盾就接近消失了。因此不要把保与用的矛盾看得太绝对了。

保管工作具体的运作，这里就不赘述了。

七、中国博物馆管理的法制建设

中国博物馆管理的法制建设，相对来说落后于博物馆事业发展。这当然也是有主客观原因的。从客观原因看，80年代以来，各项事业的法制建设涌上日程，尤以经济事业的法制建设最为紧迫。文物博物馆事业的《中华人民共和国文物保护法》能够挤入人民代表大会常务委员会日程，并于1982年11月通过，这已经是十分不容易了。至于《博物馆法》一时还难于获得人大常委会的立案审议。从主观原因看，近十年来博物馆事业发展很快，我们对博物馆的政策研究、发展研究和规范化研究都还不充分，因此博物馆立法还有待抓紧酝酿。

当然，博物馆法制建设并不止于国家立法，事实上，在国务院一级制定的条例、规则、规定等法规还是不少的。据不完全统计，1950年至1987年，国务院（政务院）制定或批准的有关文物博物馆法规23件；文化部、国家文物局制定的有关法规39件；文化部、国家文物局与公安部、内务部、外贸部等其他单位联合制定的法规有24件；"文革"中党中央直接发布的有4件。总计，新中国成立至1987年止，国务院及所属部委共制定文博工作有关法规100件。其中对博物馆法制建设有重大关系的14件，即：

1950年5月24日政务院颁发的《禁止珍贵文物图书出口暂行办法》；

1950年6月16日政务院《关于征集革命文物的命令》；

1951年10月27日文化部颁发的《中央人民政府文化部关于对地方博物馆的方针、任务、性质及发展方向的意见的指示》；

1962年8月22日文化部颁发的《文化部文物局关于博物馆和文物工作的几点意见》；

1978年1月20日国家文物局颁发的《博物馆藏品保管试行办法》《博物馆一级藏品鉴选标准（试行）》；

1979年6月29日国家文物局颁发的《省、市、自治区博物馆工作条例》；

1979年5月3日国家文物局颁发的《博物馆涉外工作的通知》；

1979年11月13日国家文物局制定，国务院批准的《文物、博物馆工作科学研究人员定职升职试行办法》；

1981年4月28日国家文物局颁发的《文物工作人员守则》；

1984年12月国家文物局颁发的《革命纪念馆工作试行条例》；

1985年1月25日文化部、公安部联合制定的《博物馆安全保卫工作规定》；

1986年3月30日文化部制定，中央职称改革工作领导小组批转的《文物博物馆专业职务试行条例》《关于〈文物博物馆专业职务试行条例〉》；

1986年6月19日文化部颁发的《博物馆藏品管理办法》；

1987年2月3日文化部颁发的《文物藏品定级标准》。

这些法规为进一步制定《中华人民共和国博物馆法》作了准备。

八、中国博物馆管理的伦理建设

东方的管理比较重视人与人之间的伦理关系及思想建设。日本推崇的企业文化，把管理科学推向了伦理化，因此被誉为管理科学的革命。在国际博物馆界，日本也是最早提出研究博物馆伦理形态的。已故日本博物学家鹤田总一郎先生早在70年代就提出把博物馆对人的研究提到与对物的研究同等水平的观点。我在1989年3月举行的国际博协亚太地区大会发言中指出："鹤田先生把人提到和物相等的二元高度，正是亚洲重视人的伦理的文化传统的体现。在博物馆学中对人的发现是走出传统博物馆学的重要一步。"我们中国博物馆的管理，对人与人之间的伦理关系及思想建设是比较重视，并具有鲜明的中国特色。我认为中国博物馆管理中的伦理道德建设，主要表现为两个思想观点和两个操作方法。

1.安贫乐道思想。安贫乐道是中国的传统美德。用现在的话说，安贫就是安于清贫，乐道是热爱自己的事业。博物馆事业是一个清贫的事业，中国的博物馆更加清苦。能够在这个清苦的事业中，长期安心坚持下去，这是中国博物馆工作者的一种美德。中国的许多老博物馆工作者终生服务在这个清贫的事业中，不见异思迁，不为别的待遇优厚的职业所吸引。一代又一代的博物馆工作者继承了这种职业美德。博物馆的业务性很强，需要长期的积累。工作者积累的时间越长，业务素质就越高，因此需要工作者长期稳定在这个职业之中。这就需要有安于清贫的思想基础，安于清贫实际上是一种牺牲，安贫如果不和乐道联系起来，安贫就没有意义、没有价值了。孔孟在盛赞颜回安贫乐道行为时，都着眼于"乐道"。我们的博物馆工作者之所以安于清苦，主要也在于他们崇高的职业责任心和职业感情。这种安贫乐道的思想和感情，是中国博物馆管理的伦理柱石。

2. 重义轻利思想。义利关系是中国伦理学上的一个传统课题。用现在的话说，就是道德、理想与经济利益孰轻孰重的问题。1949 年新中国成立后，中国博物馆的管理思想中，一向重视树立大公无私的奉献精神。博物馆工作者以全心全意为人民服务为荣；以个人利益服从集体利益为荣，而耻于计较经济报酬；耻于强调个人利益。崇高的理想和职业的尊严成为工作的动力，物质刺激被贬低到无足轻重的地位。改革开放以来，社会思潮发生重大变化，务实精神上升，工作人员的经济利益日益为人们重视。管理思想正在从重义轻利走向义利兼顾，义利合一。见利思义正在成为中国博物馆管理的新的伦理柱石。

3. 思想意识修养方法。中国博物馆管理上十分重视工作者的思想意识修养。自我修养，自我完善也是中国的一种传统美德。中国共产党一向重视共产党员的修养，新中国成立后，党和国家继续发扬这种优良传统，提倡工作人员的思想意识修养和锻炼。在工作人员中定期开展的批评与自我批评，不断改善了人际关系。中国博物馆工作人员的人际关系，比西方博物馆工作者之间的关系要密切得多。一个小单位内人人互相了解，几乎没有什么隐私可言。人际关系的调节，往往依靠双方多做自我批评，依靠道德素质的提高。加强思想意识的修养是中国博物馆伦理建设的主要方法。

4.领导表率方法。中国博物馆管理中十分强调领导的模范带头作用。中国博物馆的领导者与工作人员在工作和生活上的接触比西方同行要密切得多。因此领导者行为的影响也大得多。这就对领导者提出了更高的行为要求。凡是领导者做得正、做得好的单位，矛盾就少，工作就顺利；凡是领导者道德低下、行为恶劣的单位，其风气就会受到恶劣影响。当然坏的领导行为也会受到抵制，但领导的行为对一个单位的影响是不能低估的。为此中国博物馆的管理上有一些制度来保障和促进领导的表率作用的实现。如领导层的生活会，定期评议干部，党团员的组织生活等。用这些方法置领导者的行为于群众监督之中。这是中国管理方法中的一种特色，体现了中国管理伦理中对领导者的更高要求。

原文选自《博物馆的沉思（苏东海论文选；卷二）》，文物出版社，2006年

关于博物馆捐赠

题记

　　社会捐赠是博物馆收藏的重要途径。现在领导者不大去研究捐赠，既不重视也不得法。本文介绍了一些博物馆做得出色的方式方法，说明了善待捐赠人士的意义。全文分两期刊登在 1998 年 12 月 20 日、21 日《中国文物报》。

　　20 世纪 80 年代末期以来，我国博物馆征集收藏工作日益陷入困境，到 20 世纪 90 年代中期，甚至出现了全国博物馆文物收藏总量负增长的危急局面。据国家文物局统计机构的数据：1992 年全国博物馆文物收藏总量为 8391662 件，比 1991 年增加 36 万多件；1993 年收藏总量为 8644857 件，比 1992 年只增长 25 万多件；1994 年收藏总量为 8830979 件，比 1993 年只增长 18 万多件，每年收藏净增数大幅度下降。1995 年收藏总量下降到 8819329 件，出现了负增长的现象，危及了博物馆文物的可持续增长。这不能不引起人们的焦虑。

　　所幸的是 1996 年又开始回升，这一年新建博物馆数猛增，文物收藏总量年增长又达 26 万多件。这是与 1994 年中共中央颁布《爱国主义教育实施提纲》和 1996 年中共中央颁布《关于加强社会主义精神文明若干重要问题的决议》的强大推动力分不开的。但是，这一转机并不巩固，1997 年藏品净增量又大幅度下降，这使人们不得不更进一步地寻找增长馆藏文物的出路。

1998 年，在社会上出现了向博物馆捐赠文物的热烈动向，这一苗头令人鼓舞。我们应该抓住这个契机，深入探讨，有力推进社会捐赠的积极动向。

一、1998 年社会向博物馆捐赠之风兴起

社会向博物馆捐赠文物每年都有，但 1998 年从年初开始就连绵不断，到下半年几乎形成一股热潮，捐赠之风方兴未艾，值得引起注意。

年初贵州省博物馆传来信息，该馆频频接受社会各界捐赠文物和标本。如纳雍县一位农民生产时挖到一具完整的大熊猫头骨化石，德江县 8 位农民劳动时挖出元墓随葬的宋代铜锣、铜鼓，都捐赠给了博物馆。有的知名人士捐赠珍品不让宣传。

6 月，中国科学院、中国工程学院 18 位院士向中国革命博物馆捐赠 107 件保存 40 年的学子归国时的珍贵历史证物。

6 月，陈济棠先生次子、美国德明大学校长陈树恒向广州近代史博物馆捐赠陈济棠二三十年代任广东省省长、陆军上将时的 500 多件历史文物。

6 月，沈钧儒纪念馆开馆前收到捐赠的字画 400 多件、沈老遗物 726 件。

8 月，湖南一些老同志向省博捐赠了一批解放战争和抗美援朝时的文物。

9 月，寓居上海的 74 岁温州籍老人章左平将祖孙三代珍藏多年的 85 件书画文物捐赠给温州博物馆。

9 月，以中国革命博物馆入藏抗洪生死牌为开端，湖北、湖南、江西、安徽等省博物馆大批接受捐赠的抗洪文物。据湖南省文物局统计，短短两个月就接受了捐赠的 2000 多件抗洪文物。

10 月，中国收藏家协会向中国革命博物馆捐赠了 800 余种百年证券、近千张珍贵股证。该馆发布征集改革开放的文物信息后，联系捐赠的电话从北京和全国各地打来，铃声不断，联系捐赠的信件最多的一天收到 50 多封，很多捐

赠者送文物上门。

在大批捐赠当代文物的同时，也有不少珍贵历史文物和艺术珍品。如1945年东京远东国际军事法庭对日本战犯进行历史性审判时，中国法官梅汝璈起草的判决书底稿和他出庭时穿的法袍，今年11月由梅法官的女儿从香港护送到北京捐赠给中国革命博物馆。这是一件把东条英机、土肥原贤二等战犯送上绞架的中国人起草的判决书原稿，是一件无价的历史见证物。

以上所举的事例虽然是零星的，但是以小见大，从中已经感受到人民中澎湃的爱国主义热情，感受到社会对博物馆价值的逐渐认同。1998年社会向博物馆捐赠之风的兴起，为博物馆文物的可持续收藏，指出了重要的途径。

二、社会捐赠是博物馆收藏的重要途径

对博物馆来说，社会捐赠并不是一件新鲜的事情，但它的成批出现也不是一件孤立的个人行为，它是一定社会因素包括博物馆本身因素形成的。今年7月，谢辰生先生在《全国文物事业五十年成就展》筹办顾问组会议上提出建国初期向博物馆大批捐献的事应该在展览中充分表现出来。我是同意这一建议的。从中国博物馆的历史来看，50年代建国初期确实出现了向博物馆捐献文物的前所未有的热情，这是和人民中的爱国主义热情高涨分不开的。当时许多著名的收藏家出自热爱新中国、热爱新社会的赤诚，纷纷向博物馆捐赠（当时称为捐献）收藏的珍品。

大收藏家张伯驹先生把珍藏的晋陆机《平复帖》、隋展子虔《游春图》、唐杜牧《张好好诗》等8件稀世珍品献给故宫博物院。之后又把宋扬婕妤《百花图》卷等珍贵书画作品20件捐献给吉林省博物馆，成为该馆镇馆之宝。这些捐献可以说是这位著名收藏家倾家奉献的义举。

刘肃增先生将日伪时期、国民党时期冒着生命危险藏匿不交的虢季子白盘献给了新中国。

潘达于先生把大盂鼎、大克鼎献给了上海博物馆。

周叔弢把《二百兰亭斋》全部玺印献给故宫博物院，把敦煌写经卷献给了天津市艺术博物馆。

苏原如先生把宋代百一砚端砚献给了当时在团城的文物局等等。

这些著名收藏家无私献宝的行动无疑是爱国主义赤诚的表现，是那个时代社会精神风貌的一个侧影。今天我们又处在一个新的爱国主义高潮之中，在抗洪精神的感召下，无私奉献正在成为社会的光荣风尚。1998年捐赠之风的兴起不仅启发了我们对社会的感知，而且启发了我们对博物馆捐赠的再认识。

应该看到，博物馆捐赠不仅在特定的条件下可以成批出现，而且在经常情况下也是积累藏品的重要途径。不过各馆性质和收藏方向不同情况又不相同。有的馆的藏品来源主要是捐赠，北京鲁迅博物馆就是如此。该馆近30000件藏品大部分来源于鲁迅夫人许广平的捐赠。从1950年开始，中经1955年、1956年、1957年以至60年代多次捐赠，从而奠定了北京鲁迅博物馆藏品的基础。像这样以捐赠为馆藏基础的馆，全国的纪念馆、博物馆中也并非少有。

有相当多的地方博物馆是依靠同乡捐赠而大大充实馆藏的。如无锡市博物馆自1958年建馆至今接受了同乡大量捐赠。有荣毅仁捐赠的传世汉代铜器30余件，周培源、王蒂澂夫妇捐赠极有珍贵艺术价值的古书画145件，周怀民捐赠的70余件历代珍贵书画，其中有宋人《四喜图》等多件珍品，美籍华人杨令茀捐赠的文物书画200余件，钱松喦捐赠的书画精品100余件，陶心华捐赠的古书画精品40余件，钱敏、徐念初夫妇捐赠的古书画101件，周道振捐赠的历代碑帖190余件，诸健秋捐赠的明清书画40余件以及王铭嘉、钱柏生捐赠的清代、民国纸币等。仅80年代以来该馆就接受捐赠1000多件。这些捐赠不论出自繁荣家乡文化的情怀，还是出于叶落归根的夙愿，都大大丰富了地方博物馆的馆藏，不断扩大了博物馆捐赠的渠道。像无锡博物馆这样捐赠渠道畅通的地方博物馆就我所知也还有不少。

有的文物鉴赏家、收藏家不一定向家乡博物馆定向捐赠，而是向多家博物馆随缘捐赠。如商承祚先生及其后人，自1964年至1995年的三十年间先后向广东省博物馆捐赠书画等文物374件，向广东民间工艺博物馆捐赠陶瓷等文物201件，向深圳市博物馆捐赠书画等文物296件。一批又一批的捐赠累计珍贵文物近千件，仅书画一项就可抵得上一个中小型博物馆的珍品馆藏。可见接受捐赠是许多博物馆藏品的重要来源。

目前，我们还没有充分的材料对全国博物馆的藏品来源进行分析，现仅从中国革命博物馆总账提供的数据做一点分析。该馆藏品来源中单位拨交的占71%、个人捐赠的占18%、购入的占1%、其他来源占10%，40多年购入文物不足800件，可见在这样的大馆花钱买文物也只能是偶尔为之，至于花几百万、上千万去购入一件珍品，我国任何一个博物馆都是很难办到的。从全国情况看花钱买文物来充实馆藏是微乎其微的。目前单位拨交仍然是收藏来源的大头。考古发掘品的拨交，国家已有明确规定。如切实按《国务院关于加强和改善文物工作的通知》（国发1997年13号）去执行，博物馆藏品来源会得到相当保证。海关和政法部门对文物的拨交也应进一步促进。除此以外依靠社会捐赠的渠道应引起重视，大力去做。

西方博物馆早已把争取社会捐赠视为要事，千方百计地去获取捐赠。政府则启动税收杠杆把捐赠引入博物馆。社会向博物馆捐赠已形成风气，视为高尚之举。向博物馆捐赠在西方社会已经是很普遍的事情了。我国则仍需大力提倡，切实地去做工作。

三、把社会捐赠工作做到家

把文物捐赠给博物馆，对捐赠者来说是一项重大的决定，博物馆应该认真体察捐赠者的思想感情。首先，应体察到把文物捐赠给博物馆对捐赠者来说是一种割舍，文物越珍贵割舍的痛苦和斗争越强烈，博物馆应体察捐赠者的这种感情，应以十分尊敬的态度去对待这种化私为公的高尚行为。其次，博物馆必须体察到捐赠者对博物馆的信赖。如果博物馆的保管还不如捐赠者的保管条件和重视的程度，捐赠者是不会把文物放心地交给博物馆的。因此让捐赠者放心并更好地发挥捐赠物的作用，博物馆才会更多地赢得捐赠。现在有些博物馆对捐赠者的心情太不理解，工作太毛躁，甚至捐赠者事后要再看看自己的文物都很困难，这实际上是自断生路。博物馆如果真的要开辟捐赠的渠道，那就要从上到下、彻底改变博物馆在这方面给人的印象，真正地把工作做到家。

1.尊重捐赠者。捐赠的文物可能有多有少，有高有低，但捐赠的行为都是高尚的，都应该得到应有的尊重。博物馆是文物荟萃之地，工作人员的眼界是高的，送来的文物即使不入眼也应满腔热情地去接待。因为我们尊重的是捐赠的高尚行为。如果以物品高低来待人，我们的出发点就错了。

2.回报捐赠者。捐赠虽然是无偿的，但博物馆是有情的，对捐赠者是要有回报的。最低限度也应该有一份捐赠证书。这种证书不应简单地视为一纸凭证，而是寄托着博物馆对捐赠者的感谢之情。现在有的博物馆用铅印的三联单式的文物收据作为凭证，有的用市面上买的通用的证书，显得非常一般化。这件事看起来很小，实际上不小。因为捐赠者把文物留在博物馆换回来的是这一纸证书，证书就是文物的化身。因此应该把文物捐赠证书制作得非常庄重和雅致，根据本馆的性质和特征，特制出能够体现本馆个性和品位的证书，使捐赠者从证书上感到一种慰藉。

对捐赠者回报的方式方法是很多的，不同的情况也有不同的回报方法。比如上海博物馆以捐赠者的名字命名展馆：中国古代雕塑馆又命名为屈桂流雕塑馆，中国古代陶瓷馆又命名为徐展堂陶瓷馆，中国历代绘画馆又命名为邵逸夫绘画馆，中国古代玉器馆又命名为何鸿卿玉器馆，这种以展馆命名回报捐赠者的做法在西方博物馆是很通行的，而在国内上博可能是第一家。再如上海鲁迅博物馆为捐赠者设立藏品专库的做法效果也很好。该馆已为鲁迅好友、著名研究者捐赠的文物设立了"赵家璧专库""吴朗西专库""钱君匋专库"等，并计划设立十几个专库统称为"朝华文库"。这不仅对捐赠者是个鼓舞，而且有利于研究工作。捐赠者还希望文物放在博物馆比放在家里能更好地发挥作用。南京市博物馆在库房区设置研究室，提供研究者阅览也是扩大捐赠品使用的机会。在陈列中标出捐赠者姓名也是一种回报的方法。要做好对捐赠者的回报，最重要的是对捐赠者理解与友谊。据我所知，有的博物馆的征集工作人员与许多捐赠者保持着联系，为捐赠者做了许多服务工作，建立了友谊与信赖。这些捐赠者实际上已经成为博物馆之友，为博物馆动员了更多的捐赠。

3.宣传捐赠行为。现在我国博物馆捐赠还不像西方一些国家那样普遍，必须加大宣传力度，使收藏者理解这一行为的意义并使之得知捐赠的渠道。在扩大宣传方面已经有一些好的作法。如广东省博物馆、广东民间工艺博物馆、深圳市博物馆联合出版了商承祚先生向三馆捐赠文物的精品选图集，在举行首发式的同时举办了"商承祚先生捐赠文物精品展"，出席首发式的有500多人。又如广州市政府为香港同胞邓又同先生几十年陆续捐赠给广州博物馆千余件文物举办《邓又同先生捐赠文物展》并颁发感谢状。温州市博物馆、湖南省博物馆都举行过捐赠表彰会。中国革命博物馆在中国科学院院士大会和中国工程院院士大会期间举行18位院士捐赠文物仪式，反响很大。中国历史博物馆最近隆重举办征集20世纪书画作品新闻发布会，当天就收到捐赠作品11件。这次抗洪文物的捐赠就是通过新闻媒体的传播而广为人知的。

4.善待捐赠文物。博物馆作为永久性机构应该是珍贵文物最好的归宿。没有任何人、任何机构能像博物馆这样拥有专业设备、专业人员来保管文物，使之世世代代存在下去。如果一个博物馆没有达到国际博协定义中"永久性机构"的要求的话，这个博物馆是没有资格接受文物捐赠的。事实上捐赠者也是朝着博物馆是永久性机构这个资格而来的。梅汝璈83岁的夫人，珍藏着梅大法官在远东国际法庭出庭时穿的法袍已经50年了，最终决定捐赠给中国革命博物馆，她欣慰地说："半个世纪了，这点东西终于去了该去的地方。"像这位老人这样把博物馆当作文物最终归宿的观念，过去只是少数收藏者有这样的认识和胸襟，现在逐渐扩大了。这是好现象。人们也逐渐认识到文物放在博物馆能更好地发挥作用。北京77岁老人何思鲁把珍藏的两大本票证捐赠给博物馆，他说："我的儿孙要我留给后辈看，我说留在咱家就几个人受教育，捐给博物馆让更多的人受教育。"虽然博物馆的价值逐渐为社会所认同，但博物馆还必须进一步加强文物保管的软硬件建设，更加努力保管好捐赠的文物，更好地发挥捐赠文物的作用，以期赢得更多的社会捐赠。

　　1998年博物馆捐赠之风已经在几个大城市兴起，如果博物馆能够迎着这个势头，加大宣传力度，把捐赠工作做到家，那么随着社会精神文明建设的前进，社会对博物馆的捐赠一定会随着新世纪的到来而普及起来，博物馆文物的可持续增长因之会得到有力的保证。

　　　　原文选自《博物馆的沉思（苏东海论文选；卷二）》，文物出版社，2006年

试论我国博物馆经营体制的改革

题记

我国博物馆管理体制的改革正在深化。我就博物馆经营主体的国内外现状，查了一点资料，做了一点研究，撰写了这篇改革的刍议。我认为这是管理改革的一个突破口。原文以《政府与社会多渠道办馆刍议》为题发表在 1998 年 5 月 6 日中国文物报上。后充实论据和材料，改为论文形式发表在《中国博物馆》1998 年第 2 期上。

我国博物馆事业的改革正在深化。就博物馆事业的管理体制来说，我认为把博物馆的经营主体从单一的政府办馆转向政府与社会多渠道办馆是重要的一步。当前，我国经济体制改革正在从单一经济转向多元经济，博物馆的经营主体也已经出现了多种渠道办馆的苗头，这是一种趋势，而且是符合国家经济体制改革走向的趋势，因此，应该作为博物馆事业改革的一个重点。但是由于多年来我国实行的是博物馆由政府统建、统养、统管的单一经营主体，如果要向多渠道办馆的体制转变，需要在思想上、政策上、管理上进行一系列的转变。本文对此做一点探讨。

一、发展博物馆事业应当由政府和社会共同承担

博物馆由政府统建、统养、统管是计划经济体制下的产物。苏联在六十年

代以前就是这样的。中国和当时的其他社会主义国家都承袭着苏联的这一管理模式。当然由政府包办博物馆并不一定是实行计划经济体制的国家所独有，也有一些不实行计划经济体制的国家，由于博物馆很少或处于政府提倡阶段，也是由政府包办的。可是博物馆发展到相当多的数量后，政府要包办就困难了。以苏联为例，新中国成立后在经济很困难的情况下，每年都要新建几十座博物馆，因为苏联把博物馆视为科学文化教育和共产主义教育的阵地，所以舍得投入。当苏联的博物馆到六十年代发展到上千座后，政府再包办也就困难了。六十年代以后，苏联政府一方面整顿政府办的博物馆，一方面大力提倡社会办博物馆。这一政策的变化，促进了苏联博物馆的大发展。到1979年底，不到二十年间自筹资金的社会办博物馆发展到 12000 个，政府办的博物馆达 1849 个（据1980年1月1日《苏联博物馆统计册》）。社会办博物馆发展得这么快，可见其潜力是很大的，政府一旦提倡，就会发展起来。

从西方博物馆发达国家的情况来看，也是政府办博物馆与社会办博物馆并举的，其比重不尽相同，似乎并不决定于国家经济条件而在于管理体制和政策倾向。日本的博物馆一直在文部省管理下运作，倾向于博物馆的教育价值。因此日本大多数博物馆是政府拨款的公立博物馆。据日本文部省1994年统计，国立、公立博物馆2080个，私立博物馆119个，政府办的博物馆占2/3。英国的情况据英国博物馆和美术馆委员会1994年统计，英国的博物馆共2149个，其中政府办的各级各类博物馆1319个，独立博物馆（即私立博物馆）1100个，公私各占一半。美国的情况则很不同，上万个博物馆除国立和州立等少数博物馆外，其余皆为自筹资金的私立博物馆。由上可见，即使经济发达的国家其政府也不包办博物馆，而由社会承担部分或大部分事业发展的责任。虽然博物馆是属于社会公益性事业，是不以营利为目的的文化机构，但并不等于好事必须由政府统办，政府统办倒不一定能把好事办好，恰恰是社会参与力量更大，所以社会参与办博物馆并非都是经济原因，而且也是发展和办好博物馆事业的必由之路。

我国自改革开放以来博物馆发展很快。到1995年达到1800个，其中文化系统管理的博物馆1200个。政府其他部门办的博物馆，称为行业办的博物馆，约为500个。两者相加，政府办的博物馆为1700个。社会自行集资办的博物馆约100个，政府办博物馆占我国博物馆总数的95%。这个比重在世界上是少有的。如果我国的博物馆事业能从单一的经营主体转向多种经营主体，从单一的政府办馆转向政府与社会多渠道办馆，并且有力地把这一转变推向前进，中国博物馆事业将会出现战略性的变化，从而带来博物馆事业新的繁荣。

二、社会办博物馆要倡导和扶植

社会办博物馆对我国来说是一个新的问题。博物馆先进国家的经验我们应该认真研究加以借鉴，结合我国的实际情况走出我们自己的路来。现就几个问题谈一点意见。

1. 称谓

我认为还是称"社会办博物馆"为宜，社会与政府办对应起来内涵和外延都是清楚的。称民间博物馆，与官方办博物馆对应起来，官民对应让人感到提法陈旧。称私立博物馆，公私对应倒是许多国家通用，我们也是可以采用的，但不太符合当前我国称谓习惯，因此不如社会办更易于理解和接受。

2. 分类

政府管哪些馆，社会管哪些馆，各国在细类上并不一致。日本的公立包括国立和公立（都、道、府、县等各级政府管），其余为私立。英国的公立包括国立、地方政府立、军事系统立、大学立，其余为独立博物馆。美国的公立包括国立和州立，其余为私立。苏联社会办博物馆范围很宽，包括农庄、工矿企业、学校、团体等非政府投资筹办的各级各类博物馆都归入社会办博物馆类。我认为我国在公私分类上可以参照苏联解体前的办法，把各级政府拨款管理的博物馆归入政府办博物馆，把非政府办的博物馆包括学校、个人、家庭办的博物馆都归入社会办博物馆类。当前的问题是由政府各部委办的行业博物馆，在政府机构改革和职能转变的新情况下，还能不能拨经费给所属的博物馆。如果仍能由政府开支当然应该划入政府办的博物馆中，如果转为自筹经费办馆则应划入社会办博物馆类。据闻国务院撤并一部分行业部委后，这些行业部委的高等院校有300多所，将向何处去需要研究。有的代表在会上已提出这些行业院校通过各种渠道集资办学的可能性。我们有几百个行业部委的博物馆也可能面临同样的情况。

3. 倡导

社会中蕴藏着很高的办馆积极性。北京市开放私立博物馆登记后，申请登记的很踊跃。如果政府对社会办博物馆采取积极扶植的态度，我看北京市在短时期内私立博物馆实现两位数是可能的。一旦社会办馆的积极性释放出来，给博物馆造成的声势不知比政府包办要高出多少倍。关键是我们在战略上对社会办博物馆要转向倡导、扶植。在认识上要重视；在政策上要扶植，包括税收、贷款等；在业务上要帮助，包括培训；在舆论上要倡导，热情地为社会办博物馆创造各种有利条件。只要我们在发展战略上转变了，具体做法就好办了。

4. 质量

社会办博物馆的质量是人们普遍关心的问题。各国采取的措施虽然不尽相同，但比较一致的态度是采取容忍的态度。有的国家，如法国把质量很差的博物馆不计入国家博物馆数中。有的国家，如日本分出等级（分为登录级、相当级、类似级）予以承认。1984年日本博物馆协会统计全国2356个博物馆，按日本博物馆法衡量符合条件的只有675个，不符合的1681个。虽然大部分不达标但仍承认而计入博物馆数量中。苏联的办法更积极一些，苏联文化部于1978年公布了《社会办的博物馆示范章程》并规定达标的授予"人民博物馆"

称号，以推动社会办博物馆提高质量、走向规范化。1981年统计12000个社会办的博物馆中达到示范章程的只有800个，达标的不到总数的1/10。可见提高社会办博物馆的质量不是一蹴而就的，需要相当长时间的努力。一个合格的博物馆不可能是速成的，都经过由低到高、由草创到发展的过程，因此对社会办博物馆的质量，我们应采取一要容忍，二要促其提高的态度。

5. 登记

根据国外和国内北京市实施登记办法的经验来看，实施博物馆登记是掌握博物馆数量和质量的有效手段。政府对散居于全国的博物馆特别是社会办的博物馆通过登记注册就可以奠定了管理的基础。就如同国家专利局通过登记注册来进行专利管理似的。日本实行博物馆登记制度已经有40多年历史了。无论公立、私立博物馆都须向有关政府的教育部门注册登记，才能正式设置。私立博物馆必须具有法人资格才予登记。因为经过一段实践后，个人办博物馆存在不稳定性而不再登记私人博物馆了。台湾地区的博物馆名录也不登录私人博物馆。英国自1988年开始实行博物馆登记制度，其办法与日本不同，但也很成功。英国对自己创办的登记制度很自豪，其显著的成果也确实引起一些欧洲国家的羡慕。英国的登记制度是由非政府机构"博物馆和美术馆委员会"操作的。这个委员会有很高的权威性，一方面按博物馆定义审查和评估申请登记的博物馆，一方面掌握着遗产部的拨款，有权资助已登记的公立和私立博物馆。英国通过登记制度规范和提高博物馆的质量，短短几年效果显著。北京市1990年出台博物馆注册登记办法以来，已经取得了很好的成绩和成功的经验。北京市采取的是由专家组成的资格评审委员会进行资格评审，由政府批准公布并颁发注册证书，从而得以享受有关政策的优惠。国家文物局如果能够尽快出台博物馆注册法规，不仅可以有效地、科学地掌握多渠道办馆的数量，而且可以有效地规范和提高全国博物馆的质量。这是深化改革中值得认真对待的一个重大举措。

三、政府办的博物馆要上新台阶

在多渠道办馆的框架中，政府办的博物馆应居于领头的地位，发挥示范的作用。国家博物馆应是国家的门面，也是政府投入的重点。像我们这样的国家应有几座乃至十几座在世界上知名的博物馆，这是我们国家精神文明不可缺少的象征。各地也应有自己的知名的博物馆可以引以为自豪。政府不但对国际、国内知名的博物馆要办好，凡是政府办的博物馆都应办好。政府办的博物馆不追求数量，重要的在于质量。苏联在大力发展社会办博物馆的同时，大力整顿了政府办的博物馆，经过几年整顿，数量减少了几百个而质量显著地提高了。这期间新建的基辅卫国战争纪念馆和列宁格勒卫国战争纪念馆，其气势之恢宏、思想之深邃、艺术之巧妙，堪称国家之骄傲。政府办的博物馆必须把质量搞上去才能与其地位相称。

我国政府办的博物馆有一千多座，质量参差不齐。有的是国际知名、国内知名，有的是办得有声有色、蒸蒸日上，有的惨淡经营、努力发挥作用，也有的无声无息难以为继。如果各级政府对自己办的博物馆加强质量意识，把提高现有博物馆的质量放在关注的首位，那么政府办的博物馆就有可能成为我国广大博物馆群体的中坚力量，与繁星般的社会办的博物馆交相辉映，呈现出我国博物馆事业新的繁荣。

从单一经营主体向多主体转变是管理体制上的重大变化。作为政府的管理，在政府职能上要有很大转变，政府不再直接经营管理社会办的博物馆，经营的主体已经移到社会及相应的法人。因此政府在管理方法上也应做相应的改变，制定相应的规章使全国不同经营主体的博物馆皆有章可循，使政府的行为既坚定又灵活；既管理有力又恰如其分，从而顺利实现博物馆体制上的这一重大改革。

原文选自《博物馆的沉思——苏东海论文选》，文物出版社，1998 年

博物馆社区服务的思想由来

题记

博物馆服务社区的思想由来已久。本文回顾了博物馆服务社区的思想的生成历史及其发展。应 2001 年国际博物馆日主题"博物馆与建设社区"宣传的需要而撰写，发表在 2001 年 4 月 25 日《中国文物报》"东海杂谈"专栏。

今年国际博物馆日的主题是"博物馆与建设社区"。博物馆服务社区的思想由来已久，现就国际博物馆服务思想的生成及博物馆服务社区的实践，谈一点历史情况。

1793 年卢浮宫向社会开放后，开始了博物馆社会化的进程。但是西方博物馆在漫长的发展过程中，并没有真正认识到服务社会的意义及其价值。一直到 20 世纪六七十年代，博物馆在战后大发展中产生激烈竞争的时候，博物馆才开始认真地研究社会需要，把博物馆行为放在社会需要的基础上，从而逐渐生成了自觉的社会服务意识。西方博物馆从自发地服务社会到自觉地服务社会的转变，也就是博物馆服务思想生成的时间是在 1971 年至 1974 年之际。1971 年国际博物馆第 9 届大会的主题是"为当代和未来的公众服务的博物馆"。这是国际博物馆界第一次提出"服务"的概念，是博物馆对基本职能的认识上的突破。到1974年在哥本哈根召开的第10届大会时，博物馆服务社会的思想更成熟了。这次大会制订的新章程中，给博物馆下了新定义："博物馆是一个不追求营利，为社会和社会发展服务的向公众开放的永久性机构……"新章程破天荒地把服务社会铸入定义之中，这是具有重大认识意义和实践意义的。国际博协自1946年建立以来，对章程修改了许多次，但始终未能达到服务社会这个认识高度。因此可以说1974年新章程是国际博物馆界服务社会的认识从自在达到自觉的标志。1974年新章程实施后，"为社会和社会发展服务"就成了国际博物馆发展的新的战略方向。

博物馆走向社区是博物馆融入社会更深一步的实践。当博物馆关怀社区、研究社区、服务社区成为它的实践目标时，它就会从社区获得社会效益和经济效益的回应，获得新的生命力。纽约市历史博物馆鉴于纽约吸毒问题严重，举办了"毒品之景"的展览，1971年开幕后引起轰动，头三个月的观众就达22万5千人，三个月超过了历史上任何一年观众的总数。我国一些县级博物馆举办的计划生育展览，农民参观很踊跃。1989年我路过某县，这个县博物馆正办计划生育展览，在该馆陈列室孔庙大殿内展出。观众如云，馆长却惴惴不安地问我："在孔庙大殿内展出这些计生标本合适吗？"我说："挺合适，孔夫子说食色，性也，如果他还活着他会有兴趣来参观的。"外国一些博物馆在为社区服务中也存在这种高雅与大众的冲突和思想上的障碍。博物馆冲破了这种思想障碍，社会化就会更前进一步。

西方提出开放性博物馆的观念和做法，被认为是博物馆改革的重大举措。英国格拉斯哥博物馆1989年把展览送到社区，称为开放博物馆，此举被誉为英国博物馆改革的先驱。其实我国在80年代博物馆送展下乡、下矿，送到部队、学校已很普遍。现在已经送到监狱、劳教所了。我们虽不称开放性博物馆，实际上是在服务社会，参与了社区的科学文化和思想道德建设。我们要总结提高，更自觉地坚持下去。

社区（Community）这个词的含义比我们从字面上理解要宽泛得多。它不仅指地域，而且可以指文化群、政治群、商业群，甚至一个单体社会、一个自然与人文的整体社会。因此20世纪70年代前后，西方包括苏联出现了大量的、各种类型的社区博物馆，以社区为中心、为社区服务。2001年《国际博协新闻》第一期上，配合国际博物馆日刊发了五个服务社区的典型博物馆，即瑞典马尔摩市博物馆、乌拉圭文化与艺术数字博物馆、摩洛哥阿斯拉斯高地社区博物馆、墨尔本移民博物馆、法国弗来斯内斯生态博物馆。中国博物馆可以参考他们对社区服务的理解和做法，并根据我们服务社会的思想和经验，把具有中国特色的博物馆实践更深地植入社会。

原文选自《博物馆的沉思（苏东海论文选；卷二）》，文物出版社，2006年

博物馆的科学管理与法制管理

题记

这是我在 2001 年 6 月北京博物馆学会第三届学术会议上的发言稿，刊登在会议文集上。

我国博物馆的数量虽然已经四位数字，但管理的质量仍很低，是在低水平的管理下运行的。究其原因是在两个关键问题上没有搞上去。一个就是管理的科学化，另一个就是管理的法制化。科学管理就是把管理提升到科学的水平上来。这就有待于中国博物馆管理学的建立。法制管理就是依法管理，这就有待于法律法规的建设。这两方面都是我国博物馆管理的薄弱环节，因而成为提高我国博物馆管理质量的瓶颈。北京市在这两方面都做出了努力。这次会议的研究主题就是博物馆管理，不仅这次，北京市多次开展博物馆管理的研究会议，这说明北京市重视这方面的研究。北京市博物馆管理条例的出台以及一系列规章制度的制订，又说明了北京市对法制建设的重视，令人钦佩。我在这里就这两个问题谈一点认识。

一、中国博物馆管理学的建设

西方博物馆对专业培训一直很重视，但那是经验的传播，博物馆管理学作为学科建设则是本世纪六七十年代博物馆大发展中才逐渐形成的。英国莱斯特大学1996年后设立的博物馆学系，在博物馆管理学上有了建树，国际博协博物馆人员培训委员会制订的博物馆培训大纲中也有了"动作与管理"部分。1994年国际博协博物馆人员培训委员会与中国博物馆学会合作在中国开设了中国博物馆中高级管理人员培训班，其课程设置包括博物馆管理学基本理论、中外博物馆财政、人员、项目管理，展览项目管理等。由荷兰莱茵沃特学院派出的管理学专家和中国专家授课。外国管理专家主要讲授的是管理技术。而且他们的管理技术已经形成完整的模式。我深感这种市场化的管理模式对中国如同隔靴搔痒。因此我在讲授《中国博物馆管理学引论》的课程时，先讲了博物馆管理学的时代特性和国家特性。只有掌握特性才能建立自己的管理学，才能建立真正有用于自己的管理学。在建立中国的博物馆管理学中，以下三点是必须把握的学科特性。

第一，时代特性。不同时代有不同时代的管理方式和管理水平，具有不同的时代特征。古希腊、罗马时代的收藏管理带有秘藏特征。中世纪的收藏和展示带有宗教管理和僧侣文化的特征。资产阶级革命胜利后，博物馆的半开放体现了当时的管理特征。二战后博物馆的管理进一步的向科学化、民主化发展。中国博物馆的管理也形成了30年代，50年代和80年代三个不同时代的不同管理特征。就以管理者的社会身份来看：30年代中国博物馆和管理主要是名流治馆。因为30年代中国博物馆大发展的一个重要条件是名流提倡、名流筹建，终而成为名流治馆。从北京故宫博物院理事会、监理会以及院长、各部主任的名单就可一目了然。各省博物馆皆如此。到了50年代，中国博物馆主要是官员治馆，馆长、各部主任都按一定的行政级别配置。80年代以来，中国博物馆逐渐向专家治理的方向发展。目前从领导成员看多数为专家，随着人事制度改革，官本位将被逐步取消。可见，不同时代就有不同时代的管理体制的管理方法。中国博物馆管理学的建设就应该立足于当代。

第二，国家特征。不同国家有不同的管理特征。美国是市场最发达的国家，美国的博物馆市场学就不会很适用于法国、日本，更不要说中国了。国际博物馆制定的《博物馆职业道德准则》中有一段话是专门说明博物馆管理的国家差异性。"准则"序言第4节中写道："由于各国法律和政策的不同，在博物馆的方针制定，行政管理和财务经费方面，国与国之间存在着很大的差异。即使在一个国家内，博物馆之间也不尽相同。"可见国家特性是博物馆管理学中的一个异常突出的特性。我们可以借鉴外国经验但不能照搬，否则谈不到中国特色。

第三，实践特性。博物馆管理学又是一门实践性很强的学科。一般地说，应用科学的实践性都很强，但是博物馆学的实践性超过一般之上。一般的应用科学，它的理论制约着它的实践，而博物馆管理学，它的实践条件制约着它的理论条件。它的理论的发挥必须适应它的实践条件，否则它就不能有效地指导实践。例如中国博物馆管理实践中有一条党的领导，中国博物馆管理学就要回答实践中提出的这一问题。党的领导是管理实践中的一个条件，而理论的指导必须在这个实践的条件下去回答问题。一般地说，理论是实践的升华，可是博物馆管理的理论不是在一般实践的条件下的升华，而是在特定时代、特定国家的特殊条件下升华的，因此可以说实践条件在管理学中具有前提意义。

我强调博物馆管理学的实践个性和理论个性并不是抹杀共性。共性仍然是使理论具有普遍意义的基础。

中国博物馆管理学是可以而且应该借鉴别国博物馆的管理学，借鉴国际培训的通用大纲和课程的内容，甚至可以借鉴行政管理学，企业管理学的学科成果。只有汲取一切相关的学科的精华，中国博物馆管理学才能具有前瞻性和导引性。我在1994年国际研讨班讲授的《中国博物馆管理学引论》讲述了博物馆管理的历史、特性、试定义、管理的宗旨、管理的体制、管理的运作、管理的法制建设、管理的伦理建设等8章19节。也许这就是我个人对中国博物馆管理学提出的一个框架，但它毕竟只是个引论而已，希望有志者共同努力建设中国博物馆管理学。我的这个讲义经发表在《中国博物馆》1994年第3期上。并已收入《博物馆的沉思——苏东海论文选》一书中，这里就不多谈了。

二、中国博物馆的法制建设

改革开放以来，我国进入博物馆大发展时期。1980年我国只有365座博物馆，到1990年达到1013座，10年间新建600多座博物馆。90年代又出现了社会多渠道办馆的局面，从1990年到2000年间，10年间出现了约有600座文化系统外的社会办的各类博物馆。这就出现两种新情况，一是近20年来新建馆占总馆数80％，二是一批社会办的前所未有的新馆出现。我们面对着的既有大量新建馆，又有多性质的社会馆带来的新问题。可是至今我们只有文化部1979年颁布的省、市、自治区博物馆工作条例，它远远落后于现实。因此制定和颁布一部博物馆事业的管理条例，是多年来极为紧迫的任务。《北京市博物馆条例》的出台，解救了北京地区的燃眉之急，并为全国博物馆管理条例的出台开了路。

我认为北京市博物馆条例是勇于面对新情况、新问题，是具有现实意义的一部法规。它在两方面有所突破：第一，这部条例不只是针对文化系统的博物馆，而且规范了北京市一切博物馆的行为。长期以来，博物馆的各级行政领导部门都只管文物系统所管的博物馆，非本系统的博物馆是管不了的。为了打破这种条块分割的局面，1993年北京市颁布了《博物馆登记暂行办法》以求统一管理，但这种单项的办法力度不够。1992年国务院体制改革时，赋予国家文物局管理全国博物馆的权限，这就使得文物行政部门的权限得以达到全体博物馆。这次北京出台的博物馆条例的管理权限就法定地涵盖了北京地区的全体博物馆，这是一个很大的进展。这个条例还体现了文物保护新体制的"五纳入"核心内容，这就首先规范了各级政府的行为，是对博物馆管理极有力的保障。第二，这部条例平等地看待所有的博物馆。如何看待和对待社会办的博物馆是个很大的问题。中国的博物馆事业，真正走上繁荣、真正融入社会、服务社会，光靠政府办，政府养博物馆是不行的，必须看重社会办的博物馆。社会办的博物馆是从社会里生成的，是得天独厚的。其中行业办的博物馆是从行业中生成的，企业办的博物馆是从企业中生成的。收藏家、企业家、艺术家等公民办的博物馆也是各有所长的。西方国家许多私立博物馆比国家的办得好，很大的原因就是它们不吃皇粮。前些年，美国政府削减了史密林学会所属的国立博物馆30%的"皇粮"，据说是政府为了推动国立博物馆了解社会，融入社会而采取的利用经济杠杆调控博物馆方向的一项措施。他们能这样，我们对来自社会的社会办的博物馆难道不该寄予厚望吗？一切有利于博物馆社会化和博物馆事业社会化的步骤，我们都应该注意鼓励。这次北京出台的条例，在条文上平等地用一个标准对待所有博物馆，真正体现了"鼓励公民，法人和其他组织兴办博物馆"的鼓励政策。我认为掌握标准一视同仁，这是又一个很大的突破，是认识上的很大的进步。中国博物馆的法制建设任重道远，需要加紧步伐，努力推进。

原文选自《博物馆的沉思（苏东海论文选；卷二）》，文物出版社，2006 年

建立完备的藏品总账是杜绝藏品流失的关键环节

题记

2002 年 9 月 26 日人大常委会法制委员会召开文物法立法论证会，我在会上重点谈了完备藏品总账的重要性。这是会后为进一步阐述这一关键问题写的短论，刊登在 2002 年 10 月 11 日《中国文物报》"东海杂谈"专栏。

前不久，人大常委会法制工作委员会召开的文物保护法立法论证会上，议及建立馆藏文物档案是博物馆进行馆际借用和馆际交换藏品的前提，这是很重要的，有进一步阐述之必要。

实际上建立准确的、完备的藏品档案是博物馆保护与运转藏品的基础。其中建立完备的藏品总账是保护藏品、杜绝藏品流失的关键环节。一般地说，物品入藏博物馆要经过法律程序和科学整理程序，这两程序又是交叉的，其流程为原始登记、鉴定、总登记账。原始登记（入馆凭证也称登记表和原始登记账也称流水账）是法律程序的开始，是作为建立正式藏品账的法律依据。鉴定是对入藏品进行科学整理程序的重要开端，也是科学编目的依据。藏品总登记账是馆藏文物正式的法律文本，视为财产账。西方国家称为藏品清单，意思是一样的。从程序上说，文物一进馆，博物馆就承担了保护它的法律责任，及至进入总登记账后，文物就成了正式的馆藏品，从而确定了它作为馆藏品的法律上的身份，要处置它就要按法定程序进行。《国际博协职业道德准则》对列入藏品清单的藏品的处置权作了非常细致的规定。要考虑到藏品处置富有"道德和法律上的责任以及博物馆在藏品保护方面所负担的公众信任"，因此在处置藏品上是很精心维护博物馆形象的，并按照有关处置权依法剔除文物的。

我国的实际情况比较糟。虽然在1986年文化部就颁布了《博物馆藏品管理办法》，早在1964年国家文物局就印制了统一的总登记账格式，多年来不断地进行专业培训，但这一工作至今做得并不好。许多博物馆至今未建立藏品总账，有的以流水账代替，有的以分类账代替。有些顶级大馆号称馆藏多少万件，实际上相当大部分还在总登记账外。如果没有进入总账，藏品的身份没有到位怎么能得到保护呢？我亲眼看到有的省馆建国初期征集到的社建文物至今没有开箱！总账外文物大量存在是相当普遍的。如果不迅速地、加大力度地建立藏品总登记账，馆藏品的流失太容易了。文物保护法新增第42条明确规定，未建立馆藏文物档案的国有文物收藏单位不得处置其馆藏文物。这一条外国人可能看不懂，但对我国实际情况来说是绝对必要的。

从事情的另一端看，文物入藏也存在很大麻烦。我国文物入藏还处于泛收的历史阶段，不能与西方博物馆同日而语。西方博物馆经历了从泛收到精收的历史过程，逐步达到收藏的专门化与精品化的程度（这一历史过程，我在拙文《文物是无限的，藏品是有限的》一文中有论述。见《中国文物报》2001年9月21日"东海杂谈"栏目中）。《国际博协职业道德准则》中明确规定博物馆要公布收藏方针、收藏领域和藏品永久保存指南。不得征集与本馆收藏宗旨不符的物品，侵入别的馆收藏领域是不道德的。这种规定我们做不到，尽管我们已经开始了征集竞争，但我们还没有走完从泛收到精收的历史过程。何况总账尚未建全、账外文物相当普遍，我们的当务之急是建账以保障账外文物的安全。现在各种账外物身份不同，界限不清，所谓"等外品""重复件"这种含混不清的名称，隐患很大。文物的重复件不管有多少都应视为文物，等外品是文物就应是文物，与仿制品、复制品不能混为一谈。如果等外品、重复品不进入总账，那对他们的处置的随意性就太大了。所以我认为所有进馆文物原则上都应进入总账以确定其身份并受到法律保护。如果真的这样做了可能会出现账面上注销太多而有损于博物馆永久保存文物的形象。也许在国务院配套的法规中另行规定账外文物注销办法更好一点。总之，总账是博物馆对文物进行法律保护和合法运转的最权威的根据，必须不遗余力地建立与健全它。

原文选自《博物馆的沉思（苏东海论文选；卷二）》，文物出版社，2006 年

博物馆人才论

题记

　　不同时代造就不同时代所需要的不同的人才，不同国家造就不同国家所需要的不同的人才。研究人才产生的社会条件和历史条件，是我的人才论的核心内容，也是我运用历史唯物主义方法产生的我的人才论。这是我在 2002 年初浙江博物馆召开的 21 世纪人才研讨会上的发言稿。马承源同志听后在会上说很精彩。本文刊登在《中国博物馆》2002 年第一期。

　　21 世纪正在来临，在新世纪里博物馆事业的命运决定于博物馆的人才状况，人才是博物馆事业发展的关键。在这里我对新世纪的人才作一点论述。

一、什么样的时代，需要什么样的人才

　　人才是有时代特征的，不同的时代造就不同时代所需要的不同的人才。封建时代造就了它所需要的封建人才。资本主义创建时期造就了资本主义前期的人才，后资本主义时代造就了现代资本主义人才。展望 21 世纪的人才将会在 21 世纪的全球化时代条件下铸造出来。不同时代的人才是不同时代的产物，都打上了时代的印记。

　　人才不仅具有时代特征而且具有国家特征。不同国家、不同民族的生存环

境和人文差异，造就了不同国家的不同人才。因此人才具有历史的继承性和国家特色。我们研究人才，不仅要从一般意义上理解人才的含义，而且要从时代特征和国家特色出发研究人才。

回顾中国50年来人才发展的道路，也具有明显的阶段特征。中国社会主义前期（1949—1978）所造就出的人才，是继承了革命战争年代的传统。战争年代的人才，最重要的是英勇、忠贞与服从。英勇善战、忠贞不屈、高度服从是优秀人才必须具有的素质。这些人才都是在土改中，战争中脱颖而出的，都是经过所谓土改关、生死关的人。新中国建立后，较长时间仍然处于战争和战备的紧张环境中，仍然进行着民主革命和社会主义革命的斗争，因此人才的培养上仍然继承了战争时期的传统，把革命性和阶级性放在第一位。在社会主义建设中，我国并没有像列宁、斯大林在十月革命后把战争时期的干部送到建设方面的学院去进修的做法。我国当时只是把战争时期的干部稍稍补充一点文化就继续领导各项建设事业，这就使我国在社会主义前期的干部仍然保留着战争时期的基本特征和管理方式。加之，我国社会主义建设沿袭着苏联高度集中的体制，更助长了集中管理与被集中管理这种模式的人才的需要。刘少奇提出的"做党的驯服工具"的号召、列宁提出的"做党的螺丝钉"的号召，就成了人才培养的一种不成文的标尺，驯服听话是脱颖而出的前提。在这种以计划经济为主体的经济体制下，以高度集中统一为特征的管理方式下，培养了这个时代所需要的各级人才。

1978年，我国开始进入社会主义的新时期。以改革开放和现代化建设为基本特征的新时期，开始造就适应改革开放的社会需要的人才。在社会主义计划经济向社会主义市场经济转型期间，人才的转型也随之开始，对人才观念的转变以及对人才管理方法的转变都开始铺开。新型的人才正在成长，我们已经深切地感觉到了这种变化。

但是人才培养不仅是要适应现实的需要，而且要适应发展的需要。人才的培养必须是现实性与前瞻性的统一，否则人才仍然是滞后的。因此我们在进行世纪人才研究时，必须首先展望21世纪是什么样的世纪。什么样的世纪需要什么样的人才。对于21世纪，虽然我们已经看到新世纪的曙光，但我们还不能确切地说新世纪是什么样，我们只能做一点展望。从本世纪末的现实来看，我们已经可以说21世纪是知识经济的世纪，知识经济最重要的动力是创新。因此人们又说21世纪是创新的世纪。为什么说21世纪是创新的世纪呢？这是有事实根据的。自从60年代美国著名经济学家熊彼特在《经济发展理论》一书中首创"创新理论"以来，20年间，他的创新理论已发展成为经济迅速发展的指针。他的"创新"概念不是一般的创新含义，他赋予了"创新"以新的含义。熊彼特的"创新"的定义是"建立一种新的生产函数"，创新不仅是一种发明、发现，或一种创意，而是从创意到一系列的实践环节上不断创新从而达到创新的全过程的完成。所谓函数关系也就是从思想到实践全过程不断地创新。这种"创新"理论在一些国家，如日本的企业实践中，彻底改组了结构，促进了效益成倍的增长。因此，许多国家已经建立了国家创新系统，对全国的经济创新进行整合。联合国经合组织建立了国际创新系统，1997年发表了《国家创新体系》报告，我国在国务院也已成立了国家创新系统的机构。现在"创新"已经从科技创新伸延到物质生产和精神生产的许多领域中，人们已经在探索思维创新，理论创新，文化创新，文艺创新，竞技创新，旅游创新，环境创新等等。创新正在汇成时代的最强音。我们有理由相信新世纪是一个创新的世纪，一个创新的时代。新世纪的人才就是在这样的一个时代中产生出来。

二、新世纪人才的精神品质

在这里我不准备全面展开对新世纪人才素质的讨论。因为人才素质是关于人才的一个综合性的概念，它包括文化素质、思想素质、道德素质和专业素质诸多方面。我在这里想专门分析一个构成人才素质的一个前提条件、基础条件，那就是人才的精神品质问题。人才的精神品质问题就是时代精神问题。有什么样的时代精神就有什么样的人才的精神品质。封建社会是一唱百诺的社会，它的人才的精神品质就是在奴才精神的土壤中生成的。21世纪的时代精神是创新，21世纪人才的精神品质就是创新精神。21世纪人才的文化素质、思想素质、道德素质和专业素质都贯穿在创新精神之中。可以说把握住了创新精神，就把握住了新世纪人才的关键性本质。我认为新世纪人才的创新品质表现在以下四个方面。

1.创造精神。在创新的时代里，具有对旧事物渴望突破的精神状态是最主要的。那种因循守旧，保守不前是与新世纪的时代精神格格不入的。对新鲜事物的敏感，对新鲜事物的追求，是成其为人才的首要精神状态。

一些国家把培养创造精神，提高创造能力列为教育的首要目标。1993年美国颁布的《2000年教育目标法》专门增加了培养学生创造力的课程，韩国提出实行以知识训练为主的教育向培养创造力为重点的教育转变，新加坡教育改革的首要目的是培养一支具有创造力的劳动大军，日本也提出把培养学生"生存能力"作为教育的根本出发点。无疑是有创造精神和创造能力应是新世纪人才首要的品质。

当前社会也开始流行求新。但新的东西并不见得都是对的，都是好的，新东西并不是随意造出来的，它应该是已知中达到未知。真正的创造是对旧事物的突破，真正具有创新能力的人，是真正接受了已有成果的人。只有对已有成果的尊重，突破才是脚踏实地的。从文博界来看，真正具有创造精神和创造能力的人，应该知古知今，知中知西，没有这种功底是谈不到创新的。不断超越、渴望突破、应该是新世纪人才的第一个精神品质。

但是我国社会长期以来缺乏创新精神，习惯于沿袭固有的思路。创新就是对固有的突破，没有摆脱固有的独立思考就没有创新。而独立思考恰恰是1957年打击的重中之重，从此失去了独立思考的环境。三中全会后，党恢复了实事求是的思想路线，人的思维个性才得以伸展，人的创造精神得到了鼓励。为了迎接新世纪的需要，我国教育界正在进行战略转换，从应试教育转向素质教育。素质教育实际上就是创造能力的教育。在未来的岁月中，具有创造力的人才将会逐渐浮现出来。

2.探索精神。具有探索精神是创新人才的又一个可贵的精神品质。美国制定的21世纪博物馆教育的目标"增长知识，鼓励探索，增强美育"三项中，鼓励探索就是其中一项。新的思想、理论、发明、发现，都是在探索中产生的，创新的过程必然是不断探索的过程。探索是认识深化的过程，其中发现问题是关键。爱因斯坦是这样分析的，他说："提出一个问题，往往比解决一个问题更重要，提出新问题，从新的角度来看旧的问题，却需要有创造性的想象力，而且标志着科学的真正进步。"发现问题，提出问题，这是探索最关键的阶段。西方管理学界被誉为现代化组织天才的美国通用汽车公司总经理斯隆，他在主持一次决策会议时，由于大家意见一致，他却宣布："现在我宣布休会，这个问题延期到我们能听到不同意见时再开会决策，这样也许对这项决策能有真正的了解。"这就是对深化认识的一种渴望。真正有探索精神的人也就是不断求真的人。

探索精神几乎是生而有之的，幼龄儿童不断地提问"是什么""为什么"，那种寻根问底的精神，甚至使父母都招架不住。学校教育中由于教师是教育的主导方面，因而幼年的那种探索精神逐渐地萎缩了。在成人社会中，具有探索精神的人就显得更加可贵了。无怪爱因斯坦强调："我没有什么特别的才能，不过喜欢寻根到底地追究问题罢了。"现在人类已经自觉地把鼓励探索当作新的文明建设。美国甚至在迪士尼乐园的游乐中也注入了对探索精神的培养。探索精神的培养与发扬不知将会对人类的发展提速多少倍。无疑，探索精神是新世纪人才不可或缺的精神品质。

3.协作精神。在小生产的社会中，小生产者的劳动是个体的，万事不求人。在大生产的社会中，就要靠集体劳动，个人离不开集体，到了90年代知识经济和创新系统问世后，大集体劳动分化为小集体劳动，出现了所谓团队结构，从科技攻关到生产攻关到市场攻关，就由这个小集体一抓到底，即熊彼特所说的"建立一种新的生产函数"。有关的人才集中这个小团队中，紧密协作，劲往一处使，成果是共同的，这种团队结构的人才就是要求善于合作、善于协同、善于团结，从而把整个团队凝聚成亲密融洽的战斗单位，这样的团队精神将会把人们从狭隘自私的各种矛盾中升华出来，而成为新世纪人才的一种可贵的精神品质。

有什么样的劳动结构就有什么样的人际关系。在团队结构中劳动的人，既了解局部又了解整体，既有独立思考又有整体依赖。这是知识经济中的一种劳动结构，它需要的就是这种具有协作精神和协作能力的新型人才。随着知识经济的到来，这种人际关系是会逐渐生成的。

4.贡献精神。新世纪对人才的道德要求更高了。因为创新人才所要求具有的创造精神、探索精神和协作精神都需要有一个更高的道德品质来支撑。西方社会七八十年代以来在经济、文化等领域出现的服务社会的战略，就是体现了由以物为本向以人为本的社会转变的一种趋向。在新的世纪里，人们对精神的追求将会超过物质的追求。新世纪的人才将会更关心自我价值的实现，而不大在乎自我的享受，这是人才的人生观的一种升华。什么是自我价值的实现，实际上就是个人贡献于社会并得到社会承认的那种自我价值的完成。所以新世纪人才的贡献精神，是创新的人才固有的精神品质。

总之，我们对新世纪人才的基本品质的分析，还仅是从创新世纪总的时代精神中得出的。是否得当，还有待于新世纪实践的验证。新的世纪、新的时代精神是从旧世纪脱胎而出的，新型人才的培养和成长也需要时日，但是，知识经济的曙光已经在望，创新人才的生成还会远吗？

原文选自《博物馆的沉思（苏东海论文选；卷二）》，文物出版社，2006 年

殖民时代与普世性博物馆的繁荣

题记

这是一篇揭露殖民时代殖民者掠夺殖民地文物建立这些普世性博物馆的历史陈账，并以之对应现实的斗争。发表在《古今农业》2003年第一期。初稿于2003年4月25日发表在《中国文物报》时题目为"普世性博物馆的繁荣与文物返还的法理和情理"。

2002年12月，纽约大都会博物馆、巴黎卢浮宫博物馆、柏林国家博物馆等18家欧美博物馆发表声明声援大英博物馆不返还希腊石雕。这只是一个由头，实际上是这些自称普世性博物馆（Universal Museums，也译为环球博物馆、世界中心博物馆等）为巩固其既得利益而制造理论。声明说，几十年前甚至几个世纪以前就存放在欧美博物馆里的离开原址的文物、艺术品，通过长期的展示，延续了这些物品的活力和价值，而且得以为各国人民服务，如果只是关注这些物品的原始继承，就是限制博物馆对不同和多元作品的收藏，就是对所有参观者不尊重。对此，《中国文物报》要我予以评论，我当即指出这是一种强迫历史受害者尊重历史造成的不平等的强权逻辑。本文拟对不平等的历史与现实略微做一点阐述。

殖民时代与普世性博物馆的繁荣

所谓普世性的博物馆，他们的收藏确实称得上是普世性的。他们收藏与展示着全球文明的精华，其数量之巨、质量之精，令人叹观止焉。大英博物馆的东方藏品就达 14 万件，卢浮宫收藏的中国文物就达 3 万多件。许多文物精品在这些普世性博物馆中成为镇馆之宝。卢浮宫博物馆的普世性藏品是怎么来的？据记载拿破仑在攻打意大利、北欧和非洲的诸战役中，随军带着科学家、艺术家、勘探员和历史学家组成的"科学艺术委员会"，对被侵占国家的文化收藏进行系统挑选后运回法国[1]。显然这不是一般掠夺，而是系统性、专业性的掠夺。例如，1798 年拿破仑亲率远征军侵占埃及时，在历史学家帮助下从事所谓"考古"，最后用战船运走了大批古埃及石雕、木乃伊和绘画、文字等珍贵文物。卢浮宫博物馆曾一度改名为拿破仑博物馆，其藏品的不光彩来源难道还不清楚吗？非洲文物被洗劫的历史同样触目惊心。1897 年英军对贝宁城进行的讨伐中，把皇宫烧成灰烬，珍贵的铜器和所有文物被洗劫一空[2]。前此 1860 年英法联军放火烧了中国圆明园，洗劫了宫藏珍贵文物。这一幕幕普世性的文化掠夺不正是奠定这些普世性博物馆引以为自豪的普世收藏的基础吗？诚然，囊括普世文物并非武力一途，但不论用什么方法，哪怕是合法购买的也都是强大的殖民国家在被宰割的殖民地、准殖民地上进行的。瑞典人汤弥·史文生说："欧亚博物馆典藏不对称是过去 250 年历史发展造成的。"[3]实际上这 250 年的历史就是欧洲向东方扩张的殖民历史，就是强势东方沦为受欺凌的弱势东方的历史，也就是这些普性博物馆囊括普世文物的历史。而在非洲一直到 20 世纪 60 年代才陆续结束殖民历史，非洲新独立国家才得以设防制止国宝出境。在殖民时代，不论是武力的方式还是和平的方式，不论是非法获得还是合法拥有，都是在国家不平等、民族不平等的状态下得到的。这 18 家欧美博物馆不论怎么说，他们的普世藏品都摆脱不了殖民时代的烙印。

---

[1] 戴维·沃尔登：《文化方舟的袭击者》

[2] 埃克波·奥克波·埃约：《对国家艺术珍宝的威胁》

[3] 汤弥·史文生：《论欧亚博物馆网络作为未来博物馆发展之工具》

殖民时代造成的结果是，一方面普世性博物馆收藏与展示着普世文物，另一方面不平等的受害国的博物馆典藏匮乏之极，不要说外国文物就是本国文物的收藏也难望普世性博物馆之项背。介绍非洲文明的西方博物馆都收藏有贝宁的精美文物，而贝宁自己的博物馆展出的却只有三流物品和图片。在孟加拉、马里和西萨摩亚进行的一项教科文组织和国际博协联合研究表明，虽然欧美各地博物馆都在展示马里的人种学文物，但马里本国的收藏品已所剩无几。西萨摩亚国家博物馆甚至拿不出像御用钵以及盛大仪式的代表性文物。一方面普世性博物馆囊括普世文物，一方面普世文物的原生国博物馆典藏支离破碎，无法保持自己的文化记忆。繁荣与贫困的强烈反差，历史造成的不平等现象是任何人都否定不了的。强迫尊重历史造成的不平等是一种强权逻辑。对于历史造成的不平等，有两种截然不同的逻辑与感情，强权者的逻辑在于巩固不平等，而受害者的逻辑在于改变不平等。欧美18家博物馆抛出的《普世性博物馆的重要性和价值的声明》就是在改变不平等现状的正义呼声日益有力的形势下，制造理论维护其既得利益，以巩固不平等现实。大英博物馆在面对返还的强劲呼声的做法和说法更直白一些。当1977年贝宁要借用1897年被英军掠去的象牙面具时，英国博物馆答复："象牙面具很容易破碎，不适于空运而且那里气候也不适宜。"2001年当希腊要向大英博物馆永久借用被英国大使搞去的庙宇石雕时，大英博物馆馆长答复："英国是这些石雕的最好归宿，因为大英博物馆能在更广阔的古代世界中展示这些希腊雕刻艺术成就。"总之，放在我这里比放在你那里更好，因为我是普世性博物馆。这就是这套强权逻辑的理论核心。

　　"声明"说，不要"关注这些历史物品的原始继承"，显然不关注原始继承的老账他们才能安心继续保有这些物品并继续巩固不平等状态。因此我赞成国际博协亚太地区主席加拉（Amareswar Galla）关于建立"后殖民时代文化遗产理论"的主张。他在论文中写道，"欧洲和其他西方国家在处理好多元化的关系中，正承受着越来越大的挑战"，"在亚太地区，挑战来自建立一套后殖民时代文化遗产理论，这套理论必须根植于本地区的文化遗产环境"。[4]后殖民时代博物馆典藏的不合理、不平等状态的研究当然会梳理到不平等历史形成的过程。建立这样的理论将会授予历史的受害者改变不平等状态以思想武器。

全球繁荣与文物返还的法理与情理

与理论平行的是情感，是对文化情感的理解与尊重。不可设想一个强权者会尊重被欺凌者的情感。被欺凌者的民族感情和文化情结是别人比不了的。加拉教授提出建立后殖民时代文化遗产理论不是偶然的。他从小生活在印度农村，他对东方文化有深切感情，他了解印度、亚太和非洲殖民文化的后果，有深厚的民族文化情结。他虽然是澳大利亚国籍又身为国际博协亚太地区主席，但出人意料的在 2002 年亚太地区上海会议的庄严讲坛上，赤着脚、裹着头巾、扭动腰肢，即兴地表演着印度农村的土风舞。他对自己民族文化的激情表演深深地感动了我。同样使人动情的是那些文化受害者的国家为了重振民族精神而向普世性博物馆要求返还一两件文物的那种渴望。1977 年，第二次世界黑人和非洲艺术文化节在贝宁举行，这是象征全体黑人团结的大会。贝宁为了展出自己文化象征的象牙面具，向大英博物馆申请返还，但遭到拒绝。希腊希望在 2004 年奥运会上把希腊石雕陈列在帕泰农神庙一旁的雅典卫城艺术馆中，向世人展示古希腊文化的光辉。这不仅是因为在奥运会展出具有普世性价值而且也是有利于希腊文化和民族精神凝聚与重振。当希腊提出永久借用时，得到了国际舆论的支持而大英博物馆却以"放在我这里更好"为由又拒绝了。不仅如此，还以归还希腊石雕为由头，18 家欧美博物馆起而发表声明声援大英博物馆，制造一套无视被掠夺者的民族尊严和民族文化情感的说辞。也许这一套经过国际法专家仔细推敲，有从国际法角度暂时说得通的理由，但他不能抵挡改

---

[4]　加拉：《博物馆与无形文化遗产的可持续发展》，载《中国博物馆》2002 年 4 期

变不平等现实的正义斗争和尊重民族文化多元存在的历史潮流。

对民族文化情感的尊重是一种真正的普世胸怀。早在 142 年前，正在撰写《悲惨世界》的法国人道主义作家雨果，当时就给参与洗劫圆明园的法国军人写信怒斥对中国文化造成的浩劫。他写道："法兰西帝国侵吞了圆明园一半的宝物，现在，她居然无耻到这种地步还以所有者的身份把圆明园这些美轮美奂的古代文物拿出来公开展览。我相信总有这样一天——解放了而且把身上污浊洗干净了的法兰西，将会把自己的赃物交还给被掠夺的中国。"他不愧为一位充满文化感情和良知的文化巨人，真可视为文物返还的正义运动的先驱。

普世博物馆虽然号称普世性，但实际上他们所有的只是占有普世的文物，并没有普世的胸怀。他们只说普世文物对他们参观者的价值，却不说创造这些文物的人民要看到自己文化象征物的价值和情感。实际上他们并不是博物馆文化全球化的真正拥护者，因为他们并没有使全球博物馆共同繁荣的理想和境界。我认为教科文组织总干事阿马杜·马赫塔尔·姆博 1978 年发表的《将不能替代的文化遗产返还其制造者的要求》一文既讲理又讲情，我以他的三段话作为我这篇文章的结束语：

"成为掠夺牺牲者的民族，有时有几百年的时间里，不仅被抢走了不能代替的杰作，而且也被掠夺了一种记忆，这种记忆本应能够帮助他们增强自我了解，也本来肯定会使别人能够更好地了解他们；

"我呼吁历史学家和教育家帮助他人了解一个民族在其创造的艺术品被掠夺时可能遭受的痛苦。这种既成事实的强权行为是野蛮时代的残余，是损害各国之间建立永久和平和和谐的怨恨和冲突的根源；

"我还呼吁拥有几份相似物品或记录的机构至少分出一份，并将其返还原主国，以便年轻一代在成长过程中不至于从未有机会在极近处观看一件其祖先设计的艺术品或做工考究的工艺品。"

原文选自《博物馆的沉思（苏东海论文选；卷二）》，文物出版社，2006 年

四 生态博物馆研究

关于生态博物馆的思考

题记

关于新博物馆学运动和生态博物馆运动，80 年代我接触了一点这方面的材料，90 年代以来，我对这两个密切相关的运动有了较多的接触。1993 年我在中美博物馆学研讨班上听到了美国亚克钦印第安社区生态博物馆的典型介绍。1994 年国际博物馆学委员会年会在北京举行，我有机会和这两个运动的头面人物直接交流，使我对这两个运动的认识有了较大的进展。1995 年我就和生态博物馆著名学者杰斯特龙共同主持了在贵州开发的中国第一座生态博物馆的课题组。本文就是在这时为了向国人介绍一点背景材料而撰写的。发表在《中国博物馆》1995 年第二期上，《中国文物报》于 9 月 10 日转载。同时，我写的《中国对生态博物馆的认识及评价》一文的英译稿在《挪威博物馆学》杂志上发表。

中国对生态博物馆运动知之甚少。但由于这个运动在国际博物馆界是一个非常有名的崭新的有前途的学派，因此我在理论上和实践上对它做了一点探讨，进行了一点思考。

一、生态博物馆产生的历史背景和时代意义

生态博物馆的出现是人类社会现代环境意识和现代生态意识不断觉醒，在博物馆界的一种反映。人类与自然界的生存关系，已经经历了膜拜自然和改造

自然两个阶段。在改造自然的阶段中，人类虽然取得了成就，但人类错误地发展了征服自然的愿望，以为人是自然界的主宰，自然是可以为人类主观意志所支配的，因而肆意开发和破坏自然。正如马克思所讲的"像侵略另外一个民族那样侵略自然"，这就引起了自然界的反抗，危及人类的生存。于是人类开始了环境意识的新觉醒，人与自然的生存关系从改造自然进入了与自然协调发展的新阶段。1962 年，美国生物学家蕾切尔·卡森著的《寂静的春天》一书，用人类正在自我毁灭的大量事实，唤醒人们改善对自然的关系，推动了环境科学的发展。1965 年，英国教育家亚普提出"环境教育"为各国所接受。1971年，联合国教科文组织成立了"人与生物圈计划"（MAB），有 100 多个国家参加。1972 年，联合国在斯德哥尔摩召开了人类环境会议，发表了"斯德哥尔摩宣言"。1992 年，国际博协也把世界博物馆的主题定为"博物馆与环境"。一些博物馆还推出了"生态学在行动"展览。现代环境意识已经在国际博物馆界得到了反映。[1]与环境意识觉醒同时发生的生态意识觉醒是一个问题的不同侧面。由于工业社会的生态危机日益加深、资源衰竭、环境污染、人口过剩，使后工业社会陷入重重困境之中而不能自拔。在人类生存环境日益恶化、社会生活质量日益低劣、机器产品泛滥、都市拥挤喧嚣的情况下，人们对工业文明产生了厌倦，出现了回归自然、追求古朴的社会心态。因此，可以说现代生态意识的觉醒和生态博物馆的诞生是对后工业社会弊端的一种摒弃和对工业文明的一种反思的结果。

生态伦理学家预言，继工业文明取代农业文明之后，生态文明必将取代工业文明而成为下个世纪社会主导的文明形态。显然生态文明将会使人类与自然的共存关系更加和谐、更加优美，人类自身的社会生态环境更加自觉地趋于和谐。今年 3 月，我与英中了解协会副主席 R.班维克教授交流学术思想时，我谈

---

[1]　参见甄朔南、甄秀鸣《环境主义与博物馆》，载《中国博物馆》1993 年第 4 期。

到下个世纪可能是生态文明的世纪。他说，他认为不仅是可能而是绝对的。生活在后工业社会的人更热切于发展生态文明。美国的公众生态意识近20年来急剧增长，环保课已正式列入教学日程表。据德国一家杂志报道，"生态时装"已迅速成为90年代国际时装发展的新趋势。德国纺织品零售联合会记录了8种优势生态服装商标，如"自然呼唤""乡村生活""绿色自然"等。中国也已积极进入世界环保行列，国家环保局正在制《跨世纪绿色计划》改善生态环境。广州、上海已提出建立生态城市的规划，深圳正在建立亚洲最大的生态村。所以，生态博物馆的出现应视为历史发展的产物，并不是少数人头脑中的臆想。我们绝不应低估生态博物馆运动兴起的历史背景及其时代意义。

固然生态文明在下个世纪将会取代工业文明成为社会主导的文明形态，但工业文明并不会消失，工业文明的精华仍会被新社会所继承，正如工业社会继承农业文明的精华一样。同样道理，未来社会的生态博物馆必然会是对传统博物馆的继承与发展而不是抛弃传统博物馆。（传统博物馆一词是新博物馆学运动加给现有博物馆的一种称谓，我们姑且用之。）传统博物馆当然应该在自我批判中前进，但它的精华是不会消失的。在新世纪的社会中，传统博物馆仍将会与生态博物馆并存，传统博物馆是不可能被取代的。

二、生态博物馆是一种新思维

生态博物馆是从对传统博物馆的批判中诞生的。它一开始就充满了对传统博物馆的否定。生态博物馆创始人乔治·亨利·里维埃生前对生态博物馆下的"一个进化的定义"中强调了生态博物馆的空间上、时间上、人与自然的关系上、管理人员上，都与传统博物馆截然不同。严格地说，这并不是一个定义，而是阐述针对传统博物馆的一种新思维的内容。因此，它并不能带来生态博物馆运动的统一性。加之生态博物馆一词中的前缀词"生态"是借用的，并不能确切地反映博物馆的文化内涵。实际上生态博物馆运动中它的内涵是不断发生演变的。从强调整体性、教育性、社会性，发展到强调文化性、科研性。从第一代生态博物馆发展到第三代，有人已在展望第四代生态博物馆的前景。博物馆的内涵及其特性始终在不断地变化和发展。挪威生态博物馆学家约翰·杰斯特龙在国际生态博物馆界有广泛影响。他用生态博物馆与传统博物馆对比的方法，阐述了生态博物馆特定的形式和内容。

传统博物馆——生态博物馆

藏品——遗产

建筑——社区

观众——居民

科学知识——文化记忆

科学研究——公众知识

生态博物馆的这种特定的形式和内容，贯穿着关于博物馆的一种新的思维。这种新思维力图冲出博物馆的院墙，冲出藏品的狭隘概念，并且使文化拥有者自己成为文化的主人。生态博物馆就是要体现这种新思维，至于怎样去实践，看来是五花八门的。无疑，这种新思维是迎接新世纪的。我对他们的理论勇气和探索精神是钦佩的。

三、中国对生态博物馆的认识及探索

中国博物馆界对生态博物馆虽然知之甚少，但对传统博物馆之外这个新门类也是有所了解的。《中国博物馆》杂志早在 1986 年就开始不断转载和介绍有关这一运动的论文和消息。在这本杂志上，中国读者可以读到生态博物馆创始人乔治·亨利·里维埃的重要论文的中译稿/本，于格·戴瓦兰、弗朗索瓦·于贝尔等的重要论文的中译稿/本，和刊登在联合国教科文组织主办的《博物馆》杂志上的其他论文的中译稿 / 本。1972年在智利圣地亚哥举行的国际博物馆协会圆桌会议，1984年在加拿大魁北克蒙特利尔举行的国际会议及宣言，1987年在西班牙举行的新博物馆学国际学术讨论会及决议等，中国刊物也作了一些介绍。关于早期的生态博物馆——法国的天然公园、法国的克勒索博物馆及以后在加拿大发展起来的一批生态博物馆的具体情况，中国也知道一点。《中国博物馆》杂志1993年第4期还刊登了美国亚克钦印第安社区生态博物馆详尽的材料。

中国对生态博物馆的进一步关注是从对环境科学的关注开始的。1986年《中国博物馆》杂志发表了南开大学博物馆专业硕士研究生胡妍妍写的《博物馆与环境科学》论文。之后又发表了中国地质博物馆研究员赵松龄写的《略论人类素质与博物馆》论文，中国自然博物馆研究员甄朔南写的《自然史博物馆与古环境》《环境主义与博物馆》等论文。1990年半坡遗址博物馆的一位研究者孙霄在一篇论保护遗址的文章中呼吁在中国建立遗址保护系统生态学。南阳博物馆的一位研究者刘绍明发表《博物馆生态学刍议》论文，提出用生态系统观点分析博物馆的发生和发展，用生态系统观点研究博物馆的内部平衡和外部平衡等问题。与此同时，天津一位研究者涂晓原发表《博物馆与社区文化环境》，论述了博物馆与文化环境的关系。这些论文逐渐地接近了生态博物馆。从1985年开始，贵州建立了一批民族村寨博物馆。1986年11月，我曾到其中的滑石哨布依族村寨博物馆考察。这个村寨博物馆在山里边，仍然保持着古老的村寨环境和传统的生活方式。像这样的民族村寨博物馆，贵州省有不少，其他省也有。这些民族村寨博物馆实际上也在接近生态博物馆。可以说中国社会在环境意识和生态意识不断加强的情况下，中国博物馆界已经有些人在理论上和实践上对生态博物馆进行着探索。

1995年4月，中国博物馆学会苏东海、安来顺，国际博协博物馆学委员会委员、挪威生态博物馆学家约翰·杰斯特龙及贵州省文化厅副处长胡相朝组成了在贵州建立第一座生态博物馆可行性研究课题组。课题组考察了贵州布依族、苗族、侗族等聚居的一些民族村寨。经过实地考察和科学论证，写出了《在贵州省梭嘎乡建立中国第一座生态博物馆的可行性研究报告》。这一报告已送项目合作单位——中国博物馆学会和挪威政府。这一项目得到贵州省政府及社区所在市、区政府的大力支持并组织实施。

生态博物馆是博物馆中的一个新门类。全世界已建有300多座生态博物馆。虽然在欧洲、北美一些国家首先兴起，但在拉丁美洲、非洲、亚洲一些国家也迅速跟进。因为生态博物馆、它是对民族特别是对少数民族自然、社会、文化进行整体保护、传承和研究的一种最新的博物馆形式，是一个国家多种文化的一种新的保护神，因此为人们所关注。中国已建有1800座博物馆，但还没有像其他一些多民族国家那样拥有自己的生态博物馆。因此迅速在中国着手这件事情是有意义、有价值的。希望在迎接新世纪之际，中国能有更多的人来关心和探索这一新事物。

原文选自《博物馆的沉思——苏东海论文选》，文物出版社，1998年

在贵州梭嘎乡建立中国第一座
生态博物馆的可行性研究报告

题记

这是以我和著名生态博物馆学家杰斯特龙为首的课题组，于1995年4月在贵州实地考察后形成的可行性研究报告，其中关于生态博物馆的理论部分由杰斯特龙执笔、关于在梭嘎社区建立生态博物馆的特殊意义和可行性论证部分由我执笔，其余实践部分由安来顺执笔，这个报告经过国家文物局和贵州省政府批准后已经实施。报告的中文本发表在《贵州文物工作》1995年第3期，《中国博物馆》1995年第2期上。各大报刊都发了消息。1996年挪威合作开发署决定对这一项目给予财政支持。1997年10月23日江泽民主席和挪威国王出席了对这一项目赠款协议签字仪式。

背景

1994年9月，国际博物馆学委员会在北京举行年会，其间，中方学术委员、中国博物馆学会常务理事、中国博物馆学会会刊主编苏东海研究员与国际博物馆学委员会理事、挪威《博物馆学》杂志主编约翰·杰斯特龙先生进行了学术交流，特别是就生态博物馆和国际博物馆学运动进行了深入的探讨。

1995年1月，贵州省文化厅文物处副处长胡朝相来北京与任贵州省文物保护顾问的苏东海先生研究贵州省文博工作，并表示希望在贵州省开发新型的博物馆，苏先生当即表示支持并推荐了国际上颇有名望的生态博物馆学家杰斯特龙先生，建议成立一个课题小组，对贵州省开发生态博物馆的可能性和可行性进行科学考察和论证。经贵州省文化厅和有关部门批准，省文化厅决定在1995年5月组织"关于在贵州省建立生态博物馆可行性论证"这一科研课题。根据贵州省文化厅的要求，苏东海先生代表中国博物馆学会正式邀请杰斯特龙先生参与本课题的研究。挪威政府和NORAD及专家本人均对本课题表示出浓厚的兴趣，挪威政府还将本课题列入《中挪1995—1997文化交流项目》中，NORAD（文化交流项目的执行机构）为挪威专家来华提供了国际旅费及必要的财政支持。

1995年3月，课题组经有关方面协商后正式成立。贵州省文化厅主管副厅长李嘉琪先生任课题组顾问，苏东海先生和杰斯特龙先生任课题负责人，胡朝相先生和中国博物馆学会的安来顺先生分别任组织工作和学术考察的协调人，安来顺兼任翻译。

1995年4月19日至28日，课题小组考察了贵阳市花溪区镇山村、六盘水市六枝特区梭嘎乡、黔东南自治州的榕江县、从江县、黎平县和锦屏县的近十个布依、苗、侗和汉等民族村寨。课题组经过全面的论证和激烈的讨论，将国际生态博物馆的基本理论和贵州省，特别是梭嘎社区的具体情况相结合，建议在梭嘎乡及其所属的隆嘎村建立中国第一座生态博物馆，并就该生态博物馆的建设提出了初步设想。

本报告将从生态博物馆的基本原则，梭嘎生态博物馆的特殊意义和可能性、设施建设和原状保护、组织结构、财政安排和贵州省建立生态博物馆群的展望六个方面分述如下。

一、关于生态博物馆

生态博物馆概念于1971年诞生于法国。此后，这一概念在欧洲、拉丁美洲和北美洲等许多国家和地区已成为一个重要的博物馆概念产生着重大的影响。

传统的博物馆是将文化遗产搬迁到一个特定的博物馆建筑中，与此同时发生的是，这些文化遗产远离了它们的所有者，远离了它们所处的环境。而生态博物馆是建立在这样一个基本观点之上的，即文化遗产应原状地保护和保存在其所属社区及环境之中。从这种意义上讲，社区的区域等同于博物馆的建筑面积。

　　在生态博物馆中，文化遗产、自然景观、建筑、可移动实物、传统风俗等等一系列文化因素均具有其特定的价值和意义。同时，生态博物馆也是一种为了将来而保护某种文化整体的手段。

　　传统的博物馆被清晰地界定为拥有一定的藏品和特定的博物馆建筑，而生态博物馆则应被看作为保存和理解某一特定群体的全部文化内涵（即包括物质的，也包括非物质的文化因素）长效工作方法。

　　这种日益加深的理解，将大大强化"文化特性"这一概念。生态博物馆是以本社区内群体的亲自参与和亲自管理为基础的，是在博物馆学家或科学家的指导下，在当地政府的财政支持下得以实现的。

　　生态博物馆概念中，包括下列关键词：社区区域、遗产、社区人民、参与、生态学和文化特性。

　　生态博物馆作为一种工作模式，在社会文化遗产和文化价值方面，将增强人们的文化特性意识，使某些具有重大价值的文化得以抢救，所以，生态博物馆明显地具有某种社会功能，是联系过去、现在和未来的一条纽带。

　　生态博物馆25年来的发展经验，已经为我们提供了许多关于怎样与本地实际情况相结合开发生态博物馆的实例。从理论上讲，在某一特定区域中的一切自然和文化遗产都被看作是生态博物馆的一部分，任何事物都可能是本社区人民过去的历史和当今文化的记录。在实践中，生态博物馆具有相当的可操作性。在操作中，生态博物馆包括两个最重要的部分：关于本社区情况的"资料信息中心"和"对本社区文化遗产尽可能原状的保护"。

"资料信息中心"兼有下列几方面的功能：

——作为一个信息库，记录和储存着本社区特定文化的信息。如，录音记录下的口述历史、文字资料、具有特殊意义的实物、文化普查的清单和其他属于本社区的遗产。这个信息库不仅为本地的居民保护和学习自己的文化提供了广博的知识资源，而且为外来的参观者和研究者提供了有关文化的必要信息。

——作为一个参观中心。它利用一个小型的展览向观众介绍即将参观的特定文化的基本情况，并告诉人们作为一名观众（或客人）的行为要求，以及他们将要看到和经历什么。这些工作可以通过视听媒介来完成。

——作为博物馆工作人员的工作场所，为专职工作人员或志愿工作者提供必要的工作设施。

——作为一个社会服务场所，提供餐饮、会议室等社会服务。

生态博物馆结构中另一个重要组成部分是"对本社区文化遗产尽可能原状的保护"。对这些原状保护的文化遗产必须加以专门的解释和说明，并向观众开放。每一个保护点均代表着一方面或几方面的内容，但在同时，一种整体的保护观念同样是很重要的。

至今，世界上已有300多座生态博物馆，西欧和南欧约70座（集中于法国、西班牙和葡萄牙），北欧约50座（集中于挪威、瑞典和丹麦），拉丁美洲约90座（集中于巴西和墨西哥），北美洲约20座（集中于美国和加拿大）。此外，其他许多国家和地区也有生态博物馆存在。在各国，由于文化环境及人力、财力的不同，生态博物馆的建设方式也有所不同。一些生态博物馆的建立，是出于满足当地居民保护自身文化的强烈要求的考虑，其他一些则主要是为了满足参观者的要求。

在所有的生态博物馆中，文化遗产的保护和博物馆工作是融为一体的。同时，生态博物馆特别强调当地人们对博物馆工作的最直接的参与，关注其社会功能的发挥。

综上所述，可以看出生态博物馆与其他类型博物馆的差异。但是，生态博物馆决不排斥其他类型博物馆的存在，反之，使其他类型的博物馆更好地实现它们的任务。大型的、国家级的、省级的博物馆将会发现，它们与处于基层的、小型的生态博物馆之间的合作是非常有益的。

二、在梭嘎社区建立生态博物馆的特殊意义和可行性

梭嘎社区居住着一个稀有的、具有独特文化的苗族的分支。这一分支有4000多人，分布在附近12个村寨中。他们常年居住在高山之中，与外界很少联系。在他们之中存在着和延续着一种古老的、以长牛角头饰为象征的独特苗族文化。目前，仍相当完整地保存和延续着他们的这种文化传统。这种文化非常古朴：有十分平等的原始民主；有十分丰富的婚嫁、丧葬和祭祀的礼仪；有别具风格的音乐舞蹈和十分精美的刺绣艺术。他们过着男耕女织的自然经济生活。课题组对其中的隆嘎村寨进行了初步的考察，基本情况如下。

1. 自然环境

整个村寨隐蔽在高山上，距公路有4公里之遥，从外面完全看不到村寨。村寨的后面是一片原始森林。对面山上，建有石头营盘。很显然，他们是出于战争的考虑而选定了这个易守难攻的寨址。

其他11个村寨也同样建在高山隐蔽处。这个群体很可能是被战争驱赶或其他迫害逃避到深山中并定居下来的。如今，隆嘎村寨的自然环境仍然保持着几百年前的面貌，只有一条1994年才开通的公路通到山上，成为封闭的村寨与外界的联系的唯一通道。

2. 历史

据年已70高龄的寨老熊振清先生回忆，其祖父说，这个寨子已有二百多年的历史。二百多年前，其先辈由外地被驱赶到此定居，最初只有5户人家，

现已传到第十代。目前，全寨共97户，490人。隆嘎寨还有一些老人，通过他们的口述历史，参考当地的方志，我们大体可以理清此村寨200多年历史的脉络。

3. 经济

隆嘎村寨仍然处于自然经济状态。由于山高水资源匮乏，寨民们开垦旱地种粮，且产量很低。每年中有近三个月要到山下背水，以解决饮水、用水问题。人们的生活非常艰苦。寨中养有猪、牛、旱鸭等家畜家禽。由于牛是农业生产的主要畜力，所以倍受寨民的崇敬，牛角也就是成崇拜物戴在头上。衣服为各家自制，从种植到织布，到染色，到刺绣均在家庭内完成。所以，隆嘎村寨基本上处于男耕女织的自然经济状态。

4. 文化

——音乐、舞蹈有独特的风格。长筒三眼箫吹奏的音乐，低沉徘徊，如同诉说着战争给他们带来的苦难。竹笙、竹叶吹奏的欢快调子，仍显不够高亢，不像其他苗族那样短促、明快。

——礼仪比较丰富。男方向女方求婚的仪式要进行一二天。丧葬仪式隆重，遇有死人，12个寨子都来送礼致哀，寨老在竹竿上刻画符号，记载礼品数量，以便日后还礼。

——蜡染和刺绣。蜡染以天然植物为染料，质量甚高，每家都有染缸。刺绣是女孩子从小就开始学习的课程，她们的聪明才智都灌注在其刺绣作品上。这些刺绣精品争奇斗艳，是隆嘎村寨的文化瑰宝。

——教育。目前，寨子里有一座简陋的学校，设有苗语、汉语两种课程。据称，寨子中最高文化程度已达初中。多数女孩仍不上学，以刺绣和家务劳动为主。古老的刻竹记事的文字，只有寨老和少数人才能识别。

——建筑。全寨仍然是草顶泥墙房屋还没有现代建筑出现。每户三间草房，在左手第一间设一常年不熄的火炉，做饭、取暖、煮蜡都靠这个火炉。它象征着这户人家的生活红火。因此，全家人都保护这个火炉，使其常年不熄。

5. 宗教

苗族信奉多神教。隆嘎村寨信奉山神，所以每年祭山。鬼司是寨子的宗教领袖，也是精神领袖。他给寨民们算命、治病、看风水，还主持祭山、驱鬼，是全寨的精神支柱，享有很高的威望。

6. 管理

隆嘎村寨由三个领袖管理，一是寨主，二是寨老，三是鬼司。寨主是行

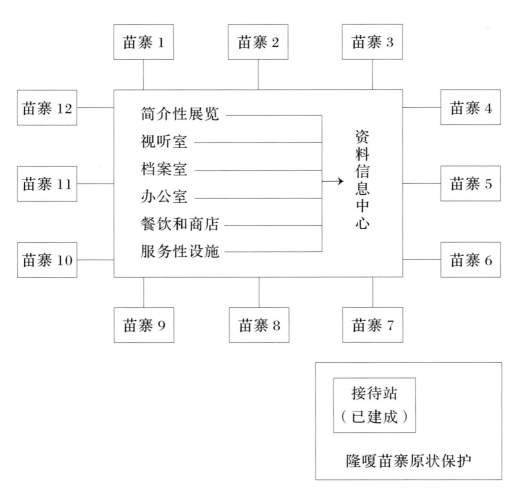

梭嘎社区生态博物馆基本结构图

政管理领袖，寨老是道德领袖，鬼司是精神领袖。这三位领袖都不是选举产生的，而是在长期生活中自然形成的，其权威地位的产生不需要任何形式。这种管理方式是非常原始的，但又是非常公平的，既不需要竞选，也不需要任命。当地政府在隆嘎村寨也任命一名村长，以便与政府保持联系，而这位村长也恰恰就是寨主，自然会得到寨民的认可，不过人们不把他称为村长，仍认为他是寨主。

从以上情况粗略分析，我们可以看出，隆嘎村寨的自然环境、社会结构、经济状况和精神生活仍然保存在一种比较完整的文化生态中。这是一个难得的、活生生的文化整体。尤其可贵的是，这支崇拜牛角的苗族现全世界只有这个社区的4000多人，因此，这个文化体已经成为全世界文化遗产的一部分，具有很高的保存价值，建立一个生态博物馆把这个宝贵的民族文化加以保护并使其延续下去，必定会受到民族学家、人类学家、社会学家、文化学家、民俗学家等科学工作者的普遍欢迎，同时也必将为推动梭嘎社区的社会、经济发展、为苗族，为贵州，为中国乃至全人类文化遗产的保护做出贡献。

三、设施建设和隆嘎村寨的加固和修复

梭嘎社区生态博物馆将由以下有机结合的两部分组成：建设于梭嘎乡的苗族资料信息中心和对隆嘎村寨的原状保护。

1. 苗族资料信息中心，该中心将建于梭嘎乡，其建筑将包括下列内容：

——苗族档案室（20平方米）

——工作人员办公室（48平方米）

——简介性展览和视听室（90平方米）

——餐馆和商店（40平方米）

——盥洗和其他服务性空间（20平方米）

总建筑面积：218平方米。

资料中心的建筑材料应符合防火要求，建筑外观应与隆嘎苗寨的建筑风格相一致。应为今后的可能性扩建留出适当的空间。隆嘎苗寨的工匠应参与策划和建设工作。

中心的建设应在两年内完成。

2. 隆嘎苗寨的原状保护

关于隆嘎苗寨加固和维修，一个重要的出发点是：绝大部分村寨房屋应由其所有者继续使用，并且不改变其建筑功能。加固和维修必须严格遵循一定的原则。

应尽可能多地保存隆嘎村寨的文化、历史见证物，即保存全村的建筑价值是非常重要的。村内许多建筑已年久失修，所以，在根据原有结构、使用原有技术进行维修的前提下，应注意建筑出现大的改动的可能性。

在村内100多处现存建筑中，至少4或5处应保持现有状态，做出科学的记录。博物馆应对这些建筑作必要的说明和讲解。而对其他90余处建筑，应要求所有者至少按原状保存建筑中有火炉的一间。而其他房间的内部改善是可以接受的。

村寨内的工匠具有高超的技艺并熟悉他们传统技术。他们每年中可有半年从事维修工作。在项目的开始阶段，这些工匠必须加以必要的培训，以使他们了解文物保护的基本原则。博物馆应提供所需的具体的传统建筑材料。

在加固和维修工作中，还应注意保存那些次要建筑，如牛棚、储藏室等，这些建筑构成了隆嘎苗寨文化整体的一部分。

同时，对隆嘎村寨进行进一步的文化普查是必要的，普查将为从文化遗产保护的角度优先解决哪些问题提供足够的信息。

"梭嘎社区生态博物馆"的基本结构见附图。

梭嘎社区生态博物馆基本结构图

课题组之所以建议将资料信息中心建在梭嘎乡而不建在隆嘎村，是出于下列三点的考虑：如果建在隆嘎，将破坏全寨的整体文化风貌，建在梭嘎将为今后可能的扩建留出适当的余地和将为整个梭嘎社区增添一项文化设施和旅游景点。

四、组织结构

梭嘎社区生态博物馆的组织结构将遵循生态博物馆的一般原则，强化苗族的文化特性，尊重苗族的自治传统，并加以必要的法律、方针政策的引导。

梭嘎社区生态博物馆的组织结构安排可分两个阶段：建设阶段和开放阶段。

1. 建设阶段

建设阶段应包括三个组织：

1）建馆领导小组。

主要负责法律和方针政策方面的领导，主持建设资金的筹措，并对设施建设的质量实施监督和检查。领导小组由省、市、区级文化文物主管部门的代表组成。

2）科学咨询小组。

主要负责博物馆学科方面的学术咨询和指导，协助在国内外的宣传推广，推动出版活动，对建设项目的学术质量做出评估。本科学咨询小组由中国博物馆学会和挪威的专家组成。

3）策划建设小组。

主要负责资料信息中心建设的具体策划和实施，主持隆嘎村寨建筑加固和维修，组织对苗族资料的科学调查、整理和研究工作。策划建设小组由市和区级文化文物主管部门的代表、12个苗寨的公认代表和具有相应资格的建筑技术人员、管理人员和财会人员组成。

2. 开放阶段

随着项目建设的结束，生态博物馆组织结构中心和管理权将逐渐向梭嘎社区转移。在本阶段，应建立一个管理委员会并保留经过调整的科学咨询小组。

1）管理委员会。

负责资料信息中心建设的日常运作和管理，协助隆嘎村寨的原状保护和寨内有关演示活动的管理。管理委员会由区级文化文物主管部门的代表、12个苗寨的公认代表和具有相应资格的管理人员和财会人员组成。在管理委员会中，当地苗族代表应占多数。

2）科学咨询小组。

主要负责博物馆科学方面的学术咨询和指导，协助在国内外的宣传和推广，推动出版活动。本科学咨询小组由中国博物馆学会、贵州省和挪威的专家组成。在开放一段时间后，科学咨询工作主要由贵州省博物馆专家承担。

五、财政安排

1. 开支项目：

——苗族资料信息中心的建筑（包括，中心的建筑、视听设备的购置、简介性展览的设计和制作、档案室的建设、办公设备的购置和工作人员的工资）；

——隆嘎村寨的原状保护（包括建筑的外部加固和内部改善、寨内演示活动及其报酬）；

——对苗族资料的收集，整理、研究和出版；

——本生态博物馆宣传推广计划的开发。

2. 资金的来源与筹措：

——省、市、区文化部门的专项拨款；

——通过科学顾问和行政渠道寻求国家文物主管部门的拨款；

——敦促中国博物馆学会与挪威政府开发两国间新的专项合作项目，以寻求来自国外的可能性资助；

——服务性设施的可能性补偿。

开发梭嘎社区生态博物馆的宗旨在于保护苗族的文化特性和推动本社区的社

会经济的发展，所以，本生态博物馆的任何可能性经济收益均应服务于上述两项宗旨。

3. 建设资金总额：90 万元人民币。（另附明细项目）

六、贵州省建设生态博物馆群的展望

课题小组除对梭嘎社区建立生态博物馆的可行性进行了科学考察论证外，还考察了许多各具民族特色的民族村寨，其中发现，在贵阳市花溪区镇山村、黎平县肇兴堂安村、锦屏县隆里古城，均具有开发生态博物馆的巨大潜能。这些地方的人民具有强烈的民族文化自豪感，希望外界了解他们独特的文化，各级政府亦有开发这些民族文化资源的强烈愿望。同时，上述三座村寨（古城）的民族文化资源与隆嘎苗寨相比，都已不同程度地加以开发，在向生态博物馆的发展过程中，均不需要进行大量的硬件投入。鉴于此，课题小组认为，一个分别代表着苗、侗、布依和汉四个民族的生态博物馆群在贵州省的形成有着令人乐观的前景，应在对梭嘎社区生态博物馆的建设经验基础上，对其他三处村寨（古城）建立生态博物馆的可行性做出规划和研究。

原文选自《博物馆的沉思——苏东海论文选》，文物出版社，1998 年

中国第一座生态博物馆面临的课题

题记

1998年2月8日应《中国环境报》之约写了《生态博物馆的思想来源及其社会实践》一文，其中谈到了中国第一座生态博物馆面临的课题。这是《中国博物馆通讯》1998年第3期上的论点摘编。

生态博物馆的思想和实践正在为国际博物馆界的改革探索新的途径。1995年在贵州六枝特区梭嘎乡的深山上创建的梭嘎苗族生态博物馆，是中国乃至亚洲出现的第一座生态博物馆，具有探索性的意义。最近，苏东海先生在《生态博物馆的思想来源及其社会实践》一文中，提出了创建有中国特色的生态博物馆，面临着的急需探索的课题：

第一，如何根据国际公认的生态博物馆运动的思想原则，结合中国实际创造出具有中国特色的生态博物馆模式；

第二，如何把生态博物馆的社区化自主管理与政府的行政管理更好地统一起来；

第三，村寨开放后，如何解决现代生活与固有生活方式的矛盾；

第四，如何保持传统文化精华的传承和动态的向前发展的问题。

他说，这些都是摆在我们和寨民面前需要共同探索的问题。

原文选自《博物馆的沉思（苏东海论文选；卷二）》，文物出版社，2006 年

生态博物馆在中国的本土化

题记

　　要在中国移植生态博物馆思想必须本土化。这在一开始我就是明确的，而且一直致力于本土化。但在实践上怎么做，梭嘎就是第一个试验区，初步解决了一些做法。本文刊载于 1999 年 3 月 28 日《中国文物报》，《贵州文博工作》予以转载。

　　1999 年 3 月 16 日中国博物馆学会与挪威开发合作署就在贵州进一步创建生态博物馆群的项目签署了合作意向书。在签字仪式上中国国家文物局局长张文彬致辞说，在贵州创建的梭嘎苗族文化生态博物馆是中挪文化合作成功的开端，在此基础上在贵州将继续建立镇山布依族生态博物馆、肇兴堂安村侗族生态博物馆和锦屏隆里古镇（汉族）生态博物馆，由此在贵州建成一组生态博物馆群，使中国博物馆更呈现多元化的局面。挪威环境大臣古露·弗耶兰格在致辞中称赞梭嘎生态博物馆的建立是中挪在保护文化遗产合作中的良好范例。那么，中挪的合作，梭嘎生态博物馆的成功，告诉了我们什么呢？我在这里谈一谈认识和做法。

　　生态博物馆的思想是在欧洲兴起的。但是它移植到别的地方时，必须和别的地方的土壤结合起来，否则它就不会在当地生根，因而也就不可能在当地生存发展下去。所以我认为在中国发展的生态博物馆必须实现在中国的本土化。我们实地考察了生态博物馆的挪威模式，但是在中国创建的第一座生态博物馆并不是挪威模式的翻版，而是中国式的生态博物馆。生态博物馆的思想播种在中国的土地上，虽然种子是欧洲的，但开出的花是中国的。

中国第一座生态博物馆是在一个仍然过着封闭的自然经济生活的少数民族社区中建立起来的。像这样经济落后，传统文化却很多彩的少数民族社区，在中国的边远地区仍然很多。在这样的地区建立民族生态博物馆，是有广阔前途的。关键是把生态博物馆的思想在中国实现本土化，与中国的实际、与当地的政治、经济、文化实际结合起来。梭嘎生态博物馆创建的过程，也就是探索本土化的过程，在一些主要方面得到了初步的解决。

一、**管理**。生态博物馆的自主性与中国行政管理方式有机地结合起来了。这个村寨社区的传统管理方式是由寨老（精神领袖、最高权力者）、鬼师（文化领袖）和寨主（行政管理的操作者）三驾马车组成的。这是几百年来他们的传统管理方式。这三位领袖不是选举产生的，他们还不懂得选举，他们的领袖地位是自然形成的。寨老当然是年龄最长的，但年龄最长的几个人中只有一位受到普遍尊重，自然形成了他的最高权威地位。去年寨老去世了，经过了快一年的时间才有一位老人逐渐受到了普遍的尊重，有事都去问他怎么办，从而形成了新的权威，自然地成为新的寨老。鬼师是由他的知识地位形成的，他会驱鬼、治病、祭神、看风水等，给人一种精神力量。寨主是人们普遍认可的办事最好的人。这种不经过选举、自然形成的普遍接受的领袖是比选举更古老的一种民主。现在他们仍然沿袭着这种原始的民主管理。按照生态博物馆提倡的自主性原则，这个苗寨的传统管理方式是很有价值的，应该充分的尊重。这一点我们也是同意的，但当地乡政府如何对这个村寨实施行政管理也是一个需要合理解决的问题。现在乡政府在这个村寨里设置了村长，作为政府的行政代表，实现政府的管辖。这是一种双重管理，实际上政府任命的村长就是这个寨子的寨主，而这个寨子的真正的领导者仍是至高无上的寨老。生态博物馆就是在这个双层管理体制上建立的，由政府代表、传统领袖、村民代表和博物馆科学工作者组成的管委会来管理这个生态博物馆。在业务上和行政上这个生态博物馆还纳入了中国公共博物馆管理系统之中，从而得到政府的经费支持和业务指导。这就是目前根据中国的特点解决的关于生态博物馆社区自主性和政府管理相结合的途径。

二、**文化**。这个村寨保持着一种很古老、很独特的文化，它属于前农业文明的范畴，甚至没有文字而靠刻竹记事。而我国正在实现工业化，工业文明必然要冲击这种农业文明。我们不能像那些工业社会或后工业社会办的生态博物馆那样追求回归自然。我们的生态博物馆面对着的是走向工业化。因此对古老的文化传统既要保护它又要发展它。比如这里的刺绣非常精美，而且每个妇女的作品都带有自己的个性，各不相同。因为女孩从小就学习刺绣，一直到出嫁，她都在从事刺绣创作，他们的聪明才智和艺术才华都融进她们自己创作的织物上，她们的嫁妆都是自己创作的精品。但是她们不识字，也不上学，整天刺绣。因此，在她们应该不应该上学的问题上，我们和挪威的学者有了争议。挪威学者认为她们最好不上学，因为学校的那些知识会污染了她们的艺术。我们则认为只有扩大了她们的眼界，她们的艺术才能得到进一步的升华。现在这个村寨已经办起了希望小学，女孩子也都上学了。这支苗族的音乐、舞蹈、婚丧礼仪、祭祀活动等等文化都有独特的保护价值，应该继续传承下去。但我们不能阻挡他们向现代化演变，在发展中将要消失的某些东西，都将运用现代手段详细地记录下来，收藏和展示在他们的资料中心里，他们的后人将会看到他们文化延续的轨迹。挪威大使白山先生参观后说，这个生态博物馆找到了传统文化与现代化的平衡点。在传统与现代的矛盾中，我们既保护传统遗产又不阻挡他们向现代化前进。这就是生态博物馆与一般静态的博物馆的一个重要的不同点。

三、**经济**。这个村寨目前仍然处于自然经济状态。衣服从种棉、织布、染色、刺绣都是在家庭内完成的，生产、生活都是属于自然经济。开放以后，市场经济开始冲击他们。他们开始穿胶鞋，在市场上买塑料鞋、针织品等等工业品。生产工具也改善了。进入市场后，经济观念也改变了，有了一些商业行为。在建筑资料中心的过程中，他们已经不是义务劳动而是挣工资了。虽然现在他们已经有了一些商业头脑，但仍很诚实，没有暴利思想。在我国市场化正在上升的阶段，这种自给自足的自然经济，肯定会逐步消失。我们鼓励他们经济的发展，但同时用保留下来的丰富资料，帮助他们认识保持他们原来的生态平衡的价值。

四、**生活**。这个村寨的生活还停留在很原始的状态，连电都没有。但这种状态不会维持多久，我们正帮助他们解决水、电问题。帮助这个村寨脱贫，也许是其他国家生态博物馆少有的任务。一位参观者说："他们很贫穷，但他们不乞讨，这令人尊重。"这种精神力量正是这个很弱小的一支苗族在高山上得以生存下来的生命力之所在吧！

作为博物馆当然要保留物证。在他们现代化过程中准备保留一批原建筑及室内外原状，包括每家日夜不熄的炉火，以便他们自己和参观者缅怀和认识过去。

总之，中国的生态博物馆不追求使这个社区成为固有经济和文化的不变的活化石；中国的生态博物馆应该既是这个社区传统文化的保护神，又是这个社区过去、现在和未来连绵不断的信息源。这就是中国生态博物馆追求的目标。

原文选自《博物馆的沉思（苏东海论文选；卷二）》，文物出版社，2006 年

努力把握生态博物馆的特征

题记

    建立与管理生态博物馆要处理好政府、专家和居民的三边关系。在创建阶段，政府和专家处于主导地位，地方干部是关键。为此 2000 年 3 月，在贵州省原有的实施小组基础上，扩大为贵州生态博物馆群实施小组，吸收县级领导参加。相关县政府也建立了实施小组，乡干部参加。本文是我在 2000 年 3 月 26 日扩大后的贵州生态博物馆群实施小组第一次会议上的讲话纪录稿，载于《贵州文博工作》2000 年第 3 期。

    今天是贵州生态博物馆群项目实施小组第一次会议。我们从北京来和大家见面很高兴。刚才听了六枝特区关于梭嘎箐苗生态博物馆加强管理的汇报，锦屏县关于筹建隆里古城生态博物馆、黎平县关于筹建堂安寨侗族生态博物馆的汇报，花溪区关于镇山布依族生态博物馆拆除违章建筑的汇报，感到很振奋。感谢各位为在贵州建立生态博物馆群所做的努力。

    贵州生态博物馆从 1995 年开始中挪联合开发，至今已经 5 年了。5 年来我们已经取得了丰硕的成果，有了一定的经验。但是生态博物馆毕竟诞生在西方，毕竟是在环境保护潮流中诞生的一种相当前卫的博物馆形态。它比传统博物馆对文化的保护涵盖的面更宽，手段更加先进，更符合可持续发展的思想。其难度比创建与管理一般博物馆、一般文物景点难得多。同时我们还必须把这种先进的文化保护形式使之中国本土化，这就更加艰难了。所以我希望我们的实施小组的会议，不要光开成行政会议，而是开成研讨会，共同学习、共同研究、共同探讨、共同提高，把会议开得科学一点。

在这次会议上，作为研讨，我谈一谈生态博物馆的特殊性。生态博物馆不同于一般博物馆，不同于一般文化设施，不同于一般旅游景点。其特殊性何在？

一、它的特殊的价值

可以从三方面看生态博物馆与众不同的价值。

1.特殊的科研价值。一般博物馆提供的是文物及其组合，一般文化景点提供的是自然的或人文的固有的文化价值，而生态博物馆向社会提供的是一个正在生活着的社区的环境、经济、文化的整体；是一个正在生活着的社会的活标本。这就为人类学、民族学、民俗学、社会学、文化学、经济史学等学科研究提供了活标本。最近我应邀出席了甘肃省肃南裕固族自治县建立裕固族文化保护村的论证会。他们想建立生态博物馆类型的民族村。现在裕固族只剩下一万多人，还说两种裕固语。因此语言学研究机构、民族学研究机构都在帮助他们。现在裕固族已经被培养出两个博士、五个硕士，有的仍在日本东方语言所作研究工作。可见这种以少数民族社区建立起的博物馆其科学研究具有特殊价值。

2.特殊的文化价值。我们确定建立的生态博物馆都具有特殊的文化价值。它的文化是活文化，不像一般博物馆展示的文化是已经冻结在一定的历史点上。生态博物馆展示的是活文化，是在生活中仍然传承着的。像梭嘎的箐苗的音乐，和别的地方不一样。音调特别低沉、哀伤，反映这个民族被驱赶到深山中的苦难和压抑。而榕江摆贝的苗族音乐则非常欢快。每个生态博物馆都保护着承载着自己特殊的文化。文化越特殊，其价值就越高。像裕固族只有一万二千多人，其文化不保护下来，不记录下来，就消失了。

3.有特殊的旅游价值。生态博物馆可以满足不同需要、不同层次的旅游需要。可以适应文化旅游、学术旅游、采风旅游，也可以接待大众旅游。观光性旅游可以是短暂停留，而科研旅游可以较长时间居住，进行科学活动或文化采风，这是一般景点做不到的。

二、它的特殊方法

生态博物馆对文化的保护有它不同于一般文化措施的特殊的方法，也可以从三方面看。

1.对社区进行整体保护。整个社区的自然生态和人文生态进行整体保护。在梭嘎对古树都要进行编号保护，如果环境保护不好就不叫生态博物馆了。隆里古城保护的设想不错，老城住不下另建新城，保持老城建筑的格局和风貌。梭嘎是保持村寨传统外观，重点保护10座旧建筑。

2.文物概念放大。文物在一般博物馆来说，都是具有特殊价值的物品，而在生态博物馆则对社区的一草一木，每件物品，甚至人本身都视为文化的载体。语言、音响包括山村的鸡鸣、犬吠都应录下来。因为它不是一般博物馆，它是保持社区的历史记忆。国外比较通用的做法是建立资料中心，对历史的记忆和资料都放进去。整个社区的建筑不可能都保留不动，人的生活要改善。梭嘎生态博物馆确定对全村上百年的10座木结构房屋，维修加固，原状保存，以保留他们的建筑历史，保留一些景观。

3.主客关系。生态博物馆是一座正在正常生活着的社区，该种地的种地，该织布的织布，该吃饭的吃饭，该睡觉的睡觉。当然为了展示一些文化活动，也可以表演歌舞、婚嫁等活动。总的说来，他们是生活在他们自己的生活之中，而不是为了展出而生活。他们并不是展品，他们是活生生的主人。来的观众也好，游客也好，都是他们的客人。双方是主客关系。主人嘛就要保持主人的自尊，不要把自己降为展品，更不能兜售自己的用品。挪威的一位客人参观梭嘎生态博物馆后说："他们很贫穷，但他们不乞讨这令人尊重"。我们的生态博物馆对外开放后，在经济冲击下，很难保持的就是生活的本色，品格的本色。为此，去年我为梭嘎生态博物馆写了六条措施。我希望能把我这六条印发给大家。

三、它的特殊的管理

目前，我们对生态博物馆的管理体制、管理方式仍在探索中，它具有很大的特殊性。我也谈一谈管理上的三个特殊。

1.体制上的特殊。我国一般的博物馆就是一个文化单位，由政府文化、文物部门管理。而生态博物馆，它是一个社区的整体，涵盖自然、经济、社会整体，它与政府行政领导是重合的。梭嘎生态博物馆作为一个传统的生态社会，由寨老、寨主、鬼司三驾马车领导。而作为我国的一个行政村，又由乡政府领导并任命村长。因此形成传统管理与政府管理的重合。乡政府任命的村长就是他们自己的寨主，一身二任，倒也问题不大。但实际上全村最高的领导人仍是寨老。这就是目前在中国管理上的一个特殊性。

2.隶属上的特殊。目前生态博物馆还处于总体开发阶段，还处于中挪科学家合作的科研实施项目。因此，得到中国博物馆学会、国家文物局、贵州省政府和挪威合作开发署认定的在北京的项目领导小组，对贵州省的实施小组建立了垂直关系；贵州省实施小组对各生态博物馆也建立了垂直的关系。同时，生态博物馆的开发和建设又是在地方政府的支持和帮助下进行的。可以说，在现阶段是条块结合又以垂直关系为主。这是目前的特殊性。

3.涉外的特殊性。这个项目纳入《中挪1995—1997文化交流项目》中，现中挪双方又签订继续合作在贵州扩建生态博物馆的协议。因此这个项目的要求和进度必须严格地按中挪协议制定的时间表进行。这就不容我们拖拉和懈怠，必须按时按质地进行，才能赢得信任而获得不断扩大的继续合作。请同志们特别注意这个项目涉外的特殊性。严格按协议办事，有问题多通通气。请把中挪协议书也印发给大家。

我就谈这些，希望我们每次会议都能先务虚，再务实，这是生态博物馆特殊性所决定的。下午龙省长还要和大家见面，继续探讨我们的工作。祝会议开得好。

原文选自《博物馆的沉思（苏东海论文选；卷二）》，文物出版社，2006年

国际生态博物馆运动述略及中国的实践

  国际生态博物馆运动发端于 1972 年。这个运动是国际博物馆界的一种新思维和改革传统博物馆的强烈愿望相结合而形成的一种思潮以及这种思潮的实践运动。30 年来这种思潮有力地影响着国际博物馆界的传统思维，同时它在实践中又不断调整自己，从而得以与主流博物馆并存于多元化之中，相得益彰。

一、法国是生态博物馆运动的发祥地，是生态博物馆思想的故乡

  法国博物馆的思想史是非常丰厚的，就连法国博物馆现代化改革都可以追溯到二战期间的维希政权时期。可见生态博物馆思想和之后的新博物馆学诞生在法国就不足为奇了。

  法国是以农立国，在工业化过程中，乡村文化一直有人重视。19 世纪末，有的博物馆就展出有传统农夫耕作的形象。受法国乡村主义学派，地方主义运动的影响，20 世纪 30 年代法国就开始了博物馆现代化的改革。1931 年卢浮宫的改陈，据学术总监阿曼德·达约特（Armand·Dayot）说，这是与"科学的"博物馆理论相一致的。30 年代初，乔治·亨利·理维埃（Georges-Henri Riviere）根据户外博物馆的概念创办了法国国家民间艺术和传统博物馆。40 年代初法国农民协会主张办一个"活的博物馆"，1943 年建在昂贝尔的博物馆就是在一间经过修复的古旧的磨坊里建立的硬纸板手工作坊，并演示传统技术

以抢救被遗忘的工艺。战后，在理维埃创办的国家民间艺术和传统博物馆中展出的"法国后工业时期文化概览"展览，就是根据"将展品置于与之相关的环境中"的思想，使展品活起来，如炭在壁炉中燃烧，鸟儿夹在捕获器内等。这种手段被称为含有"生态学的"方法。博物馆改革的这些苗头和生态理念的萌芽，还可以举出一些，这说明了生态博物馆的出现不是偶然的，不是谁头脑中的产物，而是历史为它的出现准备着条件。

光有历史条件还不够，战后60、70年代出现的现代环境意识和现代生态意识的觉醒，为生态博物馆的诞生提供了时代条件。在后工业社会里，环境科学的崛起和生态观念的传播，震撼人心，成为全球关注的热门问题。在这样的背景下，1971年国际博协第9届大会在法国举行，请法国环境部长出席发表演讲，国际博协领导人里维埃和戴瓦兰（Hugues de Varine）向环境部长介绍他们关于将遗产与环境联系在一起的改革想法时，由于共同的兴趣，就说出了"生态博物馆"这个词。虽然这个词是偶然产生的，并且概念是宽泛而不确定的，但即使不称生态博物馆也会出现这种新思维的其他称法。这种有别于博物馆传统文化的新思维，对于博物馆改革者来说极具吸引力，迅即形成了实践的动力。第一代生态博物馆是在里维埃的指引下，以人与环境的紧密结合为特征创建的法国地方公园模式，这个模式从1967年开始至1975年形成了法国地方公园系统。在生态博物馆的另一位倡导者戴瓦兰引导下于1971年至1974年在法国索勒特索煤矿区建立起来的。整个社区都怀着极大的热情投入这个项目的开发，这个模式创造了工业社区生态博物馆的最早的经验。1974至1979年在里维埃的指导下在加拿大法语区魁北克开辟了生态博物馆新的试验区。在加拿大，生态博物馆扩大到小型社会的整体，被称为"社会生态博物馆"。与此同时，加拿大也是法国新博物馆学的试验区。新博物馆学者在这里发表了《魁北克宣言》阐述了新博物馆学的基本思想从理论上支撑了生态博物馆的实践。之后，欧洲的生态博物馆、美洲的生态博物馆、非洲、澳洲的生态博物馆相继出现。至今，法国仍然是生态博物馆的思想和理论的大本营。

二、生态博物馆定义的演变，一个发展中的新思维

生态博物馆由于它的前缀词"生态"太宽泛，加之生态博物馆是对传统博物馆的反叛的冲击中诞生的，因此在思想上、理论上是不成熟的。开始时他们是反对权威的，而在实践中不得不转而承认权威。而在实践中生态博物馆是不断地根据实际校正自己的。我们从生态博物馆思想的探索者里维埃对生态博物馆定义的三次变化中可以看出思想发展的某种轨迹。1973年里维埃制定的生态博物馆定义是强调生态学和环境的存在。1978年的定义则强调了生态博物馆的实验性质，在描述自然公园的进化意义的同时，阐述了地方社区的作用。随着各地实践的发展和新博物馆学理论发展的影响，里维埃不得不第3次也是他生前最后一次来描述生态博物馆的特征。这个写于1980年发表于他逝世后的1985年的最后定义，可以说是他对10年来生态博物馆运动的总的概括。他力图把各种实践成果和思想成果都糅进这个定义中去，因此已经不像一个简洁明确的定义而被称为一篇描述生态博物馆特征的散文。这个定义他冠以"一个进化的定义"的题目，则在于强调生态博物馆及其特征处于不断进化之中。这个已被普遍接受的定义全文如下：

生态博物馆是由公共权力机构和当地居民共同设想，共同修建，共同经营管理的一种工具。公共机构的参与是通过有关专家、设施及设施机构所提供的资源来实现的；当地人民的参与则靠的是他们的志向、知识和个人的途径。

生态博物馆是一面镜子，在这面镜子里，当地居民为发现自己的形象观察自己，寻找对该博物馆所处的土地及其先民的解释，这些不是以时间就是以代与代之间的持续为限的。生态博物馆是一面当地人用来向参观者展示以便能更好地被人了解，使其行业、风俗习惯和特性能够被人尊重的镜子。

生态博物馆是人类和自然的一种表现。它将人类置于其周围的自然环境之中，它用野生、原始来描绘自然，但又被传统的和工业化的社会按照其自身的设想加以改造。

生态博物馆是时间的一种表现，在其覆盖的时间范围内，各种各样的解释可以追回到人类出现以前，可以追溯史前及有人类生活最终至出现现代人的历史进程。它还可以产生对自然界的一连串的追忆，而对于得出的结论，对在这些结论上进行报告和进行批判地分析的作用却没有丝毫的矫饰。

生态博物馆是对空间——可以在里边停留或游览的特殊空间的一种解释。

就其为研究本地区居民的过去和现在及其周围环境提供资料，促使本领域专门人才的培训，以及与外界的研究机构进行合作来说，生态博物馆也是一所实验室。

就其有助于保存和发展自然的和人的文化生存而言，它还是一个资源保护中心。

就其在人类的研究和保护工作中涉及了人和鼓励人们更清醒地掌握自己未来而言，生态博物馆又是一所学校。

这个实验室、资源保护中心和学校是以共同的原则为基础的。以其名字而存在的文化将在最广泛的意义上为人们所了解，它们关系到培养人类的尊严和艺术表现形式，不管这些文化来源于哪一个人的阶层。生态博物馆的差异极大，故其中的各个组成部分从这种标本到另一种标本也极不相同。这种组合不是自我封闭的；它又接受又给予。

里维埃在这个冗长的描述中提出的"镜子和工具的观点，实验室、保护中心、学校三功能的观点，生态博物馆的多元化特征、时空特征、遗产特征和居民参与特征"为人们所接受，并公认为生态博物馆的主要原则。但研究者并不满意这些描述。

有的研究者提出更简洁的界定。例如勒内·里瓦德1988年提出生态博物馆与传统博物馆简洁的对比公式。

传统博物馆：建筑＋收藏＋专家＋观众
生态博物馆：地域＋传统＋记忆＋居民

国际博协自然历史委员会认为里维埃的定义背离了它原始的"生态"意义，因此推荐了这个委员会自己制定的定义："生态博物馆是这样一个机构，通过科学的、教育的或者一般来说的文化的方式，来管理、研究和开发一个特定社区的包括整个的自然环境和文化环境的整个传统。因而这种生态博物馆是公众参与社区规划和发展的一个工具。因而生态博物馆在管理上使用所有手段和方法来准许公众的一种自由的和负责的态度来理解、批评和征服它面对的问题。本质上，生态博物馆为了达到其意愿的变化。使用工艺品、真实的日常生活和具体的环境作为它的表现手段。"

法国政府一向重视文化管理，对于诞生在法国文化中的生态博物馆更是倍加关注。1981年3月4日法国政府颁布了生态博物馆的官方定义："生态博物馆是一个文化机构，这个机构以一种永久的方式，在一块特定的土地上，伴随着人们的参与，保证研究、保护和陈列的功能，强调自然和文化遗产的整体，以展现其有代表性的某个领域及继承下来的生活方式。"这个官方定义是根据弗朗索瓦·密特朗（Francois mitterrand）政府官员马克·凯瑞恩（Max Querien）的一份文化改革报告的精神制定的，强调遗产应该原地保护"而非将遗产博物馆化"。1986年11月法国各生态博物馆馆长在"向前、回忆"的主题下召开了第一次全国性会议，后来产生了法国生态博物馆理事会。1990年法国文化部长杰克·朗对这次会议的评价："新一代博物馆将文物保留在它的环境中，使人能够直接目睹某一特定的文化、居民和自然环境。"新一代生态博物馆馆长的争论和实践，仍在继续，将使生态博物馆更处于多变的发展之中。

三、生态博物馆运动推向世界，各大洲都有了它的试验区

法国地方公园系统作为第一代生态博物馆问世后，法国索勒特索生态博物馆也于1974年宣告建立，法国已经树立起了生态博物馆的实践模式。生态博物馆作为一个富有吸引力和想象力的革新运动，迅速地向世界推开。据挪威生态博物馆学家约翰·杰斯特龙（John Aage Gjestrum）1995年介绍，"世界上已有300多座生态博物馆，西欧和南欧约70座（集中于法国、西班牙和葡萄牙）；北欧约50座（集中于挪威、瑞典和丹麦）；拉丁美洲约90座（集中于巴西和墨西哥）；北美洲约20座（集中于美国和加拿大）"。此外其他许多国家和地区也有生态博物馆存在。另据博物馆学家彼得·戴维斯（Peter Davis）1999年提供的统计数字：目前全球共有生态博物馆163座，分布于26个国家，以法国和加拿大数量最多。但在他列出的清单的说明中说明了并非这136座生态博物馆都是被国际博协承认的，之所以列入清单是因为它们自己认为自己是生态博物馆，因此在名录清单上列入它们是一种鼓励。不管怎么算，事实上生态博物馆的思想已经在全球范围内实践，它的理念正在深刻地影响着整个国际博物馆大家庭。

加拿大是法国生态博物馆向世界推出的第一个试验区。生态博物馆的创始人里维埃亲自参加了加拿大法语区生态博物馆的开发。1974年前后，法国和加拿大魁北克地区的一批青年专业人员建立了联系。这些青年专业人员和加拿大一批博物馆学者，前往法国参观学习。1979年两国互派了一个规模较大的学习团，在对方国家进行为期一个月的短期培训。但是加拿大没有抄袭法国模式。加拿大第一个生态博物馆是在1978年在魁北克开始创建的，当时称为上比沃斯博物馆。在加拿大博物馆学家皮埃尔·梅兰德领导下，起草了从1980年开始的三年规划。1980年成立了由13个村子代表组成的委员会。这个委员

会设置了博物馆学课程。有260人参加了学习、培训。同时建成了上比沃斯解释中心。这个解释中心就是活动的场所。在社区居民统一认知的基础上，并由居民建议，于1983年正式宣布上比沃斯生态博物馆建成。之后，陆续建立起来的一批生态博物馆也是各具特色的。如保护工人住宅区文化的"全社会之家"生态博物馆；为保护自然文化区的"岛上居民之家"生态博物馆；为保护和研究历史遗产的洛格山谷生态博物馆；在生态学教育中心兴建的圣康斯坦特生态博物馆；为大众博物馆学讨论会址成立的文化中心建立的德赛河生态博物馆等等。显然加拿大发展的生态博物馆具有自己的特点。有三条是特别突出的：一是强调公众参与，二是社区往事的共同回忆，三是开设大众博物馆学课程，取得共同的认知。其中第三条建立解释中心以提高居民认知的工作方法闻名于世。

美国的博物馆改革运动早在20世纪就开始了，但是作为生态博物馆还是从邻近国家汲取的经验。美国的生态博物馆建设就近汲取了加拿大的经验，美国史密森学院开发的亚克钦印第安社区生态博物馆，就建立了类似解释中心的组织和建筑，但他们不称解释中心，径直称为生态博物馆。居民说：我们把生态博物馆看成是信息中心。这个信息中心也制定和实施了培训计划，组织了和加拿大的互访学习，在国内还组织了向博物馆学习遗产保护和档案管理。对社区的管理，对社区的考古发掘，对道路修建等大问题，都经过居民讨论，制定政策组织实施。美国建立的生态博物馆也都有美国自己创造的经验。

斯堪的纳维亚半岛上的国家的博物馆的生态理念，出现的比法国还要早。瑞典的斯堪森（Skansen）露天博物馆建于1891年，是世界上最早的露天博物馆，集中了全国各地不同风格的古建筑130多栋，包括农民家庭、城市街道、手工业作坊、庄园和教堂、钟楼等。这个露天博物馆的创建者哈契利乌斯（Artar Hazelias）为保存因工业化而濒临消失的古建筑和生活用具而创建的。法国第一代生态博物馆就是受这个博物馆的思想和做法的影响。挪威的第一座露天博物馆建于挪威奥斯陆的比格岛上，以挪威牙医安德斯·桑德瑞克收藏的挪威乡村建筑群为主体，与奥斯卡二世在比格（Bygby）的民俗学藏品合并组成的诺斯克民俗博物馆。虽然这个民俗学博物馆是1894年建成，但比格岛上的藏品1881年已具有露天博物馆的雏形。从1900年到1940年挪威建立起111座新型的博物馆，主要是反映小的地方社区的"民俗博物馆"。这种乡村和地方特性的小博物馆蓬勃发展，反映了把文化遗产与地方环境结合起来保护的一种生态理念，它比露天博物馆更前进了一步。挪威博物馆学家理查德·伯奇（Rikard Berge）早在1911年就评价挪威这场运动的价值，他说："对于遗产的保护，把它们置于其自身的社区内要比集中于一个博物馆内要好得多；对于一个居民来说，用他们自己的眼睛每日看到它们引以为自豪的遗产，要比一生去一次遥远的博物馆来敬仰他们的纪念物要重要得多；对于学者来说，在其自身的环境中研究这个物体，要比在隔绝状态中研究要好得多。"这一段话能在20世纪初说出来不是偶然的。实际上是露天博物馆所萌发的博物馆与环境关系认识的深化。因此20世纪70年代法国生态博物馆哲学问世时，挪威早已有了接受这种哲学的思想基础。1976年法国生态博物馆倡导人之一的戴瓦兰出席在瑞典召开的国际博协CEDA大会上号召推进生态博物馆运动，斯堪的纳维亚半岛国家的回应是热烈积极的。国际博协瑞典国家委员会主席科吉尔·恩格斯托姆（KjellEngstrom）根据他的实践，对生态博物馆的特征作了如下说明：

1.多学科性。与传统博物馆按一个学科划分博物馆不同。

2.地区性。不是指行政地区，而是由文化传统，自然传统和经济生活的融合体。如一个矿区、河谷、村镇。

3.开阔性。不局限于建筑。

4.协调性。和当地居民协调起来，反映他们开拓记载和介绍自己历史的愿望，不是简单的兴建研究中心。

1984年在埃兰·朱伯特（Alain Joubert）和安德烈·德斯沃里斯（Andre

生态博物馆研究

453

Desvallees）的帮助下，国际博协挪威国家委员会和泰洛马克（Telemark）大学合作召开了"生态学和一致性：博物馆世界的新方法"会议，讨论了6个挪威博物馆可以采取生态博物馆方式的方法，并建立了挪威生态博物馆论坛。杰斯特龙认为，挪威的生态博物馆有自己的历史和特性。他说，挪威的地理位置和定居点的分散，这种特殊情况和强烈的地方自主倾向联系在一起，引发了居民对保护自己的自然资源和文化遗产的重视。在博物馆学家的帮助下建立了许多小型的符合生态概念的博物馆。据杰斯特龙估计，到1999年挪威大约有40个博物馆采用了生态博物馆概念，尽管它们不一定定名为生态博物馆。

生态博物馆的思想在亚洲的日本也受到了欢迎。1991年在Yoshida山上建立了第一座钢铁制造区遗址生态博物馆，之后又出现了一批具有生态理念的社区博物馆，并且于1995年成立了日本生态博物馆协会。中国于1995年—1998年在贵州梭嘎建成了中国第一座生态博物馆。现在贵州正在向建设生态博物馆群发展，云南、内蒙古等省区也出现了筹建生态博物馆的热情和行动。

生态博物馆的思想是博物馆的一种新思维，对于具有改革创新意识的一些博物馆学家很具有吸引力，它启发人们去思考、去体验，因而形成世界性的博物馆新形态的探索运动。目前它的规模还很小，但它是有生命力的，有前途的。

四、中国生态博物馆的实践，思想及模式的中国化

中国正在工业化的进程中，工业化带来的生态失衡和环境污染也在中国重演着，并且已经食其恶果。中国的现代环境意识和现代生态意识的觉醒是在科学家、知识界的疾呼与政府重视开展环境科学研究开始的。特别是可持续发展思想成为我国国策后，才日益为人们所重视的。中国对生态博物馆的进一步关注也是从对环境科学的关注开始的。自1986年《中国博物馆》杂志发表南开大学研究生胡妍妍的《博物馆与环境科学》论文，北京自然博物馆研究员甄朔

南的《环境主义与博物馆》的论文后，连续发表了一大批生态学与博物馆的论文，这些论文逐渐接近了生态博物馆。也是从1986年开始，《中国博物馆》杂志比较集中地介绍了一批国际生态博物馆运动有关的论文和资料。其中有里维埃和戴瓦兰的重要论文的中译稿，弗朗索瓦·于贝尔的论文的中译稿，和刊登在教科文组织主办的《博物馆》杂志上的其他有关论文的中译稿。1972年在智利举行的"国际博协圆桌会议"，1984年魁北克会议及其宣言，1987年在西班牙举行的新博物馆学会议及决议等，中国刊物上也有一些报道。在中国刊物上还可以读到法国、加拿大、美国等国的生态博物馆材料。可以说中国生态博物馆的实践是有一定的舆论和认识基础的。

1986年贵州省召开《贵州"七五"期间发展博物馆事业规划》论证会，我在会上呼吁在贵州建立生态博物馆。1995年贵州省委托我和杰斯特龙（John Gjestrum）（曾在挪威当过15年传统博物馆馆长）贵州文物处副处长胡朝相、中国博物馆学会安来顺组成课题组进行考察调研。经过在贵州的考察和调研，制定了《在贵州梭嘎乡建立中国第一座生态博物馆的可行性报告》。国家文物局和贵州省政府批准了实施这一项目。该项目还被列入《中挪1995年至1997年文化交流项目》中，我被任分为这个中挪合作项目领导小组组长。1998年梭嘎生态博物馆建成。梭嘎生态博物馆是中国创建的实现生态理念的第一个试验区，是先进的生态博物馆理念与中国的实际、贵州的实际，特别是梭嘎乡的实际相结合的产物。这里汲取了外国的经验，特别是挪威的经验，但更多的是符合中国自己的作法。在村寨中建立资料信息中心是国外成功的做法，有了这个信息中心全村寨就有了过去、现在和未来的一切信息的总汇。它不仅是信息的中心，而且是凝聚全村寨自我关怀的中心。加拿大第一座生态博物馆称之为"解释中心"，美国亚克钦生态博物馆称这个建筑为博物馆。我们采用了挪威图顿生态博物馆的称法，称之为资料信息中心。梭嘎资料信息中心拥有现代信息贮存手段，已经录下了大量信息资料。收藏了有价值的纪念物保持着物质的记忆载体，如寨老用过的刻竹记事的竹竿等。还布置了反映历史和生活的展览，它已经有了研究、收藏和展示的功能，实际上已经是一个袖珍的博物馆。并且在村民心目中是一个凝聚全寨的精神中心。与建立现代信息中心同等重要的事情是经济上的脱贫。这个村寨是属于贵州最贫困的村寨之列，仍然处于男耕女织的自然经济状态下。由于缺水，每年有3个月要到山下背水，生活极为困苦。在这样贫困的民族村寨建现代生态博物馆，尽管他们拥有独特的、有价值的历史文化遗产，但对他们来说，最重要的是果腹与蔽体，因此帮助他们摆脱贫困是第一位的目标，其中引水上山是减少疾病、改进生活、生产的关键步骤。引水、引电上山是这个生态博物馆创建中投入最大的部分。但这些工程，包括修建资料信息中心的工程都是村民出工用自己的劳动建设自己的家园。出工所得的报酬又改善了他们的生活和生产。在改善村寨环境卫生，修缮房屋中，他们积极性很高，投入了许多义务劳动。国家文物局资助建立的希望小学也是村民出工盖的。村中最古老的10座民居定为保护重点，当抢救维修时，村民都流了泪。他们有了这样的物质基础，就能够更好地顾及到自己的文化。当一批又一批参观者来访时，他们的自豪感油然而生。他们并不收门票，参观者乐于帮助他们时，他们有捐款箱。一位外国参观者说："他们贫穷，但不乞讨。"这就是中国一个贫穷村寨中建立的生态博物馆的精神面貌。

关于中国梭嘎的模式和经验，我在2000年8月5日中挪国际培训班第一阶段总结，"在这个贫穷的民族村寨中我们创建生态博物馆的基本做法是发展经济、改善生活、保护遗产、发扬文化。具体目标是保护环境的历史风貌和文化特色；保持村寨的历史记忆和文化传承；树立村寨居民的主人意识；提高居民的文化水平，迎接自己的明天。"也许这就是梭嘎的模式和做法。

在创建梭嘎模式中，挪威专家的汗水洒在这块土地上，他们的智慧和经验无私地贡献给我们，这个生态博物馆也是两国友谊的结晶。

2001年4月3日，贵州镇山布依族生态博物馆资料信息中心破土动工。镇山地处贵阳市郊，是都市里的村庄。镇山将走出与梭嘎不同的路，创造出镇山自己的模式。贵州第三、第四座生态博物馆的建设也已启动。放眼中国的西部，内蒙古、云南都在创建自己的生态博物馆。在新的世纪里，中国的生态博物馆将会在中国博物馆的大家庭里，在世界生态博物馆运动中做出自己的贡献。

注：部分资料引自

多米尼克·波罗《法国生态博物馆》

彼得·戴给斯:《生态博物馆》

联合国教科文组织《博物馆148卷》

（中国文物报曾发表本文初稿部分内容）

原文刊于《中国博物馆》2001年第2期

生态博物馆的先进理念与现实的碰撞

题记

生态博物馆是在各种文化的碰撞中前进的。我多次发表文章谈这种碰撞与对碰撞的处理。本文是应《中国国家地理》杂志之约撰写的，原题为"贵州：生态博物馆的试验田"，载于《中国国家地理》杂志 2004 年第 10 期。

国际生态博物馆运动发端于 1972 年。上个世纪六七十年代，环境科学的崛起和生态理念的传播震撼人心，也影响着国际博物馆界改革的思维。1971 年国际博协大会提出了"生态博物馆"的概念并迅速形成了实践运动。生态博物馆的思想和实践展开后在现实中受到种种挑战，30 年间全世界只发展到 300 座左右，又消失了一些。上世纪末由于遗产概念的放大，广义遗产概念的形成，特别是无形遗产保护提上日程，使得生态博物馆这种对人与自然遗产进行整体保护的新理念、新方法受到人们关注，生态博物馆的发展又有了新的契机。生态博物馆在我国从 1986 年开始思想传播，1996 年开始创建第一座生态博物馆，至今已近 20 年了。回顾我国生态博物馆发展中受到的种种挑战和碰撞，也许是有益的。

首先我要谈谈新生的生态博物馆与传统的、主流的博物馆的碰撞。这种碰撞并非始于我国而是始于欧洲，受到了一些西方博物馆学家的质疑。例如，

1993年我向国际博物馆学委员会主席冯·门施请教他对生态博物馆的看法时，他说："生态博物馆与我们理解的博物馆是不一样的。事实上并没有什么生态博物馆，只是一种理念。不管我们承认不承认存在生态博物馆，这种实验是存在的。生态博物馆的功能很有限，离开特定的地区就不行了。它是在非常特殊的条件下存在的，并没有博物馆的广泛的意义。"1994年我在另一次博物馆学年会上，就生态博物馆问题向新任的博物馆学委员会主席马丁·施尔请教，他与冯·门施持同一观点，他说："生态博物馆的理论是美妙的，不要博物馆专业人员，而让公众自己建立自己的博物馆，要把物归还到人文环境和自然环境中去，照这样推演下去，只能发展成为一种文化活动而博物馆则没有了。"当然，他们当时是站在主流博物馆立场上谈的。而生态博物馆作为一种新思维，恰恰是从对主流博物馆传统思维的批判中诞生的，这种碰撞是很自然的，也是有益的。在现实中博物馆是在思想交融中前进的。1998年国际博协墨尔本大会期间，博物馆主流学派与新博物馆学派联合召开了会议，探讨理论上的结合点。我国博物馆界对引进生态博物馆理论及其模式是支持的，中国主管遗产的国家文物局认为生态博物馆是保护遗产的一种有力的新方式，而予以提倡。

其次，谈一谈生态博物馆本土化与外来文化的碰撞。在中国古老的村寨中移植后工业社会产生的生态博物馆理念与模式是有很大时空距离的。中国第一座生态博物馆建立在极为封闭、贫穷的贵州一个苗族山寨里，这里仍然是自然经济和相当原始的文化。在这里不可能自发地产生先进的生态博物馆理念，也不可能很自觉地接受这种保护他们自己历史遗产的模式。我们邀请了富有生态博物馆理论和实践经验的挪威生态博物馆学家杰斯特龙和我们一起工作。但是我们和杰斯特龙也有碰撞，他生活在后工业社会，对天然与古朴的事物有一种强烈的仰慕。他认为村寨的女孩子从小开始绘图蜡染，各展天赋，她们绘制的嫁衣极为精美。因此他反对让女孩子去上学，以免工业文明污染了她们的天才。但我们还是办了希望小学。这位富有民主素养的挪威人尊重了我们。我们的这一碰撞实际上反映了后工业社会对自然的渴望，和我们对工业化的渴望的碰撞。而现实中这个山寨的渴望则是脱贫。我们必须从帮助他们从脱贫开始。外来文化的本土化是个很难的事情，实际上是一种文化嫁接。挪威生态博物馆把居民是生态博物馆的主人列为根本原则，社区居民拥有自己遗产和保护自己遗产的意识非常强烈。自己拥有、自己保护是生态博物馆对遗产保护的特殊价值之处。而民主路线恰恰是我们移植中的难点。1997 年建成的梭嘎生态博物馆，至今仍是一位副乡长兼任馆长，还没有能够实现馆长民选。我们现在实行的是政府领导、专家指导和村民参加管理的体制。当然这不完全是文化嫁接而是体制碰撞的问题了。

最后，谈一谈生态博物馆前进中的自我碰撞。梭嘎村寨的寨民对自己文化价值的认识是有一个过程的。开始时，杰斯特龙开座谈会问寨民：你们知道你们家都有宝吗？答：不知道。当杰斯特龙说"你们家的织布机就是宝"时，大家哈哈大笑说：那算什么宝。他们不知道这种古老的织布机在世界上已经稀有了。但来访者、旅游者越来越多地来到这里时，他们开始觉察到自己文化的重要。他们出卖被认为值钱的东西了。开放前，一位来访者说，"这里很贫穷，但不乞讨"，现在甚至尾追游客兜售物品。对此生态博物馆开辟商品服务部，组织寨民提高文化产品质量，增加收入。寨民也订了公约，保持自尊，维护自己的形象。一个封闭的山寨，一旦开放，会面临着工业经济的侵入，商品意识的侵入和强势文化的侵入，其结果是工业产品改变了他们的生活，商业意识冲击了他们的头脑，他们固有的那种淳朴和浪漫逐渐消失。中央电视台一位记者来到这里看到年轻人穿牛仔裤、跳迪斯科，就惊呼他们已经失去了他们的家园。这位记者只看到了寨民生活与时尚的碰撞，却看不到他们生活变化的合理性。其实寨民的生产、生活的变化是一个社会发展的进程，生态博物馆不应该冻结他们的生活，也不可能冻结。现在已做到的是建立记忆工程，在梭嘎生态博物馆的资料信息中心里，收藏着他们用本民族语言记录下的他们自己的口碑历史和传统，1100 张照片，12 小时录像资料，9 盒录音磁带，16 位老人的采访记录。他们的后人可以通过记忆工程认识自己的过去。在现实生活中，他们的文化传统，哪些应该传承，哪些将被淘汰，这是一个主观与客观交互影响的选择过程。就我所知，中国这些生态博物馆的村民们仍在传承着他们自认为也是来访者珍视的那些传统文化的精华部分，如各种节日、婚丧、祭祀等。传统文化的保护与传承最终还是决定于文化的主人自己。

现在贵州已经建成四座生态博物馆，广西建成两座，内蒙古建成一座，都在创造自己的经验。明年 6 月我们将在贵州召开生态博物馆国际论坛，交流经验，共同为生态博物馆的新发展开辟道路。

原文选自《博物馆的沉思（苏东海论文选；卷二）》，文物出版社，2006 年

中国生态博物馆的道路

题记

为了准备 2005 年贵州生态博物馆国际论坛的召开，组委会提前出版了《中国生态博物馆》大型图册（中英文）。这是我为图册写的前言，也是为"论坛"作点理论准备。

20 世纪开始时，1905 年中国引进西方博物馆文化，诞生了中国第一座博物馆。20 世纪 80 年代，中国又从西方引进生态博物馆思想，1995 年诞生了中国第一座生态博物馆。博物馆是一种进步的文化形态，它总是为社会的进步所需要。

20 世纪 80 年代正是中国博物馆发展的新高潮时期，为什么这时中国会关注国际生态博物馆运动呢？一方面中国正处于工业化的进程中，经济发展很快，但是先进国家工业化带来的生态失衡和环境破坏也在中国重演着，并且越演越烈。因此环境保护和生态平衡日益为中国社会所关注，中国博物馆界也开始关注了国际生态博物馆运动。另一方面，中国博物馆已经发展到一千多座，博物馆也需要改革自己，寻找一种扩大保护文化遗产以服务社会的新形式。生态博物馆就是一种补偿传统博物馆缺陷的新形式。为此，从 1986 年开始，中国博物馆学会的学术季刊《中国博物馆》杂志，陆续发表了中国学者论述生态科学、环境科学与博物馆的论文。与此同时，这个杂志比较集中地介绍了一批国际生态博物馆运动有关的论文和资料。其中有里维埃和戴瓦兰的重要论文的中译文，以及刊登在国际《博物馆》杂志上的其他有关生态博物馆的论文、宣言和会议消息。在中国的刊物上还可以读到法国、加拿大、美国等生态博物馆材料。可以说从上世纪80年代开始，中国博物馆界对生态博物馆逐渐有了一些认识。1995年中国开始创建第一座生态博物馆。中国博物馆学会的常务理事苏东海研究员、安来顺副研究员、贵州省文物处副处长胡朝相先生与挪威生态博物馆学家约翰·杰斯特龙先生组成的课题组承担这一课题。当《在贵州梭嘎乡建立中国第一座生态博物馆的可行性研究报告》提出后，立即得到渴望加强文化遗产保护的中国政府的支持，也立即得到对环境及遗产保护十分关注的挪威政府对这一项目的支持，并纳入了《1995至1996年中挪文化交流项目》中。1997年10月挪威国王哈拉尔五世访华时与中国国家主席江泽民出席了中挪文化交流项目签字仪式，使这一项目获得了强有力的政府支持，顺利地在贵州建立一批生态博物馆。

中国第一座生态博物馆建在贵州省六盘水市六枝特区的深山上。这里居住着一支远离外界，仍然生活在自然经济和古老文化中的苗族群体。像这样经济十分落后，与主流社会隔离的民族村寨，在中国还有很多。由于封闭，他们还传承着多种多样的传统文化，保存着中国文化的多样性。目前，在中国已经建立起来的7座生态博物馆正在保护着苗族、布依族、侗族、瑶族、蒙古族、汉族的各不相同的多种文化活标本。这些古老文化之所以能够传承至今是因为它们仍生活在产生这些文化的古老的社会环境中。他们一旦融入主流社会，古老文化就逐步丧失了固有的社会环境而濒临消失。因此在中国，在这些正在摆脱贫困的民族村寨中建立生态博物馆最紧迫的任务就是唤起和帮助村民保护与保存传统文化的精华。为此生态博物馆在村寨中建立了资料信息中心。杰斯特龙与中国学者一起培训年轻的村民掌握信息纪录仪器，并带领他们开展记忆工程。

他们用本民族语言记录了自己村寨的口碑历史和传说，采访了村寨老人，录制了长期保存的音像资料。开放后，旅游者、来访者涌入村寨，对他们传统文化的欣赏，提高了他们保护自己文化的热情，增强了他们在外来文化面前对自己文化的信心。对中国第一座生态博物馆创造的经验，项目科学顾问达格·梅克勒布斯特先生和我们一起提出了《六枝原则》。这些原则是：1.村民是其文化的主人，有权认同与解释其文化；2.文化的含义与价值必须与人联系起来，并应予以加强；3.生态博物馆的核心是公众参与，必须以民主方式管理；4.旅游与保护发生冲突时，保护优先，不应出售文物但鼓励以传统工艺制造纪念品出售；5.避免短期经济行为损害长期利益；6.对文化遗产进行整体保护，其中传统技术和物质文化资料是核心；7.观众有义务以尊重的态度遵守一定的行为准则；8.生态博物馆没有固定的模式，因文化及社会的不同条件而千差万别；9.促进社区经济发展、改善居民生活。这些实践原则的产生是为了更好地在文化原生地保护文化，更好地尊重村民的主人地位。但是，我们的实践又告诉我们：建成一座合乎理想的生态博物馆很难，而巩固它比建立它更难。因为生态博物馆的思想是产生在后工业社会之中，这种思想在中国原始村寨中是不可能自发产生的。生态博物馆在这些村寨中的产生是政府保护文化多样性的需要和专家的思想热情的产物。实际上，在中国古老村寨中建立生态博物馆对村民来说是一种超前的行为，要巩固它，村民必须超越自己，生态博物馆必须在提高中巩固，只有提高才能巩固。因此在文化保护上向更专业的水平上发展，在文化传播上向高水平发展就成了中国第二代生态博物馆必然要走上的道路。

生态博物馆不仅是一种文化保护机构，它也是一种博物馆。如果它仅仅是村民的一种文化自治行为它就够不上是一座生态博物馆了。贵州的生态博物馆为了在社区化的基础上提升它的专业化水平，在开展记忆工程上加强了对村民的专业化培训，做了很好的工作。但真正把生态博物馆向专业化、博物馆化方向提升的努力，还是广西创造的生态博物馆广西模式。这是中国生态博物馆的第二代模式。它在继承贵州生态博物馆经验的基础上，加强了生态博物馆的科学研究水平和展示传播水平。广西建立的两座生态博物馆都同时建为广西民族博物馆的两座科研基地。广西民族博物馆的专家介入到生态博物馆里来，以科学的方法、科学的视野对这个文化活标本进行科学研究，其结果不仅直接提升了村民对自己文化的历史价值、艺术价值和科学价值的认识和保护的自觉性，而且在实践上培养着村民自己的科学家。这种结合对科学家、对村民都是有益的。对于巩固生态博物馆的存在和提升其保护水平也是必要的。中国第二代生态博物馆也强化了它的文化的展示传播功能。广西把贵州的资料信息中心改称为展览中心，以强调其展示意义。如果一个村寨拥有独特的文化不向外界展示，没有外界的欣赏，怎么能实现文化多样化的价值呢？事实上越是能为外界所欣赏的文化越有生命力。外界的赞叹是激励文化传承的重要动力。广西两座生态博物馆的展览中心的陈列，已经相当专业化、博物馆化了。他们的无形文化遗产在外来的强势文化面前，本来是脆弱的，但如果他们对自己文化价值的认识提到了科学的高度，情感上达到了珍惜的程度，他们的无形文化遗产就变得坚固了。他们的表演和展示就不是为了出售而是一种自豪。对自己文化有了科学的认识，自豪的情感，就有了自觉传承的基础。这时他们才真正成了自己文化的主人。善待旅游者是生态博物馆的重要课题。旅游者的到来激发了村寨的活力，推动着传统文化向前发展。旅游者理应受到欢迎。内蒙古敖伦苏木生态博物馆有一辆流动的文化大篷车，不仅把旅游者从机场接到大草原，而且在车上就可以浏览生态博物馆的种种资料。这就是善待旅游者的一种努力。中国第二代生态博物馆（包括贵州在内）正在为巩固与提高第一代生态博物馆的成果，向更高的文化保护和展示水平前进。

中国生态博物馆运动，如果从上世纪80年代开始传播生态博物馆思想算起，至今已经18年了；如果从1995年开始建立第一座生态博物馆算起，至今也有10年了。中国生态博物馆从传统博物馆中走出来，在文化的原生地建立了第一代生态博物馆，突破了传统博物馆的局限性、弥补了传统博物馆的缺陷，实现了文化保护社区化和民主化的博物馆新理念。中国第二代生态博物馆在遗产保护社区化的基础上，正向遗产保护的专业化、博物馆化方向前进，使之可持续发展下去。这就是中国生态博物馆发展的路线图。

原文选自《博物馆的沉思（苏东海论文选；卷二）》，文物出版社，2006 年

建立与巩固：中国生态博物馆发展的思考

题记

这是 2005 年 6 月 1 日我在贵州生态博物馆国际论坛上的主旨发言。

首先请允许我讲几句感谢的话：

我们要感谢挪威政府对中国建设生态博物馆长达 8 年的无私援助，在理论上、技术上和财政上全面地帮助我们。我们要特别提到我们这个项目的两位科学顾问，杰斯特龙和达格。中国本来没有生态博物馆，是杰斯特龙帮助我们开辟了道路。继杰斯特龙之后，达格又从理论上帮助我们巩固这条道路，他们是中国生态博物馆历史上不会忘记的人。

我们也要感谢出席论坛的理论家和各国代表。这么多国际著名的生态博物馆理论家来到中国西部的一个城市，交流与探索国际生态博物馆运动的迫切课题，使我们这个小小的论坛得以闪耀理论光辉。特别是国际生态博物馆运动的先驱戴瓦兰先生（Hugues de Varne）的光临。他是生态博物馆运动的历史老人，我们倍感荣幸。

关于中国生态博物馆的发展，我在这里作一点简短的介绍和理论上的叩问。

　　第一个问题：中国的生态博物馆是怎样诞生的，什么是它诞生的必要条件？

　　生态博物馆的思想在中国博物馆界的传播开始于1986年，那时在我主编的《中国博物馆》学术季刊上，开始引进国际生态博物馆的思想和实践经验，包括创始人里维埃和戴瓦兰的重要论文，并发表了中国博物馆理论界对生态博物馆的讨论文章。1995年开始我们和挪威同行合作，引进了生态博物馆的挪威模式并使之中国化。10年间我们在贵州建立了一批生态博物馆，接着又在中国西部和北部建立了一批生态博物馆。

　　这些年我一直在想，生态博物馆的思想要在距离这个思想的时空都十分遥远的中国山村里实现，会是一种什么样的文化行为。它是在什么样的条件下才得以建立起来的？

　　在中国，我们选择建立生态博物馆的地区都是社会和经济处于封闭的前工业化的古老村寨和草原上，由于封闭，在这些地区生活的人们仍传承着各具异彩的传统文化。中国的少数民族地区大多有经济落后、文化丰厚的特点，这正是我们保护文化多样性的重要工作地区。这些村寨建立生态博物馆，政府是积极的，博物馆的专家的热情也很高，村民由于利益的驱动，也是积极参加的。有政府、专家、村民三种积极性，在中国建立生态博物馆的基本条件就有了。在这三方面，专家和地方干部是主导力量，村民是被领导的，因为他们并不知道什么是生态博物馆，也不知道要干什么，我不得不说，事实上外来力量成了村寨文化的代理人，村民则从事实上的主人变成了名义上的主人，没有外来力量的进入，就不可能有生态博物馆，这是事实。也许别的国家不是这样，但中国是这样。在中国建立一个生态博物馆并不难，而巩固它比建立它就难多了。因为建立它是政府和专家的行为，而巩固它只有文化主导权回归到村民手中，村民从名义上的主人回归到事实上的主人时，生态博物馆才得以巩固。

　　第二个问题，生态博物馆怎样巩固其存在，在什么条件下它才能够真正得到巩固?

　　生态博物馆的核心理念在于在文化的原生地保护文化,并且由文化的主人保护自己。只有文化的主人真正成为事实上的主人的时候,生态博物馆才可能巩固下去。也许外国那些文化程度高的地方建立生态博物馆不需要别人帮助,而中国确实存在着文化代理阶段。从文化代理回归到文化自主,村民需要经过三个文化的递升的层面。这就是利益驱动层面,情感驱动层面和知识驱动层面。村民保护自己文化的动力来自利益的驱动,也来自对自己文化的天然感情,至于对自己文化价值还缺乏科学认识。这三个层面都需要提高。这是一个很长的提高过程,国际生态博物馆运动普遍重视对居民的培训。1978年加拿大建立第一座生态博物馆时首先就建立了培训中心,解释中心,对居民进行3年的培训。美国史密森学院开发的亚克钦印第安生态博物馆建立的信息中心,就组织与加拿大的互访学习并由博物馆帮助培训遗产保护和档案管理知识。挪威学者帮助中国建立生态博物馆时也十分重视对地方干部和村民的培训。国际生态博物馆界前年召开的国际会议也是以培训教育为讨论主题的。但是中国有中国的问题。在中国这些村寨中不仅要帮助村民理解生态博物馆,更迫切的是帮助他们理解自己的文化。如果他们能科学地认识自己村寨文化的历史价值、艺术价值和学术价值,那他们才会更加珍爱自己的文化,更加关心他们文化的长远利益。这就是我很赞赏广西方法的原因。广西是把民族博物馆和生态博物馆建成联合体,在专家与村民之间建立了不断互动的机制。这种机制,不仅使专家有一块科研基地,而其科研成果又反哺村寨。这种方法正在试验中。只有那些符合实际的方法不断创造出来,生态博物馆才会富有生命力地向前发展,才会真正地得到巩固。

原文选自《博物馆的沉思(苏东海论文选;卷二)》,文物出版社,2006年

生态博物馆的思想来源及其在中国的传播

题记

2006年9月17日在北京举行的国际博物馆馆长论坛，邀请我就生态博物馆理论作主旨发言。关于生态博物馆的思想来源问题，我在国内报刊上发表过。这次在论坛上面对几位我的国际朋友发表了我的看法。中文载于《中国博物馆》2006年第2期。

一、生态博物馆的三个思想来源

生态博物馆的思想是博物馆中的一种新思想，是独立于传统博物馆之外的一种崭新的思想。这种新思想是怎样产生的？我认为它有三个思想来源：

第一，对传统博物馆的批判。二次大战后，博物馆发展很快，传统博物馆的封闭性日益滞后于社会的需要，一些理论家开始对传统博物馆进行猛烈地批判，以期博物馆能在更广阔的社会领域中做出自己的贡献。这种对传统博物馆的批判就构成了生态博物馆第一个思想来源。

第二，现代生态科学和现代环境科学的影响。二战后，经济迅速发展，环境日益恶化，生态严重失衡，后工业社会种种弊端，惊醒了社会的环境保护和生态保护意识。博物馆界的一些理论家敏锐地认识到博物馆在环境保护和回归自然中的精神价值。1971年国际博协第9届大会邀请法国环境部长到会演讲，促进了生态博物馆这个词的诞生。里维埃的法国地方公园系统和戴瓦兰的索勒特索矿区（Le Creusot — Montceau），赋予了生态博物馆最早的模式。

第三，欧洲激进思潮的驱动。生态博物馆的出现是和战后激进思潮有关的。这种激进思潮包括哲学上的批判思潮、人本思潮和艺术上的后现代主义，都直接影响着博物馆的改革思想。而法国1968年5月风暴更把这种激进思潮推向更广阔的社会，博物馆的改革也深受其影响。最近，2005年10月6日戴瓦兰给我的信中谈到这一点。他写道："如您所知，新博物馆学运动的产生基本上是一个'西方事件'，也就是说它是一场由相对年轻而激进的博物馆专业人士在西欧、北美和拉美部分较富裕国家推进的运动。"戴瓦兰见证了激进思潮对新博物学和生态博物馆思想的形成。

总之，生态博物馆运动是由一些富于理想主义色彩的激进的博物馆专业人员推动起来的，他们对传统博物馆无情的批判，对生态观念的热情追求和深入社会基层的实践精神，奠定了生态博物馆的思想基础。

二、生态博物馆的思想在中国的传播

中国从上世纪80年代开始传播生态博物馆思想。1986年中国博物馆学会的学术刊物《中国博物馆》杂志开始刊登中国博物馆研究者写的博物馆与环境保护的一批论文。当时，我是这个刊物的主编，安来顺博士是这个刊物的编辑。我们尽可能多地刊载了国际生态博物馆运动的有关论文和资料。其中有里维埃和戴瓦兰的主要论文的中译文以及1987年在智利举行的"国际博协圆桌会议"，1984年魁北克会议及其宣言，1987年在西班牙举行的新博物馆学会议及决议等信息。在中国的刊物上还可以读到法国、加拿大、美国等国的生态博物馆材料。可以说，中国对国际生态博物馆思想及国际经验的了解，在80年代已经有了一定的思想基础。

90年代，中国开始把国际生态博物馆思想引入实践，并使之中国本土化。

中国和挪威专家合作在中国贵州创办了第一批生态博物馆。之后，在中国的西南部和西北部地区建立了第二批生态博物馆，进一步扩大了生态博物馆思想在中国的传播和实践。2002年我在《中外文化交流》杂志（中、英、法文版）上发表了我对生态博物馆下的一个很粗糙的定义。我的定义回答了生态博物馆做什么，谁来做，向何处去三个基本问题。我的定义表述如下："生态博物馆是对自然环境、人文环境、有形遗产、无形遗产进行整体保护，原地保护和居民自己保护，从而使人与物与环境处于固有的生态关系中并向前发展的一种博物馆新理念、新方法。"这个定义虽然被《光明日报》《中国文物报》等中国报刊转载，我希望能在这个国际论坛上听到更多的评论。

原文选自《博物馆的沉思：苏东海论文选（卷三）》，文物出版社，2010年

新农村、农村文化、生态博物馆

题记

2005 年贵州国际生态博物馆论坛之后，我对生态博物馆的研究，从对生态博物馆本身的研究转向生态博物馆生存环境的研究。生态博物馆的国家环境、社会环境和地区环境影响着生态博物馆的生存与发展。当前我国生态博物馆的存在决定于我国新农村建设的道路。恰巧我对我国新农村建设的道路有些看法，而且我认为我的看法是历史的、唯物的，遂不揣冒昧地发表了这篇文章。载于《中国文物报》2006 年 11 月 17 日。

要研究农村生态博物馆就要研究它存在的农村条件，把农村、农村文化和生态博物馆放在一起研究，视野就可以更宽广一些。恰好我对新农村建设和农村文化有一些看法，遂散论之。

一、农村就是农村

农村就是农村，农村不是城市。如果农村变成了城市，那还能是农村吗？我认为保存农村之所以是农村，是新农村建设中至关重要的问题。从历史上看，自英国开始的世界工业化进程中，城乡关系始终是一个根本性问题。英国工业化的原始积累就是从"跑马圈地"开始的。社会主义国家工业化中的城乡关系，从苏联开始虽然是"工农联盟"关系，但实际上工业化的原始积累仍是来自农业，所以有"反哺"农业之说。历史发展到后工业时代，工业化国家才开始加强农村建设。法国觉悟比较早，在20世纪40年代，法国乡村主义学派、地方主义运动以及法国农民协会，就在努力捍卫法国农村。但是真正加强农村建设还是后工业化社会反思的结果。对工业化的厌倦，对生态危机、环境恶化的觉醒，促进了回归自然的情感与行动。农村是最接近人与自然的和谐存在，是最理想的人居环境。法国从20世纪70年代、英国从80年代开始保护乡村、建设乡村、享受乡村的行动。英国保守党领袖斯坦利·鲍德温的名言"英国就是乡村，乡村就是英国"。德、法大平原，北美大平原那一望无际的农作物，真让人感到无论怎么现代化，农业还是农业，农业是消灭不了的。后工业社会的回归自然，回归乡村，使我认识到我国工业化、现代化道路上，保护农村的自然风貌、保护农村的文化景观、捍卫农村之所以是农村的一些本质要素的重要性。农村无论怎样现代化也不应异化为城市，农村就是农村。不要等到工业化后再去追寻农村。

但是令人担忧的是我国农村近些年来数量锐减。据中国社会科学院社会学所所长李培林提供的调查数字，从1985年到2001年，在不到20年的时间里，中国村落（社会学概念，即村庄）的个数，从940617个锐减到709257个。仅2001年一年，中国那些延续了数千年的村落就减少了25458个，平均每天减少约70个。为此他撰写了《村落的终结》一书探寻其规律。还令人担忧的是我国小城镇发展太快，据统计到2002年末我国共有小城镇45462个，城镇化率达40%。不少地方大量侵蚀农田甚至出现中国式的"圈地运动"。农田土地的流失不得不引起人们的冷思考。我不是乡村主义者，但我重视历史。先行的工业化国家的反思和对工业化的批判惊醒了我们。我国党和政府以科学发展观为指导，统筹城乡，统筹人与自然的一系列政策，正在理性地推进新农村建设。让农村还是农村吧！

二、农村文化是不应取代的

　　农村是有文化的，农村文化是从农村生产、生活之中，从人与自然亲密接触之中形成的，是农民世世代代积淀与传承下来的。农村文化是最有泥土芬芳的文化，是最富亲情的文化。但是农村特有的文化被轻视了，被忽视了。记得重庆市在制定文化建设"十五"规划来京座谈时，席间中国艺术研究院资华筠研究员说出了一个让我深以为然的看法。她说，现在的问题不是文化下乡而是乡下文化的问题。诚然，我们缺失的是对农村文化本身的认识，对农村文化价值的认识。需要的是振兴农村文化而不是用在农村无根的文化去取代它。

　　农村原生态文化中最重要的文化景观就是农舍。农舍是在它的自然环境和生活条件下生成的。不同民族、不同村落的农舍是千姿百态的，是我们识别农村最重要的文化符号。农舍，它的实用、它的美，都是农民自己创造的。新农村建设如果抛开了农舍的文化之根，请建筑师来另搞一套，是对农村文化最显著的破坏。陕西省有一个农村在新农村建设中推倒农舍，造起"别墅"，结果是客厅变成了粮食、农具、杂物的仓库，门口搭起了鸡窝、猪圈和牛棚。一篇题为《'别墅'洋了，农民苦了》的报道写出与农村的种种格格不入。农村文化中婚、葬礼仪是农村最重要的习俗，是情感生活中的大事。农村男女青年发展感情的环境和方式，富有天然、和谐的诗意。农村最盛大的节庆也是和农耕文化联系着的。农村原生态的音乐舞蹈正在成为都市的新宠。农村的信仰、语言等等非物质文化遗产都有很强的凝聚力。不论走得多远，乡音一下拉近了距离。农村这些特有的文化，可以与外来文化融合、发展，但谁也不应取代它，也不能取代它，否则农村就失去了它的灵魂。

　　农村文化如何保护、如何传承、如何发展，都决定于农民自己。农民是农村的主人，只有尊重农民的主体地位，农村文化才能存在与发展。联产承包责任制为什么解放了农村的生产力，就是农民有了耕种的自主权。农村文化归根到底也是决定于农民自己。即使青年农民一时追求时尚，那也应该尊重他的选择。梭嘎的女孩子跳起了迪斯科，巴咋村的文化表演队表演传统服装时走的是"猫步"。这都没关系。因为农民认识自己文化的价值，捍卫自己的文化遗产也有一个提升的过程。政府和专家的责任在于唤起他们的文化自觉，从而科学的、理性的认识自己与外来，传统与现代的关系，进而创造自己的新农村文化。任何越俎代庖都是无济于事的，因为拥有农村文化，享受农村文化的是农民自己而不是别人。

三、生态博物馆怎么做

新世纪到来之后，国际博协的战略计划也日益明朗起来，把博物馆保护文化遗产的重心向社区、向文化原生地推进的努力正在不断加强。生态博物馆的思想和实践为此提供了经验。中国的生态博物馆在新农村建设中能做什么，对我们来说是一个新问题也是一个老课题。从20世纪90年代开始，我们把国际生态博物馆思想进行中国化、本土化的实践。所谓本土化就是和农村的实际相结合。梭嘎生态博物馆是中国第一座生态博物馆，对它的认识和研究从1995年4月做可行性调研报告时开始，16年来我们一直在研究它。近几年对梭嘎的研究更深入了一些。我读到一些在梭嘎住上半年以上而作的专业报告，推进了我们的认识。我读了方李莉博士从社会学专业角度作的考察报告，仅她的驻村日记就有30多万字，还有她带的博士生、硕士生的专题报告，总字数有七八十万字，即将出版。还读了中央民族大学张涛的博士论文《路由法则》，她从人类学专业角度研究了梭嘎农村。东南大学建筑系余亚芳的梭嘎景观研究博士论文，从梭嘎的建筑变迁到整体景观的演变，作了专项调查并为梭嘎环境保护与发展作了规划。还有一些具有专业方法的梭嘎农村调查和贵州文物局的一些调查报告，从不同角度上切入梭嘎生态博物馆的研究。梭嘎生态博物馆建馆10年来，经历了初建时的兴盛阶段，现正步入艰难的巩固与提高阶段。不仅梭嘎，中国所有已经创建的生态博物馆都在经历着巩固与发展的艰难阶段。现在的新农村建设把农村文化保护与发展推上了新的台阶，中国农村生态博物馆的新发展也进入了新的机遇之中。在这里我就生态博物馆与新农村建设的几个关系问题谈一点认识。

第一、生态博物馆与农村文化多样性。

我国幅员辽阔，不同地域的农村文化各具自己的特色。我国又是多民族国家，不同民族的农村文化也是各具特色。从外来看，中国农村文化具有中国特色；从内来看，不同地域、不同民族的农村文化又各具特色，这就构成了新农村建设中面对着的丰富的文化多样性。在社会转型期中，农村又存在着传统与现代，本土与外来文化的冲突与交融，农村文化又呈现了复杂存在的局面。而在农村多元文化现象中，保护文化多样性正是建立生态博物馆的意义之所在。但是建立生态博物馆是需要投入的。政府的财政投入和专家的知识投入都是有限的，不可能村村建立生态博物馆，只能有选择的建立，以点带面把这种保护形式铺开。因此选择有代表性的农村作为保护的重点是很关键的。我们十几年来主要选择了在不同的民族村寨建立不同民族的生态博物馆，以体现保护民族文化多样性。当前在新农村建设中应该进一步选择不同地域的农村，以体现保护地域文化的多样性，从而扩大生态博物馆在中国的覆盖面，更多地实现生态博物馆的价值。

第二、生态博物馆与农村小康。

农村文化毕竟是建立在农村经济基础之上的意识形态，经济基础影响着文化的发展与遗产的保护。虽然农村文化的创造不决定于经济条件，不决定于贫穷或者富有，但经济条件却影响着文化的享受。经济富裕的农民有闲暇更充分地享受他们的文化。德国总理默克尔与《中国农民调查》两位作者交谈时间："为什么中国农民会比城市人穷呢？""农民为什么非得进城呢？"她说："在德国在农村过日子是很悠闲的。"两位作者曾到德国进行过一些德国农村调查，他们发现德国的农民比城里人过得好，生活富裕而且过得悠闲。1995年我在挪威考察生态博物馆时，看到农民确实富有而悠闲，并不要花多少时间去劳作。图顿生态博物馆的图书室里经常坐着读书的农民。农民自己家的纪念物都存放在生态博物馆的档案室里，既是个人的也是集体记忆的一部分。他们珍惜自己的生活并有条件享受生活、享受文化。我们不得不看到经济条件对文化享受的支撑。经济小康了，文化才能相应的小康。这就是我们在梭嘎创建生态博物馆时把帮助村寨"脱贫"作为第一任务的原因。衣不蔽体、食不果腹是无暇顾及文化的。如果必须外出谋生，就是建立起生态博物馆也难以巩固。现在的梭嘎农民生产、生活都改善了许多。但据方李莉研究员调查，农耕收入仍只占生活必需的五分之二，而五分之三则需外出打工弥补。这就迫使青壮年甚至老人、少年都要有几个月时间在外挣钱。显然农村文化的保护与文化的享受只有在奔小康的长征中才能逐步提升。文化虽然可以相对独立于经济，但文化最终不能脱离经济基础。农村生态博物馆必须把握着新农村建设的契机，为促进农村的小康建设作出贡献，才能真正地实现自己的使命。

第三、生态博物馆与农村文化主权。

农村文化是农民在农村生活中、农村环境中建立起来的，也是农民千百年不断传承和发展起来的。农村文化是农民建立、农民享受的文化。农村文化的真正主人是农民自己。对农村文化的改革与发展，最终还是要由农民来实现。用权力强加给他们的东西，在农村是不可能生根的，不可能持久的。认识农民文化的自主权就如同认识农民耕种的自主权一样重要。对农业生产的瞎指挥是计划经济阴魂不散，对农村文化的瞎指挥也是计划经济的阴魂不散。农民是农村主人的观点应该是农村建设中的基本观点之一。

把文化保护推向文化原生地并且由文化的主人自己保护自己的文化是生态博物馆的基本理念。但是生态博物馆是后工业社会的文化产物，要把这种现代文化思想和做法在中国处于前现代化的农村中实现，这是超前的。中国的农民不可能自发地产生这种理念，因此要在中国农村建立生态博物馆，不可避免地要有一个培训阶段，帮助农民从文化自在上升到文化自觉。不仅中国，这也是国际生态博物馆普遍的做法，中国农村尤其需要如此。问题是在农村建立生态博物馆不是建立一个一般的文化机构，而是以农民自主为特征的文化机构。不尊重、不实现农民的文化自主就不是生态博物馆。虽然在创建阶段，培训阶段，政府与专家处于主导地位，但只有到主导地位转换到农民手中时，生态博物馆的价值才真正的体现出来。现在云南新建的布朗族生态博物馆和贵州新建的三都水族博物馆都在试验一步到位地把文化自主权交到农民手中。能否真的做到，我还在观察。不论怎样，建立农村生态博物馆的崇高目的就是为了真正实现农村的文化主权，实现农民创造自己的文化、保护自己的文化和享受自己的文化的权利。

第四、生态博物馆与农村旅游。

我一向认为大众旅游叩开了博物馆的大门，把博物馆推向繁荣。不能光看大众旅游带来的负面影响，而应更充分地认识两者和谐发展的重要性。1999年底，我应国家文物局委托研究了这个课题，发表了《文博与旅游关系的演进及发展对策》调查报告。2000年初，全国文物局长会议上，孙家正部长在讲话中表达了对我观点的赞同。今天新农村建设中我们同样应该欢迎旅游，善待旅游者。我认为大众旅游对农村文化有以下积极意义。

其一，旅游者的光临唤起了农村文化的自信，激励了自豪感。在外来强势文化面前，农村文化自信力会下降，而旅游者的不断造访以及对农村文化的赞赏，增强了农民对自己文化的自信力，来访的人越多，越发激起自豪感。

其二，旅游者的光临推动了农村的开放，增加了农村文化对外展示的机会。旅游者叩开了农村的大门，封闭的、自娱的文化为更多的外来大众服务，更大地实现了农村文化的价值。

其三，旅游者的光临形成了不同文化的交流，推动农村文化的新发展。不同文化背景的旅游者带来不同文化，开阔了农民的文化眼界，外来文化自然地成为农村文化的养料。

其四，旅游者的光临增加了农村经济收入，加强了文化保护力量。旅游开展得好，收入必定增加。经济活了就能留住更多的农民在农村发展。农民有了钱就有能力保护自己的文化，发展自己的文化和享受自己的文化。所以必须善待旅游者。

最后，从新农村建设来看，生态博物馆并不是进驻农村唯一的文化机构。根据中央关于文化信息资源共享工程的决策和《中央办公厅、国务院办公厅关于进一步加强农村文化建设的意见》，农村文化室、农村书屋、广播电视村村通等文化设施将陆续到达农村。生态博物馆如何与各种文化力量密切合作并实现自己的特殊价值，做出自己的特殊贡献，要在实践中也只有在实践中去解决。

原文选自《博物馆的沉思：苏东海论文选（卷三）》，文物出版社，2010 年

生态博物馆的思想及中国的行动（特稿）

题记

此文是我应《国际博物馆》杂志特约撰写的。因为此文是 2004 年贵州生态博物馆国际论坛之后撰写的，是我对生态博物馆思想发展新的概括和介绍中国一些新的行动。载于 2008 年《国际博物馆》237—238 期合刊。

导言

国际生态博物馆运动发端于 1972 年。这个运动是国际博物馆界的一种新思想和改革传统博物馆的强烈愿望相结合而形成的。生态博物馆思想又与新博物馆学理论相结合，在国际博物馆界形成了在传统博物馆学之外的一种新潮。30 多年来，这种新思潮有力地影响着国际博物馆界的传统思维，影响着传统博物馆的改革方向。生态博物馆本身在实践中不断发展自己的思想，调整自己的行动，从而得以与传统博物馆并存在博物馆的多元化之中，更深、更好地服务社会。1986 年中国开始引进生态博物馆思想，至今中国生态博物馆正在蓬勃发展中。

生态博物馆思想的兴起

生态博物馆这个词的出现是很偶然的。1971年国际博协第9届大会在法国举行，请法国环境部长出席发表演讲。国际博协领导人里维埃（Riviere）和戴瓦兰（Devarine）向环境部长介绍了他们关于将遗产与环境联系在一起的想法。午餐时，戴瓦兰偶然说出了"生态博物馆"这个新词，得到环境部长的赞许。于是生态博物馆这个词在餐桌上诞生了[1]。

生态博物馆这个词虽然是偶然产生的，但生态博物馆思想的产生却是有着深刻的时代背景。二次大战后，人类对战争的反思；对工业社会的反思；对环境恶化的反思，出现了一个反思的时代。生态博物馆就是这个反思时代的产物。当时，一批知识分子和政治精英对社会、文化、教育、经济等根本问题的反思直接影响着博物馆，于是博物馆改革派在战后思想激荡的时代里，举起了批判的大旗，对传统博物馆进行了猛烈的抨击，促成了生态博物馆思想和新博物馆学的形成。这里，我们必须提到生态博物馆思想的两位奠基人，里维埃和戴瓦兰。

乔治·亨利·里维埃（Georges Heri Riviere）是法国最早的博物馆改革的倡导者，早在20世纪30年代他就把生态理念引入博物馆的改革，作了一些试验。1967年开始，他以人与自然环境的紧密结合为特征创建了法国地方公园模式，1967年至1975年形成了法国地方公园系统，被称为第一代生态博物馆。里维埃生前为生态博物馆的思想下了三次定义。1973年他为生态博物馆制定的定义是强调生态和环境，1978年第二次为生态博物馆下定义则强调了地方社区的作用。随着生态博物馆的发展和新博物馆学理论的发展，1980年里维埃第三次也是生

---

[1] 雨果·戴瓦兰：《"生态博物馆"一词及其他》，载教科文组织《博物馆》1985年第148卷。中译文《中国博物馆》，1986年第4期，第77页。

前最后一次修改定义。他把这个定义称为"一个进化的定义",用以强调生态博物馆思想仍在发展中。这个定义十分冗长,其要点是:

——生态博物馆是由公共权力机构和当地居民共同设想,共同修建,共同经营的一种工具;

——生态博物馆是一面镜子,是当地居民了解自己,向参观者展示自己的一面镜子;

——生态博物馆是人类和自然的一种表现;

——生态博物馆是时间的一种表现,可以从史前追溯到现在;

——生态博物馆是可以在里面停留或游览的特殊空间;

——生态博物馆也是一所实验室,为研究本地区的过去和现在及其环境提供资料;

生态博物馆还是一座资源保护中心,有助于保存和发展自然和人的文化生存;

——生态博物馆又是一所学校,涉及人类的研究和保护,鼓励人清醒地掌握自己的未来;

——生态博物馆的差异极大,从这种标本到另一种标本也极不相同。但是它不是封闭的,它是又接受又给予[2]。

这就是生态博物馆先驱里维埃为我们描述的早期的生态博物馆思想梗概。

生态博物馆的另一位先驱者雨果·戴瓦兰(Hugues Devarine)继里维埃之后于1971年至1974年在法国克勒索蒙特索煤矿建立了包括人在内的新

---

[2] 乔治·亨利·里维埃:《生态博物馆——一个进化的定义》,同注 [1] 第 75 页。

型博物馆，1974年这个实验采用了生态博物馆的名称，从而为生态博物馆建立了第二代模式。戴瓦兰建立的克勒索生态博物馆，把人与自然的平衡推进到人与社会的平衡。戴瓦兰在一篇论文中说："对于英语前缀'eco'，用于生态博物馆（ecomuseum），既不是指经济（economy）也不是泛指生态学（ecology），其本意是指社会环境均衡系统：社区或社会，人是其中存在的核心部分，包括人类的活动及其进程。这是70年代'发明'生态博物馆理论的原意。"[3]戴瓦兰在《生态博物馆和可持续发展》论文中继续指出："我确信生态（社区）博物馆遗产教育的最重要的意义是当地居民懂得了他们自己所肩负的责任——保护和平衡利用他们的环境和自然资源；保护、传承和持久地丰富他们的独特性和创造性的文化遗产，只有这样生态博物馆才能可持续发展下去。"[4]这就是戴瓦兰的思想路线。至今戴瓦兰仍在行动中，他的思想影响力仍在扩大。

生态博物馆作为一个富有吸引力和想象力的革新运动迅速从法国推向世界，各大洲都有了它的试验区[5]。生态博物馆仍在行动中，生态博物馆的思想仍在发展中。

中国第一座生态博物馆的诞生

20世纪80年代中国开始关注国际生态博物馆运动。这时正是中国博物

---

[3] 雨果·戴瓦兰：《生态博物馆和可持续发展》，载《2005年贵州生态博物馆国际论坛论文集》，紫禁城出版社出版，第83页。

[4] 见注[3]。

[5] 据挪威学者杰斯特龙1995年统计，全世界有300多座生态博物馆。另据彼得·戴维斯提供的世界生态博物馆名单，只有136座。（见苏东海《博物馆的沉思》卷二第490页，中国文物出版社出版）

馆发展的新高潮时期，为什么中国会关注生态博物馆呢？一方面中国正处于工业化的进程中，经济发展很快，但是先进国家工业化带来的生态失衡和环境破坏也在中国重演着，并且越演越烈。因此环境保护日益成为中国政府和中国社会所关注。另一方面，中国博物馆已经发展到一千多座，受新博物馆学的影响，博物馆的改革也在寻找一种扩大保护文化遗产以服务社会的新道路、新方法。于是生态博物馆的思想和方法就被引入中国。从1986年开始，中国博物馆学会的刊物《中国博物馆》杂志上，陆续发表了中国学者论述生态科学、环境科学与博物馆的论文，与此同时这个刊物比较集中地编译了一批与国际生态博物馆有关的论文和资料，以及新博物馆学派的论文和资料。1986年贵州省召开文化工作规划会议，我在会上提出在贵州创建中国第一座生态博物馆的建议。但那时我们并不知道怎么做。也是一个偶然的机会，在1994年国际博协博物馆学专业委员会（ICOFOM）年会上，我们结识了生态博物馆学和新博物馆学的重量级人物，安德烈·德斯沃里斯（Aridre Desvallees）和约翰·杰斯特龙（John Gjestrum）。杰斯特龙在挪威当过15年传统博物馆馆长，又当了15年生态博物馆馆长，他的经验对我们很有用。1995年贵州省政府委托我和杰斯特龙、胡朝相、安来顺组成课题组进行考察调研。当《在贵州梭嘎乡建立中国第一座生态博物馆的可行性研究报告》提出后，立即得到渴望加强文化遗产保护的中国政府的支持，也得到了对环境保护十分关注的挪威政府对这一项目的财政支持。1997年中挪两国政府签署了这一文化项目的合作协定。我被任命为这一项目的领导小组组长，杰斯特龙为顾问，胡朝相为地方政府代表，安来顺为项目协调人。有了政府的权威、专家的知识、财政的支持和村民的欢迎，中国的第一座生态博物馆顺利诞生了。

中国第一座生态博物馆在贵州省六盘水市六枝特区的深山里。这里居住着一支远离外界，仍然生活在自然经济和古老文化中的苗族群体。这里山高缺水，每年有三个月要到山下背水，生产、生活十分艰苦。他们是一支古老的以长牛角头饰为特征的苗族分支。在建立生态博物馆时他们仍相当完整地保存和延续着他们独特的文化传统。这种文化非常古朴：有十分平等的原始民主；有十分丰富的婚嫁、丧葬和祭祀的礼仪；有别具风格的音乐、舞蹈和精美的刺绣艺术。但他们没有文字，靠刻竹记事。他们过着男耕女织的自然经济生活。像他们这样具有文化多样性和独特性的在边远地区的民族村寨，在中国还有很多。

这些古老文化所以能够传承至今，是因为他们仍生活在产生这些文化的古老环境中。一旦融入主流社会，古老文化就逐步丧失了固有的社会环境而濒临消失。因此在中国，在这些正在摆脱贫困的村寨中建立生态博物馆就是为了保护中国文化传统的多样性，使这些村寨在现代化过程中不会丧失自己。但是生态博物馆思想是后工业社会的产物，是一种很深刻的理念，它不可能在距离这个时空都十分遥远的中国山村中自发的产生。要使村民接受生态博物馆，需要走很长的路。村民是重视眼前利益的，所以我们首先做的是运用挪威政府的捐款和中国政府的拨款，进行引水上山、引电上山的工程，并且修筑了出山的路。村民的生活、生产大大改观了，村民开始接受生态博物馆项目了。又用以工代赈的办法，由村民自己出工盖了资料信息中心。他们有了自己盖的文化活动中心，然后再培训村中的年轻人运用照相、摄像、录音等技术开展文化记忆工程。生态博物馆的价值开始逐步实现。村民的文化主人地位得以实现。

生态博物馆在中国的持续发展

1997年中国第一座生态博物馆建成后，在贵州省又建立了镇山布依族生态博物馆、隆里汉族城堡生态博物馆、堂安侗族生态博物馆。2001年在内蒙古建立了中国北方地区第一座生态博物馆——敖伦苏木草原文化生态博物馆，2003年建立了中国西南部地区的第一座生态博物馆——南丹白裤瑶生态博物馆，随后又建立了三座民族村寨博物馆。2006年在中国云南省西双版纳地区建立了布朗族生态博物馆。至今中国已建成16座生态博物馆，还有一批正在建设中。联合国教科文组织推动非物质文化遗产保护行动后，中国由于几千年处于农业文明中，有极丰富的非物质文化遗产，中国政府和社会对保护传统文化有很高的热情，加之，中国经济快速发展，城乡生活发生剧变，保护文化多样性的责任感迅速上升。生态博物馆的价值正在被认识。城市社区、工业区和富裕农村地区也都关注生态博物馆建设。中国国家文物局正在制定中国生态博物馆发展的五年计划。中国生态博物馆的可持续发展是有希望的。

生态博物馆的思想在中国的土地上生根、发展将近20年了，我们取保如下基本经验。

第一，生态博物馆的思想必须本土化才能生根。生态博物馆的思想具有普世价值，但它存在的形态却是千差万别的。它是一颗思想种子，必须种在土壤中才能生根。一切从国家的、社会的、本地的实际出发，生态博物馆才有希望生存与发展下去。

第二，居民是自己文化的主人，政府和专家只是当地文化的暂时的代理人。只有实现了居民从名义上的主人到达了实际上的主人的角色转变，生态博物馆的价值才真正实现，生态博物馆也才能真正的巩固。

第三，生态博物馆不是古老文化的保护神。生态博物馆支持古老文化向现代文化的发展，文化发展是一种进步。冻结生活、冻结文化是徒劳的。生态博物馆开展记忆工程是使居民知道自己的过去，并继承传统文化的精华而不中断。

第四，生态博物馆是文化多样化的产物，只有对外开放才能更大地实现其价值。旅游者的来访促进了文化的交流，提高了居民的文化自豪感，增加了经济收入。因此应该善待旅游者，而不要太强调其负面影响。

在中国召开的生态博物馆国际论坛

2005年由中国博物馆学会主办的（挪威政府财政支持的）"2005年贵州生态博物馆国际论坛"在中国贵州召开。这是生态博物馆国际会议第一次在亚洲召开，也是中国生态博物馆运动走向世界的一次学术会议，出席了15个国家、105位代表，包括著名理论家、政府代表、生态博物馆代表。国际生态博物馆和新博物馆学的理论先驱、著名学者的出席会议增加了会议的理论色彩。会议以"交流与探索"为主题展开讨论。论者呼吁从传统博物馆思想桎梏中进一步解放出来，在更深的层面上发展生态博物馆。戴瓦兰提出"去欧洲化博物馆学"的呼吁[6]。挪威学者马克·摩尔（Marc Maure）在论文中提出"生态博物馆究竟是什么？"的问题，他说："生态博物馆没有圣经，没有固定模式，它们所以不同是由于它们所代表的社会和文化情况不同而决定的。"[7]特丽莎·席奈尔（Tersa Schemer）在论文中提出"反博物馆"的问题，她说："帮助遗产保护是现代博物馆学的主要任务……博物馆学家也应该认识到，当地居民需要的是博物馆学而不是博物馆和藏品。"[8]彼特·戴维斯（Peter Davis）提出生态博物馆哲学的几个要点：行政边界不能作为生态博物馆文化区域的范围；就地保护和解释遗产；放弃传统遗产地所属权的观点；居民参与生态博物馆的活动，

---

[6]　戴瓦兰：《新博物馆学和去欧洲化博物馆学》，同注[3]第80页。

[7]　马克·摩尔（挪威博物馆学家，国际博物馆学委员会理事）：《生态博物馆：是镜子，窗户还是展柜》，同注[3]第113页。

[8]　特丽莎·席奈尔（国际博协执委，巴西里约热内卢大学博物馆学院教授）：《博物馆，生态博物馆和反博物馆：解决遗产社会和发展的思路》，同注[3]第118页。

创立当地文化特征；充分发挥跨学科研究和整体遗产解释的潜力[9]。毛里齐奥·马吉（Maurizio Maggi）在论文中指出："回顾全部'新博物馆运动'发展史，我们可以看到在困惑和矛盾中，反映社会和文化的生态博物馆现象处于正常发展状态并且具有共同特点。"[10]目前戴维斯和马吉正在合作制定生态博物馆的共同基础及其评估体系。中国和其他国家的生态博物馆的代表介绍了他们的工作经验。在这次论坛结束时，由我作了理论小结。我说："本次论坛从理论上看最大的收获就在于我们听到了理论观点上的多种不同声音，看到了实践方法上的种种探讨。观点的多样化与方法的多样化丰富了、深化了我们的认识。"我从三个方面指出了会议的共识：第一，生态博物馆的思想是在不断发展中，我们并没有一个标准的定义；第二，生态博物馆的方法是在不断创新之中，我们并没有一个标准模式；第三，生态博物馆的核心理念在于在文化原生地保护文化，并且由文化的主人保护自己。评估这一理念决定于地域化程度、有效程度和居民认知程度。当然这不是一致的看法[11]。这就是生态博物馆思想发展的现状。

生态博物馆在中国的新探索

1997 年中国第一座生态博物馆建成，创建了梭嘎模式，接着在贵州又建立了布依族、汉族、侗族三个生态博物馆，形成了贵州生态博物馆群。这是中国第一代生态博物馆，实现了在文化原生地保护原创文化的生态博物馆思想。从

---

[9] 彼特·戴维斯（英国纽卡斯尔大学博物馆学教授）：《评价生态博物馆现状和成功的标准》，同注 [3] 第 95 页。

[10] 毛里齐奥·马吉（意大利社会和经济研究所教授）：《世界博物馆共同面临的问题及怎样面对它们》，同注 [3] 第 88 页。

[11] 苏东海：《贵州生态博物馆国际论坛小结》，同注 [3] 第 241 页。

2001年开始在内蒙古地区建立的生态博物馆和在广西地区建立的生态博物馆，进一步探索了提升村民文化自觉和对外展示的路径，形成了中国第二代生态博物馆。广西壮族自治区政府制定了"1＋10工程"，以广西民族博物馆的力量帮助新建10座生态博物馆，帮助这些生态博物馆研究和保护他们的原创文化和开展对外展示，形成了民族博物馆的科研力量和村民之间的互动互益体制。他们从2003年开始到2005年建成了南丹的白裤瑶、三江的侗族和靖西的壮族三座生态博物馆。由于科学力量介入原创文化的保护，提高了村民对自己文化的科学理解，又由于建立了文化展厅和展示广场，加强了对外展示交流的能力。最近国家级的中国民族博物馆也加盟进来，建立了中国民族博物馆南丹白裤瑶生态博物馆分馆。传统博物馆介入生态博物馆与之结盟是中国生态博物馆的创举，是一种新的探索。同时，这也是中国传统博物馆向文化原生地接近的一种努力。我认为这是应该肯定的。

当前，中国生态博物馆正在进入一个多样化的新阶段，出现了更加广阔的发展前景。从村民文化自治的层面看，2005年云南省西双版纳政府在布朗族生态博物馆建成的开馆大会上宣布生态博物馆的管理权全部移交给村民组成的管委会，而自己退至顾问地位。贵州新筹建的水族生态博物馆也试验从开始就实现村民的文化自主权的方法。贵州地门侗族生态博物馆是由香港企业家与村民合作创办的，这种体制也是没有先例的，应该允许他们进行试验。从文化多样化层面上看，中国生态博物馆的覆盖面正从边疆少数民族村寨向城市地区、工业区以及富裕农村方向伸延。2001年开始北京档案馆与社区街道办事处合办胡同历史展，开展社区的文化记忆工程，居民积极参加。干面胡同社区记忆工程有60位原住民口述胡同史。西交民巷居委会举办的西交民巷地区历史文化展对外开放，观众很踊跃。这种社区文化活动和展示，在沈阳、宁波、郑州等地，有的称为社区博物馆，有的自称生态博物馆。中国在工业化加速进程中，工业遗址的博物馆也多起来，如沈阳铁西老工业区居民旧居博物馆，与人联系起来具有生态博物馆的意义。在一些富裕农村建立起来的农村博物馆也都含有生态博物馆的因子。中国如果能够不断突破各种已有的生态博物馆模式和思想束缚，在文化多样化的道路上前进，中国生态博物馆的道路会越走越宽广的。

原文选自《博物馆的沉思：苏东海论文选（卷三）》，文物出版社，2010年

五 对话

与国际博协博物馆学委员会主席鹤田总一郎对话录

题记

　　1987年3月，国际博协执委、国际博物馆学委员会主席、日本学者鹤田总一郎教授来华讲学。在北京期间我以中国博物馆学会会刊编委会主任委员，会刊主编的身份与他进行了学术对话。在这次对话中，他提出了建立亚洲统一的博物馆学的建议。之后他又邀请我合作建立东洋博物馆学，但不久他就去世了。这次对话发表在《中国博物馆通讯》1987年第4期上。他的关于"人与物结合"的观点在中国研究者中得以广泛传播。

　　苏：鹤田先生把博物馆的学术研究分为三类，即藏品研究、人与物相联结的研究以及博物馆技术研究。请先生再谈一谈第一类研究的含义及其价值。

　　鹤田：我所说的第一类研究是包含和博物馆有关的学科的学术研究，也就是有关学科的专题研究。由于博物馆工作人员过多注意这些专题研究，所以我强调第一类研究主要是博物馆藏品的研究。

　　苏：在中国也有这种现象。博物馆的研究工作者对相关学科的研究比对博物馆学研究更热心一些。我发表过一篇短论，把博物馆的学术研究分为两类，一类是与各类博物馆性质相关的学科的研究，第二类是博物馆学的研究。

　　鹤田：先生的第一类研究和我所说的第一类研究差不多。

苏：我把第一类学术研究看作博物馆研究工作者的第一专业。比如我是研究中国现代史的，这是我的第一专业，这是我所在的中国革命博物馆的工作所必要的对口学科研究。同时，为了作好博物馆工作，还应把博物馆学的研究作为第二专业。两种专业研究都不可少。

鹤田：是这样的。但是先生的分类似乎漏了一个很重要的内容，就是对人的研究，对人如何利用博物馆的研究。

苏：对人的研究包含在我的第二类研究，即博物馆学研究之内了。

鹤田：这不够，远远不够。因为博物馆的学术研究太重视物了，所以我把人与物联结的研究当作重要问题提出。博物馆必须把对人的研究提到与物平等的水平才能成为真正的博物馆学研究。博物馆学本应是研究人对物的研究，现在倒过来了，把物的研究放在前面，我们应该再倒过来，研究人如何利用物。

苏：我们注意到了，先生把人和物结合的研究从第三类博物馆技术研究中抽出来单独作为一类研究的用意是很深的。先生提倡人与物结合的研究已经很久了。我们的刊物曾介绍过先生的这个见解。我相信人与物的结合研究是一种重要的研究趋向。

鹤田：我认为21世纪的博物馆学主要是这个。当然不是说现在没有研究人与物的结合。现在很多人知道把人与物结合起来研究，但是水平不同。主要是认识水平不同。把人与物的中间环节研究透了，博物馆与研究所的不同价值就出来了。

苏：我们也要注意提高人与物结合的水平。不过，物作为博物馆的本质特征恐怕是不可动摇的。

关于博物馆的学术研究，我们中国的实际情况是博物馆工作者对第一类研究比较重视，而对第二类即博物馆学本身的研究不够。中国博物馆学会理事长沈庆林先生多次提出博物馆的学术研究要有自己的特色，要把博物馆学渗透到学科的专题研究中去。也就是上面我所谈的两个专业的结合。我们正为改善我们博物馆的学术研究状况作出努力。

鹤田：我也同意沈先生的意见，博物馆的学术研究与研究所不同。

苏：请允许我们转入另一个话题。前年中川成夫教授来中国，曾谈到博物馆学是一门学问，还没有成为一门科学。先生对博物馆学的学科地位如何评价？

鹤田：中川成夫先生是研究民族学的，他对博物馆学理论方面注意不够。我认为从结构上看博物馆学已经是一门科学，而且我们正在努力建设这门科学。建设这门科学的理论也就是普通博物馆学，我想需要十年的努力。

苏：我认为在应用博物馆学的理论和实践方面，建立东西方统一的应用博物馆学是可能的；而理论博物馆学方面，建立世界统一的博物馆理论体系是很困难的，或者说不大可能的。

鹤田：苏先生的理由是什么？

苏：因为各国博物馆分属于不同的意识形态，不同的政治制度，不同的文化渊源，不同的社会经济。建立统一的各国都能接受的理论体系是困难的。

鹤田：那末问题的最基本点是什么？

苏：最基本的是政治哲学不同，再宽一点说最基本的是意识形态的不同。

鹤田：我的认识，最基本的是人类伦理形态相同。先生从历史角度看得多一些，但如果从人类统一的角度观察，人类在进化中不同之处肯定会有，但人类有很大共同点。博物馆就是建立在共同的伦理形态上的。这个问题，恐怕我们马上不能形成统一的看法。

苏：是的，我们的哲学不同。但是我很同意先生所说的人类有很多共同点，因此博物馆学在理论方面应该有很多共同语言。这就是国际博协在博物馆学理论探讨方面已经取得一定成果的基础。我很佩服鹤田先生在建立统一的博物馆学方面所作的努力。

鹤田：人类有很大的共同点，研究人类的共同点，促进人类合作的可能性是博物馆的重要任务。在中国、在东洋都有博物馆自己的特点。我们可以根据亚洲的文化传统，由亚洲人建立亚洲统一的博物馆学。

苏：我们愿意加强亚洲博物馆学者的联系。由于先生日程安排很紧，现在时间到了，希望以后有机会继续我们的讨论。谢谢鹤田先生赐教。

鹤田：谢谢苏先生。

原文选自《博物馆的沉思——苏东海论文选》，文物出版社，1998 年

与国际博协博物馆学委员会主席冯·门施对话录

题记

　　1993 年 2 月，国际博协博物馆学委员会主席冯·门施访华，在北京期间我与他进行了一次学术对话。对话中可以看出在博物馆若干基本理论上，我们的观点差不多是一致的。也许是因为他在荷兰是左派学者，他的思想方法是接近马克思主义的。在对话中谈到的新博物馆学运动和生态博物馆，我发表的看法是比较空泛的，因为当时我了解的太少。对话录发表在《中国博物馆通讯》1993 年第 3 期上。

　　苏东海主编：主席先生在理论博物馆学方面造诣很深，著作很多。本刊曾发表过您的一篇论文的中译文。今天由于时间很短，我们只能就几个问题向您请教。首先想请您谈谈在博物馆多性质中什么是最本质的性质？或者说什么是最核心的功能？

　　冯·门施主席：这个问题我们也在讨论，力图作出科学的界定。但是不同的群体有不同的利益，有不同的看法。一些政治家和科学家对博物馆下的定义总是尽可能宽泛。而从博物馆学角度，从理论角度看，我主张博物馆的概念应该窄一些。中国五十年代讨论的"三性二务"接近我的观点。我是主张三种功能的。中国在五十年代就主张三种功能，不知是我过时了，还是中国人走在前面了。

虽然可以把更多的功能划进博物馆，但是从博物馆专业考虑，我认为科学中心一类的机构和博物馆是不一样的。尽管有的功能是一致的，比如教育功能，但更重要的是保存功能，如果没有这个功能，从博物馆学来看不能说是博物馆。

博物馆三功能中，物的保存是更重要的，其他功能别的机构都可能有，而物的保存功能是博物馆所特有的。应该是核心的功能。这里有个特殊问题要说明一下，就是图书馆、档案馆也有物的保存功能。它们与博物馆有什么不同，应该加以区别。有两条线可以区别博物馆与图书馆、档案馆。一是机构的区别，二是物的区别。

我再归纳一下我的看法：界定博物馆的概念时，我主张狭窄的概念，从博物馆作为三种性质的机构来考虑。博物馆学并不是在博物馆上的科学，而是在博物馆学机构上的科学。而在三种性质的机构上最重要的是保存。

苏：我们的观点差不多是完全一致的。我认为博物馆是三种性质的机构的复合体，这三种性质是博物馆的基本性质。随着博物馆的多元化和功能的多元化的出现，博物馆还可能被赋予更多的功能和性质。目前我们还是笼统地说博物馆是多性质的。从基本的三性来看，它们之间的关系是历史的，辩证的关系。我在1988年写的《博物馆史纲》中阐述过我的看法，我认为三职能在博物馆历史上是依次出现的。物的收藏职能是第一职能，其次出现的是第二职能——科研职能，最后出现的是教育职能。第二职能是第一职能的延伸，第三职能是第一、二职能的延伸。三者是同心圆的关系。圆心是物的收藏，内圆是科研，外圆是教育。因此我认为三职能的核心是物的收藏，离开了物就不能称其为博物馆。

冯·门施：是这样。（并把同心的三个圆画在笔记本上）

苏：请问是不是能建立有国家个性的或地区个性的博物馆学。如中国博物馆学，欧洲博物馆学。

冯·门施：不能。尽管博物馆学有很多学派，有许多体系，但是从理论上说，是不能有不同个性的博物馆学的。

苏：博物馆学与一般自然科学不同。我感到我们的理论博物馆学研究的路子太自然科学化了。我认为各国的博物馆学应该是在不同文化背景下各国博物馆的不同实践的升华。我想，不同国家的政治哲学，文化政策等等制约着这个国家的博物馆的存在和发展。这个国家的博物馆学者就应该在这个国家的实践基础上发展这个国家的博物馆学。所以我认为有国家个性的博物馆学是可能的。当然它不同于在更高抽象基础上的理论博物馆学。

冯·门施：我同意苏先生前面一段话的意思。至于博物馆学，我认为我们可以根据不同的实践，开发一些不同的体系，但不同的实践还是要在一个理论之下。从哲学上说，也许我有点削足适履了。

苏：谈到哲学，我想请主席先生谈一谈您认为博物馆哲学的最主要之点是什么？

冯·门施：我认为博物馆是属于信息科学。因此博物馆哲学的最主要之点在于信息。博物馆的物是信息的载体。博物馆学要研究如何对待博物馆物的信息，收集哪些信息，应该保护哪些信息，保存哪些信息，以及为谁收集这些信息，如何使用这些信息等等。我想这就是博物馆学最根本之点。

苏：关于生态博物馆运动和新博物馆学运动您能和我们谈点什么？您的前任主席索夫卡先生曾向我介绍过新博物馆学的背景材料，我想请问您认为新博物馆学运动最成功之处和最失误之处在哪里？

冯·门施：我想把生态博物馆和新博物馆学运动分开来谈，它们是两回事。生态博物馆不是我们说的博物馆机构，我认为生态博物馆与我们理解的博物馆是不一样的。事实上并没有存在什么生态博物馆，只是有这种观念。在法国并没有真正的所谓生态博物馆，如果说有的话，那也只是在加拿大、葡萄牙。

不管我们承认不承认存在生态博物馆，这种试验是存在的。生态博物馆的功能很有限，离开特定的地区就不行了。它是在非常特殊的条件下存在的，并没有博物馆的广泛的意义。新博物馆学运动是以法国的几位专家为核心，在法国以物为中心的土壤中，掀起的对博物馆新的思考。新博物馆学运动主要是针对法国的，而不是针对英国或美国的。我个人同意新博物馆学运动把博物馆的物置于社会广泛地联系之中，但是新博物馆学否定传统的功能我就不同意了。实际上新博物馆学最有市场的是在地区性博物馆。至于对艺术博物馆，新博物馆学运动就找不到办法了。

苏：我对新博物馆学运动简单说一点评价。我认为新博物馆学运动最大的成功，也是它最大的贡献在于它有勇气去否定传统，而它最大的失误也在于否定传统。因为它对传统不是批判地继承而是简单地抛弃。

冯·门施：是这样。

苏：请谈谈世界博物馆发展的趋势。

冯·门施：我认为在世界范围内出现了三种趋势。第一，差异性趋势。在世界范围内博物馆的差异性在持续增长是一个重要的事实。由于物和主题的不同，专门化的博物馆越来越多。这种趋势有积极的一面，也有消极的一面。第二，专业化趋势。博物馆业务的专业化程度越来越高，许多业务项目都需要培训，许多资格需要认定，如专业规范、职业道德标准、馆长资格等。第三，重新界定博物馆的地位和作用的趋势。在当代社会发展中，博物馆的地位和作用应该有新的认识，博物馆保存和保护物的社会意义应该进一步认识。博物馆各种功能在发展也需要进一步界定，比如博物馆教育的发展。过去侧重与学校配合，现在则更加侧重旅游者；博物馆教育的目标观众，需要加以新的界定等等。

苏：最后一个问题是关于批判博物馆学。批判博物馆学这个概念是您提出来的，安来顺先生曾向我作过介绍，现在想请您直接向我们再谈一谈。

冯·门施：我所说的"批判"是一个积极的含义，是为了更好地认识博物馆，更好地认识自己。我个人对博物馆的传播作用是很重视的。我认为通过博物馆传播可以使人了解世界，使社会变得更好。但是，为了进一步发挥博物馆的社会意义，我们对博物馆应该采取批判的态度。对于我们个人来说，也应该对自己采取批判的态度。对博物馆进行批判，博物馆就可以前进；对自己进行批判，个人也才能前进。我如果筹办一个展览，我的意识形态可能渗入进去。但是我没有理由要求我的观众一定按我的思想去理解。我应该对自己采取批判的态度，我不一定就是真理。因此，最好不要告诉观众应该怎样，而是向观众提供信息。我们说的批判博物馆学也就是对博物馆进行批判，从而使博物馆得到前进。总起来说，对博物馆也好，对自己也好，批判的观点是必要的。

苏：时间到了，我们不得不结束我们的讨论。我们非常高兴主席先生光临我们编辑部，并向我们传播了许多新的信息。十分感谢！

冯·门施：我很荣幸地拜访了贵编辑部，并和主编先生讨论了理论博物馆学的问题，很有收获。谢谢诸位。

原文选自《博物馆的沉思——苏东海论文选》，文物出版社，1998 年

与国际博协博物馆学委员会主席马丁·施尔对话录

题记

1994 年 9 月国际博协博物馆学委员会年会在北京举行期间，我与委员会主席马丁·施尔博士进行了长达三小时的学术的对话。看得出我们在一些基本问题上不大谈得来，当然有一些基本问题的看法比较一致。显然他与他的前一任主席冯·门施的思路与风格迥然不同。他是瑞士人，更接近法国文化背景。在这次会议期间，我与新博物馆学运动和生态博物馆学的头面人物德斯沃里斯和杰斯特龙有一些接触，使我对这一学派的看法有了一些变化。会后的第二年，我与杰斯特龙合作筹建中国第一座生态博物馆的过程中，我逐渐积累了这方面的理论和实践知识，我逐步成了生态博物馆思想的试验者。这次对话发表在《中国博物馆通讯》1994 年第 11 期上。

1994 年 9 月 17 日晚，本刊主编苏东海先生与国际博协博物馆学委员会主席马丁·施尔博士就博物馆学的若干基本问题进行了长达三个多小时的对话。安来顺担任翻译。下面是对话的概要。

苏：我们和贵委员会的前任主席索夫卡博士、冯·门施教授都进行过学术对话，他们的一些学术观点都已通过本刊传达给了中国读者。同样，我们也希望把你对博物馆学的一些看法传达给中国博物馆研究者和工作者。

施尔：我很乐意，让我试试吧！

苏：我的第一个问题是：博物馆的本质是什么？是物质世界还是精神世界，还是二者的统一？索夫卡告诉我们博物馆的本质是物，冯·门施告诉我们博物馆的本质是实物所负载的信息，你是怎样认识博物馆本质的呢？

施尔：这是一个非常广泛的概念，我们最好从人类与现实出发来探讨这个问题。博物馆是为社会服务的机构，博物馆收藏实物是为了服务于社会。因此，博物馆应该致力于研究人和物的关系，这点是最重要的。博物馆的物是一种文化遗产，博物馆收藏它不是强调其实用性，而是强调其意义。人类有一部分东西留下来，是因为有意义而不是因为实用。博物馆的物是物化的观念，物的博物馆化过程就是赋予物以意义的过程。博物馆的本质就是社会需要的，由博物馆机构反映出来的人与物的结合。或者说博物馆的本质是人与物关系的形象化。

为什么欧洲人对博物馆特别感兴趣，在欧洲有一种博物馆爆炸之感，瑞士每月出现一座博物馆。从心理学角度看，人们恐惧死亡，希望永远保留过去，看到过去。不仅去博物馆，而且愿意在自己家里办博物馆，收集和展示一些实物。也有人把东西放到博物馆则是为了遗忘过去，逃避现实。不论出于哪种心理，这种博物馆化现象正在欧洲兴起。

苏：这可能是后工业社会的一种社会心态。记得80年代，卢浮宫博物馆馆长在他为一本画册写的序言中说，当代物质享受与精神空虚之间的分歧威胁着生活中各个方面。工业社会的喧嚣使人们厌倦，使人产生回归自然、回归古朴的强烈愿望。

施尔：这也是一种博物馆化的原因。

苏：我们要请教的第二个问题：当前，博物馆学学科建设中的最主要问题是什么？索夫卡告诉我们建立博物馆学作为一门科学的科学体系的讨论很重要，冯·门施说重要的是批判自己。你认为学科建设中的迫切问题是什么？

施尔：我认为当前最重要的是博物馆学应在大学中有一席之地，并有人去研究它。我是一个馆长和瑞士博物馆学培训中心主任，这一点我深有所感。其次是博物馆学要为博物馆这个专业群体所接受。

苏：要让大学尊重博物馆学的学科地位，它就必须进一步理论化；要让群体拥有它，它就必须进一步实践化，这是两难的。我们还是就这一学科建设本身的问题来谈吧！

施尔：我认为，作为科学，首先要有专业语汇体系，第二要有逻辑体系，第三要有学科独立性或称排他性。谈到排他性，可以说博物馆学是具有排他性的。博物馆学研究的是人与物的关系，而考古学只是研究遗产的月份；社会学主要研究社会整体而很难接触个体；传播学只是传播不牵扯保护；博物馆学则讲究人与物的整体。当然从学科建设全局来看，博物馆还是一门正在形成的科学。

苏：我们要讨论的第三个问题：全球博物馆学研究者能否分成不同的学派？如果能，大体上能分成几派？

施尔：可以分成不同的学派。大体可分为两派。一派是哲学博物馆学派或称博物馆玄学派。这派以捷克的斯特朗斯基为代表。这派是从哲学高度上研究博物馆现象。另一派是博物馆功能学派。后者在收藏、保护、传播功能的研究中又可划分为三支：一支是以收藏为中心的研究，一支是以传播为中心的研究。我则致力于人与物关系的形象化研究，我是博物馆语言派。

苏：请问德国的克劳斯·施莱纳属于哪一派。

施尔：他非常奇特。他公开声称他是马克思主义博物馆学派，由于他过多的马克思主义的意识形态，人们在阅读他的东西时必须先把意识形态拨开才能理解。他接近哲学派，但我更喜欢斯特朗斯基。不过斯特朗斯基过分哲学化，我则想更广泛一些。

奥地利人写的《博物馆学概念》和马约维奇写的《博物馆学导论》相当不错。

苏：马约维奇属于哪一派？

施尔：马约维奇接近哲学派，但他写的《博物馆学导论》，却是一章一章地论述博物馆的各种功能。

苏：让我们转入一个新议题吧：你怎样看生态博物馆和新博物馆学运动？

施尔：这是一个很难回答的问题。我不喜欢新博物馆学这个词。新博物馆学是研究博物馆一种新现象的理论，这种新现象只是博物馆现象中的一部分，怎么能取代博物馆学而称新博物馆学呢？这是不确切的。他们所说的新现象用生态博物馆这个词倒是恰当的。生态博物馆的理论是美妙的，不要博物馆专业人员，而让公众自己建立自己的博物馆，要把物归还到人文环境和自然环境中去，照这样推演下去只能发展成为一种文化活动而博物馆则没有了。由于少数人搞起来的生态博物馆，虽然说是公众自己办博物馆，实际上只是少数人在搞试验。

我对新博物馆学和生态博物馆是持批评态度的，他们的理论难于实现。安德烈·德斯沃里斯已经和你谈过他的运动，他是新博物馆学的鼻祖之一，我想你会作出自己的判断。

苏：去年2月，冯·门施来中国我们曾经交换过对生态博物馆和新博物馆学的看法。我当时指出，新博物馆学运动最大的贡献在于它有勇气否定传统，而它最大的失误也在于它否定传统，因为它对传统不是批判的继承而是简单的抛弃。前两天，德斯沃里斯和杰斯特龙分别向我详细介绍了新博物馆学和生态博物馆学理论，使我收益不小。我佩服他们的理论勇气，但我担心他们会走到博物馆虚无主义的路上去。

施尔：是虚无主义。

苏：据我所知，哲学上有一种生态伦理学派，他们中有人认为生态文明（Ecological civilization）将取代工业文明，成为未来社会的主要文明形态。当前的生态危机就是工业文明走向衰亡的信号。生态博物馆的试验也许就是现代生态意识觉醒的表现，是迎接一种新的文明的试验，因此我佩服他们的理论勇气。当然这毕竟是一种超前的试验，现在还没有普遍意义。好了，我说得太多了。还是向你请教第五个问题吧：能否建立国家的或地区的博物馆学？

施尔：总体上说不能建立地区或国家的博物馆学。因为科学只有一个，否则不能称其为科学。但在低一个层次上，在分支学科的层次上，可以建立地区的或国家的博物馆学。

苏：明白了。请谈一谈博物馆机构是指哪些机构。我认为国际博物馆定义中列举的动物园、植物园、天文馆、科学中心等都不应属于博物馆机构。你的看法如何？

施尔：我认为作为博物馆机构应有四个方面的条件。首先是有藏品也就是实物。没有博物馆实物的不能算博物馆机构。那些活标本不能算博物馆实物，动物园、植物园等都不应属于博物馆机构。我在瑞士就把这些机构从博物馆名单中剔除出去了。博物馆藏品必须有文化价值。欧洲很多人有个人收藏，有的收藏品没有什么文化价值，如收藏糖纸，这够不上博物馆实物的文化价值。第二要有基本陈列。第三要真正向观众开放。第四要有收藏、传播知识的专业人员经营管理。除以上四条外，法律上还要承认其为相对永久性机构。我也认为国际博协列举的机构有些并非博物馆，与你有同感。

苏：我的最后一个问题是请你谈谈博物馆发展的趋势是怎样的？

施尔：英国莱斯特大学博物馆学系主任苏珊·比尔斯写过这方面文章。有些人也作了一些研究，也有人作了预言。我认为博物馆已经发展到了顶端，将保持平稳或走向下坡。在欧洲有人进行参观数的研究，根据统计，总的来说是处于稳定的平衡状态。之所以保持住稳定的参观率，是因为有些大的展览吸引不少观众造成的，实际上参观数字已经开始下滑。在我看来，二十一世纪博物馆将面临着风险。藏品需要增加而资金日益短缺，这就动摇了博物馆的基础。资助者的投资趋向和兴趣是临时展览而非基本陈列，这些都影响着博物馆的发展。因此，从发展趋势看我认为博物馆将走向下坡。

苏：从经济原因上分析当然是重要的，但从博物馆自身分析也不容忽视。我在去年发表了一篇题为《从膨胀走向收缩——迎接新世纪的出路》的论文，我认为博物馆概念上的膨胀和行为上的膨胀，超越了博物馆的功能，使博物馆陷入力不从心的境地。博物馆的出路在于从膨胀走向收缩。更加精炼、更加规范化、更加富有活力地为迎接新世纪奠定更好的基础。

施尔：英国《博物馆管理者》杂志登了一篇论文主张剔除非博物馆行为，接近你的观点。

苏：施尔主席，我们不得不结束我们的谈话了，因为时间太晚了。我们非常感谢你对我们的问题回答得如此明确，如此深刻，我们收获很大。

施尔：我们度过了一个非常愉快，非常有收获的夜晚。我要特别感谢苏教授，你的论文和发言加强了这次会议的理论深度。

苏：过奖了。我们在这次会议上学到很多东西。谢谢！

施尔：我们从中国同事那里学到很多东西。谢谢！

原文选自《博物馆的沉思——苏东海论文选》，文物出版社，1998 年

认真区别博物馆事业与产业

题记

    我国的博物馆管理有我国的政策管着，政策水平关乎管理水平。本文是对博物馆事业和产业分类管理的问题答《中国文物报》记者问。

    2002年12月20日，李岚清副总理在全国文物工作会议的讲话中指出，将文物保护单位交给企业去经营是错误的，必须坚决制止。今年1月19日，彭珮云副委员长在宣传贯彻文物保护法座谈会上重申，不得改变文物管理体制。虽然文博舆论界一直反对把文博事业产业化、企业化，但实际上体制混淆所造成的恶果一直苦恼着文博界。具体到博物馆，近年来其产业化、商业化的趋势已经引起了有关人士的关注，进一步从认识上区别事业与产业的界限仍是迫切需要的。针对这一问题，本报记者采访了博物馆专家苏东海先生。

    记：苏先生，您好，您一直在关注博物馆问题，目前在对博物馆本质属性的认识上出现了一些模糊观念，比如，有的地方提出发展博物馆文化产业。您能否对文化事业与文化产业，博物馆事业与产业的问题作进一步的阐述？

    苏：我国政府是把文化事业和文化产业加以区别的。十六大报告第六部分"关于文化建设和文化体制改革"里面专门设置了一小节"积极发展文化事业和文化产业"，在这里文化事业和文化产业是被区分开来的。中共中央宣传部部长刘云山在学习十六大的文章《推进中国特色社会主义文化发展繁荣》中也设置了一小节"积极发展文化事业和文化产业"，里面提到了文化事业不能市场化，不能商业化的问题。这些都是我国政府文化分类管理的依据。具体到博物馆呢，博物馆是属于文化事业领域而不属于文化产业领域。因此我们就应该按照文化事业的特性来办博物馆。我记得李铁映同志在全国文物工作会上曾经说过，博物馆要适应市场但是不能市场化，博物馆经济有它自己的个性，简单地移植企业的做法和策略，或者随意地套用商业和企业的一些概念、用语都不足为训。当然，企业管理的智慧我们可以吸收，但我们的经济不能像企业那样操作。只有那些深植于博物馆个性的经济行为才是有价值的。所以我曾经呼吁建立中国的博物馆经济学。当务之急，还是应该按李岚清副总理讲话中的要求，迅速地把企业体制和事业体制分开，绝不允许体制混淆，用企业管事业。现在的问题还不完全在企业，关键在地方政府，只有地方领导认识到位了，体制才能得以理顺。

记：国外博物馆是否也有企业化、商业化的趋势？国际博协和舆论界又是怎样看待和认识这个问题的？

苏：国际博物馆界也是把博物馆的经济行为置于博物馆的个性之下，并且十分警惕博物馆的商业化、市场化、企业化趋向。国际博物馆协会对博物馆经济的经典定义中就有"不以营利为目的"的规定，这就排除了博物馆作为企业和产业的属性，是对博物馆经济的定位。所以国际博物馆界不用博物馆产业这个概念。用的是创收，用income Generation，所以博物馆产业化是背离博物馆宗旨的，在国际上这是共识。但是现在的情况是，强烈的经济驱动和市场冲击使博物馆守不住这条界限，因此国际博物馆界也滋生着一些商业化趋向。最典型的例子就是前年11月发生在意大利的事件。意大利政府向国会递交了一个提案，希望法律上允许把博物馆出租给私营企业，交给公司管理，租期最短5年。他们想用这个来解决经费压力，国家就可以少出钱了。针对这件事，国际博协意大利国家委员会主席古奥瓦尼·皮那撰文反对把博物馆商业化。国际博协博物馆学委员会前主席冯·门施也发表文章，驳斥这种把属于公共财产的博物馆私人化的错误趋向，国际博物馆界纷纷起来抗议。迫于舆论压力，意大利国会搁置了这个提案。从这件事来看，国际上想把博物馆公共财产私人化、商业化的趋势有时还是比较严重的，也是博物馆谋利趋势的一种反映，这是违反国际公论的。另外，为了解决经费短缺问题，博物馆在"经济造血"的过程中会出现市场化、商业化的强烈驱动也是与政府对公共财产的投入不足有关。我发表过一篇《博物馆商业化与政府责任》的文章谈论过这个问题。最近一次在巴塞罗那召开的国际博协大会，决议的第一条、第二条就是加大博物馆自主权，呼吁各国政府加大对博物馆的投入，使博物馆能够独立地工作。

记：博物馆的创收也是经济行为，这种经济行为和企业的经济行为有何本质区别？

苏：博物馆的经济行为应牢牢置于博物馆个性之下，不能把博物馆整个当作一个产业，要明确博物馆的商业组织和商业活动是在博物馆非营利性和公益性的范畴之内，这是国际博物馆界的共识。国际博协职业道德准则的第二章第十款"外来资金与支持"就要求必须明确规定博物馆与财政的外来支持的关系。外来资金的引入不得损害博物馆的宗旨和目的，这一点是至关重要的。准则的第二章第十一款还要求明确区分知识驱动和创收活动的界限，而且要清楚地知道在博物馆范畴内创收活动的性质。我在这里提醒一下，2001年通过的《国际博协职业道德准则》的引言中指出，《准则》可以起到"准法律"的作用，而不仅仅是一种道德自律。

记：博物馆内知识驱动和创收活动两者是一个什么样的关系？

苏：知识驱动是博物馆的目的，创收不是博物馆的目的。创收活动是服从于、服务于知识驱动的。创收能给博物馆带来收入，但又要符合博物馆非营利性质的特性，而且国际博协对博物馆的创收活动还有种种要求，比如创收的钱不能用来买股票，不能用来提高职工福利待遇等等，只能作为博物馆发展的再投入。实际上博物馆创收在国外一些大博物馆中占其经济很大的份额，譬如美国大都会博物馆的商业收入占博物馆预算的一半。西方博物馆有些很好的经验值得我们学习。譬如举办临时展览刺激观众的兴趣，增加门票收入，经营餐饮业，设立展览经营部，扩大博物馆商店、有的博物馆商店甚至开到超市上去。国外博物馆商店的商品大都是其陈列的伸延，有知识含量，有很多精品，别的地方难得买到，要到博物馆去买。博物馆的创收活动越是区别于一般商业企业行为，越是伸延了博物馆的个性，体现了博物馆的特色，就越能获得更大的经济效益。

记：我国博物馆的创收水平如何？

苏：总的来说创收办法少、手法低，而且不得法。博物馆商店卖的东西千篇一律，做工不精，没有多少有价值的东西。参观之后感到无物可买。不过，现在有的博物馆也开始改变这种状况了。中国博物馆缺乏经营人才，既不善于创收又不善于开支；经费很匮乏，浪费却很严重。我们应该有经济头脑，不是一般的企业经营者的经济头脑，而是博物馆经济头脑。当然，我觉得博物馆的领导班子里不必人人都要有经济头脑，有个副馆长真正懂经营之道就不错了。博物馆的经济毕竟不是博物馆的灵魂，博物馆的病也不全在经济。

记：在市场经济的环境下，我国在博物馆创收方面有没有相关的规范性的条例？

苏：开过几次会，提过一些要求，成体系的没有见到。

记：那么，在实际工作中如何避免博物馆商业化、产业化的趋势？

苏：我们在观念上要弄清楚，认真学习国外博物馆的成功经验，遵循国际博协有关的职业道德准则。西方博物馆也走过很多弯路，最终才把社会效益和经济效益统一起来了，我们不要再去走弯路。为什么反对博物馆产业化呢，就因为产业化的结果最终对博物馆不利。另外，有关部门也应该尽早出台一些具体的规范性的条例。

原文选自《博物馆的沉思（苏东海论文选；卷二）》，文物出版社，2006 年

博物馆学的现状及其发展趋势

——答梁吉生教授问

题记

2007 年 8 月 22 日梁吉生老友来信，邀请博物馆界几位研究者进行学术通信，讨论博物馆学现状问题。我是其中之一。我在回信中粗略地阐述了国际博协理论界从上世纪 70 年代至 90 年代学术兴衰过程以及中国博物馆学会理论界从 80 年代至 90 年代兴衰过程，中外博物馆理论界正处于发展的迟滞状态中。这些通信刊登于 2008 年 5 月南通《博物苑》杂志中。

老梁：

你提出我国博物馆学现状、特点和发展趋势三题问我的看法，这些问题时常盘旋在我的脑中，并且已经发表了多篇文章阐述过。现在略述给你。

我认为我国博物馆学研究的现状是迟滞的，不仅是我国，国际博物馆学界对博物馆学的研究也是迟滞的。就我接触到的国际博协博物馆学委员会来看，也处于由盛而衰，而分歧丛生状态中。1977 年博物馆学专业委员会成立后，逐步聚集了一批有实际经验又有现代科学知识背景的学者，通力合作建设博物馆学。特别是 1982 年索夫卡担任主席后，加强了学科建设的计划性，经过十年努力，光学术论文材料就汇集了 30 卷（包括《研究系列》15 卷、《博物馆学新闻》11 卷等），到 1988 年这个委员会宣称他们的研究已极大的提高了博物馆学的地位，并导致了1988年博物馆学实实在在的振兴。那时国际博物馆界确实出现了博物馆学热。1989年索夫卡出席在我国举行的国际博协亚太地区大会，在会上作了《对博物馆学基础的十年国际性研究》的长篇报告。我是同意索夫卡对博物馆学委员会工作的评价的，可以说博物馆学是一门已具有科学基础并在建设中的科学学科。之后的两位博物馆学委员会主席，继续推动博物馆学研究的深化。1994年博物馆学专业委员会年会首次在中国举行，议题围绕"博物馆的实物与资料"，极为精细地研究了博物馆的物质特征。我作为中方学术委员作了《中国博物馆的哲学》主旨发言。90年代后期巴西人特丽萨出任主席，她在理论上比较激进，在她领导下，博物馆学年会的研究课题趋向现实，如《博物馆学与经济和社会变革，挑战与责任》等。在这些现实课题中，理论家的争论激烈起来，而且分歧加深。早在1994年我问时任主席的马丁·施尔："当前博物馆学最重要的问题是什么？"他说："我认为最重要的是博物馆应在大学中有一席之地并有人去研究它，其次是博物馆学要为博物馆这个专业群体所接受。"我说："要大学尊重博物馆学的学科地位就必须进一步理论化；要让群众拥有它就必须进一步实践化，这是两难的。"我认为国际博协博物馆学委员会的科研工作有点陷入困境，面对博物馆现实的复杂局面，理论的概括和指导是无力的。理论并不总是披荆斩棘，有时也会困顿前进的步伐。

中国博物馆界在80年代也出现了博物馆学热，中国博物馆学会、一些省市博物馆学会、专业博物馆学会相继建立，开展学术活动，出版论文集。1984年后接连召开了博物馆"群众工作""科学管理""形式设计""社会效益与服务""建筑设计""保管专业""社会教育"等专题会议。但是这些研究多属于应用博物馆学范畴。直至1986年你汇编的《博物馆参考资料》、1991年王宏钧主编的《中国博物馆学基础》和1995年吕济民主编的《中国大百科全书·博物馆》，才把博物馆学单辟一章阐述。由于现实的需要，头痛医头、脚疼医脚的研究不少，而博物馆学基础研究实在太少了。基础研究是博物馆学的基础部分。既然称为基础就应该是恒定的，或者说是稳定的。博物馆学果真要向学科发展，就要弄清楚万变中什么是不变的，什么是博物馆之所以称为博物馆的那些本质的东西，从这个层面上说，我国博物馆学的研究也是迟滞的。

幸好，新世纪开端国际博协领导层的战略思考中重提"博物馆的核心价值"和"博物馆的历史使命"。今年 8 月在维也纳召开的 21 届大会，号召博物馆加强对文化遗产的关注，增强博物馆的责任感、使命感，这就大大有助于人们的学术视线引向博物馆的基础研究中去，使博物馆的生命力、竞争力从根本上得以提高。今年 1 月 19 日我在文物报发表的《博物馆的社会责任》和 5 月 18 日发表的《博物馆的时代主题、时代特征和博物馆的发展方向》都是谈的这个问题。

谈到这些年我国博物馆学研究的特点，我认为研究者更多关注的是博物馆的经济问题，管理问题，传播问题，以及陈列、保管、社教等专业方面的问题，这些问题当然都是紧迫的问题，其中有些是中外共同的问题，有些则是我国经济迅速转型中所特有的问题。在研究中引进一些外国的某种理念和做法，会是有益的。但是目前这种引进还是相当初级的。如果真的要使引进有益于我们，中间要有使之接轨的两个环节，外国的东西有的有价值，有的是泡沫，首先要鉴别它，其次要有方法去实现它。即使在外国是好东西，在我们这里怎么办？引进是一种嫁接，光说人家怎么好，人家怎么做的还不够，我们对引进还缺少这两个环节，所以很少实效。我在引进西方新博物馆学的理论和实践上，关注它产生的背景以及它与主流博物馆学的关系；我在引进生态博物馆思想时，致力于中国本土化的实践。实际上，我的努力收效甚微，因为西方的东西在中国往往水土不服，对经济转型中的中国社会，有时格格不入。因此更重要的是研究我们自己，不知己焉知彼，不知古焉知今，就是这个道理。

谈到博物馆学向何处去的问题，我认为新博物馆学并没有颠覆传统博物馆学的理论基础，它是传统博物馆学的伸延，所以新博物馆学是博物馆的一种新思维而不是一个新学科。但是传统博物馆学和新博物馆学的着力点正在向两极分化。传统博物馆学在传统博物馆中深化自己的学说，新博物馆学在文化原生地的社区、乡村等基层地区深化自己的学说。两者能不能统一起来呢？特里萨提出"整合的博物馆学"的一套理论。我在给戴瓦兰的通信中提出"两极一轴说"。我相信两者虽然在分化之中，但也有整合。此次维也纳大会的主题及会前发表的主题说明，清楚地表明了两者在一个大旗下共谋发展是可以的。

苏东海

2007 年 9 月 3 日

原文选自《博物馆的沉思：苏东海论文选（卷三）》，文物出版社，2010 年

2008 年博物馆发展的新动向（答记者问）

题记

2007 年我重点对北京地区博物馆的大发展、新发展做了一点调研，对这一发展的动向作了初步梳理。恰好，文物报曹兵武副总编采访我，这篇访谈记就是对新动向的初步概括。载于《中国文物报》2008 年 2 月 1 日。

十七大报告提出推动文化大发展大繁荣，博物馆怎么发展？为此专访了苏东海先生。

曹：苏先生一直关注国际国内博物馆发展，从宏观方面说，您发表的《博物馆的时代主题、时代特征与博物馆的发展走向》（本报 5 月 18 日专稿）已经系统地阐述了博物馆发展的新现象和这些新现象的历史条件和社会条件。现在请您再进一步谈谈博物馆的新发展。

苏：由于年龄大了一点，到外地实地观察的事做得少了。我就从北京地区博物馆的新发展、新现象谈起吧！

观察博物馆的发展变化不能囿于博物馆本身，它是和城市的发展密不可分的，是和整个文化遗产界的发展密不可分的。20 世纪 90 年代北京地区的博物馆现代化建设（包括大馆的现代化改造）高潮的到来和我国、北京加速现代化建设的客观条件密不可分的。进入新世纪，各种新的客观条件的推动下，北京地区出现了博物馆发展的一些新现象。首先是博物馆多样化发展的速度令人目不暇接。几年之内，政府部门办的警察博物馆、铁道博物馆、税务博物馆相继开馆，听说法院、公安部也找到市文物局要办博物馆。国企单位像电信、邮政、印刷、自来水都建了博物馆。工业遗址博物馆正在兴起。有人建议现在就开始筹建北京奥运文化博物馆。许多老字号也找到北京文物局，同仁堂博物馆已建成开放。政府部门、社会单位办博物馆的事不胜枚举。北京确实已经出现了从文物部门办博物馆向政府部门、社会单位办博物馆的方向伸延的新现象。我认为其意义就在于政府部门、社会单位对自己拥有的文化遗产的价值已经有了认识，已经有了保护自己拥有的文化遗产的意识和展示自己拥有的文化遗产以服务自己、服务社会的愿望。这是文化遗产保护意识进一步深入人心的征兆。这些文化遗产的价值本来是潜在着的，现在在它的主人的眼里凸现出来了。这些文化遗产本来是潜在着的博物馆资源，现在它变成了博物馆发展的现实资源。博物馆资源的这种扩大化实际上扩大了博物馆可持续发展的基础，开拓了博物馆发展的新路径。

曹： 您从文化遗产保护的社会化进程中谈到博物馆的新发展，事实确实如此。听说您在北京博物馆学会第五届学术会议上从三个方面谈了北京博物馆的新发展。您前面谈的博物馆多样化是一个方面，请再谈谈第二个方面的新发展。

苏： 第二个方面的新发展是博物馆文化向社区的伸延。北京档案馆与社区街道办事处合作，开展胡同史记忆工程和展览，先后推出了禄米仓胡同展、总布胡同展、外交部街历史展、崇内社区胡同展等。国家文物局单局长、北京市文物局孔局长去看过，我也被邀去看过。西交民巷地区历史展开放后，本地居民、外来务工者，还有一些外国人进去参观。前门西的中国大学旧址历史展反映了很多历史上和今天的人物。干面社区办了历史展，还邀请了60位老居民口述胡同史。什刹海街道办事处成立了征集办公室，已经征集到一大批什刹海地区人物和老物件，正在布展。大兴县清源西里44栋楼编纂了《地区志》，记载了社区沿革、社区人物，连老大妈都入了志书。今年11月，花市社区推出了北京市第一座正式以社区命名的花市社区博物馆。我不是在报流水账，我是以不胜喜悦的心情谈到社区自发地出现了保护与发展当地文化遗产的热情。社区博物馆出现的意义在哪里？我认为在于文化遗产的保护与产生文化遗产的环境统一起来了；社区的物质文化遗产与非物质文化遗产的保护统一起来了。在文化遗产的原生地保护原生文化，是国际新博物馆运动者梦寐以求的。社区文化遗产是个非常广大的新领域，是博物馆不尽的资源，博物馆文化向社区伸延为博物馆的发展开拓了更广阔的空间。

　　当然北京的社区博物馆尚处于萌芽阶段，还需要博物馆的专业化扶持，但它是我们值得关注的新事物。去年8月荷兰著名博物馆学家冯·门施寄给我一份他最近的一项课题的论文，题目是"注解环境：遗产与新技术"，介绍了社区博物馆的许多新方法。其译文发表在《中国博物馆》2006年第4期上，可参考。

　　曹：西方的社区博物馆虽然用新科技方法保护与传播社区文化遗产，比我们先进，但方向我们是一致的。我们应该继续观察事情的发展，并且促进其发展。

　　苏：这就要说到非物质文化遗产的保护热情。2003年联合国教科文组织发布《保护非物质文化遗产公约》后，我国政府迅速批准参加公约，各级政府随即行动起来。好像北京比别的省市热情更高，行动更快。也许与北京承办奥运有关，按照惯例奥运承办城市要展示本国、本市特有的文化风采，因此推动了从上到下的关注，各区县展开了非物质文化遗产的普查，市里已公布了二批非物质文化遗产名录。这是北京一场空前的非物质文化遗产的再认识、再发掘。一些消失、濒临消失的传统艺术、传统工艺、一些绝活，又激起了活力。这对博物馆有什么意义呢？这无疑突破了传统博物馆的社会功能，推动博物馆进入精神文化遗产领域，更大地负起博物馆的社会责任。国际博协已经把保护与传播非物质文化遗产列入博物馆的核心价值之中，列入博物馆历史使命之中。但是博物馆如何保护和展示非物质文化遗产至今仍然是世界性的难题。现在北京博物馆界有了一些实践。北京智化寺的文博交流馆、北京湖广会馆的戏曲博物馆、北京人艺的戏剧博物馆都开展起来了。他们不仅拥有文化遗产、有传承人，而且有演出舞台。智化寺的经验还在国际博协亚太地区大会上作了介绍。在传统博物馆中如何保存与展示非物质文化遗产正在探索，有的博物馆开始记录传统遗产，予以保存。北京市博物馆学会正在组建非物质文化遗产专业委员会，集中力量，进行博物馆与非物质文化遗产的研究和实践。北京博物馆承担起保护非物质文化遗产的历史使命还有很长的路要走。

最后，我再说一下，上面谈到的北京地区博物馆出现的三种新现象、新发展，有的比较明显，有的正在萌芽，但它们和国际博协申明的博物馆的核心价值和历史使命是完全一致的，是符合博物馆发展的世界潮流的。

曹：您的《博物馆的时代主题、时代特征与博物馆的发展走向》一文，是从大视野看博物馆走向，今天是从北京地区的现实看博物馆的发展走向，是可以互相印证的。谢谢苏先生为我们提供了北京地区博物馆发展的现实材料，又提出了发展方向，很有指导意义。

原文选自《博物馆的沉思：苏东海论文选（卷三）》，文物出版社，2010 年

中国生态博物馆的反思与瞻望

——苏东海先生访谈

题记

2008 年 8 月，我有幸跟苏东海先生见面，此后又有很多机会访问他。苏先生是中国博物馆学会荣誉理事，《中国博物馆》杂志的前主编，以及中挪贵州省生态博物馆项目主持人。在这次访谈中，我们专注于在中国的生态博物馆运动、其历史和极具潜力的未来。苏先生使我们洞察到在中国的生态博物馆的概念，该项目的使命和理想，其本地化以及生态博物馆管理出现的困难等。这次讨论促使我们探究中国生态博物馆的发展中所面临重要的实践和理论问题，对问题的反思也有助于使正在实施和未来将实施的项目运作更具效率。

倪：我最近跟潘守永教授一起讨论国际和中国生态博物馆的发展、现实和问题。我研究过中国生态博物馆的发展，了解您被称为中国生态博物馆之父。去年（2007 年）冬天我去过贵州的梭嘎、镇山、堂安和广西的灵川县灵田乡长岗岭村生态博物馆，详细看了这几个博物馆，下个礼拜我再去贵州看一下，我对中国的生态博物馆实践活动有很多兴趣。我原来研究中国少数民族地区发展，观察地方政府的兴趣所在，以及他们发展的近况如何。中国强调"发展是硬道理"，这对于少数民族社区的认同、文化习俗保护以及价值体系会有什么影响？在中国生态博物馆活动是文化遗产保护的一部分。现在，我关注文化遗产保护项目对少数民族和农村发展有什么影响。

您做的工作及写的书和文章让我考虑很多问题。所以，我很想就生态博物馆工作和看法请教于您。

苏：可以，很欢迎。

倪：有一些人叫您是"中国生态博物馆之父"。但我了解到，这与您以往的工作还是有一定的"差距"。在中国，您有什么样的机会或者机缘来做生态博物馆的事？

苏：我做生态博物馆的一个原因是对于环境的体认，后工业社会对环境的影响是全球共同的议题，从环境科学认识到生态的重要性。中国的工业化还没有到后工业社会，但中国的工业化过程中已经出现了很多后工业社会的环境问题而且很严重。中国政府对环境问题很重视。所以，从80年代开始我们从环境科学和博物馆的关系，从这个方面认识这个问题。博物馆从环境科学认识生态，把生态科学引入到博物馆。当时就是这样的想法。

倪：您怎么了解到生态博物馆概念的？对国际生态博物馆比如法国或别的国家的生态博物馆概念及实践，您是怎么了解到的，是有人告诉您吗？

苏：是这样。当时，法国，还有包括巴西的拉美的人，在拉美国际博协开一个国际博协研究会议提出了生态博物馆，即整体博物馆的理念。那个时候呢，《国际博物馆》（以前叫《博物馆》杂志）有好几期是专门谈生态博物馆的。我那时候是《中国博物馆》杂志的主编，安来顺和我们一起翻译了一批文章介绍生态博物馆的思想和一些经验，有法国的经验，还有加拿大、澳大利亚和美国的。

但是，我具体到提出这个问题是1986年，因为我是贵州省文物保护的顾问。贵州在研究文化保护的时候，我提出了建立生态博物馆的意见。

倪：1994年的时候有一个国际博协博物馆学专业委员会（ICOFOM）的会议在中国，这个会议对中国生态博物馆发展有影响吗？

苏：国际博物馆学专业委员会（ICOFOM）1994年那个年会是在中国开的，正值新博物馆学运动时期，那时候是那个著名的法国人戴瓦兰来了，德斯沃里斯（Aridre Desvallees）来了，挪威人也来了。在那个会上我认识了一些新博物馆学运动的代表人物和从事生态博物馆的人物，主要的是挪威的杰斯特龙（John Gjestrum）。我们在那个年会上认识，他是国际博物馆学专业委员会的理事，第一次到中国来开会。他本来是传统博物馆的馆长，当了15年。他自己把传统博物馆改造成生态博物馆，又做了15年的馆长。我也在传统博物馆工作，所以我们有很多相似之处，也交谈甚欢。

倪：法国、巴西、美国和其他的国家都在做生态博物馆，研究方面也很有特点和成就。为什么您和挪威的杰斯特龙合作了？为什么选择了"挪威模式"？

苏：因为挪威有一个特点，和法国、加拿大都不一样。法国、美国、加拿大那些地区的社区是比较富裕的，而且文化比较高。挪威的社区比较小，他们的独立运动摆脱了统治，比较重视民俗方面，而且挪威是第二代的生态博物馆，强调文化方面。

倪：其它的国家的确不一样，英国强调工业遗产，法国强调历史方面。

苏：第二代生态博物馆比较强调文化，挪威的这些小型博物馆对于整个社区的文化遗产保护做得比较好。中国在工业化过程中要保护农村、乡村，受冲击最厉害的是农村的文化，所以我没有选择法国的模式，而是选择挪威的模式"移植"到中国来，其生态博物馆最主要的模式是文化记忆，文化记忆工作做得比较好，所以其生态博物馆必须包括信息资料中心，也就是围绕文化记忆做记录。法国没搞这个"记忆中心"。加拿大主要是搞"培训中心"。还有一点，我去参加在挪威召开的国际博物馆大会，期间，杰斯特龙帮我们起草一个报告申请挪威的环境保护的一笔钱。经费支持在当时是非常关键的。

倪：为什么您会认为挪威对中国和中国的少数民族文化保护有兴趣支持？

苏：他们不一定对少数民族感兴趣，因为我知道挪威政府对环境保护投入很大，挪威的一位女首相提出了"可持续发展"，她在联合国大会上发起了文化遗产的可持续发展的思想，所以说，挪威对文化的保护投入很多。其次，杰斯特龙对我说，他们援助非洲失败了，因为援助非洲把钱都乱花掉了。他们的议会就批评他们的合作项目，所以他们在东方找合作伙伴，于是就找到了我。找到我后又对我进行了一些了解以后，知道我在贵州政府那里有发言权，我不会像非洲那样乱花钱。世界遗产理事会的主席来考察了15天，他觉得我是一个可靠的合作伙伴，这笔钱交给我是没有问题的。实际上，我是在贵州组织了一个班子去做，但是贵州向我负责。

倪：1980年代之前中国政府不是很关注文化保护，当时的工作重心与现在不一样。改革开放以后，政府了解到世界上很关注这个事情。这些外来的思想一定会改变中国政府的想法和做法，实际情况到底是怎样的？

苏：的确，政策上有很大的变化。因为改革开放就会有许多外面的思想引进来。引进来的东西就会和原来的东西产生碰撞。后工业社会所走过的道路和经验教训就必然会对正在工业化道路上的中国有参考价值。关键是，外面的经验教训可以随时提醒，不要重蹈覆辙。

倪：在文化保护过程中，经济发展也是一个重要的议题，特别在少数民族地区，想发掘文化的商业价值，让文化成为经济资源，很多地方利用文化遗产来拉动地方经济发展。这些做法说明中国的文化保护目标跟其它的国家有一点区别。

苏：对。这个保护文化的认识是从上世纪90年代才开始的。

倪：是从联合国教科文组织的影响开始。

苏：啊，是联合国。联合国也是80年代以后才开始更多的关注文化的地位。从国际上来说，经济一体化以后，各国对可能出现的文化一体化表示出极大的担忧，出现了抵制的浪潮。所以说，在经济一体化的大背景下，对于可能出现的文化霸权保持警惕是当时的普遍反映，各国对自身文化的重视程度，包括一些像法国这样的大国也在这个时候把文化保护提到很高的地位。20世纪90年代，"文化多样性"的概念出现以后，这个思想更宽了。

倪：所以您认为生态博物馆跟文化遗产保护有密切关系？

苏：有密切关系。我们的出发点就是选择最脆弱的地区、最脆弱的文化来保护，所以选择梭嘎。

倪：在贵州您们主持建立了四个生态博物馆，但是为什么选择梭嘎作为第一个生态博物馆？

苏：因为这个选择是跟贵州文化厅（文物局）文物处官员的推荐有关系。他们推荐了20多个可以选择的地点。我们都转了，都看了。我、杰斯特龙、安来顺、胡朝相、还有贵州文物处的副处长，我们五个人一个小组都跑完了。为什么选择梭嘎？因为梭嘎保留的原始的东西比较多。它是相对封闭的，和外界几乎没有交往。黔东南的苗族跟周边的汉族交往比较多。梭嘎这个地方完全封闭起来，甚至没有下山的路，形成相对独立的文化和地理单元，所以梭嘎的原生态的东西比较多。

倪：接受生态博物馆理念和方法，在政府和专家之间，有区别吗？

苏：有很大的区别。因为生态博物馆是引进的，从西方引进的。中国本身没有生态博物馆，也没有生态博物馆的思想。生态博物馆概念是后工业社会的思想产物，是批判工业社会而形成的一种思想。这个思想在中国农村或是其他地方是不会自发产生的。就学者来说也是从国外引进，不是我们中国社会的产物，因为中国还没有进入后工业社会。所以这个生态博物馆是比较超前，对我们中国农村来说就更超前了。引进这个思想，这个模式就引进来了，它是一种灌输，首先灌输给官员。官员如果不做的话，没人能做。不像西方那些志愿者就可以去做，谁都可以去做。中国的话，如果要在这个地方办一个文化机构，

对话

525

政府不批准你就不行了。而且你的村子要归乡里管理。所以首先从思想上引进，专家要起到主导作用。

那么，为什么贵州省政府对这个事情很积极，因为贵州省的博物馆在全国来说比较落后。他们希望是在第七个五年规划期间推进生态博物馆。我们参加那个会讨论的时候，我提出了生态博物馆，这是比较先进的东西，贵州的民族文化资源比较丰富，有优势，引进了先进的东西以后，在全国就是领先了。另外，贵州对于保护民族文化很在意，所以对此比较积极。但是，贵州并没有钱，在得到挪威的援助以后，就很积极了。

倪：我听说，中国一般地方政府都要相应的配套经费？

苏：国家文物局很积极。我是国家文物局博物馆专家组的专家，很支持我做的事情。如果没有他们书面委托的话，他们书面委托我全权代表国家文物局，贵州省书面委托我全权代表贵州省政府，这事情也不可能，挪威把钱给中国博物馆协会，协会把钱分给贵州，我对这笔援款负责。在北京，有一个项目领导小组，在贵州是一个项目实施小组。我们每年做一个实施计划，然后我把实施计划给国家文物局和贵州省政府，给挪威开发合作署，一式三份都给他们，进行备案。我来做国际审计和现场考察。

倪：所以，挪威和中国政府都给予经费的支持，具体的情况是怎样的？

苏：贵州的四个生态博物馆都是挪威给的经费，中国政府有相应的配套部分，配套远远多于挪威的援助。为什么政府配套的钱很多呢？因为挪威给的钱仅限于生态博物馆本身的建设，比如人员培训，建立资料信息中心等，其他属于基础条件的，属于管理方面的建设，如村寨环境、交通等建设，不在挪威援助范畴之内。

比如，梭嘎使用的第一笔钱是引水上山，因为他们没有水，必须先解决水的问题。另外，还有一个是引电。这两项工程，挪威批准同意用援助的钱，其实这些都是不多的花费。修路花费较多，是贵州地方政府出的钱。此外，盖房子和资料信息中心是村民自己出工，出工后给工钱，自己盖自己的资料信息中心。

第二个生态博物馆镇山布依族生态博物馆和第三个隆里生态博物馆建设的时候，政府投入的更多。这个时候政府有专门的资金预算，而且还可以从各个方面集中起来进行配套建设，比如说卫生，政府可以拿出卫生预算经费的一部分给博物馆；公路交通方面政府有很多钱，拿出很多钱给地方修路。另外，还有一部分钱来自文化遗产保护经费，用来修城墙，都是国家文物局出的钱。这都是政府配套的钱，这些加起来四个生态博物馆一共有六七千万元，如果细算下来，各方面的投入还多。

倪：您觉得建设生态博物馆应该是什么样子？建设生态博物馆的过程中最难的地方是什么？

苏：生态博物馆，从世界上的情况来看，建设一个博物馆是不难的，但是让它存在下去比较难。世界上的生态博物馆消失的也比较多，消失得也很快。原来世界上建了多少生态博物馆统计以后有变化，加拿大已经就有很多消失了，日本建设的一些博物馆也消失了。我们建设的博物馆，如果政府不支持它们也会消失。所以生态博物馆让它继续存在下去，也就是可持续发展下去必须要一种机制，不然的话，建立起来需要有专家的热心，有政府的支持。实际上，你不是本地的人，你是"代理"他。当你撤出了以后，你让他从名义上的主人变成事实上的主人以后，他就不能按照你原有的要求去做了。

为什么它不能存在下去呢？我认为有一个原因。为什么传统博物馆能够存在下去，为什么生态博物馆不能持久存在下去？这个原因就是因为我们传统博物馆，它的工作人员是一种职业，而生态博物馆的村民保护他的文化并不是他的职业，是他的志愿。所以，他现在作为不同的身份。生态博物馆每一个村民都是一个主人，但是他不能像传统博物馆那样当成一个职业去做。不是他的职业，他就可以随时离开这个地方。这是从人员的稳定来说的。

另外，生态博物馆的生活和传统博物馆的稳定不同。传统博物馆是稳定的，生态博物馆是流动的。他的人员是流动的，不能冻结文化，不能冻结他的生活。而且，应该支持他发展他的文化。它是一个动态存在，传统博物馆是一个静态的存在。生态博物馆不好发展。

还有一个原因，传统博物馆的专业水平很高，对文化遗产认识很深，对文化进行保护的专业能力很强。在农村，他们没有专业能力，也没有专业设备，所以对文化遗产保护的专业性不高。它的存在是流动的，又缺乏专业，生态博物馆在村寨中持久存在下去有着种种困难。

我觉得最难的是生态博物馆的主人，其主体性是否得到展现，有没有认识到自己文化的价值，要不要保护。他要保护的话，应该怎么来做？这些专家可以指导。他可以博物馆化，或者是可以用资料中心把他的记忆保存下来，让自己的后代子孙看了以后能够知晓。但是你必须让他自己来做。如果专家和政府走了以后自己不做了就没法存在了。现在他认识自己文化的价值他才能让生态博物馆在他那个地区存在，只有他是主人的地位。

我在2005年的贵州会议上提出，要回归传统博物馆，要用博物馆的专业水平来提高生态博物馆的水平。但是，巴西的特丽莎（Teresa Schemer）不同意我的意见。她认为生态博物馆需要博物馆学但是不需要博物馆，也就是需要博物馆学的知识，但是不需要用博物馆的机构。我想她是这个意思。我提出"博物馆化"，要回归博物馆，要运用博物馆的知识和经验。她是国际博协的执行委员，90年代后期她是国际博协博物馆学专业委员会的主席。

倪：中国生态博物馆的管理模式是怎么样的？您对这个管理方法有什么评价？

苏：中国生态博物馆的管理模式，它是政府公共博物馆中的一个，它不是独立的，而是政府整个公共博物馆体系中的组成部分。工作人员现在是拿工资的，有编制，政府要管理，需要贯彻政府的文化政策。另外它是双层的，有传统的管理方法，也有政府管理。传统的管理方法，比如有寨老，这要看接近程度。梭嘎因为比较封闭它有两套班子合在一起。寨老死了以后他又自然产生新的寨老，他们不是选举而是自然形成的，它有几个七十岁以上的，最后有一个人说话最权威，大家就推选他为寨老了。

还有一种，比如隆里还有镇山，他们是一套了，就是村长。他是做生态博物馆的管理，但是主要是中国政府来做了。尊重他们的民族习惯。

倪：如果看国外的生态博物馆，大部分是在发展的国家建设了。在中国西南地区的生态博物馆的社区还没有达到国外的发展水平，村民还是很关注吃的和住的事情。所以对文化保护的重要性在中国西南地区的生态博物馆的村民跟这些国外的生态博物馆的社区的思想不一样，情况完全不一样。在中国，政府或者专家说我们在这一村寨应该建一个生态博物馆，在国外一般是当地社区自己想建生态博物馆，用政府的支持和专家的帮助但主要是他们自己做，一般是老百姓来自己做管理。这个方法跟中国的生态博物馆建设方法不同。

苏：应该是民主管理。他本人自己应该是主人，变成外来人是主人，而他是被你领导的。

现在它和村政、村务民主统一起来了。所以你在镇山也可以看有一个大黑板，政府有多少收入，多少钱怎么用的。

倪：因为在国外很多生态博物馆是从上自下建设发展的，它们有自己的社区协会。中国生态博物馆的社区有没有一个当地生态博物馆协会或者组织，比如寨老、村民和村委会一起讨论生态博物馆发展的问题？

苏：有乡规民约，梭嘎就有一个公约，困难户、名单都有一系列的规定，还有一个生态博物馆的章程，是贵州生态博物馆制定的，但是不知道他们做得怎么样。

倪：我去过镇山，我问了村民这个地方是生态博物馆吗？他们说："对，这个地方有博物馆。那边有博物馆（指向资料中心）。"您听这个情况，您有什么感觉？

苏：这是一个问题。整个社区应该是一个生态博物馆，现在在他们眼里资料中心是博物馆，我们的村寨不是博物馆，就是一个问题。另外是他们已经商业化了，因为离贵阳很近。它现在是一个旅游胜地，而且贵阳人休息的时候去那里唱歌、打牌，把生态博物馆变成一个景点。那么你要保持生态博物馆的原有要素的话，但它已经完全变了。

倪：我再问村民时说"我听说这里是生态博物馆"，我的意思是说您们这里是生态博物馆，他们会说"不是，不是怎样"。

苏：所以这是个问题，你有一个资料信息中心了，它有一个建筑物这容易被人认为是博物馆。但如果你把博物馆放大到环境中去，它就没有这个认同。还是一种传统的观念来看博物馆。但如果你把整个环境包括进去作为一个要素来考虑的话，那么它现在还有距离。

倪：在这些村寨社区他们有自己的文化价值体系，是当地的价值理解。但是他们不一定用过外地的、专家的思想考虑了他们的文化价值。对您来说，怎么让他们了解他们文化的价值？怎么做呢？

苏：现在我提出了第二代中国生态博物馆，广西试验的这个。民族博物馆专业人员到民族生态博物馆里面去具体帮助，而且可以把生态博物馆算作是民族博物馆分馆和基地。这样就使理论和本地人连接起来，提升本地的民族学价值。常住在这个地方，是他的一个基地。而不是像政府官员见着做好了就走了。有一种组织上的关系，就是生态博物馆是广西民族博物馆的分馆。这样的话就可以培训村民，提高他们对本地的认识。

这个是一方面，还有很重要的就是旅游。这点我和国际上的很多朋友的观点不大一致，很多国际的朋友非常反对旅游。其实旅游对本民族认识自己的文化价值有一个促进的作用，很多人来看你的文化，你就会认为你自己的文化有价值。因为你自己的文化别人会尊重了。

所以，旅游的人多了，他对自己文化价值具有的自信心也高了。同时旅游带来的外来文化也可以跟他们交流。所以这里就带出了一个问题，就是你这些文化被旅游者参观的时候，你就需要表演。那么，表演是不是就变成商业了。还有人提出一个问题，如果这样的话你把他们民族文化当作一种道具。这里就存在是不是对少数民族不尊重的问题，我是表演给你看，并不是我的生活。你来参观，你是客人。如果不是这样，你来参观是花了钱，我的表演就成了一种商业行为了。我认为这种认识是不全面的，因为表演本身不能说是对他的文化的一种侮辱，这种表演也是怀着一种自豪的心情来表演。表演也需要成本的，你不能说这完全是商业性，而且商业性不一定是坏的。

倪： 为什么您和挪威做了那个六枝原则？六枝原则有什么作用？

苏： 六枝原则不是我提出来的，是挪威科学顾问提出来的。他提出来以后我给他一点儿争论。我们讨论的时候我说要加一条，首先就是生态博物馆要解决他们的生活，没有温饱的话你其他的谈不到，怎么当主人这些。另外一个原则里面对这个旅游者不够欢迎。后来我们到挪威的时候，大家都觉得六枝原则应该加上我说的这一条。但是我不觉得它很理想，因为这些都是一种规定，应该怎么做，应该怎么做。旅游者应该怎么做，村民应该怎么做。我已经给他们提了一条原则，就是资料中心有一个小卖部，他们所有的工艺品都在那里出售，不要私人出售，都在那个地方统一出售。他可以写他的名字，说是谁做的，他可以价钱定得很高，刺绣一套衣服要多少钱，不用的小推车一个要多少钱。他可以在小卖部卖，但是不要追着旅游者卖。

倪： 您认为生态博物馆的专家或者负责人应该培训村民吗，让他们了解怎么做呢？

苏： 这个东西不是说给他们，他们就能做到了。你定完了以后，他还有自己的生活习惯，她背着孩子就去卖东西这个比较省事。

大众旅游和研究旅游不一样，研究旅游是住下来或是第二次再去。大众旅游是去一次就走了，不会再去了，所以买东西不论便宜或是贵了都是得到了。但是吃亏的是妇女，她担心你不要所以会卖得很便宜，她不会经营。另外一种事是表演。一次三百块、七百块，表演的人都可以拿到的钱。岁数大的妇女或是带着孩子就不能参加表演了，所以年轻人能挣到比较多的钱，所以这一批人是追着旅游者卖东西的一个群体。

倪：在您的文章中您说了，中国生态博物馆会提高社区的经济和生活质量。您可以具体谈一谈吗？

苏：这个生态博物馆怎么能增加收入呢？增加收入还要靠旅游。因为旅游的话，它不仅是旅游商品，也还有表演。但是光靠旅游也不行，生态博物馆必须要，现在生态博物馆做的是实验，我不知道实验的结果怎么样。隆里侗族生态博物馆，他们的馆长和我说挪威支援的钱来了以后他们想搞黎平的手工榨油，这是他们的特色。他们把手工榨油村寨企业来养生态博物馆，我认为这个想法还是不错的，但是不知道现在做的怎么样。依靠生态企业，一些工艺品增加经济收入。我认为与外界交流多了一些以后，他们会增加一些经济收入。

倪：我很想问您，在中国做的生态博物馆发现很多问题，您认为现在在中国建设生态博物馆是不是合适？

苏：要根据中国本土的条件，它才能合适，如果他不是符合本土条件而是国外的模式，或是国外的要求不行。所以我现在想生态博物馆最核心的价值观，就是说你自己保护自己的文化，这样才有一个民主化的过程，而且在原生地保护自己的文化，只要做到这一点你可以叫它生态博物馆。不叫它生态博物馆也可以。因为它不是一个名字的问题。

我现在做一件事情，我现在把生态博物馆的思想引进到社区，在北京也可以做。全国的社区博物馆出现了很多，社区博物馆建设的更多的是你说的自主一些。

我看国际的主流的博物馆也存在这个问题。除了美国或者加拿大以外，欧洲的国家主流博物馆也是政府在控制着。所以博物馆界是存在一个独立运动，独立于政府的管理，英国就是搞了几十年的独立运动。但是政府也要利用它，因为它是文化遗产保护很重要的工具。所以我想把它扩大，扩大到整个社区。另外，国家文物局单霁翔局长对这事情很热情，他几次和我谈这个事情。

倪：您如何评价中国生态博物馆在世界上的位置？

苏：我认为中国生态博物馆最大的特点是本土化的。它没有照搬这个那个，没照搬挪威模式，没照搬法国模式，它是本土化的。如果它不是本土化的话它不能在中国生存，所以中国生态博物馆都是根据本土的特征，根据本土的条件建立起来，比如侗族，是按照侗族的文化。

另外，体制本身就是中国的。比如梭嘎就存在两套班子，既是村长又是寨老。按他们的行政体系的话，就是寨主；而按照政府行政体系的话应该是村长。那么寨主并不是选的，而村长是选的。他是根据中国本土的情况。

倪：现在中国已经建设了很多生态博物馆。贵州是第一批，广西和内蒙是第二批。在未来，您认为中国生态博物馆将会有怎么样的改变？

苏：生态博物馆这个概念必须要放宽。不能把它的门槛定得很高，允许各种各样的存在。现在他们想定一个生态博物馆的标准。这个标准的话是不行的。它应该是更本土化，根据本地特殊情况，而且它的基本核心要素要有就行了，核心价值存在就行了。我是认为生态博物馆要放宽，只要是基本核心的意思就可以了。如果都是按照一定的标准才能叫做生态博物馆，但是建起来时符合你的标准，但是标准一变你这个生态博物馆就不会存在。而且你有标准化的话不能实现多样化。不能实现多样化它不能存在。

所以中国生态博物馆一方面要自己有要求，另一方面需要有政府支持，在未来也是这样。他们要到一笔钱，就可以用来办事，没有钱就不能办事。现在好在中国政府很重视，一方面是中国政府有钱，有钱后很重视软实力，很需要文化上的发展。我的意思是，不要用一种概念把它框住，这个是生态博物馆，这个不叫生态博物馆。只要是真正的保护了文化，而且是群众自己保护文化，而不是专业人士保护文化，这个就是生态博物馆。新博物馆学运动就是这样一种民主化、自主化的精神。

访谈者简介：倪威亮（William Nitzky），现为美国亚利桑那州立大学人类学系博士候选人、中央民族大学人类学研究所访问学者，中国民族博物馆特聘研究员。从1999年开始倪威亮从事中国少数民族地区发展和认同的研究，自2006年起他一直关注中国的博物馆发展和生态博物馆运动，他在贵州的五个生态博物馆和广西的四个生态博物馆进行长期的田野调查，并致力于探究生态博物馆的概念如何在中国实现，以及社区在参与当地文化遗产保护过程中起到的重要性等的观察研究。

原文刊于《中国博物馆》2011 年第 1 期

"老国博"眼中的新国博

题记

新国博是国家把文化建设提到前所未有高度的具体表现，新国博弥补了中国博物馆界的世纪遗憾。

采访嘉宾：苏东海（中国国家博物馆研究员）

前门大街12号，是北京市一幢普通的居民楼。中国国家博物馆研究员、著名博物馆专家苏东海就住在这里。居室面积不大，甚至显得拥挤。但苏东海喜欢，因为客厅有一扇侧窗，从那里可以清楚地看到自己工作了一辈子的中国国家博物馆。

84岁高龄的苏东海不久前摔坏了腿，正在恢复期间，但这并没有影响他对新国博的关注。记者打电话联系采访时，他的夫人说："他到单位去了。"

浸润在春日下午的阳光中，就在那间看得见国博的客厅，话题就从这扇窗户开始。

记者：国博改扩建期间，您天天都透过这扇窗户眺望吗？

苏东海：是啊。以前上班，我溜达着就去了。年纪大了，腿脚不利索了，就从窗户望一望。不管怎么说，我在那儿干了一辈子，现在还忝任馆里的学术委员，怎么能不关心呢。

记者：可以说，您是亲眼看着新国博诞生的。

新国博是国家文化发展的缩影

记者：当年，您在中国革命博物馆工作，任陈列部主任；如今，您又见证了新国博的诞生。作为一个老国博，您认为新国博的诞生对整个国家的文化建设意味着什么？

苏东海：新国博是"十一五"期间最大的文化工程，是国家把文化建设提到前所未有高度的具体表现。

记者：为什么这么说？

苏东海：这个问题必须放在中国的博物馆事业发展的大背景中来看。

中国博物馆事业发展分为三个阶段。中国最初的博物馆诞生于半封建半殖民地社会，创办目的就是开发民智，救亡图强，教育成为它天然的使命。新中国成立后的10年是第二个时期，那时候我们学苏联，博物馆的建筑和发展都采用苏联的模式，意识形态很强，为革命服务，博物馆被赋予了很多政治使命。上世纪80年代至今的30余年是第三个阶段。随着改革开放，中国博物馆数量突飞猛进，新建了大批历史类博物馆和纪念馆；从上世纪90年代开始，博物馆的现代化成为趋势，众多博物馆都在提高质量方面下功夫；新世纪以来，在文化大发展大繁荣的框架内，博物馆事业蒸蒸日上。

记者："中国国家博物馆"就是在那个时候出现的。

苏东海：对。2003年2月，原来的中国革命博物馆和中国历史博物馆合并组建成立了国博。这个变化不仅仅是名称的变化，而且是在办馆理念上有了新的变化。

新世纪以来，中央提出经济建设、政治建设、文化建设、社会建设"四位一体"发展，文化被提升到"软实力"的高度，备受重视。改扩建后的新国博，既是国家现有"软实力"的体现，也被寄予提升国家软实力的厚望。

记者：新国博是咱们国家的一张文化名片。

新国博弥补了中国博物馆界的世纪遗憾

记者：作为曾经工作在博物馆一线、又长期从事博物馆研究的学者，您认为新国博对于中国博物馆事业发展有什么意义？

苏东海：大馆发展的方向往往是这个国家博物馆发展的风向标。中国国家博物馆是我国唯一以"国家"命名的博物馆，应该义不容辞地承担起这种标杆的责任。

记者：那么，新国博的发展方向，有什么值得推荐或借鉴的？

苏东海：新国博的办馆理念弥补了我的世纪遗憾。

记者："世纪遗憾"？

苏东海：1999年，我写了一篇《立于世界高度鸟瞰中国博物馆》的文章。在文章的最后部分，我写了20世纪中国博物馆的两点世纪遗憾。一是100年来中国博物馆美学的缺失；二是中国博物馆世界文化的缺少。

记者：您为什么这么说？

苏东海：20世纪初，在德国留学的中国学者蔡元培，多次介绍西方博物馆的审美价值，但未引起社会重视，因为社会的注意力在于博物馆的教育价值。遗憾的是本世纪我们对博物馆美学的研究和美育实践做得太少了。改革开放后，不光博物馆包括学校美育在内，美的缺失状态还没有根本改观。

国博的吕章申馆长提出新国博"历史与艺术并重"的发展方向，从历史专题类博物馆调整为历史、艺术类的综合性博物馆的定性，我十分赞同。因为美的奉献是博物馆最原始的职能，是博物馆文化魅力的源泉。国家博物馆带头提升博物馆的艺术价值，我认为对提高博物馆的质量、深化博物馆的改革是有启发意义的。

记者：在国外的博物馆可以看到中国的文化精品，而在国内却看不到外国的文化精品，这确实是一种遗憾。

苏东海：是的。而新国博要从展示单一的中国文化向展示世界多元文化发展，这化解了我的第二个世纪遗憾。这种遗憾是殖民时代造成的，是不可抹去的历史遗憾。然而历史向前发展了，20世纪末期兴起的文化多元化浪潮，涤荡着旧的殖民文化的恶果，冲击着新的文化霸权的横行。博物馆是文化多样性的天然平台，我国博物馆界开始引进西方文明的展览。

记者：我知道很多大博物馆，像故宫博物院、首都博物馆，还有上海、浙江等馆都在以交换展览的方式引进国外的展览。

苏东海：这确实是一种趋势。

这次新国博以更加开放的胸怀做这件事，动作很大。要常设亚洲厅、非洲厅、欧洲厅、美洲厅等，观众将可以常年看到多元化的文化展出。4月1日中德国家博物馆合作的"启蒙的艺术"要开展。

记者：4月26日还有个与秘鲁合办的印加文化的展览。

苏东海：接着准备推出意大利文艺复兴时期的艺术珍品展，同时在罗马的威尼斯宫也有一个常设的600平方米的中国展厅，从而把中外文化交流推向常设化。中国国家博物馆一系列的中外文化交流的战略构想及其实现，对我国博物馆更加开放的改革，更加顺应文化多元化的世界潮流，应该是有方向性启示的。

原文刊于《光明日报》2011年3月31日第007版

博物馆理论研究与博物馆发展方向

——苏东海先生专访

苏东海（1927年2月～），江苏徐州人，北京大学哲学系毕业，原中国革命博物馆（现中国国家博物馆）陈列部主任，有着丰富的博物馆工作经验和深厚的博物馆理论与发展研究造诣，成果卓著。20世纪80年代，在高校及相关培训班讲授博物馆专业课程；80年代后期在国家文物局专家组工作期间，发表的《文物大国的忧患》等文章对我国文博事业的管理和政策贯彻产生了较大影响；1985年当选中国博物馆学会常务理事，筹办《中国博物馆》和《中国博物馆通讯》并担任主编至2002年。多次在国际博物馆协会（以下简称国际博协）会议上代表中国做学术报告，在对外交流中坚持"和而不同"的学术思想，受到国际同行的尊重；在引进生态博物馆思想和实践中坚持本土化方针。历年论著及与国际博物馆理论家的对话、通信，结集为《博物馆的沉思——苏东海论文选》（卷一～卷三）出版。进入21世纪后，研究重点转向博物馆基础理论研究。近期，本刊就博物馆的理论研究与发展方向对苏东海先生做了专访。

毛颖、龚青（以下简称毛、龚）：苏先生您好！很高兴能对您做这个专访。和我国很多博物馆学的学子一样，我们都是读着您的论著进入这个学科领域的。多年来，您在博物馆的基础理论和发展研究方面倾注了大量心血，提出了许多真知灼见。因此，我们想就这两个方面向您请教。首先我们想简要梳理一下相关的几个名词，如博物馆学、新博物馆学、整合博物馆学，它们体现了博物馆理论研究与博物馆发展之间怎样的一种关系？

苏东海（以下简称苏）：博物馆学、新博物馆学和整合博物馆学不是几个不同概念的问题，而是不同学派的问题，是由于在博物馆发展中出现思想和理论上的分歧而形成的不同的理论体系。博物馆学或称传统博物馆学是传统博物馆研究的产物。有博物馆就有博物馆学，有博物馆研究就有博物馆的理论问世。博物馆学在20世纪以前已经成为事实，不过那是近代博物馆学，而作为现代的一个学科的现代博物馆学则在创建中。现代博物馆学的学科建设始于1977年国际博协博物馆学专业委员会的建立。这个委员会逐渐聚集了一批既有博物馆实际经验又有现代科学知识背景的理论精英，开始学科建设。1982年维诺·索夫卡（Vinos Sofka）当选委员会主席后，领导委员会有计划地搭建现代博物馆学体系。经过10年的努力，仅学术论文材料就汇集了30卷。到1988年，委员会宣告他们的研究已经搭建成了学科的理论体系，极大地提高了博物馆学的地位，并导致了博物馆实实在在的振兴。1994年博物馆学专业委员会在中国召开，进一步深化了博物馆"物"的研究。之后，博物馆学的基础研究开始滞后，转而发展了一些现实课题的研究。

新博物馆学兴起于20世纪70年代，这是在博物馆改革深化中，一批具有批判精神的年轻的博物馆理论工作者发起的，它既是对博物馆现实强烈不满的结果，又是一种对博物馆发展充满理想的运动。我认为这一运动对传统的批判是有力的，但完全否定传统则无法立足，结果它在国际博协体制外漂浮着。21世纪以来，传统博物馆学界与新博物馆学界有重新走到一起的苗头，于是在国际博物馆理论界出现了整合博物馆学运动。由此可以看出博物馆的理论发展和博物馆发展的因果关系。理论是对博物馆发展的认识，认识的不同导致了理论的分歧，所以研究理论要从博物馆的发展开始。

毛、龚：中国博物馆的发展已经有一百多年的历史，中国博物馆基础理论研究早在20世纪50年代就已受到高度重视，并以其独到的观点为国际博协博物馆学专委会主席冯·门施（Van Mensch）所肯定。您作为中国著名的博物馆学专家，对中国博物馆理论作过深入研究，请您简要回顾和总结一下中国博物馆的理论研究与实践发展情况。

苏：博物馆理论是博物馆实践的产物。中国博物馆的理论研究也是随着中国博物馆实践的发展而发展的。中国博物馆产生于20世纪初，到20世纪80年代，已经历了三个发展时期，也就是两次世界大战之间的30年代、战后的50年代和当时的80年代。20世纪30年代，我国博物馆事业有一个较快的发展时期，1928年我国博物馆仅有10座，1936年就发展到77座。博物馆的社会影响日益扩大，博物馆学研究随之兴起。1935年成立博物馆协会，编印《博物馆书目》；博物馆专著也陆续问世，其中陈端志的《博物馆学通论》，参阅了10种日本博物馆学著作和21种欧美博物馆学著作，视野十分广阔。20世纪30年代是中国博物馆事业富有希望的年代，是博物馆学在中国兴起的年代。可惜战争中断了这一富有希望的进程。

1949年新中国成立，中国博物馆事业进入了第二个发展时期，博物馆学研究也进入了再兴起的新阶段，特别是1959年以中国革命博物馆、中国历史博物馆、中国人民革命军事博物馆等10座大博物馆的建立达到50年代的发展高峰。50年代博物馆建设学前苏联，博物馆学也学前苏联，承袭前苏联的理论和经验。《苏联博物馆学基础》就是那时的教科书。1956年全国博物馆工作会议，讨论了博物馆的若干基本理论问题，产生了博物馆"三性二务"的中国定义。20世纪50年代可以说是博物馆学普及的时代。

20世纪80年代，我国进入改革开放的新时期，博物馆也进入了新的发展时期，虽然比西方国家战后大发展晚了二三十年，但发展迅速，十几年间新建了1000多座博物馆。博物馆的理论研究也进入了新的高潮。1982年中国博物馆学会建立，各省的学会也陆续建立，在理论上开展了对中国博物馆业务问题的研究。据不完全统计，10年间发表的博物馆论文有2000多篇，一些大部头著作相继问世，包括《中国大百科全书·文物博物馆卷》出版。20世纪80年代中国博物馆学研究出现了学术繁荣，远远超过了前两个发展时期。

21世纪，我国博物馆进入新的发展高潮，许多新的重大的博物馆课题摆在研究者面前。实践在呼唤理论，但目前理论是滞后的，需要理论工作者更勇敢地面对时代的挑战。

毛、龚：的确，20世纪80年代后，中国博物馆事业进入了新的发展时期。这30年中，最为人所关注的可能要数西方的博物馆类型在中国相继建立并得到不同程度的发展，比如生态博物馆、社区博物馆、数字博物馆等。

苏：是这样的。

毛、龚：您于20世纪80年代起将西方生态博物馆的理论引入我国并付诸实践，您本人也因此被誉为"中国生态博物馆之父"。生态博物馆在西方有其独特的社会背景和思想根源，相形之下中国的国情则有一定的差异，对"生态"的理解和实践可能也略有不同。您曾根据国际和中国的实践，发表过对生态博物馆的定义，请谈谈您的这一理论概括。

苏：生态博物馆越发展，人们就越迫切地追寻它的定义。但是几十年来生态博物馆还没有形成令人普遍满意的定义。生态博物馆的发起人乔治·亨利·里维埃（Georges Henri Rivière）的定义是一篇优美的散文，他在冗长的描述中提出的镜子和工具的观点，实验室、保护中心、学校三功能的观点以及多元化特征、时空特征都为人们所接受，但不为人们所满意。一些研究者努力探索，试图作出自己对生态博物馆的解释。国际博协自然史委员会甚至推出这个委员会下的定义。1981年法国政府颁布了法国生态博物馆的官方定义，这个定义也很罗嗦："生态博物馆是一个文化机构，这个机构以一种永久的方式，在一块特定的土地上，伴随着人们的参与，保证研究、保护和陈列的功能，强调自然和文化的整体，以展现其代表性的整个区域及继承下来的生活方式。"2001

年我在内蒙古敖伦素木生态博物馆培训班上，把生态博物馆对遗产保护的特征概括为整体保护、原地保护、自我保护和动态保护。当然，这只是一种归纳而不是科学的表述。2002年我在《中外文化交流》上发表文章，进一步阐述了我对生态博物馆特征的表述："生态博物馆是对自然环境、人文环境、有形遗产、无形遗产进行整体保护、原地保护和居民自己保护，从而使人与物处于固有的生态关系中并和谐地向前发展的一种博物馆新概念、新方法。"2002年1月22日《光明日报》在生态博物馆的有关报道中引用了我的这段话。但我清楚这段话距离一个科学的定义还很远。

毛、龚：为什么会出现生态博物馆这一新的博物馆类型？它与传统博物馆是怎样的关系？两者为什么被称为两极分化？请谈谈您的看法。

苏：20世纪70年代以来，国际遗产界对遗产保护的思想和行动日益扩大化、精细化、深刻化，影响着博物馆的改革思维。生态博物馆和随后形成的新博物馆学运动对博物馆界来说，就是与传统博物馆遗产保护理论与行动相对立的一种新思维。传统博物馆是把遗产聚集到博物馆来加以保护和使用，而生态博物馆则是把遗产留在产生遗产的原生地进行保护和使用。一个是生存于博物馆，一个是生存于原生地，所以是两极分化。这种分化是由遗产的存在方式决定的，而不是由人主观造成的。可见，出现生态博物馆等新型博物馆与传统博物馆两极分化的趋势，是博物馆自身改革深化的结果，也是国际遗产界遗产保护思想深化的结果。

我认为，在文化遗产地保护遗产的思想是遗产保护理念中更深刻的一种新思维，因为遗产和遗产产生的环境统一起来了。而遗产的主人对自己遗产的体验和感情，比别人要深一些。雨果·戴瓦兰（Hugues de Varine）称之为文化的血缘关系。他给我来信说："一些学者、艺术家和博物馆学家错误地理解了蕴涵于这些文物本身的真正价值，或者只看到了它们的艺术价值。事实上，这些文物是根据各种宗教和实践的不同用途以及一套属于他们自己血统文化的艺术标准而创建的。"他还举出非洲传统的宗教面具和其他圣物为例证。我知道戴瓦兰一直是反对博物馆的精英路线的。他认为强势文化社会中的学者、艺术家的鉴赏能力，是达不到那些不属于他们社会的民族文化的原创境界的。当然这是人类学中的一个老问题，这里不展开论了。但他确实深刻地认识到了物与物产生的环境的统一性的意义。我与戴瓦兰的思想则不尽相同。戴瓦兰认为博物馆两极分化是新博物馆对传统博物馆的否定。他甚至在给我的信中说："生态博物馆，或者干脆就不叫博物馆。"我则认为博物馆两极分化具有积极意义，两种博物馆并存扩大了博物馆遗产保护的覆盖面，而且两种不同的遗产保护理论与方法正在相互影响之中。我在和他的通信中谈了我对两极分化的对立统一的认识。我说，传统博物馆是北极，新博物馆运动和生态博物馆实践是南极，但它们并不遥远，地轴把北极和南极连在一起，如果我们看到了抽象的地轴线，我们就不会把北极和南极分开了。南极和北极同属于寒带，有着天文上和地理上的共性。博物馆的两极，在"博物馆"这面大旗下，对立着又统一着，共存共荣。戴瓦兰回信说"：您关于传统博物馆和生态博物馆关系的理念和见解很有意思，足以引发很多有趣的衍生和争鸣。"显然他是不同意的。但在中国，两者在分化中互相补充、互相合作的局面正在富有希望地向前发展着。

毛、龚：目前，我国东中部地区的一些传统博物馆也日益具有生态（社区）博物馆的特色。这是传统博物馆与生态（社区）博物馆相融合、共发展的方向吗？因为，如何对文化遗产保护两极分化与博物馆两极分化进行整合，确实也是近年来博物馆界关注的问题。

苏：我针对生态博物馆和传统博物馆的"两极一轴"说，并不是指两者的融合而是指对立的统一。近年来，传统博物馆学和新博物馆学正分别改造自己的理论体系，既有对立又有包容，这是符合发展中的博物馆的现实的，前景也是令人鼓舞的。我在中国所作的努力就是要使两极接近，共同服务于地球的公转。我所说的"地球的公转"是从博物馆的统一性来考虑的。

毛、龚：您对当前中国生态博物馆的发展有什么看法？您认为生态博物馆理想真正实现的关键因素是什么？

　　苏：在我国，只要政府愿意，建一座生态博物馆并不难，但巩固它的存在比建立它更难。难就难在文化的主人是否真的能成为自己文化的主人。文化主人真正地站出来保护自己的文化，生态博物馆的理想才真正得到实现。我曾对浙江安吉生态博物馆的同志说，文化的主人是否真的成为自己文化的主人，是生态博物馆是否真的成为生态博物馆的试金石。文化主人的主人意识是一个文化自觉的漫长过程。广西的"1加10"的做法就是想唤起村民的文化自觉。当然，这不是短期内能办到的。现在国家文物局把生态博物馆纳入国家公共博物馆系列之中，也是一种使生态博物馆得以持续存在的保证。国家文物局原局长（现任故宫博物院院长，编者注）单霁翔、副局长宋新潮都从理论和实际工作方面推动中国生态博物馆、社区博物馆的发展；我国的研究者对生态博物馆的研究也已经相当普遍、相当深入，政府、专家、居民的积极性都在上升。我对中国生态博物馆的新发展寄予希望。

　　毛、龚：确实，进入21世纪后，博物馆事业与文化遗产保护事业快速融合，正如您所指出的，"文化遗产的保护与发扬正在成为联合国教科文组织和国际博协的工作重心，正在成为博物馆的时代主题"。您一直重视博物馆发展研究，特别是博物馆发展战略研究。请您简要介绍一下博物馆的这一新的发展战略。

　　苏：我的博物馆发展研究是我的博物馆历史研究的伸延，而发展研究更重视发展战略研究，因此研究时代主题是其中很重要的方面。就这个问题，我约略谈一谈。

　　20世纪后半叶，博物馆经历了两次重大的战略推进，出现了两次博物馆功能的升华。第一次战略推进发生在20世纪70年代。当时博物馆数量迅猛发展，社会影响不断扩大，博物馆的社会化进程迈入新阶段。其标志为1974年博物馆经典定义的产生。国际博物馆界第一次把"服务社会和社会发展"铸入定义之中，从此开始了博物馆由自发服务社会进入自觉服务社会阶段，博物馆功能得到升华，从而迸发了博物馆新的生命活力。第二次战略性推进发生在20世纪90年代末的世纪之交。由于国际遗产界不断扩大与深化文化遗产的概念和遗产保护的范围，激发了博物馆对收藏保护遗产功能的再认识。从1996年开始，国际博协加大了与国际遗产界的合作力度，国际博协改革的战略方向开始向遗产保护方向倾斜，博物馆更多地担当起为当代和后代保护历史遗产的固有使命，力求在国际遗产界继续保有中坚地位。1999年国际博协成立了改革工作委员会，2001年制定《国际博协2001—2007年战略规划》，其首要战略目标就是要使国际博协成为"一个在保护世界文化遗产和自然遗产方面令人尊重的声音"。2005年国际博协新一届领导制定的《国际博协2005—2007年战略规划》重申了博物馆的核心价值和历史使命，指出博物馆的核心价值在于"对物质与非物质世界的文化遗产保存、延续、交流的义务"，历史使命在于"在社会上致力于保存、传播和交流目前与未来世界的有形与无形、自然和文化遗产的工作"。应该看到国际博协的战略思想和发展规划，实际上是服务社会战略的继续和深化，而不是一般的战略转移。

毛、龚：正如您刚才所谈到的，国际博协新的战略发展重点的制定既受到国际遗产界对文化遗产概念和遗产保护范围不断扩大与深化的影响，同时也是从博物馆的实际发展需要出发的。请您再重点阐述一下国际博协制定新的战略发展重点的原因。

苏：有两方面原因。其外部原因是联合国教科文组织关于历史遗产理论新发展和实践新发展的强有力的影响。1972年《保护世界文化和自然遗产公约》、2001年《世界文化多样性宣言》、2003年《保护非物质文化遗产公约》是教科文组织保护文化遗产的三座里程碑，对博物馆保护遗产的认识影响很大。其内部原因很多，我认为重要的一个原因就是博物馆藏品贫困化带来的藏品危机。

二次世界大战后，博物馆空前发展，出现了博物馆数量大增、馆藏品增长滞后的局面，从而引发了藏品征集战。为此，1990年美国《博物馆新闻》展开讨论，呼吁博物馆的征集不要超越本馆的宗旨。因为早在1986年的《国际博物馆协会道德准则》中就明确指出超越本馆性质的征集为不道德。随着文物征集的争夺，馆藏文物的安全问题也日益严重，反盗窃、反走私的斗争在国际博物馆界不断加强。1997年国际博物馆日的主题为"与文物的非法贩运与交易行为作斗争"，1998年的国际博物馆日仍然沿用这个主题，可见问题的严重性与斗争的紧迫性。文物返还运动也在不断加大追索力度。国际博协2004年首尔大会上，博协主席库敏斯（Alissandra Cummins）采取主席声明的特殊行动推进索还运动。这次大会被称为"反殖民斗争大会"。

总起来说，教科文组织遗产理论的新发展及其实践，激发了博物馆的历史责任感；博物馆自身藏品危机的警觉和发展研究的加强，形成了向遗产保护的战略倾斜的外因和内因。现在国际博协的工作重点、理论重点都在努力贯彻国际博协的战略规划。

毛、龚：刚才您在谈到国际博协新的战略思想和发展规划中说到了非物质文化遗产。目前一些传统博物馆正从注重物质文化遗产的保护、利用延伸到对非物质文化遗产的保护、传承，对此您有怎样的思考？

苏：我认为非物质文化遗产难以进入传统博物馆，因为它与物质文化遗产存在着根本差异。我在《建立广义文化遗产理论的困境》中指出两者存在三大差异：物质与精神的差异；终端存在与过程存在的差异；逝去的与活着的差异。因此，我认为在传统博物馆中接纳非物质文化遗产多少有一点空想成分，难以有效实现。

毛、龚：您刚才谈到20世纪后半叶世界博物馆的两次战略性推进，博物馆功能的两次升华，这在我国也有较为显著的表现，这事实上也关系到博物馆将如何发展的问题。您对当今坚持和强化博物馆社会职能有怎样的看法？

苏：当今世界，文化作为国家软实力的重要部分，在国家综合实力竞争中越来越占据重要的地位，这也导致目前文化竞争日益尖锐，在这样的形势下，博物馆加强服务社会的职能，更广泛深入到社会中去，扩大博物馆文化的影响，无疑是正确的，甚至借用一些商业经验吸引观众也是无可厚非的。

毛、龚：的确，无论是强化博物馆的社会职能，还是提升博物馆的专业功能，其根本目的都是为了彰显博物馆特有的文化价值和增强博物馆可持续竞争优势，以更好地满足公众多样化多层面的精神文化需求，更好地为社会和社会发展服务。但从目前的实际情况来看，博物馆的文化竞争力还是很不够的，这其中有怎样的原因？

苏：目前博物馆的文化竞争力下降，这其中有更深层的原因。因为文化行业的价值是由其个性特征所决定的，如果一个文化行业的个性特征鲜明，它的特殊价值就容易被社会认知，它的价值就容易实现。目前在文化竞争中，博物馆文化的个性特征越来越模糊，博物馆文化的特殊价值越来越淡漠。不仅博物馆，现在许多文化行业都受经济的左右，个性不彰，陷入迷茫之中。

毛、龚：您认为要增强博物馆的文化竞争力，需要认识和强化博物馆的哪些文化个性？

苏：从理论上说，文化个性指的就是文化特征。博物馆文化特征是博物馆本质的表现。博物馆本质特征决定着博物馆与其他文化的区别，决定着博物馆特殊价值的实现。这既是一个本体问题，又是一个价值问题。在这里我重点地谈一谈博物馆的文化特征。

第一，博物馆的知识特征及其特殊价值。博物馆的知识来源于博物馆的"物"，博物馆的"物"中蕴含着知识的素材，要获取其中的知识素材，要从"物"的直观开始，先是获得感性认识，在感性认识的基础上进行思维加工，进而达到理性认识。这种从"物"开始的认识途径与其他文化形式，如文学阅读、文艺表演等是不同的。因此，引导观众更好地审视博物馆的"物"，帮助观众更深地进入理性认识，是博物馆教育的责任，也是博物馆特殊的价值所在。这是谈的博物馆特殊的知识渠道问题，再进一步从博物馆物的历史本体来看。历史有两种形态，一种是客观历史，一种是主观历史。客观历史是历史的客观进程本体；主观历史则是人对客观历史的追述，是人的主观创作，如历史论著、历史教科书，包括博物馆的历史陈列，都是属于主观历史的范畴。但是博物馆与其它历史陈述不同，博物馆拥有历史文物，历史文物是历史的碎片，但它是客观的历史本身，用文物说话，就是用客观历史本身说话。说它是历史的物证还不够，实际上它就是客观历史本身。所以博物馆的历史研究、历史陈列，依托客观历史本身，是客观历史与主观历史的结合。这就使博物馆的知识具有不容置疑的真实性，具有与其它的主观历史相区别的特殊的科学价值。认识博物馆的这一知识特征，努力实现其特殊价值，是从根本上提高博物馆竞争力的途径。可惜现在博物馆的科学知识、科学精神正在缺失，又如何提升自己的科学竞争力呢？

第二，博物馆的情感特征及其特殊价值。博物馆的情感领域比知识领域大得多、美妙得多，认识博物馆的情感特征，发挥其特殊价值，博物馆的魅力会因之更强烈地释放出来，博物馆竞争力就会更强。博物馆情感有三种递进的存在：原始情感物在社会上存在着，经过挑选进入博物馆成为博物馆的情感藏品，情感藏品进入陈列后就成为情感展品。原始情感物、藏品情感物和展品情感物是递进关系。原始情感是最基础的情感，也是最真实的情感，是博物馆情感之源。原始情感是客观存在的，是不可更易的，不可附加的。博物馆的情感特征是建立在原始情感上的，它是从原始情感物上生发出来的情感，它与其他文化形式的不同之处就在于，它是睹物思情，是可以触摸到的情感。这也是它的特殊价值之所在。

博物馆情感是一个大范畴，包含着多种情感，这里不能一一展开，我仅就审美情感谈一点其具有的博物馆特征。博物馆收藏的艺术品是经过挑选、具有很高收藏价值的艺术品，博物馆的审美价值是建筑在这些艺术珍品上的。博物馆是艺术珍品的总汇，因此在培育审美情感中具有丰富的鉴赏资源。在博物馆中还有一种更特殊的审美情感值得重视。博物馆收藏的艺术珍品中，有一些特别珍贵，成为博物馆的镇馆之宝，其中饮誉社会，甚至饮誉全球的那些珍品，成为艺术家仰望一睹真容的艺术追求，我把这种情感称之为艺术膜拜的情感。最负盛名的那些艺术珍品，只有在博物馆中才能看到，因此，尊重与服务对博物馆艺术珍品顶礼膜拜者是博物馆的高尚职责。上海博物馆与故宫博物院珍品的联展，其创意让人敬佩，因为他们懂得膜拜者的情感，懂得博物馆情感的特殊价值，实践着博物馆美的奉献。

毛、龚：说到博物馆美的奉献，记得您曾在本刊呼吁过重视博物馆的美学研究与美育实践。从您的这一席谈话看来，这是您始终的追求之一。今天的中国国家博物馆努力提升博物馆的艺术价值，这是否可看成是您的追求得到了实现？

苏：是的，这是我的宿愿，也是今日社会的迫切需要。蔡元培先生当年就十分关注博物馆的美学教育，只不过在中国一直没有引起足够的重视。

毛、龚：的确，努力提升博物馆的美学研究和美育实践是博物馆义不容辞的重要职责。除了您刚才谈到的知识特征、情感特征及其特殊价值外，博物馆还有什么重要的文化特征？

苏：博物馆的第三个文化特征及其价值，是博物馆的道德特征及其特殊价值。在社会的道德建设中，道德的教化比道德的说教更有力。因为教化是高尚行为的一种感化，推动人们的"见贤思齐"。博物馆拥有提高人的道德境界的无穷的资源，博物馆收藏着那些道德精英无比珍贵的道德物，再现着他们令人敬仰的道德业绩，使他们成为人们见贤思齐的榜样。博物馆的教化是通过道德物而感化人的，道德物是有血有肉、可触摸到、可感知到的崇高。由此产生的教化力是博物馆特有的教化途径，也是博物馆的特殊价值所在。博物馆作为道德的殿堂，早在古罗马时代就有了萌芽。那时除了具备博物馆雏形的缪斯神庙 (Mouscion)，还出现了最早的画廊，称为宾那考西克 (Pinakothek) 画廊，同时在罗马还出现了万神庙，称为潘提翁 (Patheon) 神庙，至今在欧洲仍以此神庙名泛指历史人物纪念堂。可以说道德特征是博物馆最早的特征之一。博物馆不仅拥有道德精英的遗物而具有特殊的文化价值，而且博物馆的人文环境、工作人员的文明举止，以及博物馆职业道德"规定"的细致的行业道德行为规范，使人一进入博物馆就沐浴在道德文明的阳光中。博物馆在社会文明的建设中的特殊价值凸现出来了，博物馆的文化竞争力也就会大大地提高了。

毛、龚：关于博物馆理论研究与发展研究我们谈了很多，这两者都是博物馆学的学科研究内容。博物馆理论的提炼与升华需要以博物馆发展的实践为基础，同时博物馆实践又需要有博物馆学的体系架构和基础理论研究作为支撑和引导。请您谈谈博物馆学理论研究与博物馆实践两者之间的关系。

苏：我先谈谈博物馆学的理论特性。首先要看到博物馆学的实践品格。博物馆学是一门实践性特别强的学科，博物馆学的产生和发展是深深地倚靠在社会实践之中。如果没有欧洲启蒙运动，没有欧洲政治革命、科学革命、教育革命和工业化，就没有近代博物馆的诞生，当然也就没有近代博物馆学；如果没有二次世界大战后的和平时期，没有科学普及运动，没有终身教育的广泛发展，没有大众旅游的兴起，就没有服务社会的现代博物馆的大发展，也就没有现代博物馆学的诞生；如果没有现代环境意识和现代生态意识的觉醒，如果没有遗产概念的扩大化和深刻化，就没有生态博物馆、社区博物馆等新型博物馆的出现和新博物馆学的诞生。可以说，没有哪一门学科能像博物馆学这样与实践如此紧密相关。所以就有人质疑博物馆学的客观性。20 世纪 80 年代我国就出现了"图书馆无学""博物馆无学"的说法。

毛、龚：我们在工作中也经常遭遇这样的困扰。可能正因为这部分研究成果中丰富的实践总结欠缺了理论的阐释，才导致学术界或相邻学科对其学科特

性和学术性的质疑。因为博物馆学较强的实践性决定了博物馆学不仅是一门基础科学，同时也是一门应用科学，需要在做基础理论研究的同时，进行一些应用理论的研究。

苏：是的。其实不仅我国有这样的质疑，外国也有。1985年日本博物馆研究者中川成夫就说"博物馆学是一门学问，不是一门科学"。对此我问鹤田总一郎怎么看，鹤田说："中川成夫是研究民族学的，他对博物馆理论方面注意不够。我认为从结构上看博物馆学已经是一门科学，而且我们正在努力建设这门学科。"我想人们也许是用自然科学或社会科学的学科标准来要求博物馆学，而低估了博物馆学实践品格的客观性。博物馆学的实践品格不仅不是它的学科缺点，相反，这恰恰是它的学科优点。

从1977年国际博协博物馆学专业委员会建立算起，至今现代博物馆学的学科建设及其理论发展，经历了三个阶段：20世纪70年代到80年代是学科创立时期；20世纪90年代理论界的关注向现实课题转向，应用博物馆学得到进一步发展；世纪之交，博物馆实践进入新的战略时期，博物馆基础理论的研究又浮上日程，博物馆整合理论的兴起就是一个标志。国际博物馆整合理论是理论紧密追踪博物馆战略新发展的成果，是对博物馆实践的理论支撑。国际博协职业道德准则的新版本，国际博协培训委员会的培训新课程，都是与新整合理论相呼应的。从这方面看，应该说理论是紧跟实践的。但是新整合理论也存在着理论上的缺陷，正如我刚才谈到的：在传统博物馆中难以有效接纳非物质文化遗产。

毛、龚：的确，21世纪以来，国际博物馆界的创新理念不断涌现，如"整合性博物馆""包容性博物馆"等，无不体现了理论界对于博物馆功能与职能扩大与整合的实践的深入思考。对照之下，我国的情况也是与之相一致的。自2008年实施免费开放以来，我国博物馆的专业功能和社会职能也得到不断加强和完善、拓展和深化。请您谈谈对我国博物馆发展方向和前景的看法。

苏：现在博物馆发展很快，不仅数量上，而且围绕遗产保护出现了新的思路、新的实践，令人目不暇接。博物馆理论面对迅速的、复杂的发展形势，如何认识，如何对待，都是十分艰难的，因为实践刚刚展开。2006年冯·门施在他的论文《国际博物馆的专业化》中说："在21世纪，博物馆这个领域中最重要的任务不是筹集更多的资金，或是发现更多的古董，甚至也不是招揽更多的参观者，而是敢于直面博物馆领域复杂性的勇气。"2008年，我的《博物馆发展的新动向》《当前我国博物馆热的初步分析》等论文，就是试图面对复杂的现实。后来，我知道我是力不从心了，不仅是年龄，而且是我离开现实生活渐行渐远了。所以我寄希望于有勇气面对复杂形势的博物馆理论界的朋友们。

毛、龚：刚才我们回顾了20世纪80年代前中国博物馆的发展历程与理论研究的情况，20年前本刊也曾刊登过您关于中国博物馆学学科建设现状的文章，二十多年过去了，目前中国博物馆基础理论研究的现状怎样？

苏：我简略谈一谈我对我国当代博物馆发展和理论发展的一点粗浅认识。改革开放三十年来，我国博物馆发展迅速，出现了三个阶段性的高潮。20世纪80年代出现了改革开放后的第一个高潮，这个高潮是在我国拨乱反正、文化解放的大背景中出现的，这一阶段的理论发展主要是围绕专业的拨乱反正和专业的理论建设。20世纪90年代出现的高潮是在我国党和政府加速现代化建设的大形势下形成的。那时我国博物馆界虽然提出了建设有中国特色的博物馆学的理论任务，但那时理论的热点在于研究和引进国外博物馆现代化的理念和经验，以支撑我国博物馆现代化实践的需要。进入21世纪，文化建设提到了国家建设中前所未有的高度，国家对博物馆的期待，社会对博物馆的需要，激发了新的博物馆发展高潮。博物馆的发展日新月异，令人目不暇接。一位地方政府主管博物馆的领导同志说，"发展太快。我们有点失控了"。2008年我写了《当前我国博物馆热的初步分析》，初步梳理了政府办馆热和社会办馆热的现象，探讨了这些现象的意义。博物馆的迅速发展，迫切需要理论的帮助。于是，博物馆管理、陈列展览的组织与技术、博物馆教育与传播、保管工作现代化管理、藏品科学管理等方面，都有一些研究成果出现。这是博物馆研究者在应用博物馆学方面的贡献，但这些方面的研究应该说还有待于深化，而基础理论的研究更加薄弱，可以说博物馆基础理论的研究是滞后的。

毛、龚：针对当前这种博物馆迅猛发展而理论研究相对滞后的局面，博物馆理论及博物馆发展需要在哪些方面加强研究？

苏：我在2008年中国博物馆学专业委员会成立大会上的书面发言中，从三个方面回答了这个问题。首先是研究自己。当前决定博物馆发展走向的力量，内因是主要的。我们对我国的博物馆的政治环境、经济环境、社会环境以至文化大环境的研究不透，我们的生存与发展就缺乏自知之明，也就是文化自觉问题。第二，要研究外国。我国博物馆与外国博物馆有共性问题，博物馆发达国家的历史经验和新鲜经验，要认真研究；发展中国家的博物馆的现状也要注意研究，因为我们和发展中国家曾经有过共同的历史命运。国际博物馆学委员会是理论交流的国际平台，应重视这个理论渠道。第三，博物馆学的学科建设要抓紧，特别是基础理论研究要加紧、加强。总起来说就是三句话，对自己的研究要深一些，对外国的研究要宽一些，对基础理论的研究要努力一些。

毛、龚：在博物馆学的应用理论研究领域内，学界采用了较多跨学科研究的方法，最常见的如教育学、心理学、社会学、统计学、建筑学以及美学等等，陈列展示方面也运用了较多新科技、新材料，至于数字博物馆等类型更是直接将现代技术服务于博物馆建设与职能的拓展。那么，博物馆学是否也应该更多地与考古学、文化遗产学、文物学等学科交叉融合，催生新的学科分支？新近陕西等地又在筹建考古博物馆，所有这些新型博物馆的建设将使得未来的博物馆学学科呈现怎样的特征？

苏：跨学科研究是学科发展和深化的结果，因此，我要提醒一句，跨学科研究需要在比较成熟的本学科基础上进行，吸收外学科的成果只是一种嫁接，否则就会陷入照搬的危险。这就需要更加强本学科的基础研究。

毛、龚：您虽然离开博物馆实际工作多年，但正如您自己所说，您的心"并未离开过文博界火热的生活"。多年来，您一直孜孜不倦地研究博物馆理论，从不因年龄而松懈，令我们由衷感佩。这次专访，您抽出时间回答我们的问题，让我们受益匪浅。龙年就要到了，我们谨代表《东南文化》广大的读者向您致以谢忱，并祝您佳节快乐、健康长寿！

苏：没什么。谢谢你们老远跑来和我谈这些问题。也请代我向南京博物院的老朋友们问好！

毛颖（1966-），女，南京博物院研究馆员，主要研究方向：吴文化、青铜器、文物与博物馆学。

龚青（1963-），女，中国国家博物馆研究馆员，主要研究方向：当代中国史、陈列展览内容策划与设计、博物馆学。

原文刊于《东南文化》2012 年第 1 期

加强国博史的研究

——苏东海先生访谈

李万万：您是研究博物馆学的专家，对于博物馆的历史、展览的发展与演变都有深入的研究与思考。首先，请您谈一下中国近现代博物馆发展的历史背景及目前学术界对于博物馆史研究的现状。

苏东海：历史博物馆学是博物馆学体系中相对比较落后的分支学科。研究者更多地关注一般博物馆学和应用博物馆学的研究。我向你们推荐一本德语系统的博物馆论著，奥地利人瓦达荷西的《博物馆学》。我认为其中的"博物馆历史"部分，更深一些。他在对博物馆史的陈述之前，写了他对博物馆历史的哲学思考，把博物馆结构与博物馆性，与外部的逻辑关系理清楚了，在这种史观基础上，展开了博物馆发展的历史进程。用的史料也比英语系统的那些教科书更多一些。这本书已有台湾出版的中译本。我也向你们推荐我在 20 世纪 80 年代撰写的《博物馆演变史纲》，那篇专论用的是历史唯物主义的方法，对其文化现象进行历史梳理。这里就涉及到了博物馆的文化现象是如何起源的、是怎样发展的，在博物馆自身发展历程中，为什么会形成不同的阶段性，这些问题都是非常重要的。

博物馆的发展和社会发展的关系一定要研究清楚。我撰写的《博物馆演变史纲》主要是谈什么样的时代、什么样的社会产生出什么样的博物馆。如果从文化现象谈起，博物馆现象的出现则有两千多年的历史，而博物馆内在的功能也是逐步演变的。所以，我这篇论文专门谈到了古代的博物馆文化现象是如何产生的、它的特征是什么、演变到现代以后又出现什么样的新特征等等问题。

李万万：2012 年是国家博物馆百年馆庆，馆里现在组织相关人员进行"中国国家博物馆简史"（以下简称"馆史"）的编写，此外，也在做"国家博物馆百年展览研究"（以下简称"百年展览研究"）的专项课题，请您针对这些主题，谈谈研究及撰写过程中应该注意的问题及您的建议。

苏东海：编写"馆史"及进行"百年展览研究"这个课题，需要有一个总的指导思想及写作原则，我想先谈一谈这方面的问题。

中国国家博物馆的百年发展史，是同国家的发展历程紧密结合的，要先理解这个大背景。一百年来，国家博物馆的起伏、发展与曲折前进，都是和国家、社会的历史进程相一致的。国立历史博物馆筹备处（实际上就是中国第一座国立博物馆），是在辛亥革命的第二年（1912 年）成立政府不久以后，由教育部筹备成立的一个国立博物馆，它是辛亥革命的产物。为什么辛亥革命之后，会很快建立这座博物馆？辛亥革命历史意义过去并不是很明晰，今年是纪念辛亥革命一百周年，我们能够对它的政治、文化、社会影响有更多的认识。我在研究晚清末年历史的时候，曾专门关注南通博物苑（我是南通博物苑一百年馆庆筹备处的顾问），研究其历史意义和现实意义也非常重要。南通博物苑在1905年诞生，它与1905 年前后中国社会的发展紧密联系在一起，中国近代的学堂、报纸等也都出现在那个时期。所以，研究国家博物馆的发展，需要研究它是在什么样的环境下诞生，一直延续下去，在新的历史时期，国家博物馆又是如何继续发展的。

此外，"馆史"的编写，我想应该有这样几条原则。

第一，国家博物馆的产生、发展是与全社会的发展紧密结合在一起的，是社会发展的产物，在研究与编写的时候应该始终贯彻。

第二，要体现出国家博物馆一百年来的收藏成果，这方面要研究透。国家博物馆抢救、保护、收藏了大批文物，是我国收藏一级品最多的博物馆，为我们的后代保存了这么多文化珍品。它所收藏的古代历史文物、近现代历史文物、历史照片和历史书刊都是极其丰富的。比如：我曾经到琉璃厂，都没有找到陈端志撰写的《博物馆学通论》（1936 年出版，是我国最早的博物馆学专著），但在我们馆的图书资料室却找到了。我们馆收藏的照片包括了当时接收《晋察冀画报》社战争时期的照片，有的部分比新华社还要多。我在很多场合专门讲过，国家博物馆有三座金山还没有完全被开发出来——文物库房、资料图书馆和馆藏照片。保护、抢救这么多珍贵的藏品，是我们一百年来的重大贡献。国家博物馆一百多年的发展，两馆保护、收藏的文物，对于藏品的研究、利用和陈列，所起到的思想教育、文化教育、政治教育方面的作用，这些都是应该全面地重视和研究。

第三，"馆史"的写作与"百年展览研究"不能太厚古薄今，要关注新国家博物馆是如何诞生的？它的历史使命是什么？它的历史发展条件是什么？要体会新时代的特点、新时代的要求，这方面要研究得充分一些。

第四，要写出新的国家博物馆的发展方向和对它的展望。

你们为了撰写"馆史"，可以参考我在《大百科全书·博物馆卷》总论中的"博物馆历史"部分，和我与冯承柏合写的"外国博物馆史"长条目。《大百科全书》修订再版时也没有动。

还可以看看收进《博物馆的沉思》第二卷中"历史研究"中的 10 篇论文。

关于"馆史"的历史背景问题，我的论文集《博物馆的沉思》中也收录了几篇这方面的文章，你可以回去参考。

李万万：**"馆史"研究过程中必然会涉及到历史分期的问题，没有分期就没法设定框架，请您谈一下对于"馆史"历史分期问题的看法。**

苏东海：关于国家博物馆百年史的分期，我想大体可以按照三个历史自然段来概括：

第一段是民国时期，这个时期实际上是国家博物馆的前身；第二段是新中国成立以后到"文化大革命"之前，这一段是中国进行社会主义革命和建设时期；第三段则是改革开放至今，这一段是国家博物馆新的发展时期。从国家博物馆本身的发展也可以分为四段：第一段还是前40多年，国家博物馆的前身；第二段则是两馆（"两馆"指原"中国历史博物馆和中国革命博物馆"，下同）发展和建设时期，可以到"文化大革命"时期结束；新时期分两段，改革开放初期，两馆分开发展，最后又合起来，这就为新国家博物馆的诞生创造了条件，把改革开放之后的时期分成前二十年和后十年。

我曾专门写过一篇关于博物馆在"文化大革命"中的历史，"文化大革命"是文化虚无主义，但也不完全是虚无，它是用另外一套文化来取代传统文化，是传统文化的虚无主义。但文革期间，博物馆对于文化历史遗迹、文物起了重要的保护作用，现在还有那么多的国宝，还有这么多历史文化的经典藏品，如果没有博物馆的保护，恐怕都将丧失殆尽。我在《博物馆的沉思》第三卷专门谈到国际视野下的文化遗产的时代特征。宏观来看，世界遗产的发展是随着时代主题的变化而改变的。比如，故宫文物的南迁对于文物的保护就是一个壮举。在欧洲，法国、西班牙等国家的文物在迁徙过程中，对于文物的保护，就有着许多可歌可泣的事件，而且也积累了很多的经验，像那些从大教堂上拆下来的玻璃、门轴等，都有自己的编号，后来又重新组装起来。而国家博物馆成立前的两馆也有很多文物保护方面的案例，希望你在研究过程中多关注一些。

我上面说的是关于研究的框架问题。改革开放之后，整个陈列思想都有新的发展，博物馆不完全是个政治教科书，它还是文化教科书、是一个文化的殿堂，所以你要注意它不仅是知识的殿堂，更是情感的殿堂，这是我关于博物馆基础研究方面的一些观点。《博物馆的沉思》第三卷中就收录有我撰写的关于博物馆基础研究的文章，我现在还在研究博物馆情感论、博物馆知识论等问题。关于博物馆的情感论，你可能会有些兴趣，因为我谈到了博物馆中美的问题，博物馆不仅是美育的殿堂，也是艺术膜拜的殿堂。

我认为博物馆在改革开放之后，本质的方面有所提升，并且新的国博也继承了博物馆自身的优良传统。我曾专门做过一次报告，其间就谈到了新国博组建之后要加强思想建设和馆风建设，这便要继承两馆的优良传统，那么两馆究竟有什么样的优良传统？第一个优良传统就是历史博物馆的科学研究，第二个是革命博物馆的政治传统，革命博物馆为社会政治服务，这个传统一直到现在仍然是博物馆在政治上的重要贡献。但我认为，国家博物馆所缺失的是美的方面的贡献，所以我非常赞同现在博物馆的定位—历史与艺术并重的综合类博物馆。我们有责任承担艺术方面的责任，因为我们有特殊的艺术藏品，国博所收藏的经典革命题材的美术创作是不同于故宫和中国美术馆的。

所以，我刚才提到历史分期的问题，你们在"馆史"的写作及"百年展览研究"中，考虑三分期、四分期都可以，在每一个大的时间段内，还可以建立小的框架，也可以考虑分成更小的专题。

李万万：您在中国革命博物馆担任过多年的陈列部主任，想请您谈一下"百年展览研究"中最应该关注哪些问题？

苏东海：我从1959年开始做陈列工作，几十年下来，也有了一些体验，现在看来比较陈旧了，但也并非没有价值。我们那时学苏联，苏联的陈列学还是比较深的。他们经过多次反思，于20世纪50年代出版的《苏联博物馆学基础》，是苏联博物馆几十年实践的理论结晶。还有一本专讲陈列学的《博物馆陈列的组织与技术》。我认为苏联博物馆的陈列，其知识体系组织得比较好，它依靠主题结构法建立的陈列有很强的科学表达力。1959年，两馆的陈列虽然运用了苏联的主题陈列结构，但我们也有自己的新经验。改革开放后，我们的陈列加强了文化表达力，主题结构也向大框架方向探索。比如把革命史的主题结构改为"近代中国""当代中国"等。新国博的陈列也有一些新的探索和发展，如项目负责人制等。从体制上看，革博、历博的陈列工作，都不是部门工作，而是全馆的工作，是由馆长挂帅的总体组领导下的工作。总体领导从陈列内容设计、形式设计、现场施工，一直到对外开放全过程的工作。现在把陈列任务交给一个项目组负责，我认为力度不够。

下面谈一点具体的。

如果按照苏联的经验，现在的陈列有的不一定要参照，但基本的观念还是可以考虑，一些西方新的观念也可以引入。我们当时在博物馆做陈列的经验中最主要的就是采用苏联的主题结构法。关于在陈列中要不要主题结构，国际上意见并不一致，有一个大的框架就可以了。那么主题框架是如何建立呢？首先，陈列要有主题思想，或者举办这个展览的指导原则，比如要举办历史陈列，就要研究指导思想，要考虑有哪几条指导思想。有了大的指导思想以后，就要建立几个分期，建立分期以后，在大的时期下再分单元、分组，三层标题或者是两层标题，如果陈列品过多、比较宏大，也可以用四层标题，标题太多的话，就把形式变一变，第四层标题变为版面标题。我认为在陈列中最出彩的是文物组合，因为博物馆陈列要靠文物来说话、要用客观的历史来说话，不能太主观，客观的历史就是文物，文物说话就是历史本身在说话，或者需要一些组合，或者需要一些辅助展品，比如文字说明，文字说明不能太简单，不能像自然博物馆那样（一个标本写一个学名，标明它属于哪个门类），文物的说明必须要与时代和价值联系起来。美国哈佛大学里有一个博物馆，其中陈列着一个中国的石碑，碑上的文字很多，博物馆就在旁边放了一个椅子，可以让观众慢慢抄；另外，我在加拿大的皇家博物馆中看到每个说明牌的字数都很多，有的说明牌甚至比文物还大，这可以让观众了解到展品的背景。

文物的说明要下点功夫，有的是直接写出它的故事，有的则是为了表达陈列的思想，一件文物可能不够，有时候则需要几件文物组合在一起，体现出其主题思想。我曾专门做过关于"文物组合经验"的专题报告，它也收入了我的《博物馆的沉思》第一卷中，其中举了许多文物组合的例子。这种组合在博物馆的陈列中是非常需要的，它能够使文物的内涵充分体现出来。

文物组合使得博物馆陈列出彩、出现亮点，事实上也会起到点题和画龙点睛的作用，所以它是陈列的基本功。我曾经做过几个陈列组合，也得到了博物馆业内人员的认可。

比如，我在组织"周恩来同志纪念展览"的时候，为了表现周恩来的逝世，用了一个大的四面柜，因为周恩来在去世之前是唱着《国际歌》，就制作了一个五线谱，用绿绒作大柜子的背板，这个五线谱是弯曲着飘起来的。柜子下面放了三件文物：第一件就是周恩来用的台历，时间停留在1月8日上；第二件是他生前带的"上海牌"手表；第三件是他的一个"为人民服务"的纪念章。这三件文物摆在一起，简单地表明了他已经逝世了。这个组合言简意深。有的时候，文物的陈列需要集团组合，有的时候一件展品就行。"周恩来同志纪念展览"的最后一件展品是周恩来迎面走来的照片，这就会表明周恩来并没有离开我们。在布置"刘少奇百年诞辰纪念展览"的时候，为了表现"刘少奇的去世"，我布置了一个大柜子，用了两件展品：一件是刘少奇逝世后，专案组拍的遗照；另一件是骨灰盒，上面写的是"刘渭璜"的名字（当时在外地火化，不能用刘少奇的真名，用他上学时的名字）。这些都充分表现出刘少奇去世时的情景，有一种控诉的感觉，非常能打动人。所以，我就觉得博物馆中的陈列要用情感打动人，我主张展品要突出其情感及文化上的价值。

我再举一个苏联博物馆的例子。马可·波罗当时从中国带回去一块煤，中国是用这种黑色的石头做饭、为房屋取暖，他的同乡质疑为什么石头可以燃烧？苏联博物馆的这个例子说明，如果马可·波罗带一块煤回去，给大家点燃一看，就知道这种黑色石头能做饭、可以取暖。这就是物证的力量，物证的知识价值就是博物馆的知识价值，我在博物馆知识论的文章中就探讨这样的问题。

所以，我觉得要做展览、做基本陈列，应该注意三方面的问题：第一，指导思想要明确，这个展览要突出哪些方面，通过展览要传播哪些思想等；第二，主题要明确，也就是要如何来表现；第三，如何组合文物。陈列的框架可大可小，但我主张大框架。我们去卢浮宫参观就会发现陈列是有框架的，德国的则更严密，有一个框架就行，要把重点放在文物组合上，我主张要多用文物，要把文物的内涵、文物中所体现出的知识与情感的力量都释放出来，其中不一定讲究逻辑性要多强，所以我主张分成两三个自然段就可以。

李万万：国家博物馆新成立了展览策划与管理中心，原来的博物馆业务中也会有"展览策划"这样的理念，那么您是如何理解"展览策划"的？

苏东海："展览策划"这样的概念是从 20 世纪 80 年代引进到中国，我第一次看到"展览策划"是当时举办的一个德国展览。有的国家并不叫"策划人"，而是称为"艺术总监"。"策划"这个概念现在非常时髦，实际上其内涵则是为了表达如何在总体上领导，"策划"这样的词汇还是比较贴切的，"策划"偏重于艺术形式的方面。我们过去常用的是"内容设计""形式设计"等，比较习惯于用"设计"这一概念。整个工艺美术中现在还是称为"设计"，虽然"设计"是从工艺方面开始，但博物馆把它也借鉴过来。

李万万：博物馆除了基本陈列之外，也会举办很多临时性的展览，根据展览主题有针对性地规划展品，您是如何理解博物馆中的基本陈列和临时展览的？

苏东海：这两个词在《大百科全书》中是不同的两个条目，现在很多人都把陈列和展览混为一谈，实际上，这是两个概念。临时展览的历史才有几十年，从 20 世纪 70 年代开始，博物馆才有临时展览的出现，之前没有临时展览，只有基本陈列。再往前，博物馆连陈列室也没有，只有库房，到博物馆来参观是到库房去参观，博物馆出现了教育学的观念以后，才有了陈列，把库房中的藏品，按照一定的逻辑组织起来。到 20 世纪 70 年代，为了使馆藏品更好地发挥作用，也考虑到周转更快、经济需要等方面的原因，就组织了一些临时性的专题展览。临时展览风行起来后，观众的喜爱程度超过了基本陈列，它不仅使库藏品时常见新，在陈列室里能看到更多新的藏品，而且也有新的主题，受到了广泛的欢迎。比如，美国波士顿博物馆曾举办过一个"毒品之景"的临时展览，主要是介绍如何戒毒，这个博物馆原来的观众并不是很多，这个展览举办之后就吸引了很多人。它的展厅入口处就摆放着两个棺材，一个棺材里摆放着吸毒致死的最著名的歌星，另一个里摆放着吸毒而死的童星。展览的志愿者每个人都是吸毒的亲历者，展览展示了吸毒者如何上瘾、如何不能戒掉、如何死亡的过程。这个展览的收入比基本陈列要多出好几倍。此外，华盛顿社区也举办过一个"鼠之患"的临时展览，因为居民区有很多老鼠，这个展览是教人们如何消灭老鼠。

临时展览的作用非常快，也能够给博物馆带来很多的收入，更能补充基本陈列不断更新的问题。法国卢浮宫博物馆就注意到了临时展览的这些特点，其基本陈列不动，其他展品有1/3可以轮换，所以卢浮宫2/3的藏品都可以看到。而故宫的一百万件藏品里只有万分之一可以展出，没有太多的轮换。后来，临时展览越来越受欢迎，我们也就举办了很多的临时展览，如"雷锋同志模范事迹展览""红岩魂"等展览，临时展览也就补充了基本陈列。基本陈列的要求和临时展览是不同的，临时展览的时间比较短促，它也会更多地采用现代科技来加强其视觉冲击力，中国美术馆前段就曾举办过一个"合成时代：媒体中国2008——国际新媒体艺术展"。所以，我就曾建议国家博物馆把陈列分为基本陈列、专题陈列和临时展览。基本陈列是陈列的概念，而临时展览则是展览的概念，要科学地对待这个问题。

李万万：国家博物馆有一百年的发展历程，请您从自己的角度谈一谈对展览业务有什么样的期望？或者您觉得应该达到什么样的水平？

苏东海：人们对国家博物馆的期望很高，期望高在什么地方呢？期望你新。但其实对于历史的表现不一定追求要在方法上有多新，现在的古代历史陈列，我就认为不错，基本陈列也能堪称一流，还有这么多的精品，基本框架也可以。国博的专题陈列，相对来说，粗糙了一些，比如：青铜器陈列，我就觉得比较粗放，说明文字也不是很充分，对于文物的保护，也需要加强，比如青铜器在保护上的要求就很高，室内空气稍微有一些湿气，它就会出现一些新的青苔，所以，我就建议放在柜子里。这也会使人产生另外一种感觉，更能让人们感到神秘感并感觉到它的珍贵。我认为现在国家博物馆举办的艺术展览配合着学术讲座是非常好的，举办的这些讲座还会有讨论，让观众更加理解艺术，再加上导览等方式都有着很好的效果。对于博物馆的展览业务，虽然有一些人可能会有一些牢骚，但我认为应该逐步地开展。我看到国家博物馆的发展目前包括两个方面：深化改革和扩大开放。深化改革，从历史陈列加上博物馆艺术价值，进一步深化了博物馆内涵，开始从历史类博物馆发展成综合性博物馆；国家博物馆扩大开放，使得雅俗共赏，博物馆既是殿堂，也是课堂，还可以是文化休闲的场所。整体上看，我觉得国家博物馆现在做得很不错，发展方向也对。

原文刊于《中国国家博物馆馆刊》2012 年第 2 期

苏东海学术著作要目

一、著作

1.《博物馆的沉思——苏东海论文选》，文物出版社，1998年。

2.《博物馆的沉思（苏东海论文选；卷二）》，文物出版社，2006年。

3.《博物馆的沉思：苏东海论文选（卷三）》，文物出版社，2010年。

4.《苏东海思想自传》，文物出版社，2016年。

二、主编

1.《中华人民共和国风云实录》（上、下册），苏东海、方孔木主编，林谷良、田百春副主编，河北人民出版社，1994年。

2.《中国生态博物馆》，紫禁城出版社，2005年。

3.《2005年贵州生态博物馆国际论坛论文集》，紫禁城出版社，2006年。

三、论文

1.《士兵教育现状及基础教育研究》，《八一杂志》1956年第2期。

2.《文物在陈列中的两重性》，《中国博物馆》1986年第1期。

3.《八一建军节的由来》，《人民日报》1979年8月1日。

4.《我国第一面国旗的诞生》，《革命文物》1979年第5期

5.《周恩来何时从法国回到广州》，《党史研究资料》1980年第1期。

6.《"坏事变好事"辨》，《北京晚报》1980年9月22日。

7.《"矫枉必须过正"辨》，《北京晚报》1980年9月22日。

8. 《拨乱反正 鉴往知来——介绍柳亚子保存的两封密信》，《革命文物》1980年第1期。

9. 《加强党史的宏观与微观研究》，《北京日报》1981年10月23日。

10. 《周恩来挽救大革命失败的战略构想》，《光明日报》1981年1月6日。

11. 《读周恩来〈迅速出师讨伐蒋介石〉建议书——兼论1927年东下与北上之争》（合著），《人民日报》1981年1月8日。

12. 《"大跃进"期间的十二次重要会议》，《党史研究资料（3）》四川人民出版社，1982年。

13. 《十一届三中全会以来重大冤假错案平反概述》，《党史研究资料》1982年第6期。

14. 《论文物组合》，《革命博物馆工作研究》1983年第7期。

15. 《博物馆的现实感》，《革命博物馆工作研究》1984年第4期。

16. 《再议确定"八一"建军节的文件日期》，《党史研究资料》1985年第7期。

17. 《"文化大革命"的理论对群众之掌握》，《党史研究资料》1985年第10期。

18. 《八十年代与五十年代经济建设若干问题的比较》，《中共党史研究》1987年第9期。

19. 《中共一大闭幕日期外证一则》，《党史研究资料》1986年第10期。

20. 《与国际博物馆学委员会主席鹤田总一郎对话录》，《中国博物馆通讯》1987年第4期。

21. 《博物馆演变史纲》，《中国博物馆》1988年第1期。

22. 《文化的碰撞与博物馆教育的职能》，《中国博物馆》1988年第4期。

23. 《论1958年的中国空想共产主义运动》，《党史研究资料》1988年第12期。

24. 《博物馆学在中国》，《中国博物馆》1989年第2期。

25. 《试析周恩来的思想风格》，《中外学者论周恩来》，南开大学出版社，1990年。

26. 《就博物馆学若干有争议的问题答〈东南文化〉记者问》，《东南文化》1990年第Z1期。

27. 《大革命时期领导权问题的再分析》，《党史研究资料》1989年第6期。

28. 《当代世界博物馆大发展的剖析》，《中国博物馆》1991年第2期。

29. 《中国博物馆学学科建设的现状》，《东南文化》1991年第4期。

30. 《把握当代史研究的特性》，《党史研究资料》1991年第9期。

31.《论博物馆及博物馆学之中国特色》，《中国博物馆》1992年第2期。

32.《创建有中国特色的博物馆学的十年》，《中国博物馆》1992年第1期。

33.《加强县级博物馆的发展研究》，《中国博物馆》1993年第1期。

34.《中国博物馆学研究综述》，《中国博物馆》1993年第4期。

35.《博物馆》，《中国大百科全书·博物馆卷》，中国大百科全书出版社，1993年。

36.《外国博物馆史》，苏东海、冯承伯，《中国大百科全书·博物馆卷》，中国大百科全书出版社，1993年。

37.《与国际博物馆学委员会主席冯·门施对话录》，《中国博物馆通讯》1993年第3期。

38.《中国人最早见到的博物馆是美国博物馆》，《中国博物馆通讯》1993年第9期。

39.《博物馆教育要有自己的个性》，《中国博物馆通讯》1993年第10期。

40.《评介周恩来1930年的一篇佚文》，《党史文献》1993年第4期。

41.《中国博物馆的哲学》，《中国博物馆》1994年第4期。

42.《与国际博物馆学委员会主席马丁·施尔对话录》，《中国博物馆通讯》1994年第11期。

43.《中国博物馆管理学引论》，《中国博物馆》1994年第3期。

44.《文物大国的忧患》，《中国文物报》1994年2月27日。

45.《"渡江第一船"的提法是不科学的》，《中共党史通讯》1994年2月1日。

46.《博物馆科学研究工作的再思考》，《中国博物馆》1995年第1期。

47.《关于生态博物馆的思考》，《中国博物馆》1995年第2期。

48.《在中挪博物馆学者报告会上的报告》，《贵州文物工作》1995年第3期。

49.《在贵州梭戛乡建立中国第一座生态博物馆的可行性研究报告》，《贵州文物工作》1995年第3期。

50.《博物馆要进一步打开爱国主义教育的思路》，《中国博物馆通讯》1995年第3期。

51.《文化大革命时期的中国博物馆》，《中国博物馆》1996年第3期。

52.《不要把村寨博物馆与露天博物馆混为一谈》，《中国博物馆通讯》1996年第3期。

53.《中国文物博物馆事业可持续发展战略研究》，《中国博物馆》1996年第4期。

54.《我对纪念馆特征的概括》，《中国纪念馆概论·序言》，文物出版社，1996年。

55.《论博物馆的现代化》，《中国博物馆》1997年第1期。

56.《文博事业是超前的事业》，《中国博物馆通讯》1997年第5期。

57.《国际博物馆界服务战略的兴起》《中国博物馆通讯》1997年第7期。

58.《中国文物博物馆事业两个根本性转变的思考》，《中国博物馆》1997年第2期。

59.《学习初级阶段论，深化对博物馆经济效益的认识》，《中国文物报》1997年9月28日。

60.《应该对半坡遗址博物馆进行更高的历史评价》，《中国文物报》1997年10月12日。

61.《再论文物大国的忧患》，《中国文物报》1997年12月21日。

62.《试论我国博物馆经营体制改革》，《中国博物馆》1998年第2期。

63.《关于博物馆捐赠》，《中国文物报》1998年12月20日、12月21日。

64.《中国第一座生态博物馆面临的课题》，《中国博物馆通讯》1998年第3期。

65.《我对遗址博物馆特征的概括》，《遗址博物馆学概论·序》，陕西人民出版社，1999年。

66.《生态博物馆在中国的本土化》，《中国文物报》1999年3月38日。

67.《文物消失论》，《中国文物报》1999年4月28日。

68.《立于世纪高度鸟瞰中国博物馆》，《中国文物报》1999年10月6日。

69.《中国文博事业深化改革刍议》，《中国文物报》1999年10月23日。

70.《一场关于内容与形式的讨论》，《中国博物馆》2000年第2期。

71.《发展西部博物馆的战略思考》，《中国博物馆》2000年第3期。

72.《文博与旅游关系的演进及发展对策》，《中国博物馆》2000年第4期。

73.《努力把握生态博物馆的特征》，《贵州文博工作》2000年第3期。

74.《博物馆理论研究的再出发》，《中国博物馆》2001年第1期。

75.《建馆不要盲目攀比》，《中国文物报》2001年1月3日。

76.《故居·故居环境》，《中国文物报》2001年1月17日。

77.《建馆不能盲目速成》，《中国文物报》2001年2月14日。

78.《谈博物馆节约》，《中国文物报》2001年3月7日。

79.《曲阜"三孔"的文物灾难谁出学费》，《中国文物报》2001年3月14日。

80.《博物馆建设中的生态理念》，《中国文物报》2001年3月21日。

81.《博物馆的全球化和本土化》，《中国文物报》2001年4月4日。

82.《博物馆社区服务的思想由来》，《中国文物报》2001年4月25日。

83.《历史地、唯物地看问题》，《中国文物报》2001年5月23日。

84.《"以人为本"质疑》，《中国文物报》2001年7月11日。

85.《博物馆是文物最后的归宿》，《中国文物报》2001年8月5日。

86.《藏品的积累与质量》，《中国文物报》2001年8月19日。

87.《文物是无限的，藏品是有限的》，《中国文物报》2001年9月21日。

88.《每件文物都有一个故事》，《中国文物报》2001年10月19日。

89.《期待高校对博物馆学理论研究做出更大贡献》，《中国文物报》2001年11月30日。

90.《敬业奉献与道德境界》，《中国文物报》2001年12月11日。

91.《国际生态博物馆运动述略及中国的实践》，《中国博物馆》2001年第2期。

92.《世界博物馆进入统计学阶段》，《中国文物报》2002年1月8日。

93.《门票的经济意义和社会意义》，《中国文物报》2002年3月15日。

94.《我对生态博物馆特征的描述》，《中国文物报》2002年3月29日。

95.《WTO与博物馆》，《中国文物报》2002年4月26日。

96.《当理论贫困时，还是让我们先做起来》，《中国文物报》2002年5月31日。

97.《窗明几净与博物馆》，《中国文物报》2002年7月6日。

98.《博物馆的商业化与政府的责任》，《中国文物报》2002年8月16日。

99.《地方领导认识到位，文物保护有希望》，《中国文物报》2002年8月2日。

100.《国际博协培训新方向对我们的启示》，《中国文物报》2002年9月13日。

101.《建立完备的藏品总账是杜绝藏品流失的关键环节》，《中国文物报》2002年10月11日。

102.《中国博物馆与无形遗产》，《中国文物报》2002年10月21日。

103.《写给年轻的博物馆同行们》，《中国文物报》2002年11月8日。

104.《新颁文物保护法的意义》，《中国文物报》2002年11月16日。

105.《依法保护馆藏文物》，《中国文物报》2002年12月6日。

106.《世博会与博物馆的历史渊源》，《中国文物报》2002年12月8日。

107.《文物保护二题》，《中国文物报》2002年12月20日。

108.《当代博物馆发展中的几个基本问题》，《全球化下的中国博物馆》，文物出版社，2002年

109. 《博物馆人才论》，《中国博物馆》2002年第1期。

110. 《评介〈国际博协通讯〉2002年第2期关于自主权的讨论》，《中国博物馆通讯》2002年第2期。

111. 《评介〈国际博协通讯〉2002年第3期关于税收的讨论》，《中国博物馆通讯》2002年第3期。

112. 《〈上海宪章〉的意义》，《中国博物馆》2002年第4期。

113. 《谈求真务实》，《中国文物报》2003年1月6日。

114. 评《关于环球博物馆的重要性和价值的声明》，《中国文物报》2003年2月21日。

115. 《再评18家欧美博物馆的声明》，《中国文物报》2003年3月7日。

116. 《我对博物馆经济学如何构建答记者问》，《中国财经报》2003年3月29日。

117. 《博物馆文化形态的研究是个深邃的课题》，《中国文物报》2003年5月9日。

118. 《博物馆与朋友》，《中国文物报》2003年5月18日。

119. 《加强馆藏文物的科学管理与依法管理》，《中国文物报》2003年6月27日。

120. 《博物馆的科学管理与法制管理》，《中国文物报》2003年6月27日。

121. 《中国博物馆职业道德刍议》，《中国文物报》2003年8月15日。

122. 《"我注六经"与"六经注我"》，《中国文物报》2003年8月22日。

123. 《再谈西方博物馆文化的引进》，《中国文物报》2003年9月8日。

124. 《博物馆道德》（序言），《博物馆学新视域》，浙江人民出版社，2003年。

125. 《三谈西方博物馆文化的引进》，《中国文物报》2003年10月31日。

126. 《四谈西方博物馆文化的引进》，《中国文物报》2003年11月7日。

127. 《旅游量化管理与遗产量化管理不可通约》，《中国文物报》2003年11月7日。

128. 《苏东海谈博物馆"三贴近"》，《中国文物报》2003年11月14日。

129. 《殖民时代与普世性博物馆的繁荣》，《古今农业》2003年第1期。

130. 《生态博物馆的理念与实践答记者问》，《中国文物报》2004年1月18日。

131. 《再谈求真务实》，《中国文物报》2004年1月24日。

132. 《三谈求真务实》，《中国文物报》2004年2月17日。

133. 《再谈门票的经济意义和社会意义》，《中国文物报》2004年2月20日。

134. 《评日本博物馆改革之走向》，《中国文物报》2004年4月9日。

135. 《无形遗产就是无形遗产》，《中国文物报》2004年5月21日。

136.《馆长培训应增设职业道德课程》，《中国文物报》2004年6月10日。

137.《道德建设要用道德方法建设》，《中国文物报》2004年7月2日。

138.《文化分类管理不可动摇》，《中国文物报》2004年8月4日。

139.《从希波克拉底誓言想到的》，《中国文物报》2004年10月15日。

140.《无形遗产的五个基本问题》，《中国文物报》2004年10月29日。

141.《服务也要用心去做》，《中国文物报》2004年11月26日。

142.《文化遗产地的博物馆职责在哪里？》，《中国文物报》2004年12月22日。

143.《评介〈国际博协通讯〉重提普世性博物馆争论》，《中国博物馆通讯》2004年第3期。

144.《贵州：生态博物馆的试验田》，《中国国家地理》2004年第10期。

145.《博物馆物论》，《中国博物馆》2005年第1期。

146.《关于文物与历史的思考》，《近代中国与文物》2005年第1期。

147.《再谈博物馆节约》，《中国文物报》2005年7月22日。

148.《南通博物苑诞生的历史意义和现实意义》，《中国文物报》2005年9月9日。

149.《南通博物苑诞生的历史性贡献》，《中国文物报》2005年9月16日。

150.《建立与巩固：中国生态博物馆发展的思考》，《中国博物馆》2005年第3期。

151.《建立广义文化遗产理论的困境》，《中国文物报》2006年9月8日。

152.《新农村、农村文化、生态博物馆》，《中国文物报》2006年11月17日。

153.《生态博物馆的思想来源及其在中国的传播》，《中国博物馆》2006年第3期。

154.《博物馆的时代主题、时代特征与博物馆的发展方向》，《中国文物报》2007年5月18日。

155.《城市的高速度发展与文化遗产的高速度消失》，《中国文物报》2007年6月22日。

156.《〈国际博物馆〉233—234期"移民的文化遗产"读后》，《中国文物报》2007年10月24日

157.《关于博物馆的核心价值》，《中国文物报》2007年12月28日。

158.《城市、城市文化遗产及城市博物馆关系的研究》，《中国博物馆》2007年第3期。

159.《博物馆发展的新动向》，《中国文物报》2008年2月1日。

160.《当前我国博物馆热的初步分析》，《中国文物报》2008年5月9日。

161.《物质文化遗产的形而上思考》,《中国文物报》2008年5月23日。

162.《中国博物馆的传统与变革——为巴西《博物馆学与遗产》虚拟杂志创刊号而作》,《中国文物报》2008年10月10日。

163.《生态博物馆的思想及中国的行动》,《国际博物馆(中文版)》2008年Z1期。

164.《博物馆、博物馆学:警惕技术主义》,《中国博物馆》2008年第3期。

165.《纪念馆专业委员会成立志言(代发刊词)》,《中国纪年馆》2008年第1期。

166.《博物馆情感初论》,《中国文物报》2009年9月9日。

167.《国际博物馆理论研究的分化与整合——博物馆研究的两条思想路线札记》,《东南文化》2009年第6期

168.《美术馆遭冷落之我见》,《中国文物报》2010年1月13日。

169.《从圆明园办春节庙会之争谈起——略谈文化遗产的情感冲突》,《中国文物报》2010年3月10日。

170.《博物馆专业中的两个问题》,《中国文物报》2010年6月2日。

171.《什么是博物馆——与业内人员谈博物馆》,《中国国家博物馆馆刊》2011年第1期。

172.《中国生态博物馆的反思与瞻望》,《中国博物馆》2011年Z1期。

173.《"老国博"眼中的新国博》(访谈),《光明日报》2011年3月31日。

174.《博物馆理论研究与博物馆发展方向——苏东海先生专访》,苏东海、毛颖、龚青,《东南文化》2012年第1期。

175.《博物馆大发展——苏东海先生访谈》,《中国文物报》2013年2月20日。

176.《〈中国博物馆〉杂志诞生记》,《中国博物馆》2014年第2期。

177.《"非遗"不属于遗产范畴》,《中国文物报》2015年7月7日。

178.《生态博物馆建设与民族文化发展——以梭戛生态博物馆为中心的讨论,孟凡行、苏东海、方李莉、安丽哲,《原生态民族文化学刊》2017年第4期。

后　记

　　苏东海先生自1958年转业至中央革命博物馆筹备处（中国国家博物馆前身），至1994年离休，在中国国家博物馆工作了近40年，被授予中国国家博物馆"学术成就与突出贡献奖"和"终身研究馆员"称号。苏东海先生主要的学术理论与研究成果都离不开在这里的工作沉淀。2021年8月16日，94岁高龄的苏东海先生永远离开了我们，但其文雅、谦逊的人格精神、闪耀着光芒的思想力量一直感染着后辈博物馆人。2022年是中国国家博物馆创建110周年，在这个特殊的历史节点上，组织出版《国博名家丛书·苏东海卷》具有特别的纪念意义。

　　本书的编纂得到了馆内外专家和苏东海先生家人的大力支持。中国文化遗产研究院曹兵武先生、北京大学考古文博学院宋向光先生、中国国家博物馆黄黎研究馆员、江琳研究馆员在本书编纂过程中给予了很多宝贵的建议。苏东海先生之子苏立中先生为本书提供了重要的建议和图片资料。

　　在本书编校出版过程中，我们得到了国家博物馆藏品保管部诸多同事的协力帮助。孙依纯、田钟钰、李子然、刘锴云、任静依、辛天游、张雨涵、张爽、郭英乔、章亿安、蔡迪等同志参与了本书的校对。在查阅档案时，陈红燕、万伊同志为本书提供了诸多帮助。谨此一并表示衷心的感谢！

　　受体例篇幅所限，本书远不能全面展现苏东海先生在党史研究、博物馆研究方面取得的卓越成就，不免遗憾。疏漏错讹之处，恳祈各方批评指正。

编　者

2022年8月

图书在版编目（CIP）数据

国博名家丛书. 苏东海卷 / 苏东海著；王春法主编. — 北京：北京时代华文书局，2022.11

ISBN 978-7-5699-4674-1

Ⅰ.①国… Ⅱ.①苏… ②王… Ⅲ.①博物馆学—文集 Ⅳ.①G260-53

中国版本图书馆CIP数据核字(2022)第210581号

项目统筹

余　玲

责任编辑

王凤屏

装帧设计

郭　青

国博名家丛书

苏东海卷

GUOBO MINGJIA CONGSHU

SU DONGHAI JUAN

主　编：王春法

出版人：陈　涛

出版发行：北京时代华文书局 (http://www.bjsdsj.com.cn)

地址：北京市东城区安定门外大街138号皇城国际A座8层

邮编：100011

发行部：010－64267120 010－64267397

印制：北京雅昌艺术印刷有限公司 010－80451188

开本：787 mm×1092 mm 1/16　印张：36　字数：480千字

版次：2022年11月第1版　印次：2022年11月第1次印刷

书号：ISBN 978-7-5699-4674-1

定价：368.00元（全二册）